浙江国际经济贸易探索

（第五辑）

张汉东　主编

ZHEJIANG UNIVERSITY PRESS
浙江大学出版社

图书在版编目(CIP)数据

浙江国际经济贸易探索. 第5辑 / 张汉东主编. —
杭州:浙江大学出版社,2014.7
ISBN 978-7-308-13494-1

Ⅰ.①浙… Ⅱ.①张… Ⅲ.①国际贸易－经济发展－
浙江省－学术会议－文集 Ⅳ.①F752.855-53

中国版本图书馆 CIP 数据核字(2014)第 149437 号

浙江国际经济贸易探索(第五辑)

张汉东　主编

责任编辑	伍秀芳　陈丽霞	
封面设计	俞亚彤	
出版发行	浙江大学出版社	
	(杭州市天目山路 148 号　邮政编码 310007)	
	(网址:http://www. zjupress. com)	
排　　版	浙江时代出版服务有限公司	
印　　刷	富阳市育才印刷有限公司	
开　　本	710mm×1000mm　1/16	
印　　张	24.5	
字　　数	453 千	
版 印 次	2014 年 7 月第 1 版　2014 年 7 月第 1 次印刷	
书　　号	ISBN 978-7-308-13494-1	
定　　价	76.00 元	

目　录

打造开放型经济升级版

培育国际贸易新优势

提升国际资本流动质量

创新驱动商务发展

公平贸易与产业安全

打造开放型经济升级版

打造浙江开放型经济升级版[*]

张汉东　　王君英

（浙江省商务研究院）

摘要：未来五年（2013—2017 年），浙江省要重点打造国际化先进制造业发展高地、高端要素聚集高地、体制机制开放创新高地、对外开放服务高地等"四个高地"，实现国内市场与国际市场、国内产业与全球生产体系、国内体制机制与国际市场规则的深度对接，初步建成"开放强省"。

关键词：开放型经济；升级版；浙江省

过去五年（2008—2012 年），浙江开放型经济在克难攻坚中奋力前行，取得了显著成绩，开放大省地位进一步巩固。与此同时，开放型经济发展环境和条件发生根本性变化，存在的问题进一步凸显，迫切需要以新思路、新举措，构建开放型经济新体系、新格局，打造浙江开放型经济升级版。

一、发展现状和存在问题

2008—2012 年，浙江开放型经济依靠数量增长、规模扩张的粗放型增长方式的弊端和一些结构性、体制性、素质性的问题进一步凸显，主要表现为：

1）外贸成本优势弱化，转型升级难。与发展中国家相比，中国中西部低成本的价格竞争优势日益削弱，新的竞争优势还未形成，浙江外贸正经历转型之痛：一是增长乏力；二是出口商品结构优化缓慢；三是进口发展滞后于出口。

2）对外资吸引力弱化，效益提升难。一是受劳动力、土地等资源要素和环境、商务成本制约明显；二是实际利用外资规模和质量与先进省市差距明显；三是外商投资聚集平台综合竞争力不强。

3）"走出去"层次水平不高，公共服务难。一是"走出去"处于初级阶段。主动"走出去"进行全球战略布局的企业少，市场倒逼寻求出路被动"走出去"的多；

---

* 本文发表于《浙江经济》2013 年第 19 期（总第 525 期）。

企业总体竞争力不强,与真正意义上的跨国公司还有较大差距。二是政策制约多,公共服务不足。三是外部不确定因素增多。

4)服务贸易基础较弱,培育协调难。一是浙江省服务贸易出口总量偏小;二是服务贸易的产业基础还较为薄弱;三是服务贸易涉及多个领域,事关多个职能部门,协调管理难度大、任务重,服务贸易统计方法和制度处于探索阶段。

二、未来趋势和发展目标

当前开放型经济发展环境和条件与改革开放的前30年相比已经发生根本性变化,对未来五年(2013—2017年)开放型经济发展应有全新的判断。

(一)国际经济形势将保持总体稳定,国际竞争更趋激烈

和平与发展仍是世界主流,国际经济一体化趋势不会逆转,浙江经济国际化深度参与国际竞争是必然趋势。国际经济不确定因素仍然很多,贸易投资自由化、便利化是全球经济治理的大趋势,但贸易保护主义也将长期存在,贸易摩擦在特定条件下还可能激化。

(二)国内经济面临保增长与促转型的双重压力,浙江开放型经济低于全国平均增长水平符合经济发展规律

中国经济仍处于机遇期,将保持增长速度的基本稳定,但经济增长下行压力加大,各种矛盾和风险突出,转型升级成为必然选择,而这将是一个长期和痛苦的过程。浙江开放型经济发展需要提高对增长速度减缓的容忍度,这是因为浙江开放型经济规模基数较大,高基数下维持高速增长的难度也相对较大;浙江作为资源小省,相对于发展中国家和中国的中西部地区,资源要素制约尤为突出;新一轮国际产业转移趋势明显,劳动密集型产业在国际上向发展中国家、在国内向中西部梯度转移步伐将进一步加快。

(三)浙江开放型经济已经进入一个新的发展阶段

基于国际、国内经济形势和发展趋势的分析,我们判断,未来开放型经济增长速度上将呈现"两低两高",即外贸、外资增速较低,境外投资和服务贸易(包括服务外包)增速相对较高的局面。建议未来五年的发展目标确定为:浙江"开放大省"向"开放强省"转变初步实现,浙江经济国际化水平和国际竞争能力显著提高。

——浙江外贸年均30%高速增长的时代已经过去,未来能够跟上或略高于

国际贸易平均增长速度将是一个不错的结果,个位数增长将成为常态。外贸年均增长的中位数在 6% 左右,力争增长 8%;服务贸易增速将高于货物贸易,服务贸易和服务外包年均增长可望达到 10% 以上,成为浙江经济新的增长点。

——浙江外资由于受到劳动力、土地等资源要素制约和商务成本高企的拖累,经过努力有望达到或接近上一个五年的利用外资规模,但政策上不宜以规模扩张作为主要目标,而应转型质量提升;以投资浙江加工制造为出口服务的外资将受到抑制,以进军中国市场为目的的外资仍将持续发展,服务业利用外资将有显著提升。

——浙江境外投资仍处于上升期,经过 30 多年发展,浙江企业境外投资的实力大大提升。国内资源要素制约的倒逼,全球市场和全球配置资源的吸引,都使得民营企业境外投资热情高涨,前景看好。境外对中方投资额有望年均增长 10% 以上。

三、构建浙江开放型经济体系的基本思路与对策建议

(一)基本思路

未来五年,要积极实施大开放战略,以开放促改革、促发展,努力提升浙江经济国际化水平和国际竞争能力,重点打造中国国际化先进制造业发展高地、高端要素聚集高地、体制机制开放创新高地、对外开放服务高地等"四个高地",实现国内市场与国际市场、国内产业与全球生产体系、国内体制机制与国际市场规则的深度对接,初步建成"开放强省"。

第一,推进"五大转变":以转变开放型经济发展方式为主线,加快推进开放型经济从规模扩张型向质量效益型转变;增强企业技术创新、品牌培育、质量服务等内生动力,推进外贸从传统的低成本的价格竞争优势向全要素全价值链的综合竞争优势转变;大力引进国际优质资本、先进技术、高端人才,推进外资从被动接受产业转移低端环节向主动引进国际分工中高端环节转变;增强企业跨国经营能力和水平,推进境外投资从市场倒逼"走出去"向主动整合全球资源、开展全球战略布局"走出去"转变;把服务贸易发展作为浙江省新一轮对外开放的重中之重,推进服务贸易从松散自发发展向全方位推进合力发展新转变。

第二,实现"五大突破":实现内外贸一体化发展新突破、实现"引进来"与"走出去"联动发展新突破、实现服务贸易发展新突破、实现进口贸易发展新突破、实现本土跨国公司培育新突破。

（二）对策建议

1）促进体制机制创新。结合推进"四大国家战略举措"，实现体制机制创新，以开放促改革、促发展。深化海洋经济对外开放，通过建设舟山自由贸易园区等平台，促进开放体制大创新；探索推动义乌"市场采购"新型贸易方式管理体制、内外贸一体化政策体系等贸易管理体制创新；以温州金融改革试点为契机，实现个人境外直接投资政策的突破，探索涉外金融体制的创新。

2）加快外贸转型升级。围绕保稳、促调主线，拓市场、优结构、抓新增长点。全力开拓国际、国内、省内市场，优化外贸结构，加快培育附加值高的新兴产业；大力培育一批具有较强贸易链整合功能的外贸大企业；重抓外贸发展新增长点，大力扩大进口，大力发展跨境电子商务，积极探索构建市场采购新型贸易方式的发展。

3）提升外资质量效益。由招商引资向招商选资转变，发挥外资促进全省经济转型和产业升级的积极作用。贯彻落实引进世界500强和民外嫁接的两个文件精神，大力引进优质外资项目；鼓励海外上市、融资租赁、跨境人民币投资等新型引资方式；推动引资、引技、引智有机结合；打造品牌开发区引资载体，探索建立末位退出机制，以倒逼机制推进开发区创新。

4）加快"走出去"步伐。积极实施"走出去"战略，推动企业主动"走出去"全球布局，打造浙江本土跨国企业；着力建设境外经销网络，建立浙货销售终端；推动境外投资方式多样化，加大对海外并购的指导和支持力度；加快推动境外工业园区建设，推动省内开发区与境外工业园区的对接；建立推动境外浙商回归的工作机制和促进政策，形成"走出去"与"引进来"的良性互动。

5）加快服务贸易发展。大力发展服务外包，培育外包产业、基地和人才，夯实发展基础；加大对外文化贸易建设，打造一批具有国际竞争力的文化企业、培植文化精品项目，扶植一批重点文化出口项目，提高产业核心竞争力；加快技术服务、国际运输、国际金融、保险等服务贸易发展。加强服务贸易的组织协调，完善统计系统和统计方法。

6）积极优化发展环境。加大宣传引导，尽快召开一次全省开放大会，出台进一步扩大开放、推动开放型经济转型升级的指导意见；促进口岸大开放，实现义乌"无水港"，推动义乌、舟山、温州等机场航空口岸的开放；深化推进"大通关"建设，进一步优化海关和检验检疫监管模式，全面推动提高通关效率，降低企业通关成本；深化外商投资和境外投资管理体制改革，加大审批权力下放，简化审批手续；完善境外投资公共服务体系，健全"走出去"风险防范与应对机制，为企业国际化经营提供良好的发展环境。

开放经济对碳排放的影响

——基于中国地区与行业面板数据的实证检验[*]

谢文武　肖　文　汪　滢

（浙江大学经济学院）

摘要：研究开放经济下外商直接投资、对外直接投资以及国际贸易对中国碳排放的影响具有十分重要的现实和理论意义。研究发现，外商直接投资的增长可以减少中国的碳排放，对外直接投资也有助于降低国内的碳排放量，而出口贸易则会在一定程度上带来国内碳排放量的增长。但开放经济对碳排放量的影响在不同的地区和行业呈现出不同的特征，地区间碳排放差异显著，与当地的经济发达程度和主导产业相关，另外行业特性也决定了碳排放量的高低。因此，政府应不断提高环境保护标准，监督企业遵照执行，改善国内生态环境，还要加大经济结构调整力度，对高排放类行业实施严格的环境管理政策，促使企业改进生产技术，减少排放。

关键词：开放经济；碳排放；外商直接投资；对外直接投资；国际贸易

中国主要能源消费部门的工业生产技术水平相对较为落后。采掘、电力、钢铁、建材水泥四大高耗能工业行业的能源消费占 64.4%。同时，外商在中国设立的生产企业中，近三分之一为污染密集型企业，而流入中国的外商直接投资（FDI）资金中近 25% 进入到了污染密集型产业。由于环境成本还没有内部化为企业生产成本，且外贸增长过程中伴随着负外部性，因此，中国外贸增长的可持续发展成本正在上升。目前，中国是世界第二大能源生产和消费国，世界第二大发电生产和消费国，也是二氧化硫、二氧化碳等温室气体的第二大排放国[①]。与世界其他国家相比，中国单位 GDP 的碳排放强度很高，2002 年达到了 605 吨/百万美元 GDP，是印度的 1.86 倍，日本的 1.69 倍，西欧发达国家的 1.60 倍（EIA，2005）。随着中国人口总量和经济总量的持续扩大，资源和能源的消耗也在不断增

---

[*]　本文获"第五届浙江省国际经济贸易研究优秀成果奖"理论类二等奖，发表于《浙江大学学报》（人文社科版）2011 年第 9 期。

[①]　数据来源于国家统计局工业交通统计司所编、中国统计出版社出版的历年《中国能源统计年鉴》。

长。在技术水平和资源利用效率等方面没有发生飞跃的前提下,如果仅靠国内生产,资源消费和废物排放量将会持续增加。在这样的国际环境中,在国际贸易持续增长和外商直接投资不断扩大的外向型经济背景下,研究中国碳排放的影响无疑具有重要的现实意义。

一、文献评述

国外许多学者对环境与贸易关系问题虽早有研究,但真正引起世人关注是在 1992 年联合国环境与发展大会(UNCED)之后。Panayotou(2011)研究了贸易、经济与环境之间的关系,首次提出"环境库兹涅茨曲线"(Environmental Kuznets Curve,简称 EKC),认为环境质量同经济增长呈倒 U 形曲线关系。Grossman&Krueger(2011)将国际贸易的环境影响归结为三个方面:规模效应、结构效应和技术效应,以此建立起贸易的环境效应分析的基本框架。Dua&Esty(1997)指出,全球贸易自由化的结果是各国为了维持或增强自身的国际竞争力会纷纷降低各自的环境质量标准,这样便会出现所谓的"向环境标准底线奔跑"的现象。Audley(1995)以北美自由贸易区(NAFTA)为研究对象,深入分析了其贸易活动与环境政策的相互关系,并以此证明了合理开放的对外贸易可以有效配置和合理利用区域内的环境资源,进而有助于改善环境质量。Machado et al.(2001)研究了巴西的国际贸易对其能源消耗和二氧化碳排放量的影响程度,其结果表明,1995 年巴西出口的非能源产品中的能源和碳含量明显大于进口中的含量,巴西每单位产值出口商品比进口商品平均多消耗 40% 的能源和 56% 的碳。该研究结果对巴西相关政策的调整起到了相当突出的作用。Mukhopadhyay&Chakraborty(2005)则采用投入产出方法实证分析了 20 世纪 90 年代印度国际贸易对二氧化碳、二氧化硫和氧化氮气体排放的影响,探讨了贸易的环境问题。

污染天堂假说、边际产业转移论以及产品生命周期理论从不同角度切入,分析了发达国家通过对外投资向海外市场转移产业的原因。这三大理论都一致认为 FDI 加重了东道国的环境污染,阻碍了经济的持续发展(Grossman&Krueger,1995;Kojima,1978;Vernon,1966),如 Wheeler(2001)以美国、巴西、中国和墨西哥等国为分析样本研究发现,随着全球化的发展,空气质量在发展中国家的大城市中出现不断下降的趋势。与此相反的是,Porter 等所提出的"波特假说"则认为,东道国提高环境保护标准的压力会促使跨国公司进行清洁产品和清洁生产的研发创新活动,企业的研发投入将有助于研制对现有污染问题进行处理以及降低污染排放的技术和设备(Porter,1991;Porter&Linde,1995)。

Christmann＆Taylor(2001)的研究支持这一观点,发现 FDI 显著促进了当地企业环境技术的进步;Perkins＆Neumayer(2008)通过对 114 个国家的动态面板数据的研究,也发现 FDI 通过技术传递对这些国家的环境有一定的改善作用。第三种观点认为,FDI 的增加与东道国的环境状况之间存在一种倒 U 形关系,实质上是支持"环境库兹涅茨曲线"。如 Merican *et al*.(2007)研究发现,在中国和东南亚一些比较落后的国家,FDI 对当地环境带来较为明显的负面影响,但在一些发达国家,则对当地环境带来一定的正面影响。

国内学者对环境与开放经济关系问题的研究起步较晚,1993 年才开始涉足该问题的研究,但定量分析较少,许多成果形成于 2000 年之后。冯宗宪和曾凡银(2000)从理论角度分析环境标准与国际竞争力、贸易与环境的相互关系,并由此将自由贸易对发展中国家环境所造成的不良影响归结为两个方面,分别是外部不平等的国际经济体系以及内部不合理的经济体制和制度安排,并提出了一些解决对外贸易和环境冲突的措施。赵玉焕(2003)提出,协调贸易发展与环境保护两者相互促进的主要途径在于寻求国际合作。李慕菡等(2005)则将产业进出口额和污染情况作为分析对象,证实了中国在国际贸易中客观存在着污染产品的跨境转移情况。陈继勇等(2005)的研究结果则表明,贸易开放度、生产技术和环境治理的资本投入对环境污染有显著负影响。余北迪(2005)通过对 1992—1994 年、2000—2002 年两个时期中国 14 个工业行业贸易出口对中国生态环境的影响进行实证研究,证实了贸易扩大产生的规模效应的负面影响大大抵消了结构效应和技术效应产生的正面影响,所以中国国际贸易总的环境效应为负。

综上所述,国际学术界对外向型经济与环境之间的关系有较多深入研究,但国内的研究起步较晚,且较为薄弱。同时,国内学者的大部分研究都是基于二氧化硫排放量(而非二氧化碳排放量)展开的,现有的文献大多从单一的对外贸易或者外商直接投资角度研究其与环境的相互影响关系,少有文献研究对外直接投资(OFDI)对国内二氧化碳排放的影响。而将外商直接投资、对外直接投资以及国际贸易联系在一起,综合考虑开放经济对国内二氧化碳排放影响的研究更是少之又少。本文试图在前人研究的基础上,通过构建碳排放测算模型来分析中国分行业、分地区的二氧化碳排放特征,并通过分行业、分地区的实证检验,研究开放经济下的外商直接投资、国际贸易和对外直接投资三大因素对中国碳排放的影响作用。

二、模型构建与数据说明

(一)模型构建

1. 国际贸易对碳排放的影响分析

国际贸易的结构效应促使资源在全球范围内实现优化配置,而各成员国按各自要素禀赋进行生产活动,通过贸易交换实现国民福利水平的提高;国际贸易的规模效应可以促进经济发展,带动国民收入增长,提高国民福利水平。但这两种效应同时也会带来负面影响,国际贸易可能会导致高污染行业进一步发展,使生产消费的排放物超出环境承受能力,也会加大国内资源消耗和污染物排放,导致环境问题进一步恶化。国际贸易的技术效应可以降低单位产出的污染排放量,促进环保产品和服务市场的扩大,并有助于从技术层面解决环保问题。

从全球层面来看,自由贸易使那些清洁生产上具有比较优势的国家得以进一步将污染类产业转移出去,从而促使本国环境持续改善;而那些在清洁生产上处于劣势的国家会陷入恶性循环中,环境问题将会因国际贸易的发展而不断恶化。在国际贸易中,如果成员国的比较优势是由传统理论的资源要素禀赋所决定的,那么自由贸易会在一定程度上改善全球环境,对于个体环境问题则视禀赋下的污染排放系数而定。如果各成员国的比较优势是由环境标准上的差异所决定的,那么,污染产业间的转移将会使全球环境问题不断恶化,虽然个别成员国的环境问题会得到改善,但全球总体环境问题会不断加剧。事实上,在现代工业生产中,原材料、人力资本投入以及科研经费等占据了生产成本的绝大部分,而污染排放的治理仅占生产成本很低的比例。因此,现有贸易模式下,各成员国的比较优势大多由资源要素禀赋所决定,而非清洁生产能力。所以,国际贸易虽然可能在局部地区产生消极作用,但这并不影响国际贸易在国民福利水平和全球环境改善方面所起到的积极作用。

2. 对外直接投资与外商直接投资对环境的影响分析

对外直接投资与外商直接投资是两种相反的资金流向,根据已有理论研究,外商直接投资从母国流出的原因不外乎寻找海外市场的廉价资源,或者国内经济环境并不适宜进行该产业的生产活动。根据污染天堂假说以及边际产业转移理论,对外直接投资的流出对国内环境保护会起到正面作用,因为无论是国内发展成熟的边际产业,还是国内环境保护标准较高导致对外转移的污染产业类,都可以大大减少国内污染物的排放,从而改善环境质量。事实上,本国企业在开拓海外市场过程中,不仅对当地进行了直接投资,将产品的生产过程直接置于海外市场进行,从而将生产环节的大量碳排放转移至海外,降低了国内的二氧化碳排放量;同时,由于国际市场上大量中间贸易行为的存在,很多跨国公司也会将中间产品的生产置于海外市场进行,再通过进口贸易将半成品进口回国,在国内完成核心技术的关键生产环节。跨国企业的这一行为也在一定程度上降低了国内的碳排放量。

但是,学界已有理论对外商直接投资的分析大多是针对发达国家海外投资行为,鲜有文献研究对外投资初级阶段的投资行为对母国环境的影响作用及其作用机理。虽然金融危机之后中国的对外投资量已位居发展中国家首位,并且呈现出快速发展的趋势,利润再投资趋势也不断加强,但现阶段中国对外直接投资的规模与发达国家相比仍显得较小,且投资的产业结构略显单一,投资主体以国有企业为主,民营经济不够发达。因此,对外直接投资对于中国国内环境的积极作用是否会如发达国家那样明显,则需要下文的实证检验予以证明。

3. 模型与研究方法

本文的研究思路分三步:首先,构建实证分析模型;然后,根据已有模型以地区面板数据分析验证外商直接投资、对外直接投资和国际贸易的进出口因素对中国二氧化碳排放的影响;最后,以行业面板数据分析开放经济三大因素对二氧化碳排放的影响。在检验开放经济条件对中国二氧化碳排放量影响时,本文借鉴 Cole *et al.* (2008)提出的模型,并在此基础上适当修改,以符合本文的研究主题,即着重分析外商直接投资、对外直接投资以及进出口贸易对中国二氧化碳排放量的影响程度。具体模型如下:

$$C_{it} = \beta_1\, FDI_{it} + \beta_2\, OFDI_{it} + \beta_3\, OP_{it} + \beta_4\, IMP_{it} + \beta_5\, EXP_{it} + \beta_6 \qquad (1)$$

由于采用面板数据,因此,式(1)中 i 代表行业或地区,t 代表时间维度。在地区面板数据中,C 表示该地区的二氧化碳排放量;FDI 则为该地区的外商直接投资总额,这里使用当年流量数据;$OFDI$ 代表当年该地区企业的对外直接投资流量;OP 表示当地国民生产总值(GDP);IMP 和 EXP 分别表示该地区的进口、出口贸易额。在行业面板数据中,C 表示该行业的二氧化碳排放量;FDI 表示外商对该行业的直接投资额,本文采用当年的流量数据而非存量;$OFDI$ 代表当年本国企业在该行业的对外直接投资流量;OP 则表示行业当年增加值;IMP 和 EXP 分别表示该行业经整理合并后的进口、出口贸易额。β_1 到 β_6 分别表示各变量的系数。因为本文涉及不同年度,而不同年度的数据有必要折算成不变价,所以上述数据均按以 1978 年为基期的不变价格作了调整。

本文将采用 2003—2009 年分地区和 2004—2009 年分行业面板数据进行实证检验。由于中国对外投资统计公报中分地区和分行业数据报告的起始年份不同,因此,两类面板数据存在起始年份上的差异性,且无法修正,但这并不会影响本文的实证检验结果。其中分地区、分行业数据由于个别省份的对外直接投资数据不可获得,因此将无法进入样本量,所以本文采用的样本省市地区共25个,分别为:安徽、北京、福建、甘肃、广东、广西、河北、河南、黑龙江、湖北、湖南、吉林、江苏、江西、辽宁、内蒙古、山东、山西、陕西、上海、四川、天津、新疆、云南、浙江。无论是地区面板数据还是行业面板数据,都是"小时间维度,大横截面维度",因此,在实证检验前需要进行相关计量检验,以确定最优模型。为尽量减少异方差性的影响,本文对所有数据取自然对数,在此基础上进行计量检验和实证回归。

(二)中国碳排放的测算、地区结果及行业特征

1. 中国碳排放的测算

温室气体是指大气中自然或人为产生的气体成分,它们能够吸收和释放地球表面、大气和云层发出的热红外辐射光谱内特定波长的辐射。水汽(H_2O)、二氧化碳(CO_2)、氧化亚氮(N_2O)、甲烷(CH_4)和臭氧(O_3)是地球大气中主要的温室气体。温室气体的排放会对地球环境造成影响,由此影响人类经济活动。本文主要分析二氧化碳排放所造成的影响,采用联合国政府间气候变化专门委员会(IPCC)为联合国气候变化框架公约所指定的国家温室气体清单指南中介绍的二氧化碳排放估算方法。具体公式如下所示:

$$CO_2 = \sum_{j=1}^{3} E_j \times NCV_j \times CEF_j \times COF_j \times \frac{44}{12} \qquad (2)$$

其中 E 表示不同能源的消耗量,j 代表消耗的能源种类;NCV 表示《中国能源统计年鉴》中的不同能源平均低位发热量;CEF 为联合国政府间气候变化专门委员会公布的碳排放系数,其中煤炭的排放系数为按比例换算所得;COF 表示不同能源的碳氧化因子;而公式中的数字44和12则分别表示二氧化碳的化学分子量和碳原子量。同时,根据《中国能源统计年鉴2009》所提供的折算方式,各种能源可根据标准煤参考系数换算成中国能源度量的统一热量单位,即标准煤,如表1所示。

表1 各种能源折算标准煤参数(国家统计局能源统计司,2010)

能源名称	平均低位发热量(NCV)	折标准煤系数
原煤	20 908 千焦/千克	0.7143 千克标准煤/千克
原油	41 816 千焦/千克	1.4286 千克标准煤/千克
天然气	38 931 千焦/千克	1.3300 千克标准煤/千克

　　根据上表所提供的各种能源折算标准煤参数,并依据《中国能源统计年鉴》所提供的当年不同能源平均低位发热量,以及前述二氧化碳排放量估算方法,可以得到各能源二氧化碳排放估算值(表2)。

表 2　各能源二氧化碳排放估算

能源	NCV	CEF	COF	估算值
原煤	20908 千焦/千克	25.8 千克/千亿焦	0.99	2.763 千克/千克标准煤
原油	41816 千焦/千克	20.0 千克/千亿焦	1	2.145 千克/千克标准煤
天然气	38931 千焦/千克	15.3 千克/千亿焦	1	1.642 千克/千克标准煤

　　根据表2计算出的各能源二氧化碳排放估算数据,本文将 2000—2010 年《中国能源统计年鉴》所报告的分地区、分行业能源消耗量进行换算,从而得到中国各地区以及各行业基于能源消耗量所估算的二氧化碳排放量,并在此基础上分析其二氧化碳排放特征。

2. 碳排放的行业结构

　　首先,根据国民经济三大产业划分办法初步估计各自二氧化碳排放量,然后再对排放量较多的行业进行细分估算。估算结果如图1所示。

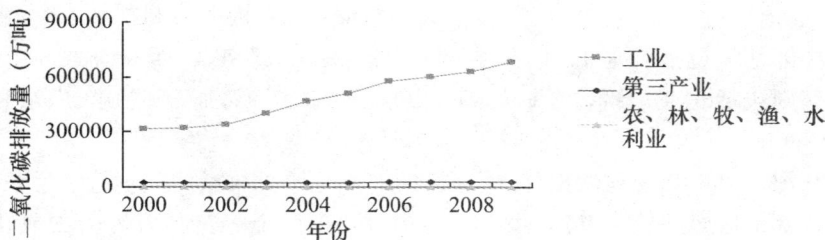

图 1　2000—2009 年三大产业二氧化碳排放量比较

　　按三大产业类别分,可以看到第二产业工业占据了绝大部分的二氧化碳排放量,第三产业的排放量略大于第一产业,但远远小于第二产业。其中工业和第三产业的排放量随时间都有增长,但工业的增长率远远高于第三产业,达到年均9.32%,而第三产业为年均 3.06%,第一产业排放量较为稳定。因此,第二产业的排放量与其他产业的差距逐渐拉大,并呈现不断上涨的趋势。根据上文分析可以看出,工业占据了中国二氧化碳排放量的主导地位,所以,进一步深入分析工业各个部门在其中所扮演的角色十分必要,分析结果见图2。

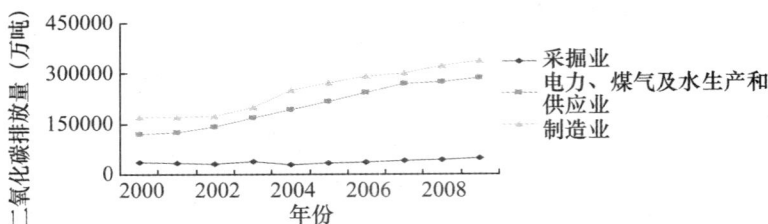

图 2　2000—2009 年工业细分行业二氧化碳排放量比较

从图 2 可以看出,制造业和电力、煤气以及水生产和供应业增长迅速,而采掘业年均变化不大。经计算,采掘业 2000—2009 年的年均增长率仅为 3.99%,制造业为 7.91%,而电力、煤气及水生产和供应业增长率则超过了工业平均增长率,年均增长率达到了 10.68%。由此可见,电力、煤气、水生产和供应业以及制造业主要拉动了工业的二氧化碳排放量增长,并且这两个行业排放量是工业总排放量的绝对主力。

3. 碳排放的地区特征

本文将国内 31 个省、市、自治区(不包括港澳台地区)分为东部、中部和西部三个区域,其划分与《中国统计年鉴》保持一致。具体说来,西部地区包括四川、重庆、云南、广西、贵州、西藏、青海、宁夏、陕西、甘肃、内蒙古和新疆 12 个省(市、区);中部地区包括黑龙江、吉林、山西、河南、湖北、湖南、江西和安徽 8 个省;东部地区则包括北京、天津、河北、辽宁、山东、江苏、上海、浙江、福建、广东和海南 11 个省(市)。

从图 3 可以直观地看出,三大地区的二氧化碳排放量均呈现持续增长态势。由于东部地区经济较为发达,集中了中国主要的工业经济体,因此,二氧化碳的绝对排放量始终占据最主要地位,远远超过中西部地区。但是,随着中西部地区经济开发和工业化的进程不断加快,尤其是西部大开发的作用,西部经济快速发

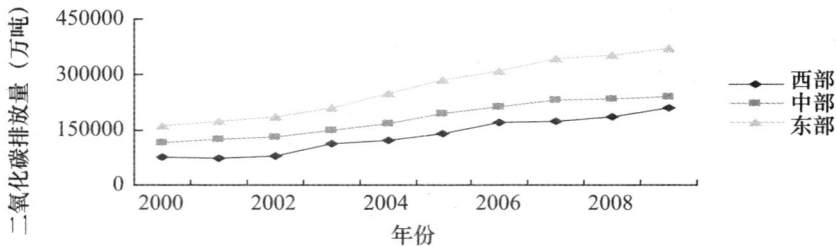

图 3　2000—2009 年分地区二氧化碳排放量比较

展,其二氧化碳排放量的增长速度超过了东部和中部地区。事实上,从 2000 年至 2009 年,西部地区二氧化碳排放量的年均增长率达到了 11.83%,超过了东部地区的 9.25%,而中部地区的增长率则是三个地区中最低的,为 8.49%。

虽然碳排放量并非经济发达的直接标准,甚至在一定区域会和经济发展呈倒 U 形曲线,但已有实证检验证明,中国现阶段碳排放与经济发展仍呈现出正相关性,无论东部、中部还是西部地区。因此,中国三个地区的碳排放所呈现出的增长趋势能间接反映出各地区经济发展的现状。东部地区最为发达,而中西部地区近几年的发展趋势大大超过了东部地区,呈现出追赶态势。

三、实证研究结果

(一)变量的平稳性检验

首先,需要分析面板数据各个变量的单位根情况,本文拟采用 ADF(Augmented Dickey-Fuller)方法检验。若通过显著性检验,则说明不存在单位根,从而表明序列 y_t 平稳。

由于本文选用了分地区和分行业面板数据,因此,需要分别对这两类数据进行单位根检验。分地区、分行业的面板数据采用 ADF 检验,各变量单位根检验结果如表 3 所示。

表 3 分地区、分行业变量单位根检验结果

变量	统计值		伴随概率		结　论	
	分地区	分行业	分地区	分行业	分地区	分行业
$\ln CO_2$	129.532 1***	37.913 9***	0.000 0	0.001 5	平稳	平稳
$\ln FDI$	88.356 9***	37.079 9***	0.000 7	0.002 0	平稳	平稳
$\ln OFDI$	109.434 3***	45.867 6***	0.000 0	0.000 1	平稳	平稳
$\ln OP$	85.820 2***	29.169 7**	0.001 2	0.015 8	平稳	平稳
$\ln EXP$	74.770 8***	31.415 3**	0.009 4	0.010 9	平稳	平稳
$\ln IMP$	79.193 8***	30.543 3**	0.005 6	0.010 9	平稳	平稳

注:** 和 *** 分别表示在 5% 和 1% 的显著性水平上通过检验。

从分析的结果来看,两组面板数据分别在 1% 和 5% 的显著性水平上符合平稳性假定,即同属于单整,可以依次进行最小二乘回归检验。

(二)开放经济下分地区碳排放影响的比较实证

本文将采用 25 个省市地区样本的面板数据进行检验,分析外商直接投资、对外直接投资以及国际贸易对中国碳排放的影响。本文使用 Eviews 5.1 软件对 2003—2009 年的面板数据进行实证检验,将在 cross-section 方式下分别采用固定效应、个体固定效应和个体随机效应进行回归。

根据上文所介绍的三种效应选择方法,本文在随机效应下进行 Hausman 检验,伴随概率为 1.0000,F 统计值为 66.4989,由此判断出本文应选用个体固定效应模型进行实证检验。

为了检测变量之间可能存在的多重共线性问题,本文测试了 VIF 值,发现解释变量 IMP 的 VIF 值为 7.32,其他变量的 VIF 值都小于 5,说明多元回归模型存在多重共线性问题,故将进口因素从模型中剔除,然后根据上文基本模型对中国分地区面板数据进行个体固定效应模型的实证回归,结果如表 4 和表 5 所示。

表 4　分地区的碳排放影响模型回归结果

变量	系数	t 统计值	伴随概率
C	12823.50	14.4231***	0.0000
OP	1.8422	11.0218***	0.0000
FDI	−8.2134	−2.7705***	0.0031
$OFDI$	−0.0463	−1.9911**	0.0022
EXP	0.0021	1.8703**	0.0258

注:** 和 *** 分别表示在 5% 和 1% 的显著性水平上通过检验。

表 5　分地区碳排放的个体固定效应

地区	个体固定效应	地区	个体固定效应
北京	−11753.223	江西	−14108.33
天津	−6057.339	山东	14123.20
河北	12300.13	河南	2672.341
山西	32854.25	湖北	−7131.668
内蒙古	11283.54	湖南	−8231.023
辽宁	18346.78	广东	767.013
吉林	−3214.12	广西	−14212.336

续表

地区	个体固定效应	地区	个体固定效应
黑龙江	403.5317	四川	-13288.62
上海	4987.214	云南	-5312.267
江苏	7314.876	陕西	-2521.472
浙江	-6432.022	甘肃	-3542.229
安徽	-4522.541	新疆	-1989.224
福建	-9457.452		

从实证结果可以看出,各个变量分别通过 1% 和 5% 的显著性检验,并且整个模型的解释力度很好,效果显著。其中,地区 GDP 影响系数为 1.8422,表示 GDP 每增长 1 个百分点,二氧化碳排放量将会增加 1.8422 个百分点,该弹性系数大于 1,说明二氧化碳排放量的增长快于 GDP 的增长速度。而 FDI 和 OFDI 的系数均为负,表示这两类因素对二氧化碳排放量的影响为负效应,即当外商直接投资和对外直接投资增长时,将会降低国内二氧化碳的排放量,对环境产生正效应。外商直接投资的积极作用较为明显,当 FDI 每增长 1 个百分点时,将会降低 8.2134 个百分点的二氧化碳排放量;而每单位对外直接投资则仅能降低 0.0463 个百分点的二氧化碳排放量,远远小于外商直接投资的作用。出口贸易对二氧化碳排放量的影响作用为正,即出口额每增长 1 个百分点,将带来 0.0021 个百分点的二氧化碳排放量。

不同地区的截距项显示出了较大的差异性。截距项为正的表示该地区的二氧化碳排放量较大,即可能存在较为严重的环境问题;而截距项为负的则表示该地区二氧化碳排放量较小,一方面可能是因为该地区经济发展过程中较为注意环境治理问题,另一方面可能是因为该地区经济较为落后,所产生的二氧化碳排放量较小。截距项最大的地区为山西省,达到了 32854.25。事实上,山西省作为中国的煤炭大省,煤炭在省内的能源结构和社会经济的产业结构上均占主导地位,这也就决定了山西省伴随经济发展的是大量的二氧化碳排放量。由于数据缺失,本文无法收录海南、西藏等 6 省市样本数据。

(三)开放经济下分行业碳排放影响的比较实证

下文将进一步采用分行业面板数据检验外商直接投资、对外直接投资以及国际贸易对中国碳排放的影响。本文将继续使用 Eviews 5.1 软件对 2004—2009 年的面板数据进行实证检验,在 cross-section 方式下采用个体随机效应进行回归。但是,由于外商直接投资公报以及对外直接投资公报所报告的分行业数据并未达到统计年鉴中的三级细分科目,而仅为第二级科目,并且没有途径可以获得进一步的细分科目数据,故而本文的分行业面板数据只能采用二级科目分类,所分行业数量也因此减少,但这并不会对本文的实证检验产生较大影响。根据上文所介绍的在随机效应下进行 Hausman 检验,其伴随概率为 1.0000,F 统计值为 1487.3495,由此判断出本文应选用个体固定效应模型进行实证检验。同样为了检测变量之间可能存在的多重共线性问题,本文测试了 VIF 值,解释变量 IMP 的 VIF 值为 8.19,$OFDI$ 的 VIF 值为 7.07,其他变量的 VIF 值都小于 5,证明多元回归模型存在多重共线性问题,故将进口因素和对外直接投资因素逐步进行剔除,然后对中国分行业面板数据进行个体固定效应模型的实证回归,结果如表 6 和表 7 所示。

表 6　分行业碳排放影响模型回归结果

变量	系数	t 统计值	伴随概率
C	9865.00	2.8375**	0.0075
OP	0.2875	4.1533***	0.0001
FDI	−0.0956	−2.3486**	0.0212
EXP	1.2451	1.4485*	0.0784

注:*,** 和 *** 分别表示在 10%,5% 和 1% 的显著性水平上通过检验。

表 7　分行业碳排放的个体固定效应

行业	个体固定效应	行业	个体固定效应
农业	−1.7642	建筑业	−2.1021
采掘业	1.0576	交通运输、仓储和邮政业	−1.8943
制造业	2.7866	批发零售业	−1.2072
电力、煤气及水的生产和供应业	3.8717	居民服务和其他服务业	0.4921

　　实证结果表明,各组变量分别通过 1%、5% 和 10% 的显著性检验,并且整个模型的解释力度很好,效果显著。其中出口贸易额的显著性比其他变量差一些,但仍通过了 10% 显著性检验,因此,可接受其作为解释变量进入模型。

　　在该模型中,产业产出增加值的影响系数为 0.2875,这表明产业增加值每增长 1 个百分点,将多排放 0.2875 个百分点的二氧化碳,弹性系数小于 1,说明二氧化碳排放量的增长速度小于行业产出增加值的增长速度。在行业面板数据方面,FDI 为负效应,每单位 FDI 的增长将减少 0.0956 个百分点的二氧化碳排放量。无论是地区面板数据还是行业面板数据,均认为外商直接投资对降低碳排放量起到了积极作用。最后,国际贸易的出口额数据上,行业面板数据检验出该经济行为造成碳排放量的增长,且每单位所造成的二氧化碳排放量增长为 1.2451 个百分点。

具体说来,行业截距项的大小反映了该行业碳排放的差异性。其中,电力、煤气及水的生产和供应业的截距项最大,这充分体现了该行业的特性。在中国,虽然各种电厂种类丰富,但火力发电仍占据主要地位。煤炭作为火力发电最主要的原材料,在使用后会排放大量二氧化碳,而像水电及核电等电力生产方式虽然较火力发电清洁、高效许多,但现在所占比例仍较小,故而该行业的截距项最大,达到了 3.8717。紧随其后的是制造业,截距项为 2.7866。制造业一直是能源消耗和污染排放的重要部门,尤其是制造业中的重污染类企业,因此,其碳排放量会较其他行业普遍偏高。而建筑业及交通运输、仓储和邮政业为截距项最小的两个行业,这一现象与该行业生产方式有关。同样的道理,交通运输、仓储和邮政业属于第三产业,虽然其在服务时所使用的交通工具会因尾气排放带来二氧化碳,但这与其他工业部门的大量碳排放相比则显得微乎其微。这一结论充分说明了中国现有产业结构下碳排放具有极强的行业属性,且特点明显。

四、结论与政策建议

本文对中国 2003—2009 年分地区面板数据以及 2004—2009 年分行业面板数据分别进行实证检验,得到以下结论:①开放经济下的外商直接投资、对外直接投资以及国际贸易的进出口行为都会对国内的碳排放量产生影响。无论是地区面板数据还是行业面板数据的实证检验,都显示了开放经济的三大因素显著影响中国二氧化碳排放量。②外商直接投资的进入降低了中国的碳排放量。地区面板数据的实证检验结果表明,每单位外商直接投资的增长将会减少 8.2134 个百分点的二氧化碳排放;而行业面板数据则显示每增长 1 个百分点的外商直接投资,可以降低 0.0956 个百分点的二氧化碳排放。③对外直接投资一定程度上也降低了中国碳排放。地区面板数据结果显示,对外直接投资每增长 1 个百分点,可以降低 0.0463 个百分点的二氧化碳排放量;但行业面板数据的结果则无法证明。④国际贸易对中国碳排放作用因行业、地区而定。在地区间面板数据的实证检验中,出口贸易增加了国内二氧化碳排放量,行业间的面板数据检验也获得同样的结果。⑤碳排放量在不同地区间显示出了较大的差异性,这与该地区的经济发展水平以及产业结构有很强的相关性。⑥行业特性决定其碳排放量,高排放类行业经济占比较大,具体说来,电力、煤气及水的生产和供应业的排放量较高,而制造业一直是能源消耗和污染排放的重要部门,尤其是制造业中的重污染类企业,因此,其碳排放量较其他行业普遍偏高。

从本文的结论中可以看出,开放经济的三大因素对中国的碳排放都产生了重要影响,因此可从地区、产业层面提出如下政策建议:①充分利用外资企业的先进技术,本文结论说明了外商直接投资的进入可以降低国内碳排放量。事实上,外资企业由于全球化的管理模式和严格的内控政策,其在环境保护方面的技术和标准都会高于国内的本土企业。因此,我们应充分利用与外资企业的合作关系吸收学习其先进的环保技术。②政府应加大力度鼓励本土企业"走出去",引导并扶持对外投资项目发展。本文实证检验结果显示,对外直接投资的增长将有助于减少国内的碳排放量。政府在继续深入推动"走出去"战略时,应着重考虑为民营企业的跨国经营搭建平台并提供相应服务。③政府应不断提高环境保护标准,监督企业遵照执行,改善国内生态环境。④政府应加大经济结构调整力度,敦促地区尽快实现产业升级,提高高能耗行业的能源使用率,减少碳排放。对高排放类行业实施严格的环境管理政策,促使企业改进生产技术、减少排放。

参考文献

[1] 陈继勇,刘威,胡艺. 论中国对外贸易、环境保护与经济的可持续增长. 亚太经济,2005(4):74-77.

[2] 冯宗宪,曾凡银. 环境资源问题的区域特征与调控机制研究. 软科学,2000(2):27-30.

[3] 国家统计局能源统计司. 中国能源统计年鉴2009. 北京:中国统计出版社,2010:505-508.

[4] 李慕菡,陈建国,张连众. 我国国际贸易中污染产品的跨境转移. 国际贸易问题,2005(10):102-106.

[5] 余北迪. 我国国际贸易的环境经济学分析. 国际经贸探索,2005(3):26-30.

[6] 赵玉焕. 贸易、经济增长与环境保护的关系研究. 中国软科学,2003(6):61-66.

[7] Audley JJ. Environmental interests in trade policy:institutional reform and the north American free trade agreement. Social Science Journal,1995,32(4):327-360.

[8] Christmann P,Taylor G. Globalization and the environment:Determinants of firm self-regulation in China. Journal of International Business Studies,2001,32(3):439-458.

[9] Cole MA,Elliott JR,Wu S. Industrial activity and the environment in China:An industry-level analysis. China Economic Review,2008,19(3):393-408.

[10] Dua A,Esty DC. Sustaining the Asia Pacific Miracle:Environmental Protection and Economic Integration. Washington,D.C.:Institute for International Economics,1997.

[11] EIA(The Energy Information Administration). International Energy Outlook 2005. ftp://ftp.eia.doe.gov/forecasting/0484(2005).pdf,2011-06-30.

[12] Grossman GM, Krueger AB. Economic growth and the environment. The Quarterly Journal of Economics, 1995, 110(2):353-378.

[13] Grossman GM, Krueger AB. Environmental Impact of a North American Free Trade Agreement. http://www. nber. org/papers/w3914. pdf? new_window=1, 2011-06-30.

[14] Kojima K. Direct Foreign Investment: A Japanese Model of Multinational Business Operations. London: Croom Helm Press, 1978.

[15] Machado G, Schaeffer R, Worrell E. Energy and carbon embodied in the international trade of Brazil: An input-output approach. Ecological Economics, 2001, 39 (3): 409-424.

[16] Merican Y, Yusop Z, Noor ZM, et al. Foreign direct investment and the pollution in Five ASEAN nations. International Journal of Economics and Management, 2007,1(2): 245-261.

[17] Mukhopadhyay K, Chakraborty D. Environmental impacts of trade in India. The International Trade Journal, 2005, 19(2):135-163.

[18] Panayotou T. Empirical Tests and Policy Analysis of Environmental Degradation at Different Stages of Economic Development. http://www. ilo. org/public/libdoc/ilo/ 1993/93B09_31_engl. pdf, 2011-06-30.

[19] Perkins R, Neumayer E. Fostering environment-efficiency through transnational linkages? Trajectories of CO2 and SO2, 1980-2000. Environment and Planning, 2008, 40(12):2970-2989.

[20] Porter ME, van der Linde C. Toward a new conception of the environment-competitiveness relationship. Journal of Economic Perspectives, 1995, 9(4):65-79.

[21] Porter ME. America's green strategy. Scientific American, 1991, 264(4):168-197.

[22] Vernon R. International investment and international trade in the product cycle. The Quarterly Journal of Economies, 1966, 80(2):190-207.

[23] Wheeler D. Racing to the bottom? Foreign investment and air pollution in developing countries. The Journal of Environment Development, 2001, 10(3):225-245.

减排背景下隐含 CO_2 净出口量及其多维成因研究

——基于浙江省数据的分析[*]

吴海江[1]　袁　清[2]

（1. 浙江大学管理学院；2. 杭州万向职业技术学院）

摘　要：本文基于浙江省 1997—2012 年隐含 CO_2 净出口（NEX）的计算，对影响 NEX 不断增长的因素进行了研究。通过 Divisia 指数分解，发现原因在于结构效应与规模效应的正效应之和大于技术效应的负效应；通过 LMDI 指数分解，发现人口规模、人均净出口、经济总量和单位 GDP 净出口所占比重对 NEX 的正向规模效应大于单位净出口能耗和能源碳强度对 NEX 的负向技术效应；通过贸易结构分析，发现原因在于碳排放的贸易结构不够合理。根据上述分析，本文就外贸碳减排提出了革新节能减排技术、通过倒逼机制转换贸易方式、通过产业升级优化外贸结构、增强消费环保意识、推行国际环境标准等建议。

关键词：隐含 CO_2 净出口；Divisia 指数分解；LMDI 指数分解；贸易结构

一、引　言

中国"十二五"规划纲要提出：到 2015 年，单位国内生产总值二氧化碳排放要比 2010 年下降 17％，主动应对气候变化已成为中国经济社会发展的重大战略。浙江省"无油、缺煤、少电"，能源资源十分匮乏，95％以上消耗的能源需从省外调入。因此，积极推动浙江向低碳经济转变显得刻不容缓。浙江省外贸依存度较高，2002—2012 年，年均出口额、进口额和进出口总额所占 GDP 的比重依次为 42.6％、17.4％和 60.0％。浙江省不断增大的净出口拉动了外贸中隐含能源的净流出，成为全省能源消费增长的一大重要因素。可见，浙江要向低碳方式的转变，对外贸易是其中不容忽视的组成部分。因此，探究影响外贸隐含 CO_2 排放量的成因并提出合理的政策建议，对探索浙江节能减排路径具有重要的现实意义。进出口隐含碳减排的问题，既是如何实现外贸增长和优化进出口产品

---

　　* 本文获"第五届浙江省国际经济贸易研究优秀成果奖"理论类三等奖，本文为"浙江省国际经济贸易学会 2012 年度立项课题"研究成果（课题编号：Z201201），发表于《国际经贸探索》2013 年第 2 期。

结构的问题,又是如何提高生产技术来节能减排的问题。鉴于此,本文对于碳排放量采用表示出口内涵 CO_2 量与进口内涵 CO_2 量之差的隐含 CO_2 净出口(Net Export of Embodied CO_2 Emission,NEX)来度量。较之于出口内涵 CO_2 量与进口内涵 CO_2 量,NEX 更能准确反映对外贸易给环境质量带来的影响。

国内外对外贸隐含碳排放量的影响因素研究主要集中在:一是外贸隐含碳变化的驱动因素研究。Guan et al.(2008)研究了中国纺织、电子等不同出口产品种类对碳排放的影响,发现出口增长是引起中国碳排放增加的最主要因素之一。黄敏和刘剑锋(2011)利用投入产出结构分解模型对两个时段进行比较分析,发现对隐含碳排放变化影响最大的是出(进)口总效应、规模效应都为正,中间投入效应和单位产值碳排放效应有较大改善,出(进)口单位能源碳排放效应均非常小,改善不太明显。二是进出口产品结构对隐含碳排放量变化的影响。Weber et al.(2008)用投入产出表对 42 个部门且按当前价格计算,发现 2005 年约 1/3 的中国碳排放来自出口产品的生产,这种情况可能源自发达国家消费的驱动。杜运苏和张为付(2012)认为出口增长是导致中国出口贸易隐含碳排放增长的主要因素,但出口结构改善对抑制碳排放增加的作用非常有限,在某些年份和个别出口贸易伙伴中,由于结构恶化反而导致碳排放增加。

综合现有的研究成果后我们发现:①当前的研究多集中在国家层面,具体到省级的还不多见。这与中国碳减排只有国家目标而尚无省级硬约束有直接关系。②当前对进出口隐含碳排放量的影响因素分析大部分采用针对进出口行业结构的 Divisia 指数分解,如傅京燕和裴前丽(2011;2012)从规模效应、结构效应、技术效应三方面进行分析。这三种效应的区分有助于理解外贸增长影响环境的潜在机制,但仅能通过效应的正负性判断对碳减排的贡献,不够全面深入。结构效应方面,对优化贸易结构缺乏对各行业的碳强度的考虑;技术效应方面,未能具体分析与技术密切相关的能源强度和碳强度对碳减排的作用;规模效应方面,仅考虑了净出口规模,但未将人口、经济等因素纳入考量。为此,本文将利用浙江省级数据,沿袭 Divisia 分解方法,引入 Kaya(1989)恒等式、采用 LMDI分解分析能源强度、碳强度和人口规模对碳减排的贡献①,并将优化贸易结构纳入碳强度考虑,以期对影响外贸碳排放量的因素有更新的认识。

二、浙江省净出口隐含碳排放量的计算

本文以浙江省 1997、2002、2005、2007 和 2010 年的投入产出表为基础,结合

---

① 借助 Kaya 恒等式对碳排放进行 LMDI 分解常用在研究经济因素对碳排放的影响,本文尝试借此方法分析外贸对隐含碳排放量的影响。

《中国能源统计年鉴》上的浙江能源平衡表和 IPCC2006 碳排放系数,估算浙江省五年中的外贸隐含碳排放量。

(一)分行业的净出口隐含 CO_2 排放量计算方法

首先结合能源平衡表和碳排放系数,求出能源平衡表中所含六大部门的碳排放量。关于进出口隐含碳排放量,一般的算法是根据中国统计年鉴能源栏目"按行业部门分能源消费量"和碳排放系数计算(高金田等,2011)。但由于浙江年鉴上没有按具体行业分类的能源消费量,只能根据能源平衡表的数据求出各行业的单位产值直接碳排放量,再结合投入产出表上的完全碳排放系数求出各行业单位产值的完全碳排放量。能源平衡表上,所列终端消费量[①]的生产部门有:农、林、牧、渔、水利业;工业;建筑业;交通运输、仓储和邮政业;批发、零售业和住宿、餐饮业;其他。可获取这六大部门的煤类、油品类、热力、电力和其他能源等能源消费数据。其中,其他能源主要指核能、水能、风能、太阳能等清洁能源,可忽略其碳排放量;而热力和电力虽然无直接碳排放,但其来源却与造成碳排放的各种煤类和油类能源消耗密切相关,须纳入计量[②]。

其次,将能源平衡表上的六部门与浙江投入产出表上具体行业相对应,得出不同行业的碳排放量。参照《2011 国民经济行业分类注释》(国际统计局,2011),将能源平衡表上的六大部门与投入产出表上的 42 行业相对应。若直接采用投入产出表上不同行业的所有产值来平均分配能源平衡表上各部门的碳排放量是不合理的,因为不同行业碳强度差别很大。因此,不同行业的碳分配既要

---

① 能源终端消费量包括国内或本地区统计期内物质生产部门、非物质生产部门和生活消费的各种能源,但不包括中间消费如加工转换的投入量及其损失量,也不包括开发、输送等其他损失量。因而,可视为各个行业的直接能源消费量。

② 六大部门的碳排放量计算步骤为:(1)求各部门不同年份在能源平衡表中的直接能源消费量。(2)求出各部门不同年份在能源平衡表中电力的间接能源消费量。根据《中国电力年鉴》,可查得浙江发电量中不同年份火电占总发电量的比重,以此近似认为是浙江省电力消耗使用中火电所占的比重。将该比重与当年的电力总消耗量相乘,可以得到当年的火电使用量。再根据能源平衡表上的加工转换投入产出量,计算出单位火电所消耗的煤类、油品类、热力能源量,进而可以求出当年电力间接消耗的煤类、油品类、热力量。(3)求出各部门不同年份在能源平衡表中热力的间接能源消费量。同电力的算法类似,先算出当年单位热力所消耗的煤类、油品类能源量,再求出当年热力间接消耗的煤类、油品类能源量。(4)将上述直接和间接能源消费量加总,得到不同年份六大部门的煤类、油品类消耗量。对于 IPCC2006 能源碳排放系数与能源平衡表中能源的计量单位不一致问题,比如石油制品在 IPCC2006 上多为体积单位,而能源平衡表上多为质量单位,本文依照密度系数(欧风,1983)进行了换算;另外,还存在部分 IPCC2006 上部分能源种类和能源平衡表上种类不一致的问题,笔者查阅了相关能源的碳排放情况并进行了相近的归类,比如,洗精煤、其他洗煤归入燃料煤,型煤归入煤球,焦炉煤气归入炼焦炉气,其他煤气归入高炉气,炼厂干气归入天然气,石油其他焦化产品归入石油焦。

考虑产值，又要兼顾碳强度[①]。经计算可得到投入产出表上 42 行业的单位产值的直接碳排放，他们共同构成了直接排放系数的行向量。

最后，求出 1997、2002、2005、2007 和 2012[②] 年浙江省 42 个行业的隐含碳排放量和总碳排放量。出口和进口隐含 CO_2 量为 $Q_x = F \cdot (I-A)^{-1} \cdot X$ 和 $Q_M = F \cdot (I-A)^{-1} \cdot M$。其中，$I$ 是单位矩阵，A 是投入产出表上的直接消耗系数，$(I-A)^{-1}$ 是里昂惕夫逆矩阵，$F \cdot (I-A)^{-1}$ 是完全需求系数，X 是出口的列向量，M 是进口的列向量。具体公式推导详见（张为付和杜苏运，2011）。

(二)分行业 NEX 值的变化趋势

我们知道：$NEX = Q_X - Q_M$。若 $NEX > 0$，说明出口商品隐含 CO_2 量大于进口商品隐含 CO_2 量，这将导致浙江省环境质量变差，不利于 CO_2 减排目标的实现；反之则有利于 CO_2 减排目标的实现。

由于投入产出表上不同年份的行业名称并不完全一致，为了便于比较、研究，本文对投入产出表中逐年的 42 个行业进行归类，并以此得到五年内行业名称都相同的 29 行业。详细结果见表1。

1997、2002、2005、2007 和 2012 年浙江省的净出口总额依次为 479.8、1452.0、3530.1、5870.8 和 8993.2 亿元，而 NEX 依次为 −998.8、4313.7、11825.8、18447.7 和 19819 万吨。可见，随着浙江外贸净出口额的大幅度增加，NEX 也迅速增长。

[①] 为了说明如何碳分配，这里以能源平衡表上的"工业"与投入产出表上的煤炭开采和洗选业、金属矿采选业等 24 个行业相对应说明。假设 24 行业的总碳排放量为 Q；每个行业的碳排放量为 $Q_i(i=1, 2, \cdots, 24)$；每个行业的产值分别为 $V_i(i=1,2, \cdots, 24)$；每个行业在投入产出表上的煤炭开采洗选业、石油天然气开采业、石油加工、炼焦及核燃料加工业、电力热力的生产和供应业、燃气生产和供应业等五项直接消耗系数依次为 $\alpha_{i1}、\alpha_{i2}、\alpha_{i3}、\alpha_{i4}$ 和 α_{i5}，矩阵的列和为 $R_i = \sum_{i=1}^{n} a_{ij}(j=1,2,3,4,5)$，$R_i$ 代表每个部门对能源的生产依存度系数（向蓉美，2011）。将 R_i 与对应行业的产值相乘，通过加权可以得到不同行业的碳排放量。用公式表示为：$Q_i = Q \cdot (R_i V_i / \sum_{i=1}^{n}(R_i V_i))$。以此类推，可求出投入产出表上 42 行业每行业的单位产值的直接碳排放 $U_i = Q_i / V_i$，并共同构成了直接排放系数的行向量 F。

[②] 2012 的碳排放数据是基于 2010 年的投入产出表计算出来的（本文假定 2010 与 2012 年贸易结构变化不大）。

减排背景下隐含CO₂净出口量及其多维成因研究

表1　1997—2012年贸易净出口额(NEP,10亿元)和隐含 CO₂ 净出口(NEX,10万吨)

行业编码	1997		2002		2005		2007		2012	
	NEP	NEX	NEP	NEX	NEP	NEX	NEP	NEX	NEP	NEX
S1	11.71	33.06	1.99	6.18	−2.98	−7.64	−4.13	−9.67	−12.20	−20.52
S2	−26.86	−125.48	−0.01	−0.02	−0.76	−2.04	0.00	−0.01	−35.53	−64.64
S3	−0.98	−5.48	−0.52	−2.78	−8.97	−38.59	−15.09	−45.85	28.05	42.24
S4	−4.48	−21.82	0.08	0.46	0.00	0.00	−0.13	−0.87	−1.06	−5.12
S5	4.42	13.48	5.97	17.88	4.79	13.85	4.10	9.11	48.08	28.68
S6	28.82	115.03	45.54	181.39	106.11	411.36	164.45	529.76	71.18	76.36
S7	36.96	123.98	40.56	133.70	143.59	453.42	86.78	229.97	109.47	53.68
S8	2.50	11.06	2.88	9.88	19.04	60.81	42.31	138.36	12.84	7.56
S9	7.47	36.31	3.00	12.86	−3.87	−15.00	19.24	68.95	46.31	54.08
S10	−9.33	−169.17	−3.51	−100.02	−1.27	−23.60	−5.04	−87.30	80.97	1061.1
S11	−12.35	−55.24	−2.74	−15.47	−21.35	−113.79	−20.60	−103.25	136.03	336.6
S12	6.27 .	52.74	0.85	5.20	4.14	23.51	5.56	33.15	10.21	48.84
S13	−34.41	−262.84	−8.50	−44.29	−15.22	−69.75	13.80	56.37	−129.38	−204.2
S14	5.15	25.02	10.66	47.12	17.62	68.59	47.89	186.90	−8.51	−11.04
S15	4.13	20.99	3.22	12.98	−12.00	−44.49	76.47	268.12	97.58	112.1
S16	3.69	17.06	5.06	20.93	30.25	119.36	41.77	138.40	150.95	106.5
S17	11.46	51.57	21.74	93.09	28.69	111.20	66.39	227.17	113.15	60.2
S18	−0.34	−1.00	−7.04	−27.68	22.64	87.45	37.49	112.52	22.68	11.4
S19	0.59	2.26	3.54	11.76	−3.06	−8.96	5.98	19.35	28.88	20.36
S20	20.85	82.44	3.03	12.45	9.97	35.60	26.32	92.64	51.62	54.88
S21	−1.76	0.00	−0.41	0.00	−10.73	0.00	−34.00	−109.93	1.17	0.8
S22	−7.61	−51.20	3.95	27.42	6.48	41.50	11.56	65.03	9.50	40.2
S23	−0.02	−0.03	0.00	0.00	0.00	0.00	0.12	0.23	0.50	0.4
S24	0.00	0.00	0.38	0.59	0.43	0.87	0.57	1.06	3.70	2.44
S25	0.20	0.41	14.23	23.50	34.85	65.87	14.81	19.13	10.72	5.48
S26	0.86	2.35	1.35	3.78	3.09	9.05	1.93	7.78	32.14	141.4
S27	0.59	1.23	−0.59	−0.95	0.05	0.05	1.16	4.05	8.18	10
S28	2.14	7.65	0.44	1.16	1.14	2.83	0.23	0.89	7.06	7.88
S29	−1.67	−4.26	0.05	0.27	0.34	1.12	−2.88	−7.29	5.04	4.24
合计	47.98	−99.88	145.20	431.37	353.01	1182.58	587.08	1844.77	899.32	1981.9

注:S1 农林牧渔、S2 煤炭采选、S3 金属矿采选、S4 非金属矿采选、S5 食品制造及烟草加工、S6 纺织、S7 服装皮革羽绒及其他纤维制品制造、S8 木材加工及家具制造、S9 造纸印刷及文教用品制造、S10 石油加工及炼焦、S11 化工、S12 非金属矿物制品、S13 金属冶炼及压延加工、S14 金属制品、S15 通用专用设备制造、S16 交通运输设备制造、S17 电气机械及器材制造、S18 电子及通信设备制造、S19 仪器仪表及文化办公用机械制造、S20 其他制造、S21 废品及废料、S22 交通运输及仓储、S23 邮政、S24 信息传输计算机服务和软件、S25 批发和零售贸易、S26 住宿和餐饮、S27 租赁和商务服务、S28 社会服务、S29 卫生体育教育文化艺术广播电视。

NEX 呈增长态势的行业有 S10、S11、S16、S19、S21、S22、S23、S24、S26、S27,呈下降态势的行业有 S1,呈"Λ"形态势的行业有 S2、S6、S7、S13、S14、S17、S25,波动幅度不大的行业有 S3、S4、S5、S8、S9、S12、S28、S29,波动幅度较大的行业有 S15、S18 和 S20。由于 NEX 呈增长态势的行业无论在数量上和增长量上都远远大于呈下降态势的行业,浙江省 NEX 总量不断增长。

NEX 较大的行业依次为 S6、S7、S10、S17、S16,这些行业通过外贸向浙江省转移的 CO_2 排放量五年累计分别达 13139、9947.5、6810.1、5432.3 和 4022.5 万吨,导致浙江省内 CO_2 排放量大幅增加。2012 年,NEX 顺差的前五大行业为 S10、S11、S26、S15、S16,加总值为 17577 万吨,占当年 NEX 的 88.7%(2007 年为 78.1%);逆差的前五大行业为 S13、S2、S1、S14、S4。不难看出,碳排放有向少数贸易行业集中的趋势。

三、净出口隐含碳排放的影响因素分析

(一)净出口隐含碳排放的 Divisia 指数分解分析

借鉴 Grossman&Krueger(1991)和 He(2010)的思想,假定外贸规模、外贸行业结构和生产制造技术为进出口贸易中 CO_2 排放量变化的影响因素。可建立 Divisia 指数模型就这三种因素对进出口行业隐含 CO_2 进行分解(傅京燕和裴前丽,2012):

$$CO_{2it} = (CO_{2it}/X_{it}) \cdot (X_{it}/X_t) \cdot X_t \qquad (1)$$

(1)式中,CO_{2it} 表示为 i 行业 t 期的 NEX,X_{it} 表示 i 行业 t 期的净出口额,X_t 表示 t 期的总净出口额。将(1)式两边取对数,再求微分可得:

$$d(CO_{2i}) = [d(CO_{2i}/X_i)/(CO_{2it}/X_{it})] \cdot CO_{2it}$$
$$+ [d(X_i/X)/(X_{it}/X_t)] \cdot CO_{2it} + [d(X)/X_i] \cdot CO_{2it} \qquad (2)$$

(2)式中,方程的左边表示 $t+1$ 期相对于 t 期 i 行业 CO_2 量变化大小,方程右边三项依次表示技术效应、结构效应和规模效应。$d(CO_{2i})$ 表示 t 期和 $t+1$ 期 i 行业 NEX 差值,$d(CO_{2i}/X_i)$ 表示 t 期和 $t+1$ 期 i 行业单位净出口额的 NEX 值的变化量,$d(X_i/X)$ 表示 t 期和 $t+1$ 期 i 行业的净出口额占总净出口额的比例变化量,$d(X)$ 表示 t 期和 $t+1$ 期总净出口额的变化量。利用(2)式可将各行业的 NEX 分解为三大效应,具体结果见表2。

减排背景下隐含 CO_2 净出口量及其多维成因研究

单位：10 万吨

表 2　29 个行业 NEX 的 Divisia 指数分解的三大效应

行业编码	技术效应				结构效应				规模效应			
	2002	2005	2007	2012	2002	2005	2007	2012	2002	2005	2007	2012
S1	3.41	-1.08	0.67	2.73	-31.21	-10.00	1.27	-8.99	66.99	8.85	-5.07	-5.14
S2	73.73	-0.01	-0.27	0.002	125.46	-0.59	2.04	-70.45	-254.22	-0.03	-1.35	0.00
S3	0.22	0.55	11.33	23.12	4.52	-17.02	-0.43	101.48	-11.11	-3.98	-25.59	-24.38
S4	-3.43	—	—	0.26	21.95	-0.46	—	-3.86	-44.22	0.65	0.00	-0.47
S5	-0.25	-0.61	-3.21	-6.67	-7.46	-11.98	-6.72	60.64	27.32	25.59	9.18	4.85
S6	-0.21	-4.85	-69.55	-353.3	-54.98	-7.55	-27.99	-380.06	233.06	259.61	272.75	281.76
S7	-2.16	-5.63	-72.92	-187.4	-79.02	61.00	-288.64	-40.61	251.19	191.35	300.64	122.31
S8	-2.49	-0.69	1.44	-113.4	-6.85	17.02	20.45	-110.95	22.41	14.15	40.32	73.59
S9	-4.24	-1.25	1.13	-46.48	-31.50	-19.70	59.85	39.40	73.56	18.41	-9.95	36.67
S10	-90.87	35.06	1.53	21.22	148.15	85.07	-32.54	1002.39	-342.74	-143.15	-15.65	-46.43
S11	-14.47	0.87	6.80	52.27	51.19	-34.11	47.76	548.32	-111.92	-22.14	-75.45	-54.92
S12	-14.37	-0.38	1.17	-6.51	-50.38	5.23	-4.53	6.54	106.86	7.45	15.59	17.63
S13	84.46	5.35	7.60	-34.58	241.40	11.66	107.79	-401.34	-532.52	-63.39	-46.25	29.98
S14	-2.27	-5.61	0.18	-124.7	-7.89	-15.09	43.49	-208.58	50.68	67.44	45.48	99.40
S15	-4.39	-1.02	2.42	-180.2	-15.57	-32.84	214.99	-44.79	42.52	18.57	-29.50	142.60
S16	-1.81	-0.97	-19.13	-108.9	-9.33	30.56	-20.25	188.07	34.57	29.96	79.14	73.61

续表

行业编码	技术效应				结构效应				规模效应			
	2002	2005	2007	2012	2002	2005	2007	2012	2002	2005	2007	2012
S17	-2.52	-8.82	-13.02	-191.8	-19.23	-42.56	43.51	25.59	104.47	133.23	73.73	120.82
S18	-0.33	0.49	-19.49	-93.67	-5.87	64.30	-0.38	-68.08	-2.03	-39.62	57.98	59.85
S19	-0.31	-1.40	-0.95	-15.14	2.25	-15.94	19.48	41.69	4.58	16.83	-5.94	10.29
S20	3.31	-1.64	-0.51	-64.66	-78.48	4.41	20.92	25.99	167.02	17.81	23.60	49.27
S21	—	—	—	86.59	0.00	0.00	0.00	112.39	0.00	0.00	0.00	-58.47
S22	-1.69	-2.14	-5.07	-16.09	59.97	-8.91	3.03	-30.16	-103.73	39.25	27.52	34.59
S23	—	—	—	-0.13	0.03	—	—	0.40	-0.07	0.00	0.00	0.12
S24	-0.08	0.18	-0.08	-0.68	—	-0.31	-0.18	3.42	0.00	0.84	0.58	0.56
S25	0.06	3.40	-20.86	-11.56	9.33	0.17	-49.03	-10.09	0.84	33.63	43.67	10.18
S26	-0.28	0.19	3.38	0.72	-1.13	-0.24	-5.64	76.67	4.75	5.40	6.00	4.14
S27	-2.02	0.41	0.14	-2.62	-1.64	0.99	0.60	14.53	2.50	-1.36	0.03	2.16
S28	-4.37	-0.07	1.57	-0.63	-7.13	0.08	-2.48	16.81	15.50	1.66	1.87	0.47
S29	—	-0.10	-0.25	4.86	4.30	0.46	-6.75	15.61	-8.62	0.38	0.74	-3.87
合计	12.64	10.23	-185.94	-1367.7	260.90	63.66	139.60	902.00	-202.35	617.38	784.09	981.17

注:"—"表示因数据缺失无法计算。

减排背景下隐含CO_2净出口量及其多维成因研究

2002、2005、2007 和 2012 的技术效应总和分别为 12.64、10.23、-185.94 和 -1367.7,数值由正变负,且逐年降低。而从单个行业来看,技术效应由正变负的行业包括 S13、S20、S24;由负变正的行业包括 S4、S10、S29;全部为负效应的行业包括 S5、S6、S7、S16、S17、S19、S22。截至 2012 年,技术效应为负的行业在数量和增长量上都远远大于为正的行业,说明 1997—2012 年生产技术的提高使得出口产品的 NEX 减少。值得注意的是,行业 S3、S26 的正效应尤为突出,设法提高这两个行业的生产技术,将会更有效地降低浙江省的 NEX。

2002、2005、2007 和 2012 年的结构效应依次为 260.9、63.7、139.6 和 902.0。结构效应均为正值,表明浙江省对外贸易的产品结构还不够合理,进一步优化外贸产品的结构将有利于浙江 NEX 的降低。从单个行业来看,结构效应由正变负的行业包括 S4、S13、S25,由负变正的行业包括 S5、S9、S17、S20、S24、S26、S27,全为正的行业包括 S23,全为负的行业包括 S6。结构效应为负或由正变负的行业,说明当前合理的外贸产品结构正有利于 NEX 的降低,要保持这种势头,并设法扩大此类行业的净出口;行业结构效应为正或由负变正,意味着当前的产品结构可使 NEX 增加,这类行业的外贸结构亟待调整、优化。

与技术效应变化趋势不同的是,2002、2005、2007 和 2012 年的规模效应分别为 -202.4、617.4、784.1 和 981.2。规模效应由负变正且逐年提高与浙江 NEX 的变化轨迹相吻合,这是造成浙江 NEX 持续增大的原因。规模效应由正变负的行业包括 S1,全为负的行业包括 S2、S10、S11,负效应较大的行业包括 S10、S11。进一步扩大这些行业的外贸规模,有助于碳排放的降低。由负变正的行业包括 S13、S18、S22、S23,正效应较大的行业包括 S6、S7、S17、S20、S14、S16、S8,浙江省应考虑减少这些行业的出口规模或改进生产技术以减少单位产品的碳排放。

从发展趋势来看,技术效应由正变负,结构效应持续为正,规模效应由负变正。可见,结构效应和规模效应是导致浙江省 NEX 增加的原因,技术效应是 NEX 减少的原因。但增加净出口是经济增长的重要组成部分,正常经济理性决策者都不会通过减少净出口额来实现浙江省 NEX 的降低。因此,最大程度减少浙江省 NEX 的问题,实质就是在保持规模效应不变的情况下,通过调整结构效应和技术效应来实现。截至 2012 年,规模效应和结构效应的总和已远大于技术效应的负值。技术效应虽然通过节能降耗有利于碳减排目标的实现,但是生产技术的提高是一个渐进的过程,并且即使技术效应能够及时调整,也难以抵消规模效应较高的正向作用。因此,通过对 NEX 的分解,发现浙江外贸隐含碳减排的形势不容乐观。短期来看,对结构效应进行调整可能比较现实;而长期来看,必须对技术效应进行调整。

(二)净出口隐含碳的 LMDI 指数分解分析

上文中 Divisia 分解的规模效应仅考虑了外贸净出口额对 NEX 的影响,未考虑人口和经济规模的影响。而技术效应中只分析了单位净出口额的碳排放量,忽视了与其紧密相关的能源碳强度和单位净出口额能耗对 NEX 的影响程度。为了更加全面深入地分析 CO_2 排放的影响因素,我们引入 Kaya 恒等式(林伯强和孙传旺,2011;涂正革,2012):

$$C_B = (C_B/E_B) \cdot (E_B/B) \cdot (B/P) \cdot P \tag{3}$$

$$C_B = (C_B/E_B) \cdot (E_B/B) \cdot (B/G) \cdot G \tag{4}$$

其中,C_B 表示 NEX;E_B 表示净出口产品的能源消费量;B 表示净出口额;P 表示浙江人口;G 表示浙江总产出。通过(3)式,我们可以从能源碳强度、单位净出口额能耗、人均净出口额和人口规模四方面解释影响 CO_2 排放量的驱动因素;通过(4)式,我们可以从能源碳强度、单位净出口额能耗、单位 GDP 净出口值所占比重和经济规模四方面解释影响 CO_2 量的驱动因素[①]。借助 Ang(2004)和 Ang *et al.*(1998)的对数平均迪式分解法(Logarithmic Mean Divisia Index,LMDI),对所有因素进行无残差分解,将 0 期到 T 期的 CO_2 排放的变动量表示成为各个解释变量贡献份额的线性表达式。

$$\Delta C_{B1} = \Delta C_{BP} + \Delta C_{EB} + \Delta C_{CB} + \Delta C_{PB} \tag{5}$$

$$\Delta C_{B2} = \Delta C_{BG} + \Delta C_{EB} + \Delta C_{CB} + \Delta C_{GB} \tag{6}[②]$$

其中,ΔC_{B1} 和 ΔC_{B2} 分别表示对(3)式和(4)式进行 LMDI 指数分解后 NEX 的总变动量;ΔC_{BP} 和 ΔC_{BG} 分别表示浙江人均净出口额和单位 GDP 中净出口所占比重的变化对 CO_2 总变化的贡献;ΔC_{EB} 表示净出口能耗的变化对 CO_2 总变化的贡献;ΔC_{CB} 表示能源碳强度的变化对 CO_2 总变化的贡献;ΔC_{PB} 和 ΔC_{GB} 分别表示人口总量和经济总量变动对 CO_2 总变化的贡献。具体的分解情形见图 1。

通过 Kaya 恒等式分解,我们可以更直观的解释浙江省外贸碳排放量增加的驱动因素。1997—2007 年,能源碳强度、净出口能耗的变化对 CO_2 总变化贡献的负效应在不断增强。这表明浙江省通过改进产品的生产技术和能源的使用技术,大大节约了能耗,降低了单位产品的碳强度,从而改善了浙江省碳贸易条件恶化的局面,将有助于浙江省碳减排。但是,1997—2012 年,能源净出口的能耗的负效应继续降低,而能源碳强度的效应出现逆转,由负效应转化为正效应。这表明,2007—2012 年,能源消费结构有恶化的倾向。这一时期内,仅拿煤炭和

---

① 所用相关数据来自《浙江统计年鉴》、《中国统计年鉴》、世界银行数据库等计算整理而得。

② 对(5)和(6)式展开后的详细计算,限于篇幅这里略去。

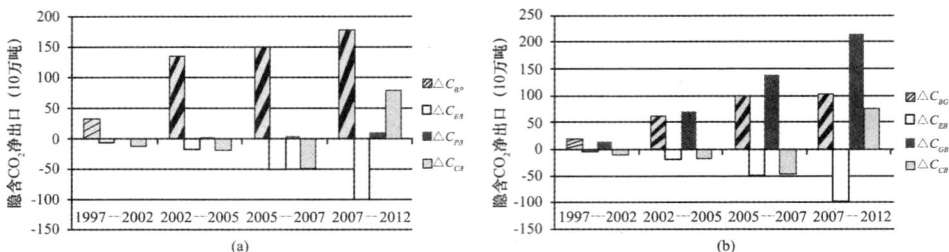

图1　净出口隐含碳排放量的影响因素分解。(a)对(5)式分解结果；(b)对(6)式分解结果

石油及制品两项消费来看,分别增长了288.9%和27.1%,煤炭消费的显著增加可能导致能源碳强度的效应出现逆转。

人口总量和人均净出口值变化对CO_2总变化贡献的正效应也在不断增强,并且人均净出口值变动的贡献对二氧化碳排放的贡献较大。这一研究结果表明,浙江省NEX增长与人均净出口值变化有着密切关系,人口总量的增加对碳排放量增长起到了一定的推动作用,但由于人口总量增长缓慢,所以其推动力相对有限。

经济总量和单位GDP净出口所占比重变动的贡献为正向作用。1997—2012年间,随着经济的发展,人均GDP水平的提高,居民的消费规模和消费模式发生了显著变化,这均导致了外贸进、出口的持续增长以及与之相应的能源消费的持续增长,再加上高耗能、高污染、高排放的粗放式高速经济增长,共同推动了NEX的持续增大。

如果把1997—2012年分成1997—2002、2002—2005、2005—2007和2007—2012四个阶段来看,ΔC_{BP}、ΔC_{BG}、ΔC_{PB}、ΔC_{GB}持续为正效应,ΔC_{EB}为负效应,ΔC_{CB}经历了两轮从负效应到正效应的波动过程。

通过NEX的LMDI指数因素分解能够看出,规模效应(无论是人口总量和人均净出口值,还是经济总量和单位GDP中净出口的比例)变动的正向作用大于技术效应(单位净出口值能耗和能源碳强度)变动贡献的负向作用。从规模效应的大小来看,最大的是经济总量,其次为人均净出口值,再次为单位GDP净出口所占比重,人口总量的效应最小。从技术效应来看,1997—2007年,单位净出口能耗和能源碳强度变动的贡献整体为负,其中能源碳强度的贡献大于单位净出口能耗的贡献;1997—2012年,单位净出口能耗为负效应,而能源碳强度转化为正效应,但两者加总起来依旧表现为负效应。因此,规模效应的正向作用大于技术效应的负向作用,是NEX不断增大的原因。

1997—2012年,浙江省各行业NEX的变化整体上呈逐步扩大的趋势。由于本文假设进口和出口产品的碳强度是一致的,而事实上,与浙江进行外贸往来的多为发达国家,这些国家整体能效水平较浙江省高,因此,本文所计算的值低估了实际的 NEX 值。尽管浙江省的能效等生产技术水平在不断提高,并且提高的幅度大于出口国,但实际上仍与这些国家的技术水平有一定差异,就此而言,浙江省实现碳减排的目标任重道远。

(三)净出口隐含碳排放的贸易结构优化分析

减少对外贸易中隐含 CO_2 量的关键是对 NEX 重点行业采取相应的经济政策,以控制这些行业通过对外贸易转移到浙江省的碳流量。上文中的结构效应仅考虑了各行业 NEX 占总 NEX 的比重。实际上,控制碳排放并不意味着要减少 NEX 值高的行业的出口,关键是要根据产品碳强度来确定高碳行业并控制相关行业的生产和出口。从碳减排角度而言,应使 NEX 顺差的行业为产品碳强度较低的行业,使 NEX 逆差的行业为产品碳强度较高的行业。

笔者将贸易行业分为两大类,一类是高隐含碳排放顺差行业(29 个行业中隐含碳排放的前五位),另一类是高隐含碳排放逆差行业(29 个行业中隐含碳排放的后五位,或称隐含碳排放逆差的前五位)。碳排放贸易结构的变化是指考察这两类行业在贸易中所占比重的变化。如果高碳排放顺差行业的产品碳强度排名加总越大,则从隐含碳排放的角度看,进出口贸易将朝着结构优化的方向发展;反之,则认为进出口贸易结构将朝着恶化的方向前行。如果高碳排放逆差行业的行业产品碳强度排名加总越小,从隐含碳排放的角度看,进出口贸易朝着结构优化的方向发展;反之,则认为出口贸易朝着恶化的方向前行。按照这样的规则判断,从碳排放顺差行业来看(见表 3),外贸顺差行业的贸易结构经历了恶

表 3　碳排放量和行业碳强度的排名比较

碳排放顺差行业	行业碳强度						碳排放逆差行业	行业碳强度					
	1997	2002	2005	2007	2012	最优安排		1997	2002	2005	2007	2012	最优安排
1	19	15	23	19	1	29	1	3	1	5	18	9	1
2	15	19	19	12	6	28	2	1	7	6	5	7	2
3	16	11	15	23	4	27	3	10	16	12	1	8	3
4	2	9	14	14	14	26	4	13	4	20	20	11	4
5	12	2	22	8	20	25	5	4	6	1	25	2	5
排名加总	64	56	93	76	45	135	排名加总	31	34	44	69	37	15

注:表中碳排放顺差行业、碳排放逆差行业和行业碳强度都是由高到低的降序排名。

化(1997—2002)、优化(2002—2005)、恶化(2005—2012)的交错发展历程。从碳排放逆差行业来看,贸易结构经历了从恶化(1997—2007)到优化(2007—2012)的过程。整体看来,1997—2012 年,碳排放顺差和逆差行业的贸易产品结构均趋恶化。通过比较实际排名加总值与最优安排的加总值,发现浙江省贸易产品结构尚有较大的改进空间。

整体看来,浙江省进出口贸易结构 NEX 顺差的行业整体上是单位产值碳排放量较低的行业,而 NEX 值逆差的行业是单位产值碳排放量较高的行业。应做进一步调整的是,优先支持 S23、S25、S24、S27、S21 等单位产值碳排放量较低的行业的出口,同时加大 S10、S12、S22、S4、S13 等单位产值排放量较高行业的进口。就浙江省 2012 年的 NEX 情形而言,笔者认为当前可适当加大 S10、S12、S26、S22 等低碳行业的进口,降低 S7、S17、S16 等高碳行业的出口。

四、结论和政策建议

(一)主要结论

本文首先计算了浙江省的隐含 CO_2 净出口,并通过 Divisia 指数分解探究了技术、结构、规模三大效应对隐含碳排放的影响程度。然后用 LMDI 指数分解分析了人均净出口、人口、经济总量和单位 GDP 净出口所占比重等驱动因素对碳排放的作用,对规模效应的影响做了补充;同时分析了单位净出口能耗和能源碳强度对碳排放的作用程度,深化了技术效应作用的认识;进而基于优化贸易结构的角度提出了影响当前碳排放的驱动因素,进一步完善了对结构效应的分析。

(1)从 Divisia 指数分解结果来看,结构效应和规模效应是导致浙江省碳排放净出口持续增长的原因,而技术效应是浙江省碳排放净进口的原因。从三大效应的发展来看,技术效应呈现由正变负逐步降低的趋势,结构效应为持续的正向作用;规模效应则呈现由负变正逐步增加的趋势。由于技术效应的调整是长期性的,短期内其难以抵消结构效应和规模效应的正向作用,因此,浙江隐含碳排放净出口还将继续保持增长态势。

(2)通过从人口和经济总量两个角度对浙江省净出口碳排放总量的 LMDI 因素分解发现:规模效应方面,人口总量和人均净出口值与经济总量和单位 GDP 净出口所占比重变动的贡献均为正效应;技术效应方面,单位净出口值能耗变动和能源碳强度变动综合表现为负效应;两方面相比较,规模效应均大于技术效应。可见,浙江隐含碳净出口将会持续较快增长。

(3)从贸易产品结构来看,浙江省各外贸行业净出口额和各行业产品的碳强度结构的匹配不够优化,这将导致浙江省隐含碳排放量的不断增长。浙江省可以兼顾碳减排所产生的环境效益和外贸获得的经济效益,对贸易进出口结构进行适度优化。

综合以上对浙江省进出口和隐含碳排放的量化分析,并结合当前外贸产品结构发展情形,笔者认为浙江省的净出口碳排放量将会保持继续增长的趋势(吴海江等,2013)。

(二)政策建议

当前由于浙江省外贸顺差的不断加大,净出口碳排放量的增加已不可阻遏,从绝对量上进行减排的难度较大。因此,本文提出在不影响外贸增长前提下实现隐含碳减排目的,可从以下几方面改善:

(1)加快生产技术革新,提高能源利用效率。通过生产技术革新,降低出口产品的碳排放强度,这是实现外贸碳减排的治本之策。本文研究表明,浙江省出口产品的碳排放强度在1997—2012年间整体呈下降趋势,这表明能源利用效率呈稳步上升趋势,但是与发达国家相比仍存在较大差距,经济增长方式仍呈现粗放型特征,这也给浙江省能源利用效率的提高提供了广阔的空间。实现技术革新的途径,一方面要加大自主创新突破关键的节能技术和清洁能源生产技术的扶持力度,采用低碳高效的能源替代现有能源,降低能源碳强度;另一方面,需要加大引进国外先进技术的力度,在吸收、引进的基础上创新,用低耗高效的工序改进现有工序,提高能源利用效率。

(2)通过降低隐含CO_2净出口形成倒逼机制,加快外贸发展方式转变。外贸的发展,数量和速度固然重要,但更要注重质量和效益的提高。实现隐含CO_2净出口的降低,有利于环境的保护和发展的可持续,应列作外贸方式转变的重要考察指标。当前,从单位产值的碳排放量角度而言,S10、S12、S22、S4、S13等行业是浙江省单位产值碳排放量相对较大的行业,应鼓励优先对这些行业产品的进口;S23、S25、S24、S27、S21等行业是浙江省单位产值排放量相对较小的行业,应优先安排相关产品的出口。可以组织专家进一步精确计量各类进出口产品的碳排放指数,并根据划分的级别对各类产品的实施鼓励、限制、淘汰等有差别的政策。这样既有助于环境效益的提高,又有利于外贸后劲的增强。近几年来,受全球金融危机的影响外贸仍未完全摆脱低迷,当前进出口政策仍是鼓励大于限制。因此,可以先将相关政策设计出来,在将来进出口环境相对宽松时择机推出。

(3)推动产业结构升级,优化外贸产品结构。一方面,要加大出口产品结构调整的力度,转变贸易增长方式。但从目前来看,商务部对优化外贸产品结构只有指导性建议,无权行政干预外贸产品结构,因而通过产业结构升级以实现外贸产品结构优化显得更为紧迫。另一方面,要使出口产业向技术密集型产业发展,限制高碳出口产业的发展,利用低碳技术改造传统制造业,使高碳产业低碳化;要引导、鼓励和扶持低碳出口产业的发展,提高其在产业结构中的比重,促进低碳的外贸产业竞争力的提高,从而实现产业结构的优化和升级。

(4)增强人们消费环保意识,倡导低碳消费。研究结果显示:人口增长对碳排放量增长具有正向作用。随着浙江省人口城镇化率的逐年提高,居民人均能源消费水平相应提高,这将给碳减排带来新的压力。碳排放本身就是在人类生产和消费过程中出现的,要减少碳排放就不能只强调生产而忽略消费。要倡导健康绿色的生活习惯,更新大众时尚消费观和生活质量观,引导居民的消费模式向可持续的低碳消费方向发展。最终通过消费市场需求引导生产结构和技术的转变,致使出口产品碳排放量减少。

(5)积极推行国际化环境标准,加强对各行业的环境管理力度。如今,"碳足迹"标签等新型贸易保护措施已逐渐成为浙江企业面向国际市场的强制性壁垒。因此,积极减少外贸隐含碳排放,不仅有助于改善环境,更是从自身利益出发所必须承担的责任和要求。这就要求浙江要积极参与美国、日本等国的双边气候合作以及各种形式的多变气候国际合作,扩大与发达国家包括清洁能源机制(CDM)等能源环保合作项目的数量和规模,通过"干中学"有效降低出口中隐含碳排放。浙江可率先制定出口产品的低碳标准,将"碳标签"等低碳壁垒内化在产品生产环节中,以消除低碳壁垒的约束作用。

参考文献

[1] 杜运苏,张为付. 中国出口贸易隐含碳排放增长及其驱动因素研究. 国际贸易问题,2012(3):97-107.

[2] 傅京燕,裴前丽. 对外贸易对碳排放量的影响及其驱动因素—以广东省为例. 国际经贸探索,2011(10):12-18.

[3] 傅京燕,裴前丽. 中国对外贸易对碳排放量的影响及其驱动因素的实证分析. 财贸经济,2012(5):75-81.

[4] 高金田,董博,许冬兰. 基于隐含碳测算的我国进出口贸易结构优化研究. 山东大学学报,2011(5):18-25.

[5] 国家统计局. 国民经济行业分类注释. 北京:中国统计出版社,2011.

[6] 黄敏,刘剑锋. 外贸隐含碳排放变化的驱动因素研究——基于I-O SDA模型的分析. 国际贸易问题,2011(4):94-103.

[7] 林伯强,孙传旺. 如何在保障中国经济增长前提下完成碳减排目标. 中国社会科学,

2011(1):64-76.

[8] 欧风. 石油产品应用技术. 北京:石油工业出版社,1983.

[9] 涂正革. 中国的碳减排路径与战略选择——基于八大行业部门碳排放量的指数分解分析. 中国社会科学,2012(3):78-93.

[10] 王洁华. 中国出口贸易的隐含国内能源分析. 国际经贸探索,2011(8):4-10.

[11] 吴海江,何凌霄,张忠根. 进出口增长与进出口碳减排的协同研究——基于浙江省数据的分析. 国际贸易问题,2013(07):70-81.

[12] 向蓉美. 投入产出法. 成都:西南财经大学出版社,2011.

[13] 张为付,杜运苏. 中国对外贸易中隐含碳排放失衡度研究. 中国工业经济,2011(4):139-147.

[14] Ang BW. Decomposition analysis for policymaking in energy:Which is the preferred method? Energy Policy,2004,32(9):1131-1139.

[15] Ang BW, Zhang FQ, Choi KH. Factorizing changes in energy and environmental indicator through decomposition. Energy,1998,23(6):489-495.

[16] Grossman GM, Krueger AB. Environmental Impacts of a North American Free Trade Agreement. Paper prepared for the Conference on United States-Mexico Free Trade Agreement,1991.

[17] Guan DB, Hubacek K, Weber CL, Peters GP, Reiner DM. The drivers of Chinese CO_2 emissions from 1980 to 2030. Global environmental Change,2008,18(4):626-634.

[18] He J. Economic Growth, Energy Demand and Atmospheric Pollution:Challenges and Opportunity in the Future 30 Years. University of Sherbrooke Working paper,2010.

[19] Kaya Y. Impact of Carbon Dioxide Emission Control on GNP Growth:Interpretation of Proposed Scenarios. Intergovernmental Panel on Climate Change Response Strategies Working Group,1989.

[20] Weber CL, Peters GP, Guan DB, Hubacek K. The contribution of Chinese exports to climate change. Energy Policy,2008,36(9):3572-3577.

浙江推进内外贸一体化发展战略研究[*]

赵建华

（浙江省商务研究院）

摘要：兼顾国内国际两个市场，推进内外贸一体化发展是市场化的内在要求，是浙江省从"贸易大省"走向"贸易强省"的基石。目前浙江省推进内外贸一体化还存在许多障碍和制约因素，迫切需要从认识上转变、政策上调整、组织上落实。新形势下应统筹国内贸易和对外贸易发展，以建设统一开放、竞争有序的市场体系为目标，着力在理顺内外贸管理体制、完善法律保障、强化平台建设、培育流通主体等方面取得新突破，促进国际国内要素有序自由流动、资源高效配置、市场深度融合，加快培育参与和引领国际经济合作竞争新优势。

关键词：浙江；内外贸一体化

早在2003年，党的十六届三中全会首次明确指出，要"按照市场经济和世贸组织规则的要求，加快内外贸一体化进程"。然而，多年来在以外需主导的经济发展模式下，内外贸一体化发展只初步实现了内外贸领导机构、组织形式的一体化，在流通主体、市场运行规则、交易方式、市场和服务一体化等方面还没有取得实质性的进展。国际金融危机后，国内外经济形势发生深刻变化，外贸发展面临前所未有的挑战，外需主导的经济发展模式难以为继。党的十八大报告首次明确，把扩大内需提到"战略基点"的高度上全力推进。新形势下，兼顾国内国际两个市场，推进内外贸一体化发展是市场化的内在要求，是浙江省从"贸易大省"走向"贸易强省"的基石，转变流通产业发展方式、促进浙江经济持续健康发展的战略性措施，迫切需要从认识上转变、政策上调整、组织上落实。

---

[*] 本文系"浙江省国际经济贸易学会2013年度立项课题"研究成果（编号：Z201315）。

一、浙江推进内外贸一体化发展的重要意义

(一)建立统一开放市场体系的内在要求

党的十八届三中全会提出,要"建设统一开放、竞争有序的市场体系,是使市场在资源配置中起决定性作用的基础。必须加快形成企业自主经营、公平竞争,消费者自由选择、自主消费,商品和要素自由流动、平等交换的现代市场体系,着力清除市场壁垒,提高资源配置效率和公平性"。加快内外贸一体化的进程,增强统一认识,落实一体化措施,奠定对外贸易坚实的国内市场基础,充分发挥两个市场互促共荣的一体化作用,是市场经济发展的必然趋势,是建设统一开放市场体系,加快市场化的内在要求,也是国际化、工业化、城镇化和信息化的共同要求。

(二)外需主导的经济增长方式难以为继的战略选择

进入 21 世纪以来,依靠 20 世纪 90 年代的改革红利、"入世"红利和人口红利等,出口和投资规模不断扩大,地区经济实现了快速增长。2008 年国际金融危机爆发,对外需主导的地区经济发展方式造成了较大冲击。以浙江为例,外需(净出口)对浙江生产总值的贡献率从 2008 年的 32.3%,大幅下跌到 2011 年的9.4%。虽然近期全球经济有所回暖,经济全球化大趋势没有变,但主要发达国家去杠杆化、储蓄上升、消费萎缩、贸易保护主义抬头、进口减少很可能成为今后五年的基本趋势,外需市场短期内无法恢复高速增长,外需主导的地区经济增长方式难以为继。国内市场是国际市场的基础,是国际商品流通的源头和调节器,必须深入挖掘国内需求潜力,强化国内市场总体规模扩张对经济增长的支撑作用,推进内外贸一体化发展。

(三)面临国家扩大内需重大战略机遇的必然选择

近年来,中国基础设施发展较快,市场秩序、市场中介组织培育以及营销组织水平等明显改善,为开拓国内市场、扩大地区间贸易奠定了扎实基础。根据世界银行和国际货币基金组织发布的最新数据推算,GDP 全国排名第一的广东已赶上世界排名第 16 位的荷兰。据估计,到 2020 年,中国至少 6 个省份的 GDP将赶上俄罗斯。国内市场潜力巨大,对地区经济的拉动作用不亚于国际贸易。党的十八大报告首次明确,把扩大内需提到"战略基点"的高度上全力推进,并提出"居民收入倍增计划"、"全面建成覆盖城乡居民的社会保障体系"等一系列重

大举措激发国内消费和投资需求。同时,城镇化进程加快,扩大内需最大潜力得以进一步释放,内外贸一体化发展面临重大战略机遇。

(四)推动浙江经济持续健康发展的战略举措

浙江是资源小省,制造业大省,民营经济创新发展优势显著,已经形成了将省外、国外资源和市场"为我所用","两头在外"、大出大进的发展路径。到2020年,浙江要实现全省生产总值、人均生产总值、城镇居民人均可支配收入和农村居民人均纯收入"四翻番",必须依靠消费、投资和出口需求的继续拉动,农业、工业和服务业的协调增长,新型城市化和城乡发展一体化的不断推进。在扩大内需的大背景下,只有在努力稳定和扩大出口的同时,大力开拓国内市场,促进内外贸融合协调、一体化发展,是实现浙江经济持续健康发展的战略举措。

二、浙江推进内外贸一体化发展的主要障碍

(一)长期以来体制性障碍尚未消除

从国家层面看,中国作为正处在经济转型期的国家,同较为成熟的市场经济国家相比,最大的区别在于流通产业落后和现代化市场体系的不完善。中国的内外贸分割是由中国原来的高度集中的计划管理体制造成的,尽管成立商务部是为了在管理体制上打破内外贸分割的局面,但是商务部是在原来外经贸部的基础上增加了一块内贸管理职能司局所组成的。商务部组建之初,从机构职能和设置来看,重国际贸易而轻国内贸易,随着国内经济增长对外贸依存度逐年下降,出口导向政策不断调整,商务部在一年前,将原来的内贸司局与服务贸易司相近的业务重新归类,使直接与内贸工作相关的业务司局增加为6个,强化了内贸职能。但长期以来的体制影响根深蒂固,内外贸依然像两张皮,分割如旧,缺乏相互间的联系与协作。从浙江省层面看,近几年来,浙江省多数地方已实现从组织机构合并、调整,初步实现内外贸领导机构、组织形式的一体化。但是,"重外轻内"的观念仍尚未改变,不少地区的领导班子、机构设置仍然存在着内贸、外贸工作貌合神离的状态。内外贸不能真正融为一体,对整个大流通、大市场、大贸易的形成极为不利。

(二)经济运行机制制约大市场的建立

国内统一市场是指能把国内各地区的经济在社会分工和商品经济高度发展的基础上融合成一个互相依存的有机统一的市场,也就是实现全国社会化大生

产的再生产所需要的国内市场。国内统一大市场的形成必须具备相应的四个条件：一是打破地区分割和市场封锁，实现经济的有机统一性；二是市场运行规范化，实现不同市场主体的权利平等和机会均等，保证交易过程的公平和安全；三是建立在比较利益基础上的交易竞争性，使商品和要素流动具有内在动力，自主界定其流动范围；四是提供发达的市场流通基础设施条件，保证商品和要素在更大空间范围内的顺畅流动。由于体制的制约，造成了现行经济运行机制上的障碍，而经济运行机制上的障碍又是国内至今尚未建立统一大市场的主要原因。国内大市场尚未建立既指国内国外市场的分割，又指国内市场中地区市场和行业市场的分割。国内统一市场迟迟未能建立是中国内外贸一体化的最大障碍。由于体制上的原因，目前国内的经济运行机制造成了各种经济利益格局，如地方利益、行业利益、部门利益等。这些利益格局严重阻碍了国内统一大市场的形成，而消除这些利益格局，只能随着改革的深入逐步实现，不可能一蹴而就。

(三)流通立法滞后加大内外贸协调发展难度

从对外贸易看，进出口经营权管理体制的改革进程就是对外贸易行业开放的渐进过程。通过30多年进出口经营权管理体制的改革，中国对外贸易行业基本构建成为一个开放式的行业。为了适应新的开放形势，与世界经济和国际法规接轨，过去几年间，外经贸领域建立了一系列法律法规，以《外贸法》为基本法、其他各种专业法为补充的法律框架基本健全，为下一步的法制建设打下了良好基础。改革开放以来，尤其是加入世贸组织后，中国流通法律法规体系得到较快发展，颁布、修改、清理了大量法律法规，逐步建立起多层次的流通法律法规体系。但与发展现状、发展需要相比，流通立法滞后问题仍然突出，在流通业中还有不少重要的领域仍是立法空白，一些现行法律已远不适应现实需要，"有章难循"问题相当突出。各地、各部门普遍反映，在促进产业发展、规范市场行为时，经常饱受无法可依困扰。

(四)主体培育滞后制约内外贸一体化进程

作为市场主体的企业也是内外贸一体化的经营主体，正是开放经济条件下企业的自主经营活动构成了内外贸一体化的微观基础。内外贸分割及其对企业自主经营权的限制与管制，严重抑制了企业参与市场竞争的积极性，导致市场效率的降低。目前，浙江省内外贸一体化主体培育还相对滞后，制约内外贸一体化进程。所有商贸企业分工有所不同，功能有所侧重，大部分流通主体都缺乏既能从事国内贸易，也能从事国际贸易，通晓两个市场的行情、信息和流通法则；既能在国内市场上与外资企业进行合法竞争，也能走出国门，在世界市场上进行拼搏的能力。相比之下,发达国家一般都有几个或十几个跨国大型流通企业集团,如日本的九大综合商社、法国的家乐福、美国的沃尔玛等,其中沃尔玛以4082.14亿美元的年销售额位居世界零售企业榜首。这些流通企业所以能做大做强,一个很重要的原因是充分利用了国内外两种资源、两个市场,既搞内贸也搞外贸,有的流通企业既搞贸易又从事产品生产。

三、浙江推进内外贸一体化发展的战略框架设计

(一)总体思路

以科学发展观为指导,认真贯彻落实党的十八届三中全会精神,按照省委省政府决策部署,深入实施"八八战略"和"创业富民、创新强省"总战略,紧紧围绕主题主线,以提高经济增长质量和效益为中心,立足大流通、大贸易、大市场,统筹国内贸易和对外贸易发展,以建设统一开放、竞争有序的市场体系为目标,着力在理顺内外贸管理体制、完善法律保障、强化平台建设、培育流通主体等方面取得新突破,促进国际国内要素有序自由流动、资源高效配置、市场深度融合,加快培育参与和引领国际经济合作竞争新优势,增强经济发展的内生活力和动力,保持经济持续健康较快发展和社会和谐稳定,为实现"四个翻一番"、加快"两富"现代化浙江建设奠定坚实基础。

(二)主要任务

1.培育内外贸一体化的流通主体

一是以贸易型企业为基础,联合生产型企业和金融型企业,完善其产业功能和金融功能,培育一批以贸易为主业,兼具多种功能的实业化、集团化、国际化经营的综合商社或综合贸易公司,使之成为内外贸一体化经营的重要主体。二是以优势企业和名牌产品为龙头,加快培育一批以工业为龙头,工贸结合的具有国际竞争力的大型企业集团和跨国公司,既增强其国内市场占有率的同时,又实行跨国经营,使内贸与外贸、国内市场与国际市场在跨国公司的生产经营活动中实现有机结合。三是深化商品流通体制改革,积极发展连锁经营等现代组织形式和经营方式。未来五年形成一批以综合商社(综合贸易公司)、工业型跨国公司和大型连锁零售企业集团为内外贸一体化经营的主体,以众多中小企业为辅助的格局,基本实现浙江省流通组织形式的现代化和国际化。

2.推进内外贸企业对接

促进优质外贸商品进入内销市场,扩展出口产品基地生产内销产品。积极

推进内外贸联手,打通内外销商品流通的渠道,鼓励高品质出口产品的产能用于生产内销产品,鼓励商业企业委托外贸企业生产高标准的内销产品。搭建外贸产品内销订货平台,积极举办外贸产品内销订货会等活动,鼓励外贸企业入场销售,更好地丰富国内市场。探索建立大中型外贸商品折扣中心,形成外贸产品内销新的通路。

3.发展内外贸一体化的商品专业市场

充分发挥浙江省商品专业市场发达的优势,以义乌中国小商品城、海宁中国皮革城等现有基础条件较好、影响力较大、管理水平较高的商品市场作为试点,打造促进浙江省内外贸联动发展的实体平台,力争未来五年内在全省打造一批布局合理、功能完善、设施齐全、管理规范、辐射面广,具有一定进出口交易规模,经营进出口业务的商户达到一定比例,内外贸相互促进的商品市场。

4.打造内外贸一体化商贸功能区

发挥区域特色,形成商贸资源集聚优势,加快内外贸融合。推动各地区根据各自特点和条件,实现具有很强辐射力的特色经营。加强规划,集中组织和引进符合区域发展的商品、服务、文化、交易、展示、鉴赏、评级、要素市场等功能,搞好大型商贸功能区建设。

5.构建内外贸一体化的电子商务平台

鼓励企业开展网络零售。支持省内生产企业到淘宝网及国内其他第三方零售平台开设网络旗舰店、专卖店。探索发展境外网络销售。加快语言翻译、报关结汇、境外配送等配套业务发展。支持浙江省电子商务平台针对不同语言进行区域划分,延伸境外服务网络。鼓励企业依托电子商务平台建设境外零售终端,开展境外批发或零售业务,推进企业在境外建设品牌,提升产品附加值。支持龙头骨干企业开展自主电子商务。选择一批标准化程度高、产品系列齐全、品牌效应明显和销售网络健全的生产企业建立企业自主网站,实现采购、生产、销售全流程电子商务。

四、浙江推进内外贸一体化发展的保障措施

(一)统一思想认识

统一思想认识,逐步纠正内外贸"两张皮"的片面认识,达成内外贸一体化是大势所趋之共识,明确内外贸一体化是构建内外互动的平台,内外贸两个市场互促、互动和互通,有利于加快全球经济一体化的进程,使国内市场更好更快地与

国际市场接轨;内外贸一体化有利于各种经营要素的集聚,优化组合,产生规模效应,从而更好地发挥浙江省经济优势,提高国际竞争力;内外贸一体化有利于培育一批具有国际竞争力、能够进行国际市场和国内市场双向开拓的龙头企业,提高市场应对能力、调控能力和平衡能力,促进更多的企业走向国际市场等等。

(二)强化组织保障

进一步强化商务部门主管商贸流通和开放型经济综合管理部门职能,强化组织保障。包括贯彻执行国家和省有关国内外贸易、外商投资、对外投资与经济合作的法律、法规、规章和方针政策;组织拟订浙江省相关的政策,起草地方性法规、规章草案,经审议通过后组织实施;研究国内外经济发展趋势,负责拟订经济对外开放战略和开拓国内市场发展战略,协调经济对外开放布局;拟订并实施全省国内外贸易、国际经济合作的发展战略和实施规划;负责推动内外贸融合,推进国内外市场的开拓,促进市场信息平台和营销网络建设;负责全省流通产业促进体系建设,推进流通产业结构调整等等。另一方面,按照市场化原则,规范和发展流通领域的行业协会、商会等自律性组织,发挥他们在参与政策制订、信息交流、价格协调、资质认定、专业培训等方面的积极作用,促进流通业行业自律和经营规范。

(三)完善法律保障

目前中国市场的整治和规范急需要法律的力量,应尽快出台《反垄断法》、《商业大店法》,加紧修改 1993 年 12 月施行的《反不正当竞争法》,考虑制定《零售企业对外经营法》,对国际化经营的零售企业提供制度保障。简而言之,商务部门的主要精力应放在制定法规、监管市场上,制定统一的法律政策,保证市场竞争的公平性,造就公平的市场竞争环境。需要指出的是,在目前流通管理体制不顺的情况下,要想加强立法的力度和有效实施,只有两种解决的途径:一是国家商务主管部门在立法时加强与有关部门的协调,使立法更具可操作性;二是浙江省商务主管部门在落实国家有关政策法规时进一步加强与其他部门的配合与协商,努力做好流通管理工作。

(四)强化人才保障

随着内外贸一体化,企业所面临的市场环境和经营业务比原来将更为复杂。把握市场和消费的走势难度加大,从而对经营管理的水平要求更高,这就对人才的素质和能力提出了更高的要求。目前中国缺乏贸易方面的复合型人才,如熟悉贸易的研究人员、企业家、金融家、会计师、审计师、律师和市场营销人才等。

为了能有效地适应一体化后的各项变化,必须树立新的人才观念和人才标准,坚持市场导向、业绩导向和能力导向,加快培养大批既懂内贸又懂外贸、更具有丰富的实践知识和管理经验的复合型人才,优化企业的人才结构,促进企业在国际市场上竞争力的提高。

浙江省开放型经济发展形势分析[*]

胡 朝 麟

（浙江省商务研究院）

摘要：本文在分析当前国际国内经济形势以及重要发展趋势基础之上，对新形势下浙江开放型经济面临的机遇与挑战做出了深入研究。当前国际国内经济形势复杂多变，未来一段时期内，第三次工业革命、第四次产业大转移将改变制造业国际布局，中国经济和浙江经济发展进入新阶段，改革开放仍将是国家基本战略举措，创新等有望成为经济发展的主要驱动力量。新形势下，浙江开放型经济将面临"三大压力"和"四大机遇"。

关键词：开放型经济；改革开放；创新；产业转移

分析当前国际国内经济形势以及重要发展趋势，研究新形势下浙江开放型经济面临的机遇与挑战，对于认清形势，推动浙江开放型经济健康发展具有重要意义。

一、当前国际国内经济形势

（一）世界经济发展出现新格局，机遇与挑战并存

世界经济格局加速变迁，根本性变化仍需时日。长期累积的全球经济失衡和利益分配不公，受金融危机的持续作用和影响，在加速推动全球经济增长格局和发展路径上出现新的变革。新兴经济体在全球经济中所占比重的不断提高，对全球经济增长的贡献度不断增加，已成为世界经济增长的主要动力。据统计，新兴经济体的代表——"金砖国家"2012 年占全球 GDP 的 20.7％，贸易额占世界总量的 17.5％。但值得注意的是，尽管美日欧等发达经济体经济增速普遍放缓，并不意味着作为世界强国的地位以及对现行国际经济政治秩序的主导作用

＊ 本文系"浙江省国际经济学会 2013 年度立项课题"研究成果（编号：Z201314）。

发生了颠覆性的改变。以美国为首的发达国家仍然是世界经济的主导力量,他们拥有先进技术、丰富的资金资源和高素质的劳动力资源,在高端制造业上具有绝对竞争力,占据全球价值链的顶端,根本性变化将是一个长期而复杂过程。

当前世界经济前景有所改善,但复苏之路仍不平坦。2013年以来,公布的一系列数据显现出积极信号,部分主要经济体经济开始出现好转迹象,美国、日本和德国等发达经济体的经济增长加快,新兴市场和发展中经济体经济活动在经历2012年下半年的低潮后已经升温。但世界经济低增长、高风险的态势没有根本改变。欧元区大部分地区的经济复苏依然令人担忧,一系列数据表明欧元区的经济衰退延续到了第一季度,前景不容乐观。日本经济虽然重回复苏轨道,但经济经历了2012年的衰退之后,如今依然还未能够复苏到此前水平。国际货币基金组织(IMF)10月发布最新一期《世界经济展望报告》将2013年全球经济增长预期降至2.9%,比其之前的预测下降了0.4个百分点。2013年,全球贸易弱势复苏局面难有大的改善,WTO预计,2013年世界货物贸易量增长3.3%,低于过去20年的平均水平。

(二)全国经济发展迈入新阶段,潜力与风险并存

经济发展进入新的阶段,制约因素不断增多。改革开放30多年以来,中国经济实现了持续的高速增长,规模快速壮大,2009年中国超越德国成为世界第一大出口国,2010年超越日本成为世界第二大经济体。同时,随着经济总量的不断扩张,制约因素也在不断增多,阻碍经济进一步增长的内部深层次矛盾不断加剧。结构性问题突出,东中西部区域不平衡性明显,城乡差距、贫富差距、行业差距不断拉大,增长过于依靠投资、内需有待提振、外需亟待转型的经济结构问题亟须解决;研发创新投入对经济增长的贡献度不高,企业过度依赖低成本竞争优势,缺乏核心竞争力;改革开放进入攻坚期和深水区,艰巨性、复杂性前所未有。2008年金融危机爆发以来,中国经济发展转折性特征明显,但转变经济发展方式——推动经济从粗放外沿式的发展向节约内涵式的发展转型之路仍很漫长,中国经济正面临着增速减缓的风险。

当前经济增速仍领先全球,但复苏基础有待巩固。去年全国经济增速创2000年以来新低,但仍领先全球。2013年以来,面对复杂多变的国内外环境,全国经济平稳运行,基本延续了2012年四季度以来的弱复苏态势。工业生产企业利润恢复性增长,在外需改善的形势下,外贸进出口增速快速回升,从2013年全年来看,中国经济将继续平稳运行并不断出现积极变化,增长率与去年持平。但一系列经济指标显示,经济增速还未完全进入回升通道,复苏基础有待巩固。经济复苏不及预期,2013年前三季度GDP仅增长7.7%;制造业相对低迷,PMI

指数自 2012 年四季度以来一直在荣枯线附近徘徊;出口增长乏力,形势不断反复,2013 年全年在 6 月和 9 月两次单月出现负增长。目前物价指数不断波动,维持在相对较低的水平,但通货膨胀潜在风险仍不可忽视。整体上看,短期内全国经济仍有望继续趋稳,增速也有望继续领先全球。

(三)浙江省经济发展进入关键期,优势与劣势并存

经济发展进入关键期,转型压力不断增大。作为中国改革开放的前沿阵地,浙江省经济实现了高速增长,经济发展各项指标排在全国前列。2012 年,浙江 GDP 达到 34606 亿元,人均 GDP 突破一万美元(63266 元),外贸出口 2246 亿美元,分别排在全国第 4、6、3 位。经济规模不断壮大的同时,制约经济增长的因素也在不断增多,土地、劳动力等要素资源日益紧缺且成本上升过快,中西部地区和周边国家对浙江省低端制造业的竞争日益激烈,产业空心化问题日渐突出。浙江省长期存在的素质性结构矛盾与当前宏观环境变化交织在一起,使企业发展、产业升级面临更大困难,突出表现为经济增长过多依赖低端产业、过多依赖低成本劳动力、过多依赖资源环境消耗等问题尚未根本改变,创新驱动发展的能力和动力不足,经济转型升级进入攻坚期,压力不断增大。

当前经济持续企稳回升,但仍需警惕潜在风险。2012 年以来,浙江经济增速逐季回升,表现出先于全国经济回暖的迹象。2013 年以来,浙江经济继续出现积极变化,企稳回升的基础得到进一步巩固。前三季度全省 GDP 增速同比增长 8.3%,同比回升 0.6 个百分点,浙江 GDP 增速已经连续七个季度没有出现下降。在国际国内经济环境趋稳的形势下,浙江经济在 2013 年有望呈现稳开稳走向上的态势。但仍需警惕潜在下行风险,浙江经济还存在许多不可忽视的问题,这些问题的深化可能会对经济复苏形成阻碍。从短期来看,存在两个问题:一是企业经营压力增大,人民币升值、要素成本持续上升正在挤压企业利润;二是外贸形势仍存变数。外贸出口增势出现反复,2013 年全年出口在 3 月、9 月、10 月当月三次出现负增长,形势并不乐观。总之,制约发展的矛盾不断显现,干扰经济平稳运行的隐忧风险依然存在。

二、几大重要发展趋势的判断

(一)第三次工业革命将颠覆传统产业模式

目前国际上对"第三次工业革命"比较主流的观点包括两种:一种是由里夫金提出的新型通信技术的形成与全新的能源系统结合——可再生能源与网络信

息技术的结合将会带来重大革命的产生,或者促使经济转型;另一种是由麦基里提出的"制造业数字化"理论,即智能软件、新材料、灵敏机器人、新制造方法及基于网络的商业服务将形成合力,产生足以改变经济社会进程的巨大力量,最具代表性的是3D打印机技术。新的产业革命发端于现代信息技术的革命性突破,核心是信息化与工业化的有机结合,重点是智能装备制造、绿色能源及信息服务。这些变革将直接对国际经济格局、市场竞争态势产生重大影响。以3D打印机为例,3D打印机已可以生产杯子、钟表、玩具、工艺品等小型轻工商品,随着技术推广和普及,部分产品集中的、大规模的、机器化生产时代将受到挑战,传统制造业模式将会发生巨大改变,浙江模具制造、义乌小商品等部分轻工产品将首先受到冲击。长期来看,社会各个产业、各个层面将会受到影响。

(二)第四次产业大转移将改变制造业国际布局

二次世界大战后,全球范围内较大规模的产业转移发生了三次:第一次在20世纪50年代,美国将钢铁、纺织等传统产业向日本、联邦德国等地区转移;第二次在20世纪60—70年代,日本、联邦德国向亚洲"四小龙"和部分拉美国家转移轻工、纺织等劳动密集型加工产业;第三次在20世纪80年代,欧、美、日等发达国家和地区以及亚洲"四小龙"等新兴工业化国家(地区)把劳动密集型产业和低技术型产业向发展中国家转移,特别是向中国沿海地区转移。全球第四次产业转移开始显现于2008年金融危机后。不同的是,前三次的产业转移都是单方向的由上往下的转移,即由经济发达国家向新兴发展中国家转移,而第四次转移出现了双向的转移。一方面,劳动密集型的以出口或代工为主的中小制造企业由中国向越南、缅甸、印度、印尼等劳动力和资源等更低廉的新兴发展中国家转移,或者由中国沿海地区向中国中西部地区转移;而同时也有一部分高端制造业在美国、欧洲等发达国家和地区"再工业化"战略的引导下回流。随着第四次产业大转移的推进,制造业国际竞争局势将发生较大改变。

(三)中国经济可能将进入中速增长期

改革开放以来,中国经济实现了30多年的高速增长。从全球经济发展的经验看,仅有极少数经济体有过这种实绩。在20世纪60年代之前,没有一个国家取得过连续40年平均7%以上的增长速度。20世纪最后40年,是工业革命以来全球经济增长最快的40年,在这段时间内,有近50个发展中国家(地区)的经济明显加速,增长成就显著,但其中也仅有三个经济体取得了年均7%以上的增长速度:韩国、中国香港和新加坡。而那些增长较快的国家(地区),在40年高速增长中也表现出前高后低的共性:持续高速增长二三十年之后,经济往往会出现较大波动,多数前期高速增长的经济体,在第三个 10 年增长速度开始明显下降,到第四个 10 年,大多数进入低于 4% 的增长时期。随着总量的不断扩张,中国经济内部深层次结构矛盾不断加剧,人口红利快速减弱,要素资源制约日益严重,传统竞争优势正在减弱。2008 年金融危机爆发以来,中国经济已显示出增速减缓的趋势,2012 年全国 GDP 同比增长 7.8%,为 2000 年以来最低增速。这段时期以来,中国经济发展呈现出一系列重要的转折性特征,正在进入一个新的增长阶段。

(四)浙江经济传统比较优势加速减弱

改革开放以来,凭借沿海区域政策先行先试的优势,以及外来廉价劳动力的支持,浙江经济发展速度一直领先于全国。近年来,东南沿海地区受资源要素制约明显,劳动力成本上升过快、民工荒、土地资源紧缺、商务成本偏高等问题逐渐显现。浙江经济主体以民营中小企业为主,在资源要素紧缺的条件下,与国有企业和外资企业相比,民营中小企业受制约往往更为严重。因此,相对于中西部地区和其他沿海省市,浙江受资源要素制约尤为突出,浙江制造业在生产成本上已不占优势。同时,近年来,国家为实现区域均衡发展,大力实施"中部崛起"和"西部大开发"战略,国家优惠政策向中西部倾斜,浙江的政策优势已不明显。金融危机以来,浙江经济已表现出增速放缓的趋势,近两年 GDP 增速在全国所有省市中排名靠后(2011、2012 年 GDP 增速在全国所有省市中分别排名倒数第 3)。由于成本和政策优势的弱化,浙江经济传统比较优势也在加速减弱。考虑到浙江经济规模基数较大,低端产业向外转移不断加快,而高端制造业尚未形成规模,新型竞争优势尚未确立,未来一段时期内,浙江经济增速在全国排名靠后可能将成为常态。

(五)改革开放仍将是国家基本战略举措

改革开放 30 年来,中国取得了举世瞩目的经济建设和社会发展成就,我们的快速发展是改革开放推动的。十八大提出"必须坚持推进改革开放"、"全面深化经济体制改革"、"创新开放模式"、"全面提高开放型经济水平"、"必须实行更加积极主动的开放战略"。李克强同志在全国综合配套改革试点工作座谈会强调,改革是最大的"红利",改革的空间和潜力仍然十分巨大。今后较长一段时期内,改革开放仍将是中国的一项基本战略举措。同时,改革目前已进入攻坚区、深水区,下一步的改革,不仅是解放思想、更新观念,更多方面的改革是要打破固有利益格局,调整利益预期,这既需要政治勇气和胆识,同时还需要智慧和系统的知识。

(六)创新等软优势将成为经济发展的主要驱动力量

十八大提出,"实施创新驱动发展战略,科技创新是提高社会生产力和综合国力的战略支撑,必须摆在国家发展全局的核心位置。"近期,浙江省省委也审议通过了《中共浙江省委关于全面实施创新驱动发展战略加快建设创新型省份的决定》。全面实施创新驱动发展战略,是破解发展深层次矛盾和问题、打造经济"升级版"的必由之路,是抢抓新一轮科技革命和产业革命机遇、增强综合竞争力的关键所在。随着要素成本的制约日益严重和传统竞争优势的衰退,创新的重要性将越显突出。体制机制的创新可以带来活力与效率,科技创新可以带来核心竞争力与效益。创新就是打破束缚、实现发展,预计未来几年创新对经济发展的贡献度将会显著提升。

三、新形势下浙江开放型经济面临的机遇与挑战

纵观国际国内形势,中国和浙江省经济社会发展进入新的阶段,总体上基本面长期趋好,仍处于可以大有作为的重要战略机遇期;同时,国际经济形势依然错综复杂、充满变数,国内省内制约经济稳定回升的阻力依然存在。

新形势下,浙江省开放型经济发展机遇与挑战并存,主要表现为"三大压力"、"四大机遇"。

"三大压力"主要指的是:

(1)省内外经济发展进入新阶段,开放型经济发展面临增长压力。外贸方面,拓市场促外贸的任务十分艰巨。世界经济复苏与增长前景虽有所改善但仍不明朗,发达经济体经济增长动力不足,新兴经济体增速放缓,众因素叠加导致国际市场有效需求不足,短期内外贸增速难以快速回升。从长远来看,外贸转型升级进入攻坚期,随着要素成本的快速上升,传统低成本竞争优势减弱,企业迫切需要加快培育技术、质量、品牌、服务等国际竞争新优势。外资方面,受劳动力、土地等资源要素紧缺和成本上升过快的影响,浙江省外资吸引力减弱,近年来引进外资规模增速缓慢。随着中西部和东南亚地区投资环境的改善,浙江省引资竞争力有待增强,引资规模增长面临不小的压力。

(2)经济转型升级尚未完成,开放型经济发展面临国内外竞争压力。在当前高端、新兴产业尚未形成规模,经济增长仍主要依赖低端产业、依赖低成本劳动力、依赖资源环境消耗的形势下,随着第三次工业革命和第四次国际产业大转移的进一步推进,浙江省制造业将面对要素低成本地区和发达国家的双面夹击。一方面,由于劳动力、土地等要素资源制约明显,中西部和东南亚等要素成本较

低的地区对浙江省劳动密集型传统产业产生了有力竞争。2005—2011年期间越南纺织服装出口增速达到32%,耐克产品中越南订单占比已经超过中国位居第一。另一方面,由于拥有先进的技术和充足的资本,在再工业化和第三次产业革命的作用下,发达国家在高端制造业和新兴产业上占据了制高点,对浙江省尚处于培育阶段的这类产业产生较大的竞争和打压。

(3)外部不稳定因素增多,开放型经济发展面临规避风险压力。各国贸易保护措施、人民币汇率走势、区域政治形势直接关系着开放型经济发展的稳定性。金融危机和发达国家再工业化导致贸易保护主义再次兴起,近年来海外对中国的贸易保护措施出现摩擦形式不断翻新、涉及产业不断扩大、发起国别不断增加、体制机制性问题逐渐增多的趋势,而针对中国贸易保护措施中,70%的贸易摩擦案件涉及浙江企业。人民币汇率升值压力依然存在,2013年以来,人民币兑美元已升值2%以上,兑日元升值幅度已超20%;同时,人民币汇率的波动性呈现不断增强的趋势,人民币兑美元交易价的当日波幅已扩大到1%。近来区域不稳定因素不断增多,南海边界问题、钓鱼岛争端、朝鲜无核化等问题直接影响着浙江外贸的进出口、外资的引进和对外投资的安全等。这些不稳定因素增大了浙江开放型经济的运行风险。

同时,浙江开放型经济发展也面临着"四大机遇":

(1)率先回暖为浙江省开放型经济战略调整带来机遇。2008年国际金融危机的爆发引发了世界经济衰退,2012年以来中国经济表现出先于世界、而浙江又先于全国回暖的迹象,这一有利形势为浙江省开放型经济发展战略的调整争取了宝贵的时间。面对当前外贸效益不高、引资规模增长乏力、外经层次不高等问题,浙江省可以借此机会,在发达经济体完全复苏之前,调整开放型经济发展战略,缩小差距。努力调整产业结构,培育竞争新优势,促进外贸转型升级;努力改善投资环境,提高引资竞争力,提升外资质量和水平;加强政策支持,引导规范经营,培育本土跨国公司。

(2)制度改革为浙江省开放型经济发展带来独有的机遇。改革是中国发展最大的"红利"。国家将深化重要领域改革,重点推进政府职能转变、财税制度和金融体制等关键环节的改革。特别是浙江省先后获批"四大国家战略举措",有30多项改革被列为国家试点,这些国家战略和试点基本上都涉及开放型经济领域,有利于推动浙江开放型经济的发展。如"义乌国际贸易综合改革试点"将较好地促进义乌及周边地区小商品贸易的发展,"海洋经济试点"及"舟山新区规划"、"舟山港综合保税区"、"大宗商品交易中心"建设有助于舟山及浙江省开放型经济的全面发展,"温州金融改革试点"对"走出去"有较大的推动作用。浙江省开放型经济发展完全有条件争取在重点领域和关键环节先行先试、率先突破。

③创新为浙江省开放型经济竞争新优势的培育带来机遇。加强科技创新是培育开放型经济竞争新优势的核心内容,是打造开放型经济"升级版"的主要手段。未来几年,随着国家创新驱动发展战略、《中共浙江省委关于全面实施创新驱动发展战略加快建设创新型省份的决定》和国家、省委省政府其他各项鼓励创新的政策措施的深入实施,全社会创新投入有望大幅增长,创新对浙江经济贡献也有望增强。通过技术研发创新可以提高产品核心竞争力,增强外贸效益;通过国际先进技术引进吸收再创新可以扩大外资技术溢出效应。随着创新投入的增加,浙江开放型经济新优势的培育也有望进一步加快。

④内在软优势为浙江开放型经济实现新发展带来机遇。资源小省、"三无"省份倒逼浙江成为市场化改革的重要发源地。浙江人具有经商传统,"宁波帮"、"温州人"等都诠释了这一人文精神,浙商气候蔚然成势,省外浙商有600万,境外浙商约150万。以"义乌小商品市场"为代表的专业市场数量众多,经营模式成熟。电子商务平台建设领先全国,拥有"阿里巴巴"、"中国化工网"等众多知名网站。经过改革开放30多年的发展,浙江已经形成了具有强烈市场意识的浙商队伍、"价格合理、质量也不错"的产品以及多元化的市场及平台等三大优势。今后一段时期内,随着企业综合成本的快速上升和低成本竞争优势的逐渐减弱,浙江成熟的市场化优势越显突出,这一新优势将有力地促进浙江省开放型经济实现新发展。

日元贬值对浙日经贸的影响与对策分析

江　玮

（浙江省商务研究院）

摘要：近期，日元贬值走势明显。自身国情和外部竞争需要是日元急剧贬值的主要原因。从中长期看，日元汇率会进入一个逐步贬值的新阶段，未来贬值速度可能放缓。由于日本是浙江省重要的贸易和投资伙伴，日元贬值将主要在贸易往来、吸引日资、赴日投资三方面影响浙日经贸发展，建议通过推广和利用金融衍生工具、转变外贸发展方式、优化引资环境、加快"走出去"等方式积极应对。

关键词：日元贬值；浙日经贸；汇率；外贸发展方式

近期日元呈现明显的贬值走势，日元兑美元汇率与去年9月相比大幅贬值约22％，从77日元兑1美元跌至目前的94日元兑1美元，创3年以来新低。浙江是开放型经济大省，日本是浙江省重要的贸易和投资伙伴，在浙江省开放型经济中占有重要地位。日元贬值问题已经与钓鱼岛问题一起成为影响浙江省与日本经贸关系的重要因素，其原因和后续发展，以及浙江应如何应对，都是值得关注的重要问题。

一、日元急剧贬值的原因与未来走势分析

（一）日元贬值原因

为了摆脱近20年的通缩顽疾，日本民主党政府和日本央行开始实施宽松的财政和货币政策。2012年9月和10月，日央行先后宣布扩大10万亿日元资产购买规模且下修经济前景预估和增加11万亿日元量化宽松政策以刺激经济。12月20日，日央行对当前国内经济评估下调为"进一步趋弱"，同时决定扩大量化宽松规模，将资产收购基金额度再增加10万亿日元至101万亿日元。12月26日自民党政府上台后，在安倍晋三领导下的日本新政府走得更快更远。2013年1月22日，日央行公布利率决议，宣布上调通货膨胀目标至2％，同时做出无上限资产购买的承诺，将从2014年开始每月买入13万亿日元金融资产。如果

按照安倍的计划,日本央行最终可能向市场释放多达 200 万亿日元,相当于其GDP 的 42%。这一系列的举措可以说是日元大幅贬值的直接诱因。

1. 自身国情需要

据日本内阁府 2013 年 2 月 14 日公布的统计数据表明,日本 2012 年第四季度实际 GDP 环比下降 0.1%,连续三个季度出现负增长,但是降幅与上期相比明显收窄。按各项指标数据来看,2012 年第四季度日本经济增长主要靠内需拉动。内需对 GDP 增长的贡献率为 0.1%,其中个人消费、公共投资和住宅投资分别环比增长 0.4%、1.5% 和 3.5%。而受全球经济减速、中日关系紧张等因素影响,外需对第四季度经济增长的贡献率为 -0.2%,其中出口下降 3.7%。

由此可见,当前日本经济仍处于疲软状态,尤其是出口、投资拖累了经济,所以安倍政府决策不惜一切扩大国债发行规模,扩大公共事业的投入,试图以此刺激消费和投资活跃,加上日元贬值令本国出口竞争力提高,使得国民经济的三驾马车尽快奔驰起来,同时振兴日本股市,进而促进或恢复日本国际金融中心的地位与影响力。日本政府认为日元贬值是对症本国实际状况的措施,是有效和深思的结果,而且初见成效。

2. 外部竞争需要

日本并不是货币宽松政策的始作俑者。在 2008 年发生金融危机以来,最早进行量化宽松的是美国,而且到现在美国已经推行到了第四轮(QE4);从 2007年到 2012 年,仅美联储一家就把自身的资产负债表从近 9000 亿美元扩张至近3 万亿美元。继美国之后的是欧洲央行,欧洲央行陆续释放了上万亿欧元的流动性。当然,在推行这些量化宽松政策时,所有国家的央行都不可能打着要汇率贬值的旗号,它们共同的借口是促进经济复苏。加入这一轮货币贬值大军的还有印度等国。尽管所谓的货币战争提法可能言过其实,但货币竞争是很显然的,而且更加激烈。

(二)日元走势预测

日元从 2012 年 9 月至今大幅贬值约 22%。从中长期看,日元升值的趋势已经结束,日元汇率会进入一个逐步贬值的新阶段,如果没有突然的劳动生产率巨大提升,贬值趋势不会反转,但由于各国都竞相推行量化宽松政策,未来贬值速度可能放缓,最终在 1 美元兑 100~120 日元之间徘徊。

1. 从历史上看

1995 年,因投机原因日元汇率一度急升到 79.75 日元,但 1998 年贬值到140 日元左右,之后一直在 100 到 120 日元之间徘徊。自从 2008 年的雷曼危机以及欧债危机之后,期间日本甚至发生过大地震、核电事故、中日钓鱼岛风波等重大事件,日元升值速度仍然不断加快,而且一直持续到 2012 年秋季。在这期间,无论宏观还是微观,很难寻觅出支持日元冲高的因素。

之所以出现背离实体经济表现的大幅升值现象,是因为前几年美元、欧元的极度弱势地位和日本的金融政策失误使日元"被升值"。为了克服金融危机,美联储不断推出金融量宽政策导致美元的货币供应量迅速膨胀。相比之下,日本央行墨守成规胆略不够,以致日元的货币供应量增长速度远远低于美元,因此日元对美元的汇率急剧上升。安倍上台后不断要求日本央行大量增加货币供应,一是为有可能引起通胀使日本摆脱通缩;二是为了遏制日元的过分升值。

2. 从外部环境上看

在传统经济学的逻辑链中,往往将货币政策宽松与经济刺激联系在一起,认为释放流动性将导致贷款更容易,实体经济可以加快发展。根据这个理论,各国货币当局对超宽松货币政策往往采取容忍态度,不仅容忍本国货币不断地贬值,同时也容忍别国货币可以适度地贬值。备受关注的七国集团(G7)和二十国集团(G20)会议发表的联合声明中并未就日元贬值直接批评日本,实际是提高了对政府操纵汇率的容忍度,这种宽松的外部政治环境使日元继续贬值的空间加大,预期增强。

3. 从日方举措上看

安倍逼迫相对保守的日本央行行长白川方明于 2013 年 3 月 19 日提前卸任,此举加快了能积极推动安倍宽松量化政策的新行长上任速度,促使日元汇率延续贬值态势。同时,一向被认为是安倍的货币政策重要智囊的滨田宏一在华盛顿的演讲中强调,日本股市上涨与日元汇率贬值,就证明了货币政策出现了效用,希望日本央行能有自信地继续推进货币宽松政策。

二、日元急剧贬值对浙日经贸的影响分析

(一)浙江与日本经贸往来现状

日本是浙江省重要的贸易和投资伙伴,在浙江省开放型经济中占有重要地位。①贸易往来密切。以单一国别计,日本是浙江第二大出口市场,2012 年对日出口 134.5 亿美元,占全部出口的 5.99%(美国占 17.00%,欧盟占 22.37%),比上年同期占比下降 0.18 个百分点。在钓鱼岛争端影响下,日本仍然是浙江第一大进口国,2012 年自日本进口 112.7 亿美元,占全部进口的

12.86％,占比上升 0.12 个百分点。②日本是浙江第四大外资来源地和引进世界 500 强企业的第一大来源地。2012 年浙江引进日本合同外资 5.9 亿美元,同比增长 20.7％,实到外资 4.6 亿美元,同比增长 9.8％,占全部实到外资的 3.5％。浙江前三大外资来源地分别是:香港,2012 年实际外资占比为 61％;英属维尔京群岛,占 6.8％;新加坡,占 4.3％。这三大外资来源地的资金中也不排除有部分日资。目前,投资浙江省的世界 500 强企业母公司有四分之一来自日本。③浙江对日本投资规模较小。日本未进入浙江对外投资前 10 位目的地国家,中方 2012 年对日投资额 3762 万美元。

浙江对日出口的产品主要是纺织服装类、机电产品类、食品饮料类等,其中纺织服装类出口额稳居前两位。浙江省从日本进口的产品仍以汽车、电子产品为主。虽然高端机电产品和高新技术产品对日出口占比逐年有所提高,但比重依旧不大,与日本仍然呈现产业链互补的态势,即浙江主要出口中低端产品,日本主要出口高端产品。而在向第三国出口方面,日本出口的印刷机械、汽车零件、电视和晶体管与浙江产品也少有交集。

(二)对浙日经贸的影响分析

日元贬值是从 2012 年 9 月开始出现,在 2012 年 11 月后开始加速,由于外贸结算具有一定的滞后性,进出口企业对货币贬值的认识和反应也需要一定的时间。根据历史经验,货币急速贬值的影响一般具有时滞性,时间一般为半年左右,估计开始大幅影响浙江省对日经贸在 2013 年 3—4 月。

1.对进出口影响

日元兑美元加速贬值,而人民币兑美元基本稳定略有升值,结果是日元兑人民币也在加速贬值。从中日双边贸易来看,这必然使浙江省出口导向性行业受损,给纺织、农牧林渔等主要向日本出口的行业带来了不利影响,但对中日双方向第三国的出口影响不大。因为日元兑人民币贬值使得浙江省出口产品在日本市场价格提升,从而削弱了产品的竞争力。有统计数据显示,人民币兑日元每升值 1％,纺织行业销售利润率下降 2％~6％。虽然这些产品价格弹性低,市场需求较为稳定,但这些产品同样具有较高的替代性。对于纺织服装等中低档商品来说,日本市场既是中国的主要出口市场,也是菲律宾、泰国等亚洲国家的主要出口市场,竞争对手的劳动力成本更低廉,中国产品面临被替代的压力。而在向第三国出口方面,由于中日出口产品差异较大,浙江省在日本主要产品如印刷机械、汽车零件、电视和晶体管领域的出口都很少,正面竞争较少,所以虽然日元贬值提升日本产品的竞争力,但对浙江出口几乎没有影响。2013 年 1 月的出口数据证明了这一点,1 月底,美元兑日元报收 90.88 日元,累计已贬值了近 15％。

而浙江1月总出口增长了10.17%,对欧盟、美国、中东等地出口均有增长,而对日出口则同比下降了2.91%。

由于日本是浙江的第一大进口国,所以日元贬值对浙江省进口影响更大,浙江省能以更低的价格进口更多的日本产品,总体影响是趋正面的。因为日元贬值时,从日本进口的商品换算为美元就便宜,浙江进口的日本商品大部分是机械类、电子产品,可以降低生产或销售成本。2013年1月浙江对日进口同比增长25.23%,高出浙江总进口额增长速度7.27个百分点。

2.对吸引日资影响

日元加速贬值使浙江省扩大日本企业在华投资遭受严峻挑战,发展中国家与中国争夺日资会更加激烈。①以美元作为计价单位的日企总投资额缩水,在浙企业购买原材料、雇佣工人等须耗费更多资金;②日元贬值提高了日本产品的出口竞争力,因此,日本的企业可以不必冒着风险将工厂移至海外或者追加投资。历史证明,日本对亚洲的直接投资实际存在着一个非常明显的倾向,这就是日元升值时活跃,日元贬值时低迷。③浙江对日贸易与来浙投资的日资企业历来息息相关,具有明显的"投资拉动型"特点,引资的困难必将反映到对日贸易额的减少中去。加上钓鱼岛局势紧张缺乏投资信心,以及浙江近年来生产要素短缺和价格提升,吸收日资不容乐观。与此同时,以东南亚国家为代表的许多发展中国家近年来加大吸引外商投资的力度,日资是重要的引资目标。相比之下,这些国家政策更加优惠、生产要素更加充沛、成本更加低廉,对中国和浙江省吸收日资将带来更大竞争压力。

3.对赴日投资合作影响

日元加速贬值和日经济疲软,给浙江省民营企业并购日本优质资产提供机遇。例如日本的电子产业,曾享誉世界引领全球多年的日本电子企业近些年来创新能力不足、转型慢造成集体巨亏,部分公司正迫不得已在寻求以技术和经营权换取资本合作或收购,此时浙江省民营企业到日投资成本降低、门槛降低、受到的敌意较小。另外,宽松的信贷环境也能为浙江省工程承包企业获得更多的低息贷款,并减少此前所负日元债务。

此外,考虑日元加速贬值的影响,更应放到发达国家三大经济体(美国、日本、欧盟)推行空前的量化宽松措施将加剧全球流动性泛滥的大背景下来考虑。①发达国家货币竞相贬值,人民币和新兴市场经济货币或被迫升值;②热钱流向中国和新市场或迫使其采取资本控制措施;③全球资产价格和通货膨胀压力上升,中国和新兴经济体可能需要在稳定经济与控制通胀之间有所取舍;④一旦日元、韩元乃至欧元不断执行弱势货币政策,可能会加大中国产业升级所面临的困难。

三、对策建议

（一）外贸方面

推广和利用金融衍生工具是规避日元贬值的重要技术手段。当前国际贸易主流的结算方式还是以美元计价。据分析，浙江对日出口贸易中80％以上还是以美元作为结算货币，以日元或人民币作为结算货币的不多。在日元贬值的情况下，对日出口商应尽量选择美元、人民币等强势货币进行贸易结算，而对日进口商则可以采取推迟日元付款等方式以减少进口成本。而实际上，交易条件的改变取决于交易双方的博弈，中方对自己有利的结算要求很难达到，即使达到，日进口商当然也会出于同样的考虑，要求在价格等其他方面得到补偿。因此，规避汇率风险的有效途径不仅仅是结算币种的选择，而是应尽快改变"当前中国可利用的金融衍生工具很少，出口企业实际加以利用的更少"的局面，允许并鼓励企业建立规避汇率风险和套期保值机制，进行远期外汇买卖操作（如买入日元兑美元的远期对冲），增强企业对汇率波动的适应能力。

市场多元化是规避特定市场和货币汇率风险的必由之路。为了更好地规避汇率风险，浙江省必须实现产品、市场的适度"多元化"，千方百计开拓新市场，提高市场的分散程度，有效规避风险。深化办好展会拓市场工作，坚持"能展尽展、全力促展"，提高对日本以外市场的参展力度。2012年以来，中东、非洲、东盟等市场迅速扩大；2013年1月，浙江对其出口分别增长了30.7％、38.0％、22.1％，有效地抵消了日本市场出口困难的不利因素。

进一步扩大对日进口是化不利为有利，提高对日贸易竞争力的关键举措。①积极开展对日进口培训，加强企业对日本的法律、进口流程等了解程度；②落实促进贸易资金政策，挖掘符合条件的进口企业，以贴息方式给予支持，编制《鼓励进口技术和产业目录（日本篇）》，宣传落实浙江省进口资助项目；③为进口企业提供金融支持，鼓励进口企业获得进口信贷，推广进口信用保险。

转变外贸发展方式，优化对日出口的产品结构是应对日元贬值的根本策略。依靠成本价格优势的出口竞争战略必须向依靠产品差异竞争优势的战略调整。如果单纯依靠价格竞争，汇率风险的影响是很大的，因此，需要在产品的差异性上多下功夫。构建差异性比较优势的关键在于培育企业的核心竞争力，使产品具有较高的技术含量，较强的不可替代性，使商品从低档次、低价位向中高档、中高价位提升。这样在面对汇率风险时，可以采取降价让利等手段从容应对，又可以凭借较强的产品品牌、品种等非价格竞争力，有效避免或减少汇率波动的负面影响。对日出口不仅应当提升传统产业如纺织服装、农产品的附加值,打造具有自主品牌和知识产权的高端产品,而且应该扩大高端机电产品和高新技术产品比重,提高对日出口竞争力。

(二)吸引日资方面

营造更好的招商环境和拓宽引资渠道是应对日资撤资风险的正确之举。各级政府要从维护经济大局出发,健全政府工作机制,加大服务力度,提高风险预警能力,帮助日资企业趋利避害,保证日资企业生命财产安全。承认和顺应经济规律,充分利用浙江相对比较优越的投资环境、成熟的产业配套、中国庞大的消费市场等积极因素,积极开拓引资渠道,争取更多的跨国投资特别是日资来浙江投资兴业;继续举办欧美国家浙江周、港澳浙江周等活动,加大吸收北美、欧盟等发达国家投资的力度;充分利用 CEPA 政策和自贸区政策,吸收台湾地区和东南亚地区的外资;坚持"浙商回归"工程,进一步重视引进华侨资金。

(三)对日投资合作方面

对日投资是抓住机遇、有所作为的重要环节。实施"走出去"战略,根据目前浙江产业的发展水平和结构调整的需要,鼓励有条件的企业根据自身特点对日本和其他目标市场进行海外投资,以境外投资带动出口的稳定增长。通过境外营销网络建设,深入国外终端市场,减少中间流通环节,提高出口企业的经营效益和出口产品价格竞争力;向当地消费者更好地提供生产销售及售后服务,提高产品声誉;在日并购其优质企业或设立研发中心,吸收其先进技术;同时大胆创新,加快产品的升级换代,提高产品附加值和国际竞争力,巩固和扩大出口份额。

浙江省外向型经济发展的地域差异分析[*]

蒋 伟

（浙江广厦建设职业技术学院）

摘要：近年来浙江省采取了非均衡的外向型经济发展模式，由于开放次序和开放程度的不同，以及各地资源禀赋的差异，全省外向型经济发展很不平衡。本文运用相关性分析、因子分析和聚类分析相结合方法，对浙江省外向型经济发展水平进行科学的评价，可以有效地对浙江省区域内部外向型经济发展差异程度进行比较分析。

关键词：浙江省；外向型经济；地域差异；实证研究

改革开放以来，浙江省充分利用地处长三角的地理优势，实行外向型经济发展战略，积极参与国际分工和交换，对外开放水平日益提高，带动了全省经济的高速发展，成为中国经济发展最快的地区之一。近年来浙江省采取了非均衡的发展模式，对外开放由点到面，逐步展开。首先是环杭州湾的杭州、宁波、嘉兴、绍兴、湖州几个城市，接着是沿海开放城市，最后向西南部的衢州、丽水地区延伸，形成了多层次、多样化的对外开放格局。由于开放次序以及开放程度的不同，以及各地自然环境、区位、社会经济条件的差异，全省外向型经济发展很不平衡，地域差异明显，表现为环杭州湾为核心的地区高度发达，而西南内陆山区发展滞后。

如何进一步扩大开放，在更高层次上参与国际分工和经济循环，是浙江省外向型经济发展面临的重大课题和现实任务。对浙江省外向型经济的地域差异进行分析研究，不仅有利于全省外向型经济的健康发展，而且对缩小省内区域经济差距具有重要的现实意义。

---

* 本文为"浙江省国际经济贸易学会 2013 年度立项课题"研究成果（编号：Z201308）。

一、外向型经济评价的相关理论及研究现状

(一)国外的理论综述

外向型经济发展程度是指一个国家或地区融入国际经济的程度或对国际经济的依赖程度。由于经济全球化的不断深入,各国经济的相互关联也是一个十分复杂的系统,使得对外向型经济程度的测定有一定的难度。世界经济论坛(WEF)和洛桑国际管理发展学院(IMD)每年都要发表"世界竞争力报告",其中国际化程度是衡量各国竞争力的一个重要方面,主要指标包括:出口商品和服务、进口商品与服务、出口年增长率、进口年增长率、贸易差额、吸引外商直接投资、对外国直接投资的保护程度、进入国际市场、与外国公司的关系、保护主义倾向等,体系庞杂,既有统计指标,又有调查指标(World Economic Forum and International Management Development,1994)。

(二)国内相关的研究成果

近年来,国内的学者提出了一系列衡量对外开放程度的指标体系。李羽中(1998)认为,"要衡量一个地区的对外开放程度,必须从国际贸易、国际金融和国际投资三个方面着手",为此他设计了对外贸易比率、对外金融比率、对外投资比率 3 项指标,并按 40%、30%、30%进行加权求和,得出一个国家的对外开放比率。谢守红(2003)选择外贸依存度(外贸总额占 GDP 的比重)和外资依存度(外资占 GDP 的比重)2 个指标,并采用算数平均法求出各省区对外开放度。孙丽东和陈耀辉(2008)从对外贸易开放度、对外金融开放度、对外投资开放度、对外经济合作开放度以及对外旅游开放度 5 个一级指标入手,结合层次分析法和主成分分析法,建立最有组合赋权模型,进行对外开放度的综合评价。

二、浙江省外向型经济发展的现状分析

(一)对外贸易发展现状

1. 对外贸易发展水平较高,外商投资企业和民营企业发展迅速

改革开放以来,浙江省对外贸易迅速增长,对外贸易增长速度远远高于GDP 的增长速度,有效地推动了浙江省经济的繁荣发展。2011 年,进出口总额3094 亿美元,比上年增长 22%,其中进口 930 亿美元,增长 27.3%;出口 2164

亿美元,增长 19.9％,出口总额在全国各省(自治区、直辖市)的排位由 2010 年的第 4 位提升到第 3 位。月度出口规模创历史新高,月均出口 180.3 亿美元,其中 7 月当月出口 209.3 亿美元,创历史新高。外商投资企业发展迅速,2011 年浙江省外商投资企业进出口总额达到 1079.3 亿美元,占全年进出口总额的三分之一左右,在全国各省(自治区、直辖市)排名达到第 4 位。民营企业对出口增长的贡献率持续提高,出口 1293.7 亿美元,比上年增长 24.8％,高于全省出口平均增速 4.9 个百分点,占全省出口总值的 59.8％;对全省出口增长的贡献率为 71.6％,比上年提高 6.8 个百分点。

2. 出口商品市场范围不断扩大,出口商品结构不断优化

就浙江省出口商品的主要国家(地区)来看,欧盟和美国是其出口份额最大的国家和地区,2011 年两者的出口额分别为 557.7 亿美元和 349.2 亿美元,分别比上年增长 15.4％和 14.7％,两者出口额所占比重达到了 41.9％。随着浙江省多元化市场战略的实施,出口市场范围也不断扩大。近年来,浙江省与东盟、日本、韩国和俄罗斯的出口贸易额也不断扩大,对欧美市场出口增速明显放缓,对新兴市场出口快速增长。

出口商品结构可反映一个地区外向型经济发展的水平。2011 年,浙江省出口商品的总值构成中,初级产品占 4.12％,工业制成品所占比重为 95.88％,而同期全国的出口商品总值构成中,初级产品和工业制成品所占比重分别为 5.3％和 94.7％,初级产品所占比重低于全国同期 1.18 个百分点,工业制成品则高于全国 1.18 个百分点,说明浙江省在外向型经济发展的过程中,出口商品结构不断优化,在全国处于领先水平。

3. 对外贸易地区发展差异显著

近年来浙江省采取了非均衡的发展模式,对外开放由点到面,逐步展开。由于开放次序以及开放程度的不同,以及各地自然环境、区位、社会经济条件的差异,全省对外贸易发展很不平衡,地域差异明显,表现为环杭州湾为核心的地区高度发达,而西南内陆山区发展滞后。例如 2011 年,宁波、杭州、嘉兴三地的进出口总额分别为 981.17 亿美元、639.17 亿美元和 284.85 亿美元,而浙西南的衢州和丽水地区则分别只有 26.87 亿美元和 21.25 亿美元(见表 1)。

表 1　2011 年浙江省各市对外贸易情况

城市	进口总额(亿美元)	出口总额(亿美元)	总额(亿美元)
杭州市	224.50	415.21	639.71
宁波市	373.55	608.32	981.87

续表

城市	进口总额(亿美元)	出口总额(亿美元)	总额(亿美元)
嘉兴市	92.13	192.72	284.85
湖州市	13.06	73.56	86.62
绍兴市	75.19	259.86	335.05
舟山市	57.91	74.73	132.64
温州市	34.06	181.65	215.71
金华市	12.89	151.46	164.35
衢州市	9.26	17.61	26.87
丽水市	3.11	18.14	21.25

数据来源:根据《浙江省统计年鉴2012》

(二)利用外资发展现状

1. 实际利用外资增长迅速,利用外资结构不断优化

改革开放以来,浙江省利用外资从无到有、从小到大,取得了骄人的成绩。截至2011年底,浙江省累计批准外商投资项目数达49839个,合同利用外资金额为2318.02亿美元,实际使用外资金额为1397.68亿美元,其中2011年实际利用外资额为153.98亿美元,实际利用外资同比增长16.3%,同期全国实际利用外资同比平均增长8.2%,增长速度高于全国平均8.1个百分点,全省实际利用外商直接投资116.7亿美元,比上年增长6.0%。

第三产业引资比重稳步提高,高新技术行业项目增多。2011年,浙江省第三产业外商直接投资合同外资和实际外资增速分别达到16.2%和30.3%,占全省比重分别比上年上升5.3和8.6个百分点。制造业引资比重有所下降,但高新技术行业的外商直接投资项目增多。全年新批高新技术行业合同外资25.2亿美元,实际外资12.2亿美元,分别比上年增长18%和24.2%,大大高于平均增速。全年新批世界500强投资企业9家,总投资10.75亿美元,合同外资3.59亿美元。到2011年底,已累计批准139家世界500强在浙江省投资设立399家企业。

2. 实际利用外商直接投资地区差异化明显

从地区角度来看,浙江省各个地区实际利用外商直接外资的差异也十分明显。2011年浙江省实际利用FDI最多的3个地区中,杭州市为472230万美元(所占比例40.45%)、宁波市为280929万美元(24.07%)、嘉兴市为172066万美元(14.74%),三者所占比例之和达到79.26%;而利用外资最少的三个城市中,温州市为 10215 万美元(0.88%)、衢州市为 4541 万美元(0.39%)、丽水市为 4430 万美元(0.38%)。外商直接投资主要集中在杭甬嘉等发达城市,而在其他地区的投资量很少。各个地区利用 FDI 的显著差异,也在一定程度上造成了经济发展的巨大差异。

(三)国际旅游发展现状

1. 旅游服务进出口稳步增长

2011 年,全省旅游服务出口 45.4 亿美元,比上年增长 15.6%。全年接待入境旅游人数 773.7 万人次,增长 13%。其中,接待外国人 515 万人次,增长 15.1%;香港同胞 113 万人次,增长 31.9%;澳门同胞 25 万人次,增长 8.2%;台湾同胞 121 万人次,下降 6.1%。2011 年,浙江旅行社组织出境游人数为 119.8 万人次,比上年增长 16.1%。其中,出国游累计组团人数 60.7 万人次,增长 24.7%;港澳台游累计组团人数 58 万人次,增长 8.1%;全年台湾游累计组团人数 15.3 万人次,下降 15.9%。浙江人在境外旅游消费额大幅增长,全年旅游服务进口 40.9 亿美元,增长 88.4%。

2. 国际旅游事业地区发展不平衡

由于浙江省各个地区的旅游资源禀赋以及开放程度存在显著地差异,导致各个城市在国际旅游事业的发展上也存在显著地不平衡性。2011 年浙江省入境游客最多的三个地区分别为杭州市、宁波市和金华市,入境游客分别为 306.3 万人次、107.4 万人次和 72.7 万人次,三个地区接待入境游客人数的比重占到了总人数的 62.9%,而丽水、台州和衢州三个地区的入境游客分别只有 16.2 万人次、12.3 万人次和 11.6 万人次,三者之和的比重只有 5.2%。在旅游创汇收入方面,杭州市、宁波市和金华市的国际旅游收入分别为 198710 万美元、65472 万美元和 41661 万美元,三个地区的国际旅游收入所占比重分别为 43.8%、14.4% 和 9.2%,而台州和衢州两个地区的国际旅游收入分别只有 6334 万美元和 5991 万美元,两者之和的所占比重只有 2.7%。

三、浙江省外向型经济发展地域差异的实证研究

(一)外向型经济地域差异的影响因素

在参考国际和国内的部分学者研究成果的基础上,考虑到数据的代表性和可得性,从外向型经济总量规模和发展水平两个方面计算和比较。外向型经济

总量规模采用了外贸总额和实际利用外资 2 个指标;外向型经济发展水平则采用人均外贸总额、人均实际利用外资、外贸依存度(外贸总额与国内生产总值之比)、资本依存度(实际利用外资与固定资产投资之比)、外资企业的工业产值份额(外商投资企业工业产值与工业总产值之比)及旅游开放度(国际旅游外汇收入与国内生产总值之比)等 6 个指标。这些特征变量基本上可以反映外向型经济发展的影响因素(谷卓越,2008)。

根据本文所选取的特征变量因素,现在把这些特征变量因素转化为相应的8 项指标:

X_1——外贸总额(亿美元);X_2——实际利用外资额(万美元);

X_3——人均外贸总额(美元);X_4——人均实际利用外资额(美元);

X_5——外贸依存度(%;汇率采用 2011 当年比例 1 美元＝6.46 人民币);

X_6——资本依存度(%;汇率采用 2011 当年比例 1 美元＝6.46 人民币);

X_7——外资企业贡献度(%);

X_8——旅游开放度(%;汇率采用 2011 当年比例 1 美元＝6.46 人民币)。

由于要用到横截面的数据,部分城市 2012 年的数据不全,所以这里指标采用 2011 年的统计数据进行分析。

(二)外向型经济地域差异影响因素的因子分析

本文决定采用 SPSS14.0 对数据进行实证分析。首先找出原始的样本数据,然后把原始的数据进行标准化处理,以消除指标之间量纲不一致和数量级的差异大等现象(标准化处理后的数据从略),并建立变量的相关系数矩阵 R(表 2),然后通过因子模型,计算出 R 的特征值和贡献率以及正交因子表,找出各个主因子(表 3)(吴冬霞等,2012)。

表 2 相关系数矩阵 R

变量	X_1	X_2	X_3	X_4	X_5	X_6	X_7	X_8
X_1	1.000	.795	.763	.702	.609	.782	.777	−.051
X_2	.795	1.000	.543	.927	.354	.872	.723	.207
X_3	.763	.543	1.000	.581	.962	.623	.895	−.055
X_4	.702	.927	.581	1.000	.423	.956	.834	.094
X_5	.609	.354	.962	.423	1.000	.450	.822	−.159
X_6	.782	.872	.623	.956	.450	1.000	.852	.022
X_7	.777	.723	.895	.834	.822	.852	1.000	−.169
X_8	−.051	.207	−.055	.094	−.159	.022	−.169	1.000

表 3　因子分类及命名

因子	高载荷指标	命名
因子一	X_1:外贸总额 X_2:实际利用外资额 X_4:人均利用外资额 X_6:资本依存度	外向型经济规模因子
因子二	X_3:人均外贸总额 X_5:外贸依存度 X_7:外资企业贡献度	外向型经济水平因子
因子三	X_8:旅游开放度	国际旅游事业因子

(三)外向型经济发展水平的综合评价

根据因子得分函数 $Z = A^T R^{-1} X$,利用各地区原有指标 X 的实际数据并借助于 SPSS14.0 软件,可分别计算各地区主因子 F_1、F_2、F_3 的得分 Z_1、Z_2、Z_3,并以各主因子的贡献率为权数进行线性加权求和计算各城市的总得分 Z:

$$Z = (67.267 Z_1 + 17.136 Z_2 + 10.138 Z_3)/94.722$$
$$= 0.71 Z_1 + 0.18 Z_2 + 0.11 Z_3$$

借助 SPSS14.0 软件,根据因子得分公式,计算出各个地区的因子得分,并对他们进行排名比较,最后计算因子的总得分,对浙江省各市外向型经济发展的情况进行排序(表4)。

表 4　浙江各市外向型经济发展水平因子得分的总体评价

地区	Z	排名	Z_1	排名	Z_2	排名	Z_3	排名
杭州市	1.51	1	2.01	1	−0.25	5	0.61	2
宁波市	1.08	2	1.14	2	1.64	2	−0.28	5
嘉兴市	0.51	3	0.77	3	0.13	4	−0.62	6
湖州市	0.23	4	0.64	4	−0.89	10	−0.50	8
绍兴市	−0.14	5	−0.18	5	0.31	3	1.14	9
丽水市	−0.41	6	−0.73	10	−0.85	9	−1.02	1
金华市	−0.45	7	−0.58	7	−0.34	7	0.24	4
舟山市	−0.50	8	−1.31	11	2.02	1	−0.55	3
台州市	−0.58	9	−0.59	8	−0.25	6	2.31	11
温州市	−0.61	10	−0.65	9	−0.46	8	−0.62	7
衢州市	−0.63	11	−0.51	6	−1.07	11	−0.70	10

从总体上来看,按照外向型经济的综合因子得分来评价,可以把浙江省各个地区的外向型经济发展情况分为三类。

Ⅰ类:杭州和宁波。杭州和宁波的因子总得分大约在 1 以上,要远远高于其他地区,可以把他们归为一类,属于浙江省外向型经济最发达的地区,他们在外向型经济发展规模、发展水平以及国际旅游事业的发展中都在全省处于领先地位。杭州具有紧邻上海的优越区位条件、完善的基础设施、高效的政府服务、丰富的人才资源、一流的人居环境等综合优势,尤其是近年来打造产业平台、发展新兴产业等方面力度很大,外向型经济发展迅速,蕴藏众多商机,因此众多外商纷纷到杭州进行投资。宁波是中国较早的沿海开放城市,具有得天独厚的发展外向型经济的优势,宁波的港口优势明显,货物吞吐量居全国第二位,宁波拥有自己的传统优势产业,纺织服装业、装备制造业、电子信息业、精细化工与生物医药业、文具业等产业都具有相当规模,这些都为宁波的产品出口对外贸易创造了条件。

Ⅱ类:嘉兴、湖州和绍兴。嘉兴、湖州和绍兴的综合因子得分大约在 0 左右,他们的外向型经济发展规模和水平在全省处于较为领先的位置,国际旅游事业在全省也处于中等,因此可以把他们归为第二类,属于浙江省外向型经济次发达的地区。嘉兴利用区位优势,主动接轨上海,发挥嘉兴作为浙江省接轨上海扩大开放前沿阵地的优势,加大全方位接轨上海的力度,在接轨中实现借力发展。湖州通过实施着力招商引资提升外资质量,开拓海外市场力促外贸平稳增长,加快产业联动,着力外经外包发展等措施。绍兴充分发挥区位、体制、机制、产业等方面的特色和优势,开放型经济取得了长足的发展,绍兴市外贸已逐步形成了以纺织业为主体,机电、医药化工为支撑的出口体系。

Ⅲ类:金华市、丽水市、舟山市、台州市、温州市和衢州市。这几个地区因子综合得分都是在−0.4 以下,可以把它们归为第三类,属于外向型型经济发展落后地区。这些地区大多数位于浙江省南部地区,地理位置较为偏僻,由于交通不便,经济文化基础差、对外联系少等原因,外向型经济发展较为缓慢。其中舟山市虽然是港口城市,外向型依存度高,但是其发展基础薄弱,发展时间滞后,导致其外向型经济也处于较为落后水平。台州和温州虽然临海,但是没有固定的港口,再加上当地企业多为私营小型企业,产业结构不合理,产品附加值较低,影响了其外向型经济的快速发展。金华、丽水和衢州则由于处于浙江省西南内陆地区,山区多,交通不便,与外界联系较少,导致外向型经济发展水平较低(刘黎清,2010)。

参考文献

［1］谷卓越. 基于因子分析的我国内地对外开放度评价. 企业经济，2008(2):122-124.

［2］李羽中. 我国对外开放程度的度量与比较. 经济研究，1998(1):26-29.

［3］刘黎清. 中国省域对外开放度实证研究. 商业时代，2010(9):129-131.

［4］孙立冬，陈耀辉. 经济对外开放度的测算模型 统计与决策，2008(14):35-36.

［5］吴冬霞，王旦，罗乐. 基于因子分析法的广西外向型经济发展综合评价. 广西经济管理干部学院学报，2012(4):81-85.

［6］谢守红. 广东外向型经济发展的地域差异与对策. 地域研究与开发，2003(3):32-35.

［7］World Economic Forum and International Management Development. The World Competitiveness Report，1994.

培育国际贸易新优势

基于 CMS 模型的海峡两岸水产品出口增长源泉与渔业合作问题研究[*]

邓启明[1,2]　孙仁兰[1,2]　刘千稳[1,2]
（1.宁波大学商学院；2.宁波大学台湾研究中心）

摘要：借助于 UNCTAD 统计数据，利用 CMS 模型分 3 个阶段对台湾海峡两岸 1997—2011 年水产品出口增长源泉及其变化情况进行实证分析与比较，进而就两岸渔业如何合作发展问题进行探索研究。实证分析结果表明，入世前中国大陆水产品出口增长主要是由国际竞争力增强引起的，入世后有 1/2 左右是由世界市场需求引致的，也是产品国际竞争力进一步增强的结果；入世前中国台湾地区之所以负增长，主要是产品国际竞争力下降造成的，入世后的迅速增长主要是世界市场需求增加所致，2008 年起国际竞争力增强才对此起轻微促进作用。两岸水产品各具竞争优势，优化出口商品结构、加强和改进两岸渔业合作是增强双边国际竞争力的现实选择。

关键词：水产品；出口；渔业；合作；CMS 模型；海峡两岸

21 世纪是海洋的世纪。特别是 2008 年全球金融危机爆发以后，世界各国在努力寻求经济复苏的同时，也在积极谋求新的经济增长点。以海洋资源为依托、包括海洋渔业在内的海洋经济，因具有巨大发展潜力和广阔市场前景，吸引了众多目光，成为各国（或地区）新一轮经济发展重要战略部署（Kronen&Bender，2007；Kildow&McIlgorm，2010；汪长江和刘洁，2010；邓启明等，2012）。当前，海峡两岸海洋经济和渔业发展各有所长，特别是中国大陆具有丰富渔业资源和大量劳动力资源，已成为全球水产品生产和出口第一大国，而渔业经济在中国台湾地区经济社会发展中也一直扮演着重要角色（韩立民等，2007；周井娟和林坚，2008；郑思宁，2012）。随着两岸关系持续升温和经济合作快速发展，尤其是海峡两岸 ECFA 和"投资保障协议"、"渔船船员劳务合作协议"等重要协议逐步实施，两岸间产业分工与合作不断提升，渔业合作方兴未艾。面对竞争日益激烈的国际水产品市场，如何以恒定市场份额（CMS）模型和区域经济合作相关理论为指导，实证分析、比较两岸水产品国际竞争力变动情况，准确把握水产品出口增长源泉及其合作发展主

---

[*]　本文获得"第五届浙江省国际经济贸易研究优秀成果奖"理论类二等奖。

要影响因素与着眼点等，无疑具有重大理论和现实指导意义。

一、CMS 模型构建与数据来源

（一）模型选择与含义

1.模型选择

恒定市场份额（CMS）分析方法，最初由泰森斯基（Tyszynski，1951）提出，后经 Leamer 和 Stern、Catrinus J. Jepma 及 Milana 等修改完善，已成为研究对外贸易增长源泉和出口产品国际竞争力变化重要工具之一（周井娟和林坚，2008；郑思宁，2012；帅传敏等，2003；赵亮穆和月英，2012；张岳和刘丹，2012）。

从总的来看，CMS 模型首先假定一国（或地区）某种商品的出口在世界市场的份额不变；如果该国（或地区）该商品在世界市场的份额发生变化，那么，这种变化是由该国（或地区）该商品出口结构或者国际竞争力的变动引起的。此间，该模型将一国（或地区）出口变动分解成两个层次；第一层次包括结构效应、竞争力效应和二阶效应；第二层次是对第一层次的进一步分解，包括增长效应、商品效应、整体竞争效应、特定竞争效应、纯二阶效应和动态二阶残差等。

由于考察两岸的水产品在国际市场的出口变动情况时，笔者将世界市场作为一个整体，所以，这里选用了一个国家（或地区）各类水产品在一个单一出口市场的市场份额模型，并不考虑市场分布效应。

现将 CMS 模型简化分解如下：

$$\Delta q = \underbrace{\sum_{i=034}^{037} s_i^0 \Delta Q_i}_{\text{结构效应}} + \underbrace{\sum_{i=034}^{037} \Delta s_i Q_i^0}_{\text{竞争效应}} + \underbrace{\sum_{i=034}^{037} \Delta s_i \Delta Q_i}_{\text{二阶效应}} \quad (i = 034,035,036,037) \tag{1}$$

（1）式（第一层次）可以进一步分解成二阶效果，即（2）式（第二层次）：

$$\Delta q = \underbrace{s^0 \Delta Q}_{\text{增长效应}} + \underbrace{\left[\sum_{i=034}^{037} s_i^0 \Delta Q_i - s^0 \Delta Q \right]}_{\text{商品效应}} + \underbrace{\Delta s Q^0}_{\text{整体竞争效应}} + \underbrace{\left[\sum_{i=034}^{037} \Delta s_i Q_i^0 - \Delta s Q^0 \right]}_{\text{特定竞争效应}}$$

$$+ \underbrace{(Q^t/Q^0 - 1) \sum_{i=034}^{037} \Delta s_i Q_i^0}_{\text{纯二阶效应}} + \underbrace{\left[\sum_{i=034}^{037} \Delta s_i \Delta Q_i - (Q^t/Q^0 - 1) \sum_{i=034}^{037} \Delta s Q_i^0 \right]}_{\text{动态二阶残差}} \tag{2}$$

其中，（1）式和（2）式中的 q 为水产品出口额；s 为一国（地区）水产品出口在世界水产品出口市场上的份额；s_i 为一国（地区）第 i 类水产品的出口额占世界该类水产品出口总额的比重；Q 为世界水产品出口总额；Q_i 是世界第 i 类水产品的出口总额;上标 0 表示期初年份,t 表示期末年份;△ 表示某个变量在一段时期内终止年份和起始年份之间的差额。由于本文所研究的水产品可以分成 034、035、036 和 037 四类,因此 i 取值范围为 034、035、036 和 037。

2. 模型含义

CMS 模型将一国(或地区)出口变动情况分解成两个层次,为便于分析和比较,现将每个层次的含义及其关系列于表 1。

(二)数据来源与处理

本文采用 1997—2011 年世界水产品和中国大陆与台湾地区水产品出口贸易数据进行研究,所有数据均源于联合国贸易与发展大会(United Nations Conference on Trade and Development,UNCTAD)数据库。

考虑到 2001 年 12 月和 2002 年 1 月海峡两岸先后加入 WTO,以及 2008 年全球金融危机和国民党在台湾地区重新执政并促进两岸经贸合作新发展,为更好分析、把握海峡两岸在此间水产品出口贸易的变化情况及其影响因素和合作潜力等,这里将两岸水产品出口贸易变化划分为 1997—2001 年(共 5 年)、2002—2007 年(共 6 年)和 2008—2011 年(共 4 年)3 个阶段,每个时期采用该阶段年贸易总额的算术平均值代替。

表 1　CMS 模型分阶段效果及其含义

一阶效果	二阶效果	二阶含义	一阶含义
结构效应	增长效应	因世界水产品需求变动而引起的海峡两岸水产品出口变动	因世界水产品出口额的变动而引起的海峡两岸水产品出口的变动
	商品效应	因出口商品结构效应变化而引起海峡两岸水产品出口变动	
竞争力效应	整体竞争效应	因海峡两岸水产品整体竞争力变动而引起的各自水产品出口变动	因海峡两岸水产品竞争力变动而引起的各自出口变动
	特定竞争效应	因海峡两岸特定水产品在特定市场竞争力的变动而引起的水产品出口变动	
二阶效应	纯二阶效应	因海峡两岸水产品竞争力与世界水产品总进口的交互作用而引起的各自水产品出口变动	因海峡两岸水产品竞争力与世界水产品进口需求变化交互作用而引起的各自出口变动
	动态二阶残差	因水产品竞争力与特定市场特定水产品进口的交互作用而引起的海峡两岸水产品出口变动	
总效应		海峡两岸在某一时期内各自水产品出口额的变化	

二、CMS 模型测算与结果分析

(一)模型测算

根据上述 CMS 模型第一层次和第二层次效应分解,将以上数据分别代入(1)式和(2)式,得出结果见表 2 和 3。

(二)结果分析

1. 第一层次分析

从 CMS 模型测算结果(表 2)可知,在第一阶段(1997—2001 年),大陆水产品出口呈平稳上升态势,其结构效应、竞争效应和二阶效应分别占 2.22%、97.49% 和 0.29%,表明这一时期大陆水产品出口增长主要是由其国际竞争力增强引起的,结构效应和二阶效应虽然贡献较小但仍为正值(占 2.51%),三者共同作用使大陆水产品出口 5 年间增加了 3 亿美元。但此间台湾地区水产品出

表 2　CMS 模型第一层次分解结果

不同时期影响因素		中国大陆		台湾地区	
		出口额(万美元)	百分比(%)	出口额(万美元)	百分比(%)
1997—2001 年	出口额变化	3031.15	100	−9746.55	−100
	结构效应	673.28	2.22	3065.74	31.45
	竞争效应	29550.39	97.49	−12540.04	−128.66
	二阶效应	87.79	0.29	−272.26	−2.79
2002—2007 年	出口额变化	208165.21	100	13984.92	100
	结构效应	119170.59	57.25	33171.41	237.19
	竞争效应	67993.17	32.66	−15161.43	−108.41
	二阶效应	21001.55	10.09	−4025.06	−28.78
2008—2011 年	出口额变化	271146.52	100	22015.14	100
	结构效应	130738.12	48.22	19870.91	90.26
	竞争效应	121777.30	44.91	1737.08	7.89
	二阶效应	18631.01	6.87	407.16	1.85

口却减少了 9746.55 万美元,其结构效应、竞争效应以及二阶效应分别为31.45％、－128.66％和－2.79％,表明台湾地区水产品出口减少主要是由其国际竞争力下降造成的,虽然结构效应在一定程度上促进了水产品出口,但仍不足以弥补因竞争力下降所造成的出口下降。

在第二阶段(2002—2007 年),由于中国大陆与台湾地区相继加入 WTO,伴随外部环境改善,国际上对两岸水产品的需求有所增加。CMS 模型测算结果(表2)表明,此间海峡两岸水产品出口额均有所增大,特别是大陆呈现出了较明显的稳定增长趋势。具体分析,这一时期大陆水产品出口共增加了 20.8 亿美元,其中结构效应的贡献度增加到 57.25％,但竞争效应却降低至 32.66％,二阶效应增加为 10.09％,说明世界市场需求大幅增加是这一阶段大陆水产品出口稳步增长的主要因素,而产品国际竞争力增强成为次要因素。值得注意的是,这一阶段台湾地区水产品出口也有所增长,尤其是结构效应由上一期的 31.45％持续扩大至 237.19％,发挥了重要促进作用;但其竞争效应与二阶效应仍为负值(分别为－108.41％和－28.78％),对水产品出口仍起抑制作用,而且二阶效应的阻碍作用有所扩大。也就是说,这一时期台湾地区水产品的出口增长,完全是由于结构效应,也即世界市场需求增加所引起的。

在第三阶段(2008—2011 年),海峡两岸水产品出口均有较明显增长,特别是台湾地区的竞争效应和二阶效应均由负值转变为正值(分别为 7.89％和1.85％),也就是说已由抑制作用转变为促进作用。虽然受 2008 年全球金融危机的影响,大陆水产品出口的结构效应与二阶效应又有所下降,但竞争效应已增加到 44.91％;在结构效应、竞争效应和二阶效应三者共同作用下,大陆水产品出口共增加了 27.1 亿美元。总体而言,此间台湾地区水产品出口增加的主要因素仍是由结构效应(占 90.26％),也就是由世界市场需求增加所引起的(约增长2.0 亿美元)。

2. 第二层次分析

根据 CMS 模型第二层次分解结果(表3)进行进一步分析,可以更好揭示和把握海峡两岸水产品国际竞争力的深层次原因与影响因素。

(1)结构效应

根据 CMS 模型第二层次分解结果(表3),中国大陆以上三个阶段水产品出口的增长效应均为正值,贡献份额分别为 9.91％、52.17％和49.51％,表明世界水产品进口需求增加引起了大陆水产品出口持续增长,特别是加入 WTO 以来这一作用有所加强。但商品效应只有第二个阶段为正值(占 5.08％),其他两个阶段均为负值(分别为－7.69％和－1.30％),抑制作用有限,说明大陆水产品出口商品结构仍未得到有效改善,还有改进空间。相比之下,台湾地区三个阶段的

表 3　ＣＭＳ 模型第二层次分解结果

不同时期影响因素		中国大陆		台湾地区	
		出口额(万美元)	百分比(%)	出口额(万美元)	百分比(%)
1997—2001 年	出口额变化	30311.46	100	−97465.51	−100
	增长效应	3004.00	9.91	12291.82	12.61
	商品效应	−2330.73	−7.69	18365.58	18.84
	整体竞争效应	27030.84	89.18	−108645.54	−111.47
	特定竞争效应	2519.55	8.31	−16754.82	−17.19
	纯二阶效应	302.40	1.00	−1283.25	−1.32
	动态二阶残差	−214.61	−0.71	−1439.30	−1.48
2002—2007 年	出口额变化	208165.21	100	139849.24	100
	增长效应	108596.92	52.17	290657.72	207.84
	商品效应	10573.57	5.08	41056.33	29.36
	整体竞争效应	80142.11	38.50	−121385.13	−80.60
	特定竞争效应	−12148.95	−5.84	−30229.12	−21.62
	纯二阶效应	16481.32	7.92	−36750.79	−26.28
	动态二阶残差	450.24	2.17	−3499.77	−2.50
2008—2011 年	出口额变化	271146.52	100	220151.44	100
	增长效应	134255.72	49.51	173507.46	78.81
	商品效应	−3517.60	−1.30	25201.66	11.45
	整体竞争效应	119507.97	44.08	40720.95	18.50
	特定竞争效应	2269.43	0.84	−23350.19	−10.61
	纯二阶效应	17713.03	6.53	2526.65	1.15
	动态二阶残差	918.07	0.34	1544.91	0.70

增长效应和商品效应均为正值,表明世界水产品进口需求增长和台湾地区水产品商品结构较符合世界需求,共同促进了台湾地区水产品出口,特别是第二阶段增长效应较大(达 207.84%),这主要是由于加入 WTO 有力带动了台湾地区水产品出口。但第三阶段增长效应和商品效应的贡献份额均有所下降,可能是由于台湾地区渔业以远洋捕捞为主,产品结构调整能力不强,无法满足世界水产品消费变动的需求。

（2）竞争效应

CMS 模型将竞争效应分为整体竞争效应和特定竞争效应。根据模型第二层次分解结果（表 3），中国大陆三个阶段整体竞争效应均为正值（分别为89.18%、38.50%和44.08%），表明中国大陆水产品整体竞争力提高促进了产品出口增长。但第二与第三阶段的贡献份额均低于第一阶段，尤其是第二阶段（2002—2007 年）水产品出口的具体竞争效应为负值（−5.84%），这说明大陆水产品对 WTO 相关规则经历了一个适应过程（如新的技术性贸易措施等）。随着大陆水产品不断融入国际市场，2008—2011 年特定竞争效应由负转正（0.84%），说明大陆水产品在国际市场上还是具备相当竞争优势的。台湾地区方面，前两个阶段的整体竞争效应和特定竞争效应均为负值，表明此间其水产品出口整体竞争力较弱。事实上，台湾地区渔业发展已日益遇到资源与环境方面的瓶颈，特别是自然资源匮乏严重影响和制约了养殖渔业的发展，阻碍了其水产品国际竞争力的提升；但随着两岸关系持续、稳定发展和系列相关协议逐步实施，祖国大陆巨大的市场和丰富的渔业资源为其渔业发展注入了崭新的活力，其第三阶段的整体竞争效应也已由负转正，并为出口增长贡献了 18.5% 的正效应。

（3）二阶效应

二阶效应反映了一国（或地区）在结构效应和竞争效应共同作用下水产品的出口变动情况。根据 CMS 模型第二层次分解结果（表 3），中国大陆水产品出口三个阶段的纯二阶效应均为正值，动态效应仅在第一阶段为负值，表明其商品出口结构能适应国际市场需求的变化。与此相反，台湾地区 1997—2007 年这两个效应均为负值，表明其水产品出口并不能适应世界市场需求的变化；而且直到第三阶段，以上两个效应才由负值转正值，而这又在很大程度上得益于中国大陆和东盟市场对水产品需求的稳步增长——现已成为全球水产品市场需求增长的新动力。换句话说，两岸关系的快速发展与系列协议之实施，客观上促进了台湾地区水产品对大陆市场的出口和国际竞争力提升，值得进一步研究探索。

3. 总体分析

从 CMS 模型测算结果可以看出，近年来海峡两岸水产品竞争力均呈提升趋势，但其出口变动原因不尽相同。中国大陆方面，在第一阶段（1997—2001年）出口增加主要是竞争效应造成的，但此后两个时期竞争效应减弱，结构效应成为其水产品出口的主要原因；尤其是 2008—2011 年，大陆水产品整体竞争效应较上期有所增加，表明加入 WTO 对中国大陆水产品国际竞争力提升具有长期拉动作用。台湾地区方面，其水产品出口变动一直主要依赖世界市场水产品需求的变化（结构效应），特别是前两阶段的竞争效应和二阶效应均为负值，尤其是整体竞争力下降更明显制约了其产品出口,以至出现负增长。但从总的来看,其市场竞争力也呈逐步增强趋势,特别是2008—2011年间的出口明显增加,这主要是全球水产品市场需求增加以及台湾地区水产品整体竞争力提升共同作用的结果;至于水产品特定效应,虽然仍为负值,但已较前两阶段有所提高,反映出水产品出口结构已有所改善,但仍不适应世界水产品市场结构需求。

三、加强两岸渔业合作若干思考

(一)两岸水产品国际竞争力主要影响因素及其互补性

一国(或地区)水产品国际竞争力,将直接影响并关系到该国(或地区)水产品在全球经济和国际贸易格局中的地位和发展策略。笔者曾用贸易竞争力(TC)指数和显性比较优势(RCA)指数等,分析、比较两岸水产品整体国际竞争力及各类水产品竞争力发展变化情况,并用灰色关联法测算其主要影响因素。结果表明,从总的来看,两岸水产品均具有一定国际竞争力,近年来又有所提高;两岸渔业分工与合作基础扎实,前景看好。

从RCA指数看,虽然两岸水产品均拥有比较优势但均呈下降趋势,直到2010年才呈现上升趋势;就TC指数而言,中国大陆水产品一直呈下降趋势,2008年后才有所提升,但台湾地区变动较大,2010年后开始上升。与此同时,台湾地区034类水产品具有较强国际竞争力,其他三类水产品较弱;中国大陆035和037类水产品具有较强的国际竞争力,特别是后者一直保持较高水平。其中,养殖技术是影响中国大陆水产品国际竞争力的首要因素,但随着台湾地区水产养殖技术向中国大陆转移和自身建设,中国大陆养殖技术总体上高于台湾地区,一些鱼种仍逊于台湾地区。影响台湾地区水产品国际竞争力的首要因素,则是劳动力资源,特别是远洋捕捞对劳动力资源需求较大,但当地劳动力资源缺乏并呈现老化趋势;在水产品行销和质量管理方面,台湾地区优于中国大陆,后者亟须完善。

就渔业构成而言,虽然台湾地区渔业养殖已有300多年的历史,而且随着养殖技术不断提高,养殖水产品产量逐渐增加,但因地域狭小及早期水产养殖带来的水资源污染和城市地层下陷问题,近几年发展缓慢,远洋渔业成为其主要组成部分(郑思宁,2012);尽管近几年中国大陆捕捞水产品产量也不断增长,但由于渔业资源减少以及渔业资源养护,捕捞水产品产量增加速度缓慢。事实上,改革开放后中国大陆水产养殖得到了快速发展,养殖水产品所占出口比重逐渐增加,其出口水产品具有劳动密集型特征(韩立民等,2007;周井娟和林坚,2008;郑思宁,2012;高强和史磊,2008;张玫等,2007)。从商品结构看,水产品加工品是中国大陆第一大类出口水产品,台湾地区则以鲜活冷藏及冻鱼为主,水产品加工品较少,两岸均较少出口干制熏鱼与甲壳软体动物。但两岸出口市场重合度较高,特别是日本均系各自第一大出口市场。

(二)加强两岸渔业合作携手拓展国际市场的对策建议

上述分析表明,两岸水产品生产与贸易存在较强互补性。建议进一步加强两岸渔业合作,实现水产品生产分工与贸易合作,促进两岸产业升级与水产品国际竞争力提升。

1. 加强渔业资源共同开发和管理与保护

加强渔业资源管理与保护已成为国际社会的共识,特别是台湾海峡是两岸渔民的共有资源,两岸渔民都在该海域进行渔业捕捞。由于捕捞强度大,渔业资源不断减少。两岸应共同协商制定相关协议,对渔业资源进行养护和管理,促进渔业资源可持续利用和渔业可持续发展。同时要注意加强水产品质量安全控制与管理领域的合作,从而提高两岸水产品在国际市场上的竞争力。

2. 分别生产和出口各自有竞争优势产品

由于两岸水产品市场集中度均较高,出口市场的重合度也较高。因此,两岸优势水产品虽然存在一定差异,但不乏同类产品在同一市场的激烈竞争。建议两岸间加强分工与合作,集中生产自身具有竞争优势的产品;对于同类产品,应该进一步分析、掌握各自优劣势之后合理分工,从而减少竞争所带来的负面影响。

3. 加强海峡两岸水产养殖业交流与合作

主要包括苗种培育、养殖技术推广以及病害防治等,特别是台湾地区水产种苗的培育与繁殖技术较高,质量控制与管理严格,鱼苗成活率高;还可以共同建立病害预警与市场风险防范机制,促进养殖渔业可持续发展。若将中国大陆丰富的养殖资源及劳动力与台湾地区优良种苗相结合,加上广阔中国大陆市场,将形成一个强大的集产品研发、育苗、生产、休闲、加工和销售于一体的渔产业。

4. 加强海峡两岸远洋渔业的交流与合作

目前中国大陆远洋渔业发展相对落后,而台湾地区远洋渔业傲视全球,渔船技术装备优良,但劳动力资源缺乏。为此,一方面可以鼓励台商对大陆渔业进行投资,从而带动大陆渔业发展;另一方面要更好实施《渔船船员劳务合作协议》,通过正式渠道选送中国大陆船员赴台工作,保障中国大陆渔民合法权益。

四、小结与展望

近年来,海峡两岸水产品出口贸易快速发展,国际渔业合作与资源保护方兴未艾。这种贸易与合作,一方面促进了各国(或地区)间渔业资源及其经济社会资源的充分利用,另一方面也促进了各国(或地区)经济发展与分工合作。其中,国际竞争力大小及其发展变化情况是影响一国(或地区)水产品出口贸易能否持续增长的重要因素。本研究表明,两岸水产品国际竞争力总体上呈下降趋势,但近两年有所回升;科学技术和劳动力资源已分别成为影响中国大陆和台湾地区水产品国际竞争力的首要因素,两岸在劳动力资源、科学技术、渔业资源等方面存在较强互补性。随着海洋经济时代的到来,特别是海峡两岸"大三通"和ECFA等重要协议逐步实施,两岸互动和经济合作正迈入制度化、机制化发展新阶段,两岸渔业合作将不断推陈出新,水产品贸易和国际竞争力将获得快速发展。

参考文献

[1] 邓启明,孙仁兰,张秋芳. 国家海洋经济发展示范区建设中的国际合作问题研究——以宁波市核心示范区为例. 宁波大学学报(人文科学版),2012,25(2):101-105.

[2] 高强,史磊. 我国水产品出口增长的影响因素及国际竞争力分析. 中国渔业经济,2008(4).

[3] 韩立民,任广艳,秦宏. "三渔"问题的基本内涵及其特殊性. 农业经济问题,2007(6):93-97.

[4] 帅传敏,程国强,张金隆. 中国农产品国际竞争力的估计. 管理世界,2003(9):98-102.

[5] 汪长江,刘洁. 关于发展我国海洋经济的若干分析与思考. 管理世界,2010(2):173-174.

[6] 张兵,刘丹. 美国农产品出口贸易的影响因素分析——基于恒定市场份额模型测算. 国际贸易问题,2012(6):49-60.

[7] 张玫,霍增辉,易法海. 加入WTO前后我国水产品出口变化及其影响因素的实证分析. 中国农业大学学报(社会科学版),2007(1).

[8] 赵亮穆,月英. 东亚"10+3"国家农产品国际竞争力分解及比较研究——基于分类农产品的CMS模型. 国际贸易问题,2012(4):59-72.

[9] 郑思宁. 闽台水产品国际竞争力比较研究. 博士学位论文,福建农林大学,2012.

[10] 周井娟,林坚. 中国水产品出口增长的源泉分析. 国际贸易问题,2008(8):14-18.

[11] Kronen M,Bender A. Assessing marine resource exploitation in Lofanga, Tonga: One case study—Two approaches. Human Ecology,2007(35):195-207.

[12] Kildow J,McIlgorm A. The importance of estimating the contribution of the oceans to national economies. Marine Policy,2010(34):367-374.

国际油价冲击对中国贸易条件的传导机制和动态影响[*]

陈宇峰[1]　　邵朝对[2]

（1. 浙江工商大学经济学院及现代商贸研究中心　　2. 南开大学经济学院经济研究所）

摘要：在成本传递和"部门转移效应"基础上，本文构建并检验了国际油价冲击对中国贸易条件的传导路径，同时利用 VAR 模型模拟了油价冲击的动态影响，最后分析了全球金融危机是否改变了油价对贸易条件的冲击效应。结果表明：①能源密集型产品与整体贸易条件的运动轨迹基本一致，先恶化后改善，最终收敛于 0，但不管恶化还是改善，主要取决于外部因素的影响；②由于"部门转移"比较弱，非能源密集型产品的贸易条件改善，贸易福利虽有所提高，但仍会导致失业和资本闲置，从而扼杀社会经济长期健康的发展；③全球金融危机强化了能源密集型产品与整体贸易条件的运动轨迹，但削弱了国外的"部门转移效应"。

关键词：国际油价；贸易条件；传导路径；动态影响

一、引　言

21 世纪伊始，在全球经济恢复增长、美元走势疲软、战争、国际投机等多重因素影响下，国际油价走出"9·11"后的低谷，一路飙升，在 2008 年 7 月甚至创造了每桶 147 美元的历史天价，迎来了"第三次全球石油危机"（Krugman，2000；Kilian，2009；Kesichi，2010；Hamilton，2011）。尽管此后受到全球金融危机的影响，国际油价出现大幅下跌，但伴随着经济复苏，其从 2009 年 3 月开始迅速反弹，期间又受欧债危机波及略有起伏，当前基本维持在每桶 80～100 美元左右。从基本的供求面看，未来油价的高位震荡已不可避免，彻底从"廉价石油时代"跨入"高油价时代"（陈宇峰，2010）。

处于高速发展的中国转型经济自然会在此次危机中遭遇前所未有的能源瓶颈。自 1993 年中国成为石油净进口国之后，在国民经济高速增长的持续拉动

---

　* 本文获得"第五届浙江省国际经济贸易研究优秀成果奖"理论类二等奖，发表于《国际贸易问题》2013 年第 5 期。

下,中国对石油的需求急剧膨胀,已在 2003 年超过日本成为仅次于美国的第二大石油消费国。而国内原油供应相对有限,致使对国际原油市场的依赖度与日俱增,对外石油依存度从 1997 年的 10% 跃升到 2009 年的 50%"警戒线","十二五"期间更有可能越过 60%(陈宇峰和陈启清,2011)。石油及相关产品贸易已成为当前中国对外贸易的重要内容,"高油价时代"的到来与中国对外贸易的发展息息相关。由图 1 可知,中国整体贸易条件长期位于 100 的分界线以下,在国际竞争中处于劣势地位①。我们有理由相信,作为战略性资源之一的石油价格波动与中国贸易条件之间可能存在着某种关联性。以图 1 中每次油价上涨的顶点作为临界点,将其分割为五个阶段。不难发现,每一阶段国际油价与贸易条件的运动轨迹基本上呈相反趋势,而全球金融危机爆发之后则表现的就更加淋漓尽致,甚至在国际油价大幅度下跌期间,中国整体贸易条件一改常态,迅速越过100,逆转了长期恶化的局面。但随着国际油价的快速反弹,贸易条件又迅速回落至 100 以下。由于贸易条件是衡量国际贸易利益分配的关键指标,贸易条件的改善或恶化直接关系到一国从开放经济中得益的多寡。因此,面对未来国际

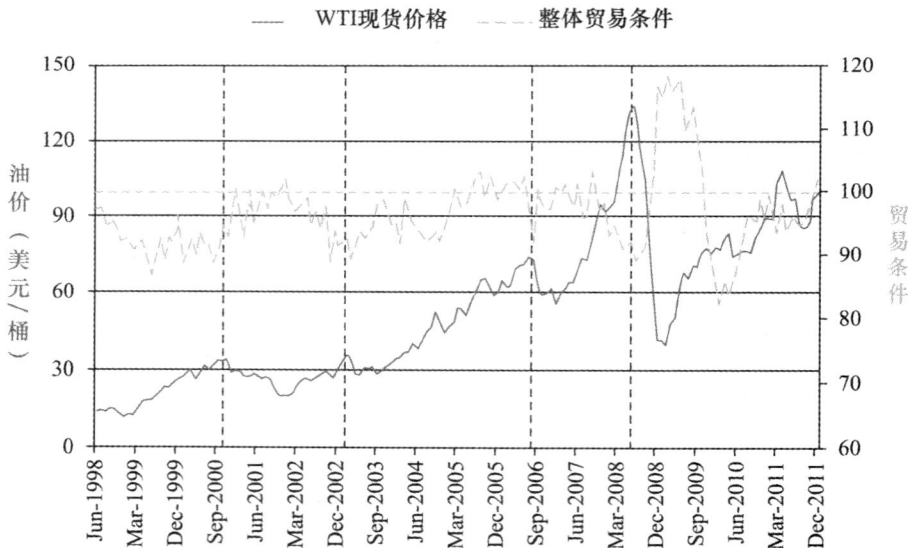

图 1 国际油价与中国整体贸易条件的变动情况(1998—2011 年)

资料来源:国际油价数据来自美国能源署,http://www.eia.gov/;贸易条件数据则根据 CEIC 数据库中进出口价格指数测算得到。

① 本文的贸易条件特指价格贸易条件,等于出口价格指数除以进口价格指数后乘以 100。

油价上涨的不可逆趋势,我们不禁要问的是,国际油价冲击究竟是如何传递到贸易条件的?有何影响效应?为什么在此次全球性金融危机爆发之后,中国的整体贸易条件出现了戏剧性的逆势反转?全球性金融危机在油价对贸易条件的冲击过程中究竟扮演了何种角色?

本文余下的内容安排如下:第二部分为文献综述;第三部分在成本传递和"部门转移效应"基础上,构建国际油价冲击对中国贸易条件的传导路径并利用Granger因果关系检验各阶段传导的可实施性;第四部分则运用VAR模型分析国际油价冲击对贸易条件的动态影响效应;第五部分考虑了此次全球性金融危机对这一冲击效应的影响,对比研究了金融危机前后国际油价对中国各类贸易条件的冲击轨迹;第六部分为主要结论和政策建议。

二、文献综述

自20世纪50年代初普雷维什(Rual Prebisch)和辛格(Hans Singer)提出"普雷维什—辛格命题"后,贸易条件也逐渐成为国际经济学研究的主题之一(Dixit&Norman,1980)。中国学者对贸易条件的研究切入点虽有所不同,但主要还是围绕贸易恶化论展开。大多数学者认为,作为发展中国家,中国贸易条件趋于恶化(赵玉敏等,2002;汪素芹和史俊超,2008),这主要是归因于中国现阶段所处的国际分工地位所造成的出口结构不合理(曾诤和胡小环,2005;张曙霄和郭沛,2009)。而另一些学者则从进出口商品、市场状况、产业结构、技术进步、FDI、汇率等更细致的纵深角度,综合考量了中国贸易条件的决定因素(张建华和刘庆玉,2004;张先锋和刘飞,2008),但并未把国际油价这一外部冲击因素作为其考察研究的重要变量之一。当然,也有不少研究者则另辟蹊径,对传统的"贸易恶化论"提出了质疑。钱学峰等(2010)研究发现,一旦考虑了种类变化后,中国实际贸易条件实际上是改善了大约1.36%左右。

目前,研究国际油价与贸易条件之间的关联性主要是国外的一些学者。他们普遍认为,油价上涨导致石油净出口国的贸易条件改善,石油净进口国的贸易条件恶化(Elekdag *et al.*,2008)。关于国际油价冲击对国家或区域贸易条件的影响效应,主要是在三国均衡模型(Three-country World Equilibrium Model)框架内展开的[①]。Marion&Svensson(1986)则进一步建立跨期均衡模型,研究了

[①] 三国均衡模型的主要框架是指,存在两个工业国家和一个OPEC,工业国家只生产既可以作为资本又可以用做消费的最终产品,因此也称石油进口国;OPEC只生产石油,因此也称石油出口国,三者之间形成均衡市场。

两个石油进口国的石油依赖度、生产要素可替代性、资本品贸易模式和就业量对油价扰动的反应这四方面因素不同时,国际油价冲击对两国贸易条件的影响效应。他们发现,当油价上涨时,高石油依赖度和石油越难被其他生产要素替代的国家,其贸易条件恶化程度更高,而资本品贸易模式不同造成的结果则依赖于资本与石油要素是否为互补性的。最后,他们又假定了其中一国具有基于 GDP 平减指数或 CPI 指数化调整的刚性实际工资,一旦遭受国际油价的上涨冲击,该国的就业量会出现大规模的缩减,导致其产量的降幅远远超过另一个国家,从而抬升了产品的相对价格,而贸易条件则得到了相应的改善。Tolonen(1989)在这一基础上继续假定石油出口国用其出口石油的收入购买石油进口国的最终产品,首次把贸易条件和收入在石油进出口国之间的循环流动结合起来分析。他发现,两个石油进口国(工业国家)之间的贸易条件也依赖于石油依存度以及工资指数化程度等因素的结构性差异。这一结论与 Marion&Svensson(1986)的研究结论是极其相似的,不同的是他们认为消费模式的差异并不会带来实质性的影响[①]。Backus&Crucini(2000)在对第一次中东石油危机前后一段时间 OECD 国家的贸易条件进行系统考察时,发现石油相对价格与贸易条件的周期性、长期变化存在相关性。因此,接下去他们构造了一个动态的一般均衡模型,并模拟了本国生产力冲击、世界生产力冲击以及石油供给冲击三种情况。他们的模拟结果认为,贸易条件与生产力冲击正相关,与石油供给冲击负相关。

虽然不同的学者对模型的具体设置存在差异性,但受限于三国均衡模型,现有研究国际油价对贸易条件影响的文献存在以下两点不足:①假定世界贸易流动是无摩擦的,比如不存在运输成本、关税等,国内物价水平等于出口价格,因而贸易条件简化为两国产品的相对价格比;②只生产最终产品,没有完整的产业链,不可能描述并深化分析国际油价冲击对贸易条件影响的传导路径。基于以上这些考虑,本文主要采取计量实证分析方法,从传导路径出发,重点考察国际油价冲击对中国贸易条件的具体传导路径和影响效应。同时,进一步剖析全球性金融危机是否会改变这一传导路径和影响效应。

三、国际油价冲击对中国贸易条件的传导路径

石油是处于产业价值链最上游的原料产品,其价格波动关乎整个产业的生产活动,并最终波及社会经济的运行。鉴于不同能耗的产品对油价变动的敏感

---

① 由于生产的最终产品既可以用于消费又可以作为资本,因此资本品贸易模式和消费模式也是共通的。

程度不同,我们在这里有必要区分能源密集型和非能源密集型产品,从而体现和增强国际油价冲击路径的复杂性和合理性,以建立一套相对比较完整的传导机制,为更进一步的油价冲击影响效应的实证分析奠定扎实的理论和现实基础。

(一)传导路径

根据现代生产和贸易理论,国际油价冲击影响中国贸易条件的具体途径可以用图 2 表示,其中箭头表示传导方向。由于模拟国际油价上涨更具有现实意义,因此接下来的分析仅以国际油价上涨为例。

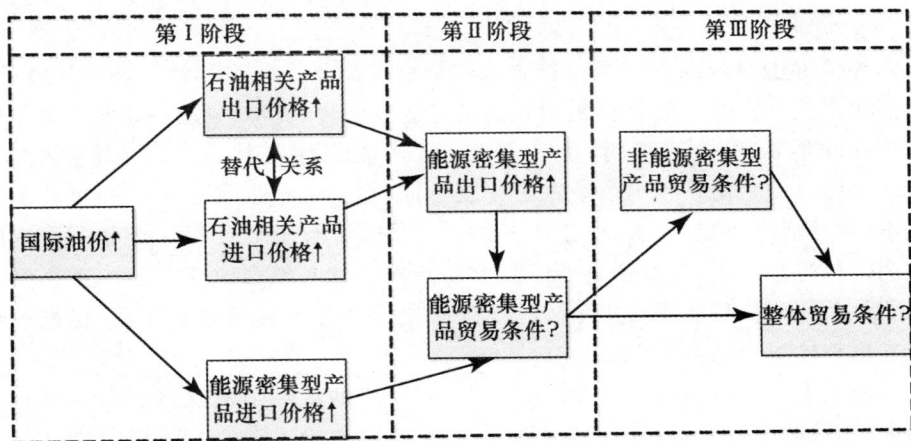

图 2　国际油价冲击对中国贸易条件的传导路径

1. 第 I 阶段

对于国际油价的上涨,最先做出成本反应的是与石油最为密切的相关产品——原油及石油冶炼产品。

当国际油价上涨时,原油及石油冶炼产品进口价格也会"水涨船高";同时,由于对外石油依赖度高,国际油价上涨必然会拉动国内油价上涨,进而带动中国石油冶炼行业——不管是以进口原油还是国内原油为原料的炼油成本上涨,紧跟着石油相关产品出口价格上涨。由于国内外石油相关产品是同类产品,存在较强的替代关系。因此,石油相关产品进出口价格存在正相关。

类似于国内成本传递过程,国际市场上的石油相关产品在受国际油价推动后随之上扬。而石油及其冶炼产品作为重要的工业原料,将沿着生产链进行成本转嫁,从而拉动国际市场上的能源密集型产品价格上升,进一步导致国内能源密集型产品进口价格的上涨。由于这个传递过程隶属于国际生产体系,具有相对的独立性,因此放在第 I 阶段考察。

培育国际贸易新优势

国际油价冲击对中国贸易条件的传导机制和动态影响

87

2. 第Ⅱ阶段

石油相关产品的进口价格上涨,会导致主要以进口石油相关产品为原料的能源密集型产品价格上涨;石油相关产品的出口价格上涨,提升了对外出口的利润空间,促进了国内石油相关产品的出口量,从而相应减少了国内石油相关产品的供应量(何晓群和魏涛远,2002)。在供不应求压力的逼迫下,国内石油相关产品价格顺势上涨,这又会使主要以国内石油相关产品为原料的能源密集型产品价格上涨。能源密集型产品价格上涨进一步作用于贸易领域,推动出口价格上涨。能源密集型产品贸易条件对进出口价格变化立即做出敏感的反应。

3. 第Ⅲ阶段

油价冲击对能源密集型和非能源密集型部门具有非对称性。油价上涨后,非能源密集型产品对能源密集型产品具有比较优势,资本、劳动由能源密集型部门流向非能源密集型部门,也就是说,国际油价冲击存在"部门转移效应"(Lilien,1982)。由于各国市场发育程度不同,造成生产要素在部门间重新配置成本(转移成本)差异巨大,非能源密集型产品供给增加比例不一,价格下降幅度不同。从理论上讲,能源密集型产品贸易条件变化必然会改变非能源密集型产品贸易条件。一旦能源密集型和非能源密集型产品贸易条件变化后,将进一步传导至整体贸易条件的改变。

通过上述分析,我们可以发现:第Ⅰ、Ⅱ阶段的传导是建立在成本传递的基础上;第Ⅲ阶段传导能否顺利进行的关键是各国油价冲击的"部门转移效应"是否存在显著的差异。

(二)实证检验

1. 数据来源与处理

考虑到国内油价是从 1998 年 6 月 1 日开始与国际油价接轨,我们主要选取 1998 年 6 月到 2012 年 1 月的月度数据。其中,国际油价选取 WTI 原油现货价格,资料来源于美国能源信息署(Energy Information Administration,EIA,http://www.eia.gov/),并转换为以上年同期为 100 的同比指数。同时,根据陈刚和余燕春(2009)的分类法,把工业制品中化学品及有关产品(SITC5)、按原料分类的制成品(SITC6)、杂项制品(SITC8)归为能源密集型产品;机械及运输设备(SITC7)归为非能源密集型产品,而石油相关产品对应初级产品中石油、石油产品及有关原料(SITC33)。以上各类产品的进出口价格指数 1998 年到 2004 年的数据来自《中国对外贸易指数:1993—2004》,而 2005 年到 2012 年的数据来自 CEIC 数据库。实证过程所用各类指数均以上年同期为 100。由于涉及到的变量过多,本文将用代码替代,详见表1。

表1　变量及变量代码

变量名称	变量代码	变量名称	变量代码
国际油价指数	OP	SITC7 进口价格指数	S7II
SITC33 进口价格指数	S33II	SITC7 出口价格指数	S7EI
SITC33 出口价格指数	S33EI	SITC8 进口价格指数	S8II
SITC5 进口价格指数	S5II	SITC8 出口价格指数	S8EI
SITC5 出口价格指数	S5EI	出口价格总指数	EI
SITC6 进口价格指数	S6II	进口价格总指数	MI
SITC6 出口价格指数	S6EI	SITC5 贸易条件	S5T
SITC6 贸易条件	S6T	SITC7 贸易条件	S7T
SITC8 贸易条件	S8T	整体贸易条件	TOT

注:各变量代码基本沿用变量英语名称的首字母缩写,SITC 代码取 s 和后面的数字。

由于数据的对数变换不改变原变量的协整关系并能使其趋线性化,且同时能够消除异方差的影响,所以本文对上述变量进行自然对数变换,记为 logOP、logS33II、logS33EI 并依次类推。

2. Granger 因果关系检验

图1的传导路径仅仅只是理论分析的定性结果,这种传导关系实际上是否存在,还需要做进一步的计量分析。Granger 因果关系检验可以用来判断一个变量变化是否是引起另一个变量变化的原因,适用于检验传导路径的变量关联性(Tang *et al*.,2010)。

首先,检验序列的平稳性。ADF 单位根检验表明自然对数变换后,表1中的所有变量都是一阶单整,即 I(1)。接下去,检验变量间的协整关系,对两变量采用 EG 两步法检验;多变量先构建 VAR 模型,以赤池信息准则(AIC)确定最优滞后区间,在最优滞后区间内采用 JJ 协整检验。最后,对存在协整关系的变量组进行 Granger 因果关系检验。由于 Granger 因果关系检验对滞后区间的选择非常敏感,我们仍以 AIC 准则先确定最优滞后区间,继而在最优滞后区间内进行检验,显著性水平为 7%[①]。用">"、"! >"分别表示左边变量是、不是右边变量的 Granger 原因,用"?"表示互为 Granger 原因,用"( )"表示联合检验。具

[①]　限于篇幅,本文并未列出这里及以下各步骤的检验过程,如有需要请向作者索取。

体结果如下:

第Ⅰ阶段检验:logOP?logS33EI,logOP>logS33II,logS33II?logS33EI,logOP>logS5II,logOP>logS6II,logOP>logS8II,logOP!>logS7II。检验结果表明,国际油价是能源密集型产品进口价格的 Granger 原因,而不是非能源密集型产品进口价格的 Granger 原因,证实了本文能源密集型和非能源密集型产品划分的科学性。

第Ⅱ阶段检验:logS33II>logS5EI,logS33II>logS6EI,logS33II>logS8EI,logS33EI?logS5EI, logS33EI?logS6EI, logS33EI>logS8EI,logS5II?logS5T,logS5EI?logS5T, logS6EI!>logS6T, logS6II!>logS6T, logS8II>logS8T,logS8EI>logS8T。检验结果表明,石油相关产品进口价格是能源密集型产品出口价格的单向 Granger 原因——中国作为国际市场上石油相关产品的重要需求者,却缺乏有效手段影响该类产品的价格,只是国际定价的被动接受者,这与原油定价权缺失息息相关。因此,面对油价上涨,中国能源密集型产业向外转嫁成本的空间十分有限;同时,注意到不管是 SITC6 进口价格还是出口价格都不是 SITC6 贸易条件的 Granger 原因,其缘由主要是按原料分类的制成品(如钢铁、纺织),中国在国际市场上占有大量的比重,具有一定的出口优势;加之全球产能严重过剩,竞争非常激烈,导致进出口价格运动紧密,共同决定贸易条件。

第Ⅲ阶段检验:logS8T>logS7T,(logS5T,logS6T,logS8T)>logS7T,(logS5T,logS6T,logS8T)>logTOT,logS7T>logTOT,(logS5T,logS6T,logS7T,logS8T)>logTOT。检验结果表明,SITC8 贸易条件是 SITC7 贸易条件的 Granger 原因,能源密集型产品贸易条件是非能源密集型产品以及整体贸易条件的联合 Granger 原因,非能源密集型产品贸易条件是整体贸易条件的 Granger 原因,能源与非能源密集型产品贸易条件是整体贸易条件的联合 Granger 原因。上述检验过程充分反映了各贸易条件存在着千丝万缕的客观联系。

四、国际油价冲击对中国贸易条件的影响效应

以上的传导路径分析明确了国际油价冲击对中国贸易条件的具体传递路径,但其影响效应仍是不清晰的。向量自回归模型能够有效预测随机扰动对时间序列系统各变量的动态冲击轨迹,本文接下去将构建一个 VAR 模型,并结合上述传导路径,进一步解析国际油价冲击的动态影响效应。为了避免因变量顺序变化给正交化脉冲响应带来的敏感性,我们采取模拟两个变量间关系的一般

冲击反应的方法,分别建立 logOP 与相关变量的 VAR 模型①(温涛等,2005)。同时,也解决了在下一节模拟金融危机冲击效应时,危机后样本数据过少的难题,以保留足够的自由度。构建 VAR 模型之后,遵循 AIC 准则确定最优滞后阶数,再进行模型的稳定性检验,从而保证后续的脉冲响应函数结果是稳健的、可靠的。

(一)脉冲响应函数

脉冲响应函数可以用于衡量来自随机扰动项的一个标准差冲击,对内生变量即期和远期的影响,具有较强的时间特性,可以用来考察冲击的动态演化路径。构造全样本区间的 VAR 模型,给国际油价一个标准差新息冲击,选择 36 期,即三年,以能够全面有效地考察油价冲击对中国贸易条件的短期和长期效应。贸易条件是由进出口价格的相对运动决定的,模拟进出口价格对油价冲击的脉冲响应函数有助于对这一问题更深层次的理解。

图 3 的脉冲响应结果显示,能源密集型产品贸易条件对油价冲击的反应轨迹基本一致,先恶化,后改善,最终收敛于 0②。这表明了国际油价对三类能源密集型产品的冲击具有动态的相似性,也侧面论证了本文关于能源密集型和非能源密集型产品划分的科学性。SITC5 和 SITC6 贸易条件在第 3 个月恶化程度最大,分别为 1.67% 和 3.01%,两者分别在第 8、10 个月出现逆转呈现改善,第 14 个月改善程度最大分别约为 1.05% 和 0.17%;SITC8 在第 2 个月恶化程度

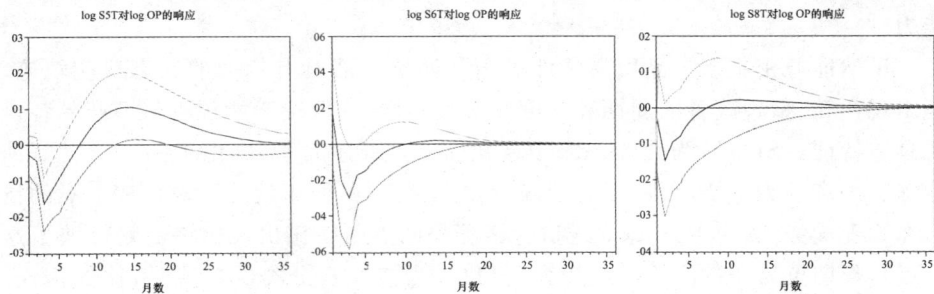

图 3　能源密集型产品贸易条件对国际油价冲击的脉冲响应

① Mills&Markellos(2008)指出,一般冲击反应不会因变量顺序变化而变化,是唯一的,同时全面考虑了不同冲击时间观察到的相关性历史模式。

② 除了 SITC6 贸易条件在当期有较强的正向效应外,这与该产品产能过剩有关,中国在国际市场上占有大量比重,具有一定的竞争优势,但由于定价权缺失,这个优势迅速被油价扰动抹去,图 4 的 SITC6 出口价格脉冲证实了这点。

最大约为 1.50％，第 7 个月出现逆转呈现改善，第 12 个月达到最大约为 0.22％。如图 4 所示，受油价短期冲击之后，能源密集型产品进口价格快速上涨，幅度远超过出口价格，贸易条件迅速恶化。造成这种现象的根本原因是与中国开展对外贸易的主要是美欧日等发达经济体，中国与其比较处于国际产业链的低端加工环节，产品附加值低[①]，出口定价能力十分有限，涨价对外转移成本能力相当薄弱，基本是国际价格的"跟帮"（图 4 中出口价格对油价冲击的最大反应滞后于进口价格证实了这一点），这与传导路径的分析结果是一致的；同时，发达国家技术和管理模式先进，可以通过技术创新和技术进步提高能源效率、改进生产方式进行要素替代以及调整产业规模等措施应对油价冲击，油价冲击对其影响周期远短于中国[②]。因此，经过一段时间的调整，发达国家能够快速消化油价上涨所引致的成本效应，能源密集型产品进口价格上涨渐缓并开始回落，而中国调整周期相对较长，消化油价成本能力薄弱，出口价格仍处于相对高位运行（图 4 中进口价格涨幅达到峰值后回落速度快于出口价格，油价对国内外不同的短期和长期冲击效应决定了进口价格的脉冲图呈相对狭窄之状，价格表现为大起大落的剧烈变动；出口价格的脉冲图呈相对平缓之状，价格变动空间较小）。长期而言，能源密集型产品贸易条件得到了较强的改善，但这并未提高国内出口企业的利润，反而是削弱了出口企业在国际市场上的价格竞争优势。通过上述分析可知，由于当前经济增长能耗程度高以及技术水平、企业管理模式落后，中国贸易条件恶化或改善主要取决于外部因素——外国生产者对油价冲击的调节能力。

虽然能源密集型产品贸易条件对国际油价上涨具有相似的动态反应轨迹，但出现逆转、呈现改善的周期和程度却明显不同，这取决于能源密集型产品各自的具体特征。SITC5 为化学品及有关产品，比如有机、无机化工品——以石油冶炼加工产品为主要原料，具有较高的技术密集度，便于发达国家发挥绝对的技术和管理优势（图 4 中 SITC5 进口价格涨幅回落曲线比出口价格陡峭反映了这一点），长期贸易条件改善程度较大；SITC6 为按原料分类的制成品，比如钢铁、纺织，绝大部分属于衰落的"夕阳产业"，发展缺乏后劲，产业伸缩性不足，纵使是

---

① 据 Tang et al. (2010) 研究，中国十个主要能源密集型部门消耗了 75.74％工业能源消耗量，却只贡献了 38.2％的附加值，在 1995—2007 期间能耗比重上升了 5.96％，附加值贡献率只提高 1.89％。

② Hamilton (2003) 通过对比 20 世纪以来几次重要石油危机后发现，发现国际油价冲击对美国经济的影响呈日渐减弱之势；Hooker (2002) 认为，虽然国际油价冲击在很大程度上造成了 1981 年以前的美国核心通货膨胀，但 1981 年以后已不断衰弱。然而，像中国这类的发展中国家并未形成美、日等发达国家在两次全球性石油危机中的结构调整压力和适应机制，油价的冲击效应不降反升（陈宇峰和汤余平，2011）。

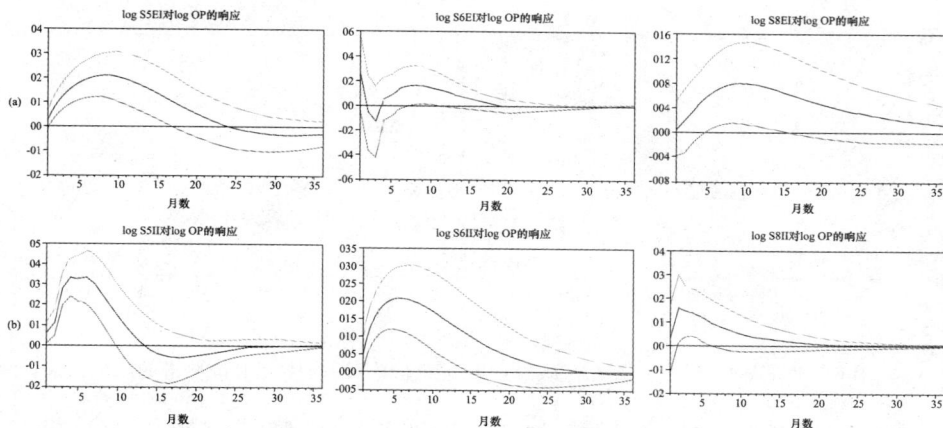

图 4 能源密集型产品出口价格(a)、进口价格(b)对国际油价冲击的脉冲响应

发达国家也缺乏进行大幅度深化调整的激励。因此,进出口价格涨幅回落曲线不像 SITC5 存在巨大差异,进出口价格运动十分紧密,导致贸易条件的改善程度远不及 SITC5,说明了排除掉油价冲击的短期影响,发达国家在该行业对中国不占有明显的绝对优势,与传导路径中 SITC6 贸易条件的分析结果是一致的;SITC8 为杂项制品,比如鞋帽、灯具,能耗程度相对较低,受油价冲击之后,价格调整空间相对狭窄,贸易条件恶化或改善程度较小。同时,SITC8 行业生产规模小,企业调整费用低,致使贸易条件恶化和改善程度达到最大以及逆转的时期都要短于 SITC5 和 SITC6。

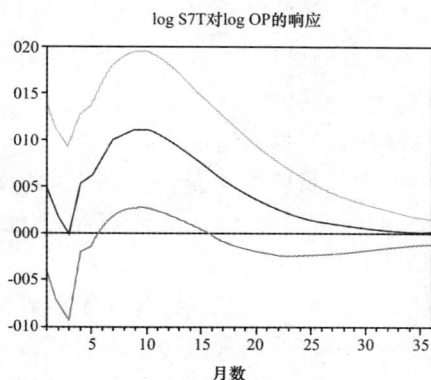

图 5 非能源密集型产品贸易条件对国际油价冲击的响应

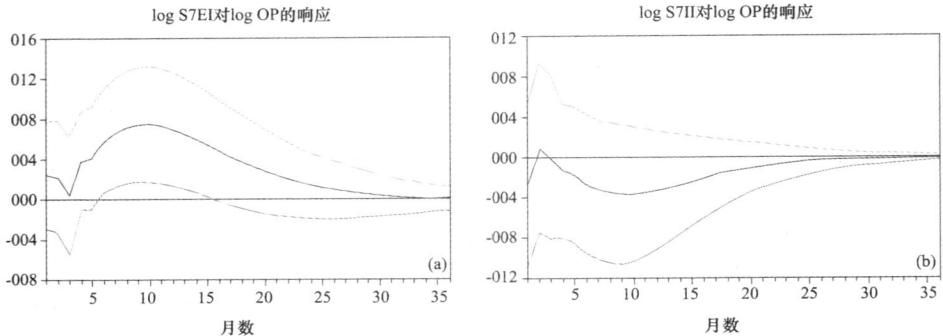

图 6　非能源密集型产品出口价格(a)和进口价格(b)对国际油价冲击的响应

　　图 5 的脉冲结果显示,受国际油价冲击之后,非能源密集型产品——SITC7 贸易条件持续改善,在第 9 个月达到最大约为 1.11% 后,开始下降并逐渐收敛于 0,反应轨迹与能源密集型产品显著不同。如图 6 所示,SITC7 进口价格在经历短暂的上下波动后——即使欧美之类的发达经济体对油价冲击也需要相应的适应期,第 3 个月开始持续负向运动,之后的程度虽有下降,但仍保持负向效应。与此相反,出口价格持续正向运动,证明了国内油价冲击的"部门转移"效应弱于国外,甚至被油价上涨引起的通货膨胀所覆盖,导致非能源密集型产品价格不降反升。由于 SITC7 属于资本、技术密集型行业,而目前国内劳动力素质普遍偏低,加之市场经济体制尚未孕育成熟,致使资本、劳动在部门间的转移配置交易成本高昂,造成中国未能立即显现出像发达国家一样的"转移效应",验证了上节传导路径中第Ⅲ阶段的正确性——中国 SITC7 贸易条件的改善正是建立在这一传导机理上。需要特别注意的是,"部门转移"效应过弱,能源密集型部门释放的资源要素无法重新得到利用,社会存在失业和资本闲置,不利于结构调整和产业转移升级,最终制约社会经济发展。

　　图 7 的脉冲结果显示,中国整体贸易条件受国际油价冲击之后,前 11 个月呈现恶化,在第 4 个月达到最大约为 2.27%,介于各类能源密集型产品之间。由此看出,SITC7 贸易条件虽然改善,但未能扭转整体贸易条件短期恶化的趋势。同时,整体贸易条件第 11 月才出现逆转,相比于能源密集型行业,整体经济规模更加庞大。因此,对国际油价冲击的缓冲也需要更多的时日。总体而言,整体贸易条件运动的轨迹与能源密集型产品相类似,这主要是由于中国对外贸易中,能源密集型产品比重偏高,出口耗能大、附加值低以及经济系统抵抗油价波动风险的能力极其薄弱,熨平油价冲击所需周期偏长——与能源密集型产品贸易条件的解释如出一辙(李坤望和孙玮,2008)。在国际油价的高涨期,经济系统

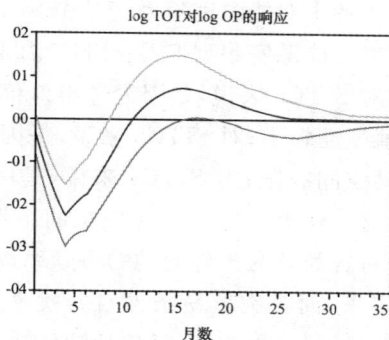

图 7　整体贸易条件对国际油价冲击的脉冲响应

会持续受到国际油价冲击的扰动,国际油价对贸易条件的短期影响占据主导地位。由此,中国贸易条件的恶化也就变得不足为奇了。相反,在全球性金融危机肆意期,国际油价受之影响出现持续下跌,中国的贸易条件却可得到相应的改善。

(二)方差分解

方差分解是通过分析每一个结构冲击对内生变量变化的贡献度,进一步评价不同结构冲击的重要性,因此,可用其显示国际油价冲击在不同时期对各类贸易条件变动相对重要性的信息,保留模拟结果小数点后三位。具体结果见表2。

表 2　各类贸易条件的方差分解　　　　　　　　　　　　　　单位:%

时期	SITC5 贸易条件		SITC6 贸易条件		SITC8 贸易条件		SITC7 贸易条件		整体贸易条件	
	logOP	logS5T	logOP	logS6T	logOP	logS8T	logOP	logS7T	logOP	logTOT
1	0.753	99.246	0.780	99.220	0.082	99.918	0.700	99.300	1.392	98.608
2	1.695	98.305	1.850	98.150	2.088	97.912	0.736	99.264	13.466	86.534
3	11.600	88.300	4.126	95.874	2.522	97.478	0.656	99.344	28.169	71.831
4	14.404	85.596	4.827	95.173	2.848	97.152	1.265	98.735	40.397	59.603
5	14.743	85.257	5.368	94.632	2.878	97.122	2.041	97.959	46.988	53.012
10	11.980	88.020	5.709	94.291	2.846	97.154	11.308	88.692	52.501	47.499
15	17.331	82.669	5.734	94.266	2.980	97.020	17.400	82.600	53.755	46.245
20	21.627	78.373	5.748	94.252	3.041	96.959	19.126	80.874	55.741	44.259
25	22.964	77.036	5.749	94.251	3.057	96.943	19.451	80.549	55.956	44.044
30	23.193	76.807	5.749	94.251	3.060	96.940	19.497	80.503	55.942	44.058

由表2可知,国际油价冲击对能源密集型产品中SITC6和SITC8贸易条件变动的贡献度非常小,而对非能源密集型产品SITC7却具有较大的贡献率——受到国际油价冲击之后,对SITC6来说,是因为进出口价格运动太过紧密,出口价格与进口价格的相对值变动较小;对SITC8来说,是因为耗能程度相对较低,进出口价格的绝对值变动空间有限;对SITC7来说,是因为国内外"部门转移"现象存在着"天壤之别",这一现象与脉冲响应模拟的结果都是一致的。随着时间的慢慢推移,油价冲击对各类贸易条件变动的贡献率逐渐提高,最终稳定于比第1期高出很多的数值水平,而各类贸易条件自身扰动的贡献率呈相反趋势。当变量冲击逐渐被经济系统消化,影响渐弱(包括油价冲击),反而使油价冲击的相对重要性突显,表明相比于其他经济变量,油价对贸易条件的冲击效应更难被经济体系消化吸收,更具长久性。特别要指出的是,油价冲击对整体贸易条件变动的贡献率最终稳定在50%以上,占据绝对的支配地位,充分说明了中国对外贸易能耗程度高、结构不合理,极易受油价波动影响,这与整体贸易条件的脉冲分析结果也是一致的。

五、全球性金融危机是否改变国际油价对贸易条件的冲击效应

2008年9月爆发的全球性金融危机,不仅深刻改变了全球经济的发展格局,同时也极大影响了国际贸易活动的世界版图。因此,本文接下去将在模拟全样本数据的基础上,把样本数据划分为全球金融危机前样本Ⅰ区间(1998年6月到2008年9月)和全球金融危机后样本Ⅱ区间(2008年10月到2012年1月)①。通过分段分析,我们能有效模拟全球性金融危机在国际油价——贸易条件中所扮演的角色,以期更加完整地理解国际油价对中国贸易条件的传导路径和冲击效应。

(一)能源密集型产品与整体的贸易条件:全球性金融危机前后的冲击比较

由图8可知,相比于全球性金融危机之前,危机爆发后的能源密集型产品以及整体贸易条件先恶化,后改善,最后收敛于0的运动轨迹更加清晰明显②。随

---

① 全球金融危机爆发于2008年9月15日,但对经济系统造成全面影响往往具有滞后性,因此以10月份作为划分的分界点。

② 在上一节的分析中,已表明了能源密集型产品与整体贸易条件运动存在着较强的相似度。因此,在这里将两者合并,不再一一阐明。

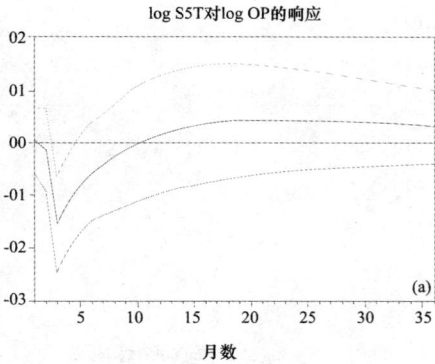

log S5T对log OP的响应

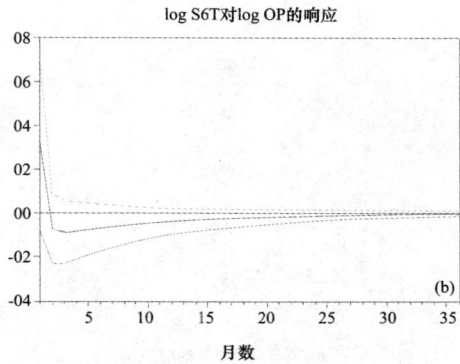

log S6T对log OP的响应

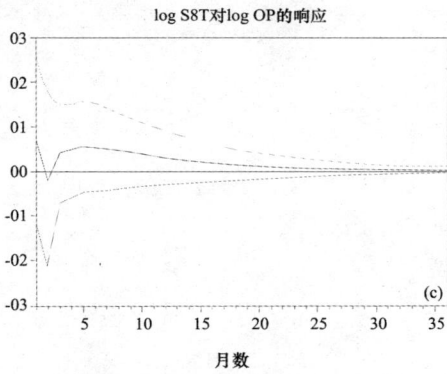

log S8T对log OP的响应

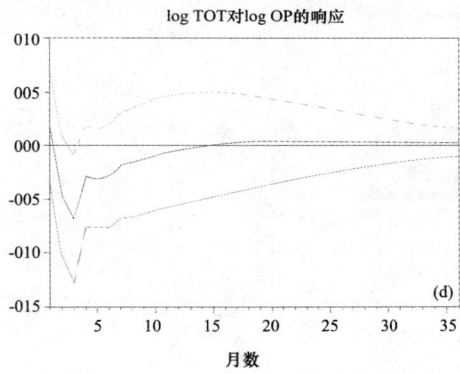

log TOT对log OP的响应

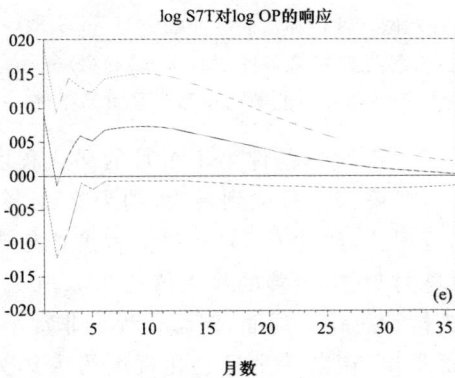

log S7T对log OP的响应

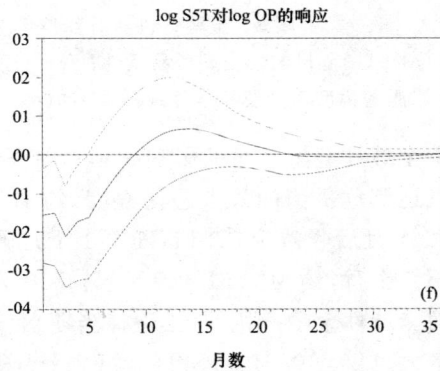

log S5T对log OP的响应

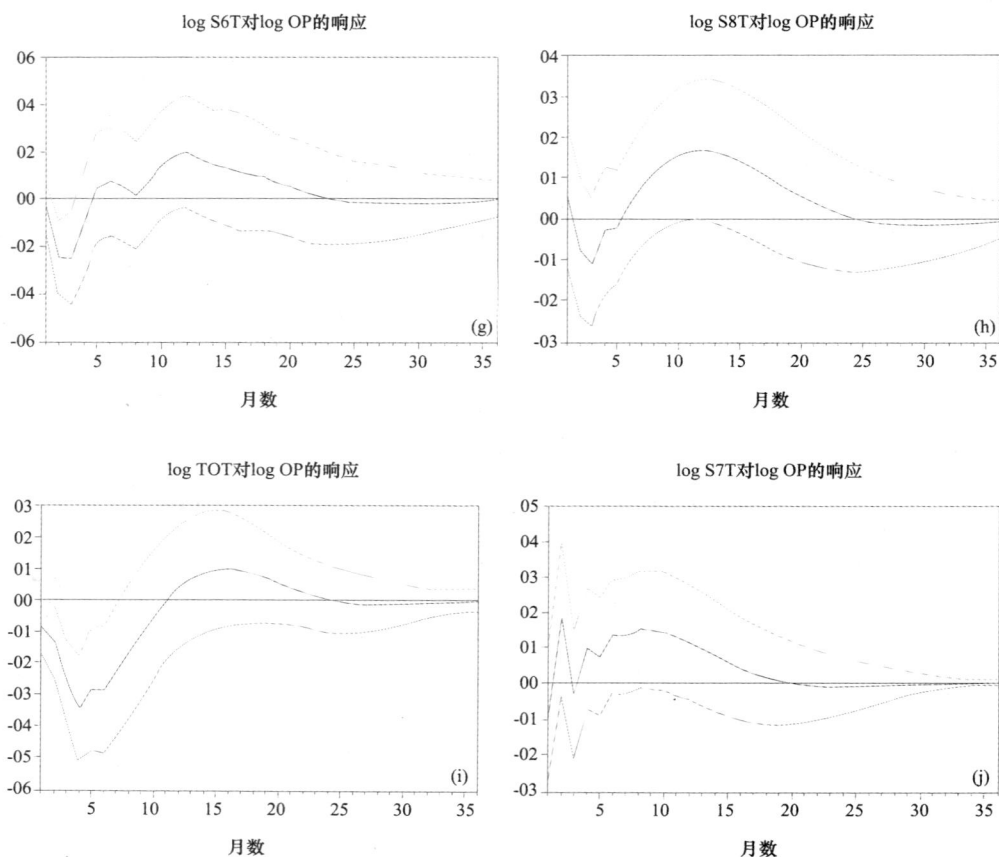

图 8　金融危机前后各类贸易条件对国际油价冲击的脉冲响应

(a)～(e)危机前各类型贸易条件;(f)～(j)危机后各类型贸易条件;(a)～(c)和(f)～(h)
能源密集型产品贸易条件;(d),(i)和(e),(j)分别为整体和非能源密集型产品贸易条件

着全球性金融危机的影响蔓延不断深入,SITC5 贸易条件第 1 个月的恶化程度
就达到危机前的最大恶化程度,约 1.58%,在第 3 个月达到最大,约为 2.14%,
22 个月后收敛于 0;SITC6 第 1 个月就出现恶化,约为 0.44%,最大程度产生于
第 3 个月,约为 2.51%,后逆转呈现了明显的改善,改善的最大值约为 2.00%,
而全球性金融危机前(排除掉当期)表现为持续恶化的局面,但恶化程度非常小,
最大也仅为 0.91%;SITC8 第 2 个月开始恶化,在第 3 个月恶化程度最大约为
1.10%,后出现逆转而呈现改善,改善的最大程度在 12 个月达到约 1.68%,
而危机前的两个月略微出现上下波动,从第 3 个月开始才出现持续的改善,且幅
度非常小,最大程度也只有 0.5%左右;整体贸易条件第 4 个月恶化程度最大约

为 3.48%,逆转后改善的最大程度为 1%,而金融危机未发生时,这个数值仅为 0.69%,小至几乎可以忽略。由此可见,相比于全球性金融危机爆发之前,危机之后的能源密集型产品和整体贸易条件恶化或改善程度都非常强烈,这也说明了伴随着全球性金融危机的深入,进出口价格对国际油价扰动的反应程度也越发剧烈。从图 9 可知,后危机时代的能源密集型产品和整体进出口价格短期上涨以及长期调整回落幅度远远超过危机之前[①],这主要是由于为应付全球性金融危机,世界各国货币当局相继出台了规模庞大的量化宽松政策,致使全球经济系统的流动性泛滥,通胀压力隐匿于危机背后。难以短期得到消化的国际油价,也就抬高了生产成本,推动经济系统不断释放通胀压力,进而导致短期内进出口价格大幅度向上运动;同时,全球性金融危机不断强化了社会风险预警机制以及经济行为主体对抗市场震荡波动的意识和能力,经济系统相比危机前能更快地消除国际油价冲击的负面影响。因此,在危机爆发之后,这些冲击效应在短期内宽幅震荡,而长期回落迅速。

需要特别指出的是:①爆发全球性金融危机之后,SITC5 贸易条件不同于能保持着一定趋势的危机前,而是收敛于 0,这是因为随着时间的推移,危机后其出口价格出现明显的回落,而危机前仍保持着上涨趋势(从图 9 危机前后 SITC5 出口价格对国际油价的冲击反应便可知)。全球性金融危机造成全球经济出现大规模的衰退,购买力急剧下降,导致对 SITC5 产品需求严重不足,若再不主动消除油价上涨引致的成本效应,行业竞争力就会远低于发达国家,从而被挤出有限的国际需求市场。因此,全球金融危机刺激国内企业掌握 SITC5 行业技术,深化结构调整,增强行业整体竞争优势,抢占国际市场份额。②SITC6 在第 1 个月就出现恶化,并未像危机前和全样本那样呈现改善,这是由于金融危机加剧了 SITC6 全球产能过剩的矛盾,国内出口萎缩、产品积压,无法发挥中国在数量上的绝对优势。同时,迫于需求陡降的压力,纵使是风光不再的"夕阳产业",发达国家也存在利用技术和管理优势对 SITC6 进行大幅度、深层次调整以逆转油价成本上涨的激励,致使危机后的长期进口价格回落速度远快于出口价格,打破了危机前以及全样本时期进出口价格运动紧密的态势[②],长期贸易条件出现明显改善也就不言自明。总之,金融危机改变了中国 SITC6 产品的贸易形势,促使发达国家在该行业占据了绝对优势,呈现出一边倒的不利局面。

---

① 要注意的是,不管是全球金融危机之前还是之后,对比进口价格和出口价格得到的结论与全样本的分析结果基本上是一致的。

② 自全球性金融危机爆发以后,SITC6 的进出口价格是其贸易条件的 Granger 原因这一现象也可证实以上结论。

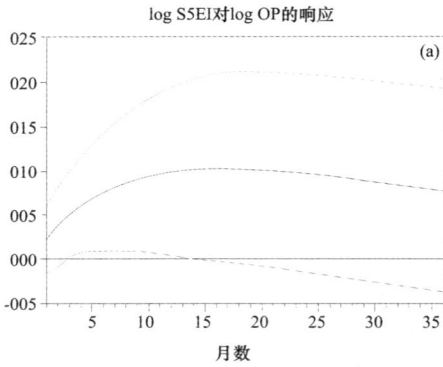

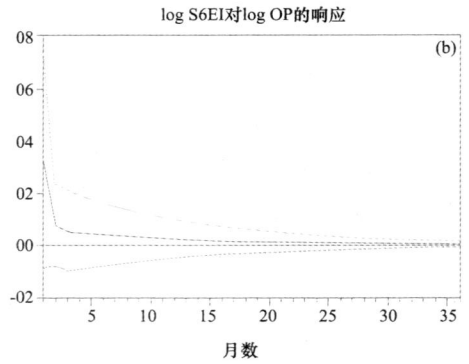

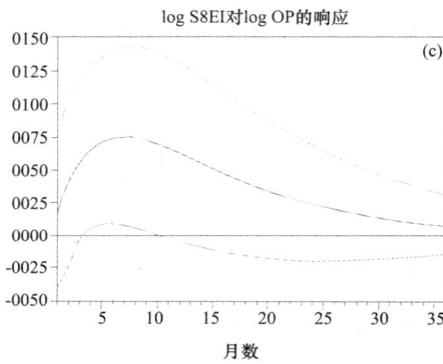

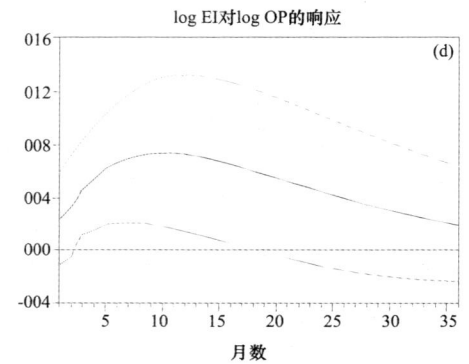

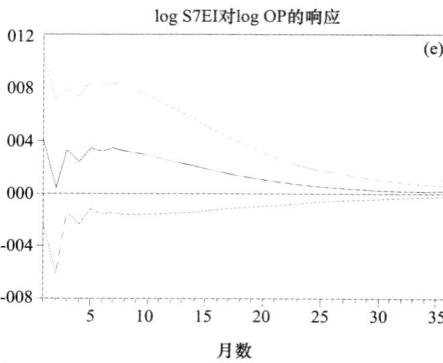

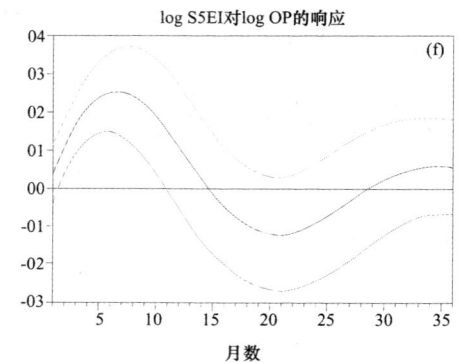

国际油价冲击对中国贸易条件的传导机制和动态影响

log S6EI对log OP的响应

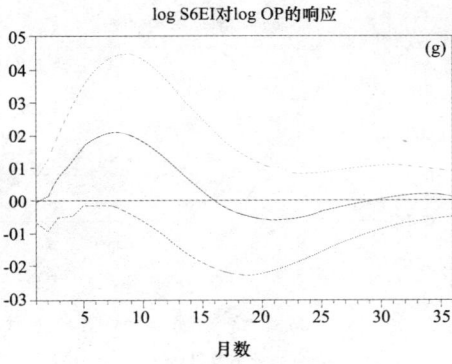

log S8EI对log OP的响应

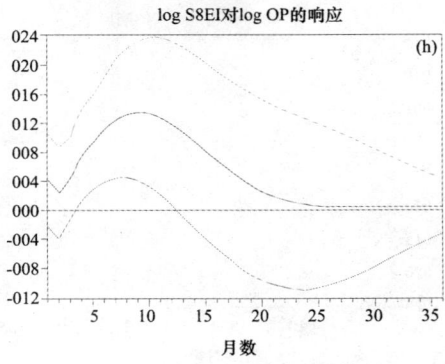

log EI对log OP的响应

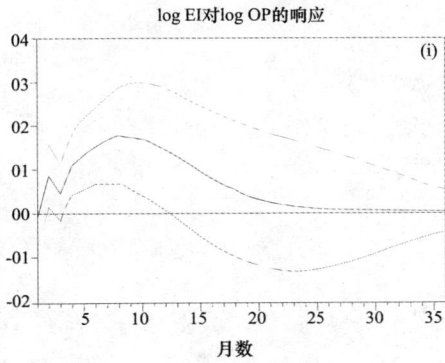

log S7EI对log P的响应

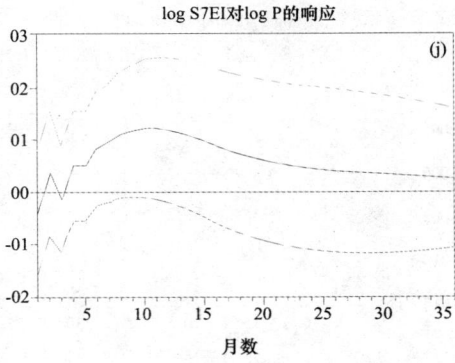

log S5II对log OP的响应

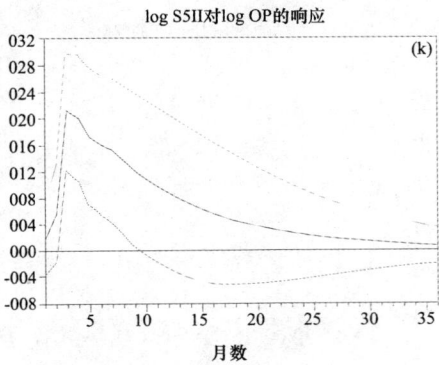

log S6II对log OP的响应

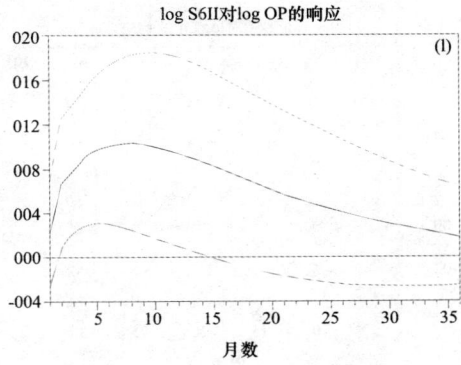

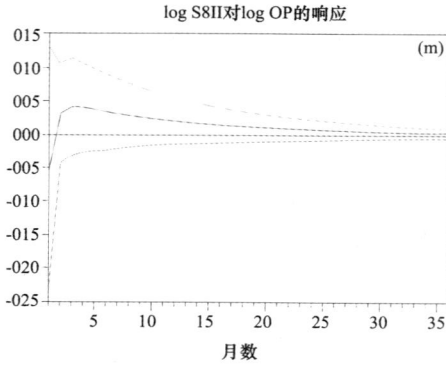

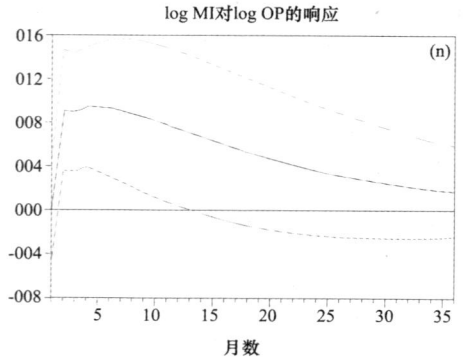

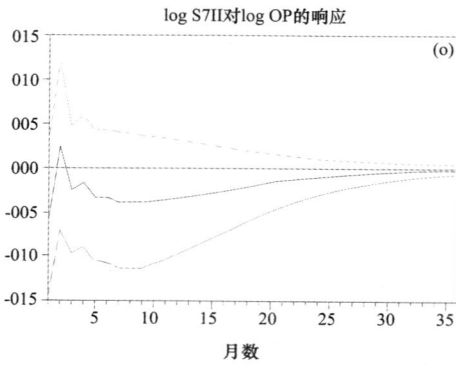

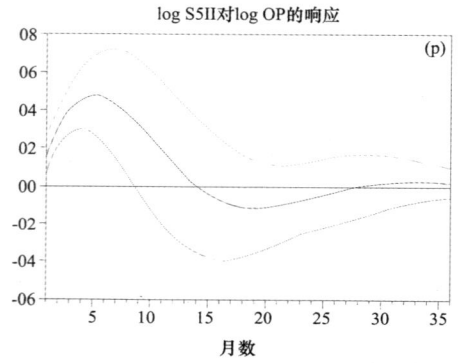

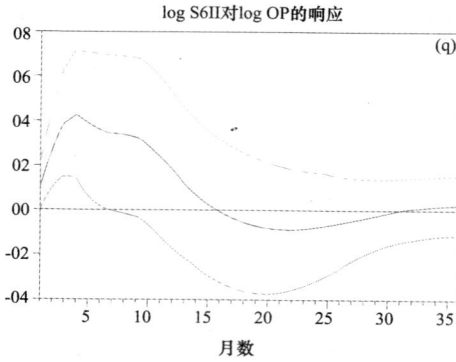

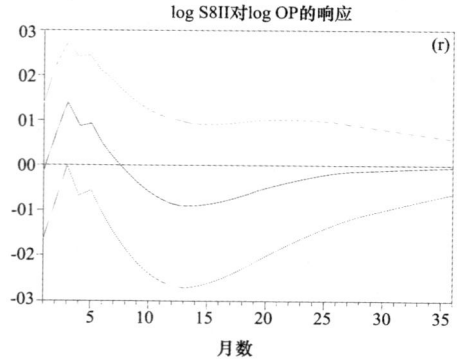

国际油价冲击对中国贸易条件的传导机制和动态影响

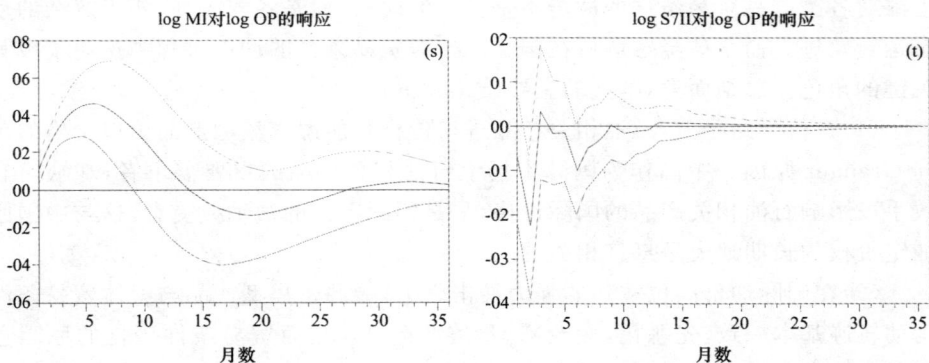

图 9　金融危机前后各类进出口价格对国际油价冲击的脉冲响应
（a）～（e）和（f）～（j）分别为危机前和危机后出口价格；（k）～（o）和（p）～（t）分别为危机前和危机后进口价格；（a）～（c），（f）～（h），（k）～（m）和（p）～（r）能源密集型产品；（d），（i），（n），（s）和（e），（j），（o），（t）分别为整体和非能源密集型产品

（二）非能源密集型产品贸易条件：全球金融危机前后的比较分析

由图 8 可知，爆发全球性金融危机以来，非能源密集型产品的贸易条件在 19 个月后便收敛于 0，在模拟期内未出现危机之前的持续改善状况，这主要是由于危机前后进口价格变动差异巨大（从图 9 可知，危机前后的出口价格变动是相对规则的运动，而且比较吻合）。而全球性金融危机进一步深入之后，发达国家存在普遍性失业和资本闲置，国际油价上涨迫使能源密集型部门释放出的资源并未被非能源密集型部门及时吸收和长期利用，只是相应地增加了全社会资源闲置总量，从而削弱了"部门转移效应"（中国国内的"部门转移效应"原本就弱，金融危机前后对经济的影响没有实质性区别），导致金融危机后 SITC7 进口价格（见图 9）探底后马上反弹，并未出现持续性下行。因此，金融危机后 19 个月 SITC7 贸易条件改善就消失了。

六、主要结论和政策建议

石油是现代工业发展的"血液"，具有重要的社会经济战略地位，而高位震荡的国际油价势必冲击各国经济并作用于相互间的国际贸易活动。正是基于这一点，本文构建并实证检验了国际油价冲击对中国贸易条件的传导机制，证实了成本传递和"部门转移效应"的实施路径。同时，以此为出发点，我们发现国际油价上涨对各类产品贸易条件的冲击不是单一的模式,而是各式各样、相当复杂的动态运行轨迹。而全球金融危机在国际油价对贸易条件的冲击过程中扮演了极其关键的角色。总结而言,本文的主要结论如下:

(1)在传导路径上,石油相关产品进口价格是能源密集型产品出口价格的单向 Granger 原因。中国作为国际市场上石油相关产品的重要需求者,却缺乏有效手段影响石油相关产品的国际价格,只是国际定价的被动接受者,这与中国原油定价权的长期缺失是息息相关的。

(2)在国际油价高位震荡的强力冲击之下,能源密集型产品与整体贸易条件运动轨迹基本一致,先恶化,后改善,最终收敛于 0。而贸易条件恶化的原因主要是由于中国出口产品附加值低,缺乏定价权,对外涨价转移成本能力比较薄弱;而之后趋于改善的原因则主要是贸易伙伴国的技术先进、市场体制比较发达完善,消化油价上涨冲击能力相对较强。但不管贸易条件的恶化还是改善,主要取决于外部因素,这些因素都不利于中国主动参与国际竞争,掌握自身经济的发展命运。

(3)非能源密集型产品贸易条件在相当长的时期内得到了有效的改善。造成这一现象的根源则在于国内市场的运行摩擦大,对国际油价冲击的"部门转移效应"远弱于国外的"部门转移效应"。因此,虽然贸易福利有所提升,但最终还是会导致国内严重失业和资本闲置,这些都不利于国民经济的长期可持续发展。

(4)此次全球性金融危机强化了能源密集型产品以及整体贸易条件的运动轨迹,削弱了国外的"部门转移效应",从而导致中国非能源密集型产品贸易条件的改善空间非常有限。

也就是说,国际油价冲击对中国的转型经济发展与整体国际贸易环境产生了很多不利因素。为提升中国在国际贸易过程的竞争能力,可从以下几个方面入手:①加快发展中国原油期货市场,提升国际石油价格的话语权,以有效反映国内原油和石油相关产品需求,扩展向外转移成本的空间;同时,积极发展清洁技术降低能耗和建立石油战略储备,抵抗第三次石油危机所带来的高油价冲击风险。②增强自主创新能力,促进高新技术产业发展,提高产品附加值,优化贸易结构,把握各类产品出口定价主动权。③完善市场经济体制以及相关劳动力培训、就业服务机制,降低市场交易成本,促进资源有效流动和配置,提高整体经济应对油价冲击的伸缩性和适应能力。

参考文献

[1] 陈刚,余燕春. 能源约束对出口贸易结构影响的实证分析. 国际商务—对外贸易大学学报,2009(3):10-15.

[2] 陈宇峰. 后危机时代的国际油价波动与未来走势：一个多重均衡的视角. 国际贸易问题，2010(12):3-11.

[3] 陈宇峰，陈启清. 国际油价冲击与中国宏观经济波动的非对称时段效应：1978—2007. 金融研究，2011(5):86-99.

[4] 陈宇峰，汤余平. 产业结构调整对缓解能源区域经济冲击的影响：以浙江省为例. 国际贸易问题，2011(6):47-58.

[5] 何晓群，魏涛远. 世界石油价格上涨对我国经济的影响. 经济理论与经济管理，2002(4):11-15.

[6] 李坤望，孙玮. 我国能耗和能源密集型产品贸易关系分析. 当代经济科学，2008(3):86-91.

[7] 钱学峰，陆丽娟，黄云湖，陈勇兵. 中国的贸易条件真的持续恶化了吗？——基于种类变化的再估计. 管理世界，2010(7):18-29.

[8] 汪素芹，史俊超. 我国工业制成品贸易条件变动的实证研究：1995—2006 年. 财贸经济，2008(8):90-94.

[9] 温涛，冉光和，熊德平. 中国金融发展与农民收入增长. 经济研究，2005(9):30-43.

[10] 曾铮，胡小环. 我国出口商品结构高度化与贸易条件恶化. 财经科学，2005(4):162-168.

[11] 张建华，刘庆玉. 中国贸易条件影响因素的实证分析. 国际贸易问题，2004(6):20-23.

[12] 张曙霄，郭沛. 中国价格贸易条件与出口商品结构的关系——基于 2001—2008 年季度数据的分析. 南开经济研究，2009(5):108-123.

[13] 张先锋，刘飞. 我国工业制成品贸易条件的影响因素分析. 国际贸易问题，2008(5):3-9.

[14] 赵玉敏，郭培兴，王婷. 总体趋于恶化——中国贸易条件变化趋势分析. 国际贸易，2002(7):18-25.

[15] Backus DK，Crucini MJ. Oil price and the terms of trade. Journal of International Economics，2000(50):185-213.

[16] Dixit A，Norman V. Theory of international trade：A dual，general equilibrium approach. Cambridge University Press，1980.

[17] Elekdag S，LaLonde R，Laxton D，Muir D，Pesenti P. Oil Price Movements and the Global Economy：A Model-Based Assessment. IMF Staff Papers，2008，55（2）：297-311.

[18] Hamilton JD. Historical oil shocks. In：Parker RE，Whaples RM(Eds.)，Handbook of Major Events in Economic History. New York：Routledge，2011.

[19] Hamilton JD. What is an oil shock? Journal of Econometrics，2003(2):363-398.

[20] Hooker MA. Are oil shocks inflationary? Asymmetric and nonlinear specifications versus changes in regime. Journal of Money，Credit and Banking，2002(2):540-561.

[21] Kesicki F. The third oil price surge—What's different this time. Energy Policy，2010，

38(3):1596-1606.

[22] Kilian L. Not all oil price shocks are alike: Disentangling demand and supply shocks in the crude oil market. American Economic Review, 2009, 99(3):1053-1069.

[23] Krugman P. The energy crisis revisited. New York Times, 2000, 5(9).

[24] Lilien DM. Sectorial shifts and cyclical unemployment. Journal of Political Economy, 1982,90(8):777-793.

[25] Marion NP, Svensson LEO. The terms of trade between oil importers. Journal of International Economics, 1986(20):9-113.

[26] Mills T, Markellos R. The Econometric Modelling of Financial Time Series. Cambridge University Press, 2008.

[27] Tang WQ, Wu LB, Zhang ZX. Oil price shocks and their short-and long-term effects on the Chinese economy. Energy Economics, 2010(32):3-14.

[28] Tolonen Y. Terms of trade, countertrade and recycling under oil prices shocks. European Journal of Political Economy, 1989(5):63-76.

工业设计、ODM 与中国出口产品价值提升：作用机理与实证检验[*]

徐元国

（浙江工商大学经济学院）

摘要：中国外贸从 OEM 向 ODM 升级过程中，工业设计起到非常重要的促进作用。本文详细论证了工业设计对制造业发展、企业盈利能力增强和外贸产业升级的作用机理，并以与工业设计关系密切的出口产品价格指数反映出口产品价值的变化，用 1986—2010 年间的时间序列数据进行实证检验。协整检验和误差修正模型估计结果表明，在长期均衡关系和短期波动两种统计模型中，工业设计能力均对出口产品价值具有显著正向作用。中国需要进一步深化对工业设计重要作用的认识，构建包含政府、企业和协会等多层面的工业设计发展支撑体系。

关键词：工业设计；ODM；出口产品价值；协整检验；误差修正模型

一、引　言

在国际分工体系中，中国大多数出口产品制造商位于全球价值链微笑曲线的低端环节，这在微观上导致中国出口企业盈利能力不足和技术升级滞后，进而企业无力投入足够的资本进行技术改造，在宏观上造成了中国的外贸出口规模扩张和外贸盈利能力逐渐下降的悖论局面（卢洪雨，2004；张先锋和刘厚俊，2006）。为此，认真思考和筹划中国外贸出口行业的转型升级是理论与实践两个方面都极为重视的课题。目前，国内许多学者关于中国外贸模式升级路径形成的共识是外贸出口企业应按照从 OEM（original equipment manufacturer）到 ODM（original design manufacturer）再到 OBM（original brand manufacturer）的模式顺次提高在国际分工体系中的地位，实现外贸转型升级和增加出口产品附加值的目标，这也是一般发展中国家外贸产业演进升级的惯常路径（Hobday，1995；Yan，2012）。经过 30 多年以 OEM 模式参与国际经济循环的发展和积累，

---

* 本文获得"第五届浙江省国际经济贸易研究优秀成果奖"理论类三等奖。发表于《国际贸易问题》2013 年第 1 期。

中国的外贸出口企业正处于从 OEM 向 ODM 过渡的进程之中。要实现从 OEM 向 ODM 的成功转型,关键举措之一是提高工业设计的能力,使工业设计通过产业化发展切实发挥拉动制造业升级和增加产品附加值的作用。

工业设计通过塑造产品差异性提升企业绩效,进而通过企业间的竞争促进产业升级的作用逐渐引起国内外学者的关注(刘晓军等,2009)。国外一些学者的实证研究表明,在与企业绩效关系的创新中大部分是基于已有技术而不是依赖技术前沿的突破,工业设计对产品创新的作用更为明显(Gemser&Leenders,2001;Veryzer&Brigitte,2005)。国内也有学者也验证了工业设计对个别省份产业结构升级的作用(王娟娟和汪海粟,2009)和对产品开发与产业技术的正面促进作用(刘晓军等,2009)。长期以来,中国工业设计的发展状况无论是主观意识还是客观能力都与发达国家存在着较大差距。近年来,政府和企业等各个层面均认识到工业设计对中国经济转型升级的重要作用,一些地方也出台了大力扶持工业设计产业发展的政策措施。迄今为止,学界关于外贸产业升级的讨论大致是按照 OEM-ODM-OBM 路径进行的理论阐述和宏观分析有余,而对外贸企业在 OEM、ODM 和 OBM 三个阶段间依次转型升级的具体机理的微观分析及实证研究不足。本文拟在相关文献的基础上,进一步具体探讨从 OEM 向 ODM 转型过程中工业设计的作用机理,并结合与工业设计关系较为密切的工业制品的出口数据对工业设计与外贸出口产品附加值的关系进行实证研究。

二、工业设计在 OEM 向 ODM 升级中的作用机理

外贸出口领域的转型升级在宏观上表现为出口制造商从微笑曲线的底端向两端延伸,在微观上表现为出口企业与外商磋商谈判中的定价能力提升和出口商品单价提升(毛蕴诗和戴勇,2006;汪建成和毛蕴诗,2007)。工业设计在外贸 OEM-OBM 升级路径中的作用主要是提高出口企业向制造环节的上游设计环节延伸,通过自主设计赋予产品差异性而获得相应的市场势力。

(一)工业设计的界定及其产业经济功能

工业设计不仅是对产品外观的设计,而是牵涉到诸多环节的一个综合性行业。国际工业设计协会联合会(International Council of Industrial Design,ICID)1980 年给工业设计下的定义是:"就批量生产的产品而言,借训练、技术知识、经验及视觉感受,赋予产品的材料、结构、形态、色彩、表面加工及装饰一新的品质和规格,并解决宣传展示、市场开发等方面的问题,称为工业设计,涉及包括市场需求、市场概念、产品的造型设计、工程的结构设计、快速模型模具的制造、

小批量的生产直到批量化上市，以及形象品牌的策划等领域"（王娟娟和汪海粟，2009）。ICID对工业设计的这一定义强调了其在整个工业生产体系中所具有的基础性和综合性作用，即概括了工业设计的主要工作领域，也体现了工业设计在工业经济系统中的战略性地位。随着服务经济的兴起，工业设计逐渐从传统制造业企业的生产链中分离出来，发展成为一个独立的行业，工业设计对传统制造业升级和企业竞争力提升的促进作用日益凸显。人们对工业设计的理解逐渐也突破了间断的工作环节性质，而将其视为"一种创造性活动，其目的是为物品、过程、服务以及它们在整个生命周期中构成的系统建立多方面的品质"（International Council Societies of Industrial Design，ICSID，2006）。

工业设计对社会经济发展和产业结构升级在不同时期有着不同的表现形式。在以制造业为主的工业经济体系中，工业设计是工业化大生产系统得以存在和发展壮大的基础生产环节和必备条件之一。工业经济需要解决生产系统中所需机械设备、零配件、半成品等各个环节的标准化问题，才能实现大规模生产带来的低成本优势。生产线的组装、机械设备的制造、零配件和产品规格型号的统一等诸多环节都以工业设计作为基本的前置性生产技术。随着许多国家的经济发展到后工业化的服务经济阶段，原来处于不同部门、不同行业和不同企业间的工业设计相关工作环节更为紧密地衔接起来形成了一个独立的工业设计产业。服务经济中的工业设计在继续为工业生产提供基本技术支撑的基础上，日益将工业生产与社会需求更为紧密地结合起来，并在传统的机械化生产过程中注入动态的文化价值和社会心理因素。理性认知和艺术创造成为新时代人性化工业设计最为突出的特征。工业设计在利用开发设计出来的产品满足人们物质需求的同时，也成为满足人们现实和潜在精神需求的重要途径[①]。

200多年前工业设计在英国纺织工业革命中诞生并成为工业制造的必要先导环节，它也为美国福特制生产体系塑造了必需的标准化机器设备、中间品、零配件。其后，工业设计伴随着战后飞速进步的科学技术和生产力，不断推出大量物美价廉的产品推向全球，短短几十年时间里将全球市场从供不应求的卖方市场变成了供大于求的买方市场。买方市场条件下日益激烈的市场竞争，促使许多政府更加重视工业设计对提升本国产品国际市场竞争力的作用。1919年成立的德国包豪斯设计学校使工业设计成为德国传统的优势产业，其为德国培训的优秀设计人才使其在战后重建中迅速推出了质量上乘的制成品并在国际市场

---

① 工业设计在服务经济时代的这种满足社会精神需求的功能将其从功利主义、工具主义、功能主义和技术决定论的短视中摆脱出来，而以实现功能与形式、科学与艺术、事实与价值、传统与创新、人与自然的统一为基本原则，逐渐发展成为"人文设计、人性设计、人道设计"（朱红文，2000）。

长期享有盛誉。日本在战后重建过程中提出了"科技立国、设计开路"的国策,日本企业在 20 世纪 50—60 年代通过模仿欧美的产品设计,逐渐建立了自身的工业设计体系,于 70 年代前后推出大量具有日本设计特色的产品一举占领欧美市场。韩国政府在 1997 年东亚金融危机后的经济重振中提出"设计韩国"战略,现在工业设计已经助力韩国成长起来三星、LG 等全球著名品牌,韩国也从制造国家向设计创新国家成功转型(陈圻和刘曦卉,2009)。与上述国家相比,中国的工业设计虽然在教育体系、设计理念、设计水平等方面均有不小的差距,但 2008 年国际金融危机爆发后导致国际市场需求疲软的现实,使政府和企业认识到工业设计在中国外贸产业升级的重要作用,并积极采取各种措施扶持该产业发展壮大,工信部等 11 个部委 2010 年联合印发了《关于促进工业设计发展的若干指导意见》。

(二)工业设计提升外贸企业的市场定价能力和盈利能力

外贸企业通过其产品的功能属性来反映并满足不同国家消费者的需要。工业产品的属性主要包括核心技术、质量、人机工程、情感、美学、品牌和对生活形态影响力等七个方面,具有物质和精神两种功能。物质功能指产品的实际用途或使用价值,它是产品设计者和使用者关心的基本对象,主要包括核心技术、质量、人机工程等三个方面的属性;精神功能是指产品所表现出来的审美、象征、教育等效果,主要包括情感、美学、品牌和对生活形态影响力四个方面的属性。激烈的市场竞争导致全球同类产品的在物质功能上迅速同化,供应商之间在生产制造商的技术差异趋同,产品的物质功能已不能刺激消费者的购买欲望(MacPherson,2000),藉由研发、设计和营销服务提升产品的精神功能已成为企业提升市场竞争力的关键。这正是发达国家跨国公司(Multi-national enterprises,MNEs)将生产环节通过 OEM 模式向发展中国家转移而自身专注于设计和营销等核心业务环节的内在原因。

以 OEM 模式为主导的国际分工体系中存在着三个层面的企业竞争:一是将生产制造环节外包出去的发达国家发包商之间以设计和营销为主要内容的竞争;二是发展中国家和地区的 OEM 承接企业以同质性制造和制造成本为主要内容的竞争;三是 OEM 发包方和承接方之间以分割制造环节利润为主的合作性竞争。处于全球价值链微笑曲线上相同区间的不同发展中国家和地区 OEM 企业间激烈的竞争,使 MNEs 更容易将生产制造环节不断从劳动成本升高的国家和地区,向新形成相应生产能力且生产成本更低的国家和地区转移,这一动态国际产业转移过程,一方面起到了优化配置全球生产资源的作用,另一方面也使得 OEM 承接企业在 MNEs 交易谈判中处于劣势地位,无法掌握产品的定价权。MNEs 利用自身的研发实力和营销技巧在全球市场上形成一定程度的市场垄断势力,通过市场歧视策略不断进行市场细分,通过开发不同型号和不同款式的产品谋求市场收益最大化。消费市场上的这种垄断势力进一步强化了 MNEs 与 OEM 供应商谈判时的定价能力。OEM 出口企业提升自己定价能力的关键在于能够具有异于其他 OEM 厂商的核心竞争力,能够使企业的业务环节向微笑曲线延伸实现企业经营管理的转型升级。在研发、设计、品牌管理和营销等几种升级措施中,优秀的工业设计和稳定的生产制造一样是其他几种业务有效开展的前提。大力提升工业设计能力以实现 OEM 向 ODM 的转型,是外贸出口企业提升出口定价能力的优先选择。ODM 厂商与 MNEs 交易谈判时因其提供了制造和设计两种业务服务,理应得到更多的回报;MNEs 也因为 ODM 厂商提供了优质产品设计而进一步将业务链条收缩形成更强大的核心竞争力,愿意向 ODM 厂商支付更高的价格并建立长期合作关系。

在 OEM 和 ODM 两种模式中,外贸企业与产品最终市场是脱节的,是通过国外的产品发包方(即国外进口商)与最终市场建立联系。外贸企业的目标是发展成为与最终市场建立直接联系具有自主品牌的 OBM 制造商。从最终产品市场看,工业设计对外贸企业盈利能力的提升具有更加长远的作用。ODM 和 OBM 外贸厂商通过申请设计专利获得产品的垄断权,从而能够在形成细分市场上较高的定价能力。2007 年英国设计委员会(Design Council)对 1500 个企业进行调查后分析认为,"企业每 100 英镑的设计投入将会看到 225 英镑的利润"(陈圻和刘曦卉,2009)。按照产品生命周期理论,遵循现代工业设计理念,将人文价值和绿色环保等精神层面因素融入相关功能属性的创新产品,与标准化的工业产品和短期流行产品相比具有更长的生命周期,持续的创新型设计使产品销量在相当长的时期内保持持续增长,从而大幅提高其盈利能力(图 1)。

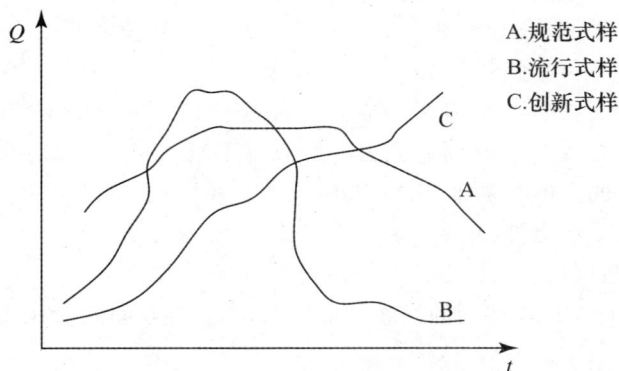

图 1　不同式样产品的生命周期示意图

(三)工业设计促进外贸企业从 OEM 向 ODM 转型的升级路径

工业设计促进外贸企业从 OEM 向 ODM 转型的过程,并非是简单和短期的线性关系,外贸领域的这种升级是一个系统且缓慢的过程。以中国台湾地区的电子产业为例,从 20 世纪 70—80 年代以 OEM 模式加入国际 IT 产业链并成为全球重要电子生产基地的台湾,虽然有宏基、明基、HTC 等较为知名的企业成功从 OEM 转型升级为 OBM 制造商,但直至近年仍然有超过 90% 的台湾 IT 制造商在从事贴牌生产(Yan,2012)。台湾地区的实践表明外贸企业的 OEM-ODM-OBM 升级路径是一个逐级递进的动态过程,ODM 和 OBM 模式的形成均需要前一个阶段在全产业形成广泛而坚实的支撑能力(图 2)。

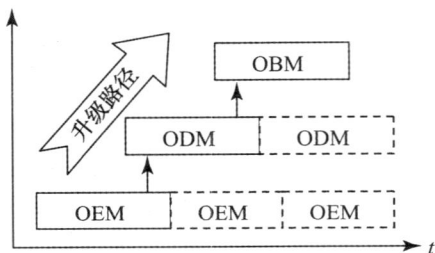

图 2　外贸企业的"OEM-ODM-OBM"升级路径

ODM 外贸企业的设计能力建立在稳定高效的生产制造系统的基础上。工业设计需要将市场对产品的各种潜在和现实需求通过产品体现出来并给予满足[①],同时也需要充分考虑批量化生产的可行性和效率、效益问题。工业设计工作人员或者要使结合了艺术创造、社会需求和科学技术的新型产品符合现有生产系统的技术要求,或者要对生产系统进行重新设计使其满足新产品的生产要求。这就要求 ODM 生产系统兼具 OEM 模式大规模生产的优势和适应新设计产品的弹性特征,并且 ODM 外贸企业的供应商也必须具有对工业设计的这种适应能力或者对其自身的调适能力。所以,ODM 模式的形成以整个社会生产系统达到一定的水准为基础。从 ODM 向 OBM 模式的转型除了要求社会生产系统较为发达成熟之外,也要求社会经济体系普遍形成了较为优秀的工业设计能力,能够不断设计合适的新产品以支撑企业的品牌价值。

从 OEM 向 ODM 转型的过程也是同类外贸企业间接竞争的过程,同一产

---

①　许多成功的产品不仅仅是满足市场需求,而是通过对潜在需求的洞察而开发出具有前瞻性的产品去引领市场消费的趋势和潮流,如美国 Apple 公司的 iPad 和 iPhone 等产品即是工业设计之于企业价值提升迄今为止最为成功的案例。

业中的外贸企业能够成功实现从 OEM 向 ODM 转型升级的往往只是少数。OEM 模式的外贸企业只是根据国外进口商订单要求进行生产，与最终产品市场并没有紧密的直接联系。ODM 企业则需要对市场需求及其动态有非常清楚的了解及预测能力，才能设计出符合市场需要的产品。ODM 对外贸企业的要求与 OEM 相比并不仅仅在于是否具有设计人员，而是要求从企业组织架构到管理理念等各方面具有全方位的提升。所以，同行业的 OEM 企业中只有综合素质优秀和具有长远发展潜力的企业才能成功转型为 ODM 制造商。同理，同行业的 ODM 企业中也只有更为优秀的企业才能转型为 OBM 企业。

三、实证检验

根据汤姆森路透报告，2011 年中国超越美国和日本成为全球申请专利最多的国家，中国正努力实现从"中国制造"转型为"中国设计"。工业设计对中国外贸企业从 OEM 向 ODM 和外贸产业升级的作用绩效在实践中究竟起到多大的作用，尚有待于实证研究的证明。

(一)指标选择与数据测算

首先说明出口产品价值的指标选择与测算方法。工业设计促进外贸企业从 OEM 向 ODM 转型的一个重要衡量指标是外贸出口产品价值的提升。不少学者用出口价格条件和出口收入贸易条件来表示出口收益（张娟和刘钻石，2011），但这两个指标均是将出口商品的价格与进口商品的价格及进出口商品的数量综合起来得出的数据，反映的是一国在对外贸易过程所得到综合经济收益。所以，用这两个指数表示出口产品价值并不恰当。本文拟直接用相关出口产品的价格来表示出口产品的价值。基于本文实证研究的目标是考察工业设计对出口产品价值提升的作用，故将出口产品中的与工业设计明显无关的农产品、矿产品、大宗物资等产品剔除。为增大实证样本容量，本文选取了 1986 年至 2010 年间数据完整的 18 种工业品（后文简称设计品）[①]来计算与工业设计关系密切的出口产品价格指数（后文简称"设计品出口价格"）。先按其各年的出口金额和出口数量算出当年单位单价，再以 1985 年为基期算出该产品该年份的指数价格，然后用这一指数价格加权汇总成当年的设计品价格。具体计算方法如下：

---

① 这18种产品为：猪肉罐头、蘑菇罐头、丝织物、棉机织物、合成短纤与棉混纺机织物、地毯、电扇、缝纫机（包括工业用）、金属加工机床、原电池、自行车、照相机、手表、日用钟、皮鞋、橡胶或塑料底布鞋（包括球鞋）、球类（足球、篮球、排球）、伞。

$$p_{it} = \frac{amount_{it}}{q_{it}} \qquad (1)$$

$$p_{it}^* = \frac{p_{it}}{p_{i,t-1}} \qquad (2)$$

$$P_t = w_i p_{it}^* = \frac{a_{it}}{\sum\limits_{i=1}^{18} a_{it}} \times \frac{p_{it}}{p_{i,t-1}} \qquad (3)$$

（1）式是某年某产品的单位价格,由该产品的年度出口总金额除以出口总量;（2）式是该产品某年以1985年为基期的出口价格指数;（3）式是某年设计品出口价格,以每一种设计品在18中产品出口总额的比重为权数,乘以其出口价格指数然后加总得到。

其次说明工业设计的指标选择。目前,世界各国均没有设计专门的指标对工业设计产业进行专门统计,本文根据《中国区域创新能力报告》的处理方法,用实用新型专利和外观设计专利两项专利的申请数量表示工业设计能力[①]。且中国《专利法》于1985年实施,专利统计数据始于1985年4月1日,故本文实证研究的样本年份始于1986年。

除此之外,对设计品出口价格影响最大的是外汇价格。而且出口国和进口国双方国内的通货膨胀水平等对价格具有较大影响的宏观经济因素在国际上也都是通过汇率传导机制发挥作用。所以,本文将率水平作为控制变量纳入实证检验模型。

本文实证研究三个变量的原始数据如表1所示。

表1　1986—2010年度设计品出口价格、工业设计能力和汇率数据

年份	1986	1987	1988	1989	1990	1991	1992	1993	1994
价格(P)	1.0153	1.0597	1.1305	1.1753	1.2072	1.2032	1.0207	1.1040	0.9243
设计(D)	10186	17688	23802	22618	30753	38023	51766	56069	56616
汇率(R)	345.28	372.21	372.21	376.51	478.32	532.33	551.46	576.2	861.87
价格(P)	0.9578	1.0948	1.1380	1.0958	1.0400	1.0403	1.0284	0.9940	1.0464
设计(D)	58862	70736	70071	74931	94362	114993	135735	165738	194469
汇率(R)	835.1	831.42	828.98	827.91	827.83	827.84	827.7	827.7	827.7

[①]　专利中的发明专利主要表示企业R&D投入和核心技术方面的突破,本文不做考察。实用新型涵盖了工业设计的功能界面维度,而外观设计与工业设计的外观设计维度一致,这两种专利的申请数量大致能够反映工业设计的整体水平和能力。

续表

年份	1995	1996	1997	1998	1999	2000	2001	2002	2003
年份	2004	2005	2006	2007	2008	2009	2010		
价格(P)	1.1391	1.2031	1.2663	1.3732	2.0288	2.0578	2.1531		
设计(D)	213157	289672	348024	433438	522565	648515	816362		
汇率(R)	827.68	819.17	797.18	760.4	694.51	683.1	676.95		

注：价格(P)是根据(3)式测算的指数化设计品出口价格；工业设计水平(D)为实用新型和外观设计两项专利申请数量之和，单位为"个"；汇率(R)为当年的人民币兑美元水平，单位为"CNY/100USD"；专利数据和汇率数据均来自历年的《中国统计年鉴》。

显然上述三个指标的原始数据具有明显的时间趋势，不适合直接拿来进行多元回归检验。对上述三个变量取对数，得到三个新变量为 $\ln P$、$\ln D$ 和 $\ln R$，用这三个新的变量建立基本实证模型。

$$\ln P_t = C_0 + C_1 \ln D_t + C_2 \ln R_t + \varepsilon_t \tag{4}$$

(二)平稳性检验

平稳性检验是分析变量序列是否存在单位根，如果存在单位根，则变量序列为非平稳数据。只有平稳的数据才可直接用上述基本实证模型进行回归分析。本文用 Eviews 6 软件[①]对变量的平稳性检验采用 ADF 单位根检验方法，检验结果如表 2 所示。

表 2　变量的单位根检验

变量	ADF 检验值	ADF 临界值			平稳性判定
		显著性水平 1%	显著性水平 5%	显著性水平 10%	
$\ln P$	0.466285	−3.737853	−2.991878	−2.635542	不平稳
$D\ln P$	−4.322777	−3.752946	−2.998064	−2.638752	平稳
$\ln D$	−0.695689	−3.737853	−2.991878	−2.635542	不平稳
$D\ln D$	−5.322708	−3.752946	−2.998064	−2.638752	平稳
$\ln R$	−2.417581	−3.737853	−2.991878	−2.635542	不平稳
$D\ln R$	−4.057367	−3.752946	−2.998064	−2.638752	平稳

① 除特别说明外，本文统计分析所用软件均为 Eviews 6。

结果显示,设计品出口价格、工业设计能力和外汇水平三个变量的自然对数都不能在甚至 10% 的水平上拒绝存在单位根的零假设,故 $\ln P$、$\ln D$ 和 $\ln R$ 三个指标存在着明显的非平稳性。但三个指标的一阶差分变量 $D\ln P$、$D\ln D$ 和 $D\ln R$ 均在 1% 的显著水平拒绝存在单位根的原假设,故三个差分变量序列是平稳的。我们接下来对其进行协整检验,检验它们是否存在长期均衡关系,并在验证其协整关系的基础上构建误差修正模型(ECM)。

(三)协整检验与误差修正模型(ECM)估计

首先对三个变量进行协整检验。协整是对经济时序变量之间相互关系的一种统计表征,两个经济变量,虽然各自具有长期波动规律,但如果是协整的,则它们之间就存在着一种均衡力量,即存在一种作用机制,使不同的变量在长期内保持一定的比例关系。并且,只有当变量为同阶单整时,它们才可能具有协整关系。由表 2 的 ADF 检验结果可知,$\ln P$、$\ln D$ 和 $\ln R$ 均为一阶单整,它们之间可能具有某种长期均衡关系。Johansen(1988)年提出的最大似然法(MLE)(maximum likelihood estimation)是目前最为常用且最有效的协整检验方法之一,本文用这一方法对上述三个对数变量的协整关系进行检验,结果见表 3。

表 3　Johansen 协整检验结果

协整零假设	特征值	迹统计量	5%水平临界值	P 值
$r=0^*$	0.669933	38.45971	35.19275	0.0214
$r \leqslant 1$	0.294639	12.96517	20.26184	0.3666
$r \leqslant 2$	0.193182	4.937103	9.164546	0.2904

注:r 为协整关系的个数;* 表示在 5% 的水平上拒绝原假设。

检验结果显示,$\ln P$、$\ln D$ 和 $\ln R$ 三个变量在 5% 的显著水平上存在着唯一的长期均衡关系。所以,可以根据基本实证模型(1)对这三个变量进行多元回归,得到其协整关系方程为:

$$\ln P_t = 1.35 + 0.23 * \ln D_t - 0.59 * \ln R_t \qquad (5)$$
$$R^2 = 0.79 \qquad F = 40.32444 \qquad P = 0.000000$$

方程的拟合优度为 0.79,方程中 C_1 和 C_2 的估计值在 1% 的水平上显著,C_0 的估计值在 5% 的水平上显著,且参数估计值的符合与理论解释一致,具有理论与实践意义。工业设计能力提升了设计品出口价格,汇率水平与价格负相关。设计能力每增长 1%,设计品出口价格上升 0.23%,汇率水平每上升 1%,设计品出口价格下降 0.59%。

建立误差修正模型之前需要选择合适的滞后阶数。而且从实际经济意义来看，企业从设计出新型产品或新的外观设计并做出专利申请，中间要经过样品的生产，产品的试销与根据反馈意见的产品设计修订，与客户的磋商谈判，到最终体现为价格的提升，肯定会经过一段滞后期。首先在方程（4）中加入滞后分布项，基本的实证回归模型改为自回归分布滞后模型：

$$\ln P_t = C_0 + \sum_{i=0}^{n} \alpha_{i+1} \ln D_{t-i} + \sum_{j=0}^{n} \beta_{j+1} \ln R_{t-j} + \sum_{h=1}^{n} \chi_h \ln P_{t-h} + \varepsilon_t \tag{6}$$

对协整滞后阶数 n 的确定一般采取 AIC 和 SC 信息最小化准则。本文对方程（6）滞后 1—5 阶的情况进行回归，比较 AIC 和 SC 的大小，结合方程显著性等指标进行衡量，最终取滞后阶数为 3，方程（6）可改写为：

$$\ln P_t = C_0 + \sum_{i=0}^{3} \alpha_{i+1} \ln D_{t-i} + \sum_{j=0}^{3} \beta_{j+1} \ln R_{t-j} + \sum_{h=1}^{3} \chi_h \ln P_{t-h} + \varepsilon_t \tag{7}$$

为避免方程（7）中自变量太多而产生的多重共线性，本文利用 SPSS16.0 软件对方程（7）进行逐步回归，剔除对因变量影响不显著的自变量，最终得到含有滞后阶数的长期均衡关系为：

$$\ln P_t = 3.57 - 0.89 * \ln R_t - 0.39 * \ln D_t + 0.62 * \ln D_t(-3)$$
$$+ 0.37 * \ln P_t(-1) \tag{8}$$

Adjusted $R^2 = 0.94$ $F = 85.21128$ $P = 0.000000$ $D.W = 2.029004$

$\ln P(-1)$ 和 $\ln D(-3)$ 分别表示 $\ln P$ 和 $\ln D$ 的 1 阶和 3 阶滞后变量，调整后的 R^2 接近 1 说明方程（8）拟合优度很好，所有参数的估计值均在 1% 的显著水平上通过 t 检验，$D.W$ 统计量非常接近 2 说明方程的残差不存在 1 阶自相关，故方程各方面均通过检验。$\ln R$ 对 $\ln P$ 的回归系数与其经济意义相符，$\ln P(-1)$ 的系数为 0.37 说明设计品出口价格受到其上一期价格的正面显著影响。值得注意的是在方程（8）中加入了设计能力的 3 阶滞后量和价格的 1 阶滞后量，$\ln D$ 对设计品价格作用的参数符号发生了逆转，其参数与由原协整方程中的 0.23 变为 -0.39，说明原方程（5）中因为没有考虑滞后分布量的作用而是"伪回归"。$\ln D$ 的 3 阶滞后量对 $\ln P$ 作用的系数是 0.62，总体而言，工业设计能力仍在 1% 的显著水平上对设计品出口价格起到正向作用。其中 $\ln D$ 系数为负则没有经济上的意义，主要原因在于从改革开放以来，专利申请数量呈现出快速上涨的态势，而设计品出口价格呈现出一定程度的波动，方程（8）并没有完全将两个变量在时间上的这种逆向关系完全剔除。为避免这种与经济意义不符的回归结果，本文采取将 $\ln D$ 和 $\ln D(-3)$ 合并在一起作为一个变量，令 $\ln D_t^* = \ln D_t + \ln D_t(-3)$，对方程重新进行回归的结果如下：

$$\ln P_t = 1.25 + 0.07 * \ln D_t^* - 0.43 * \ln R_t + 0.53 * \ln P_t(-1) \tag{9}$$

$$\text{Adjusted } R^2 = 0.88 \quad F = 50.28 \quad P = 0.000000 \quad D.W = 1.688648$$

方程(9)的各项回归结果均通过检验。参数回归结果的 t 值均显著且与经济意义相符,其中 $\ln D^*$ 表示当期工业设计能力和滞后期设计能力的综合作用。为进一步验证实证结果的稳定性,我们进一步对方程(9)中的变量进行 Johansen 协整检验,结果显示方程(9)中各变量在 5% 的显著水平存在一个长期均衡关系。故可以根据方程(9)建立误差修正模型:

$$D\ln P_t = C_1 * D\ln D_t^* + C_2 * D\ln R_t + C_3 * D\ln P_t(-1) + C_4 * ecom_{(t-1)} + \varepsilon_t \quad (10)$$

方程(10)中 $ecom$ 表示方程(9)的残差项,$ecom_{(t-1)}$ 是该残差项的滞后一期量。回归得到的误差修正模型为:

$$D\ln P_t = 0.12 * D\ln D_t^* - 0.63 * D\ln R_t + 0.17 * D\ln P_t(-1)$$
$$- 0.43 * ecom_{(t-1)} \quad (11)$$

$$\text{Adjusted } R^2 = 0.52 \quad D.W = 1.917928$$

方程(11)各变量的系数均通过显著性检验,误差修正系数为负数,符合反向修正机制。误差修正模型的估计结果显示,设计品出口价格短期内与工业设计能力和其上一年的出口价格具有显著的正向关系,与汇率水平具有显著的负相关系。

四、结论与启示

本文从理论与实证两个方面深入分析了工业设计与中国外贸产业升级及出口产品附加值增加之间的内在关系。理论分析表明,工业设计对制造业整体水平提升、企业盈利能力增强和外贸产业升级三个方面均具有非常重要的作用。中国外贸领域要实现从 OEM 向 OBM 的转型升级,作为中间发展阶段的 ODM 模式不可或缺。只有在 OEM 积累了广泛而优质的生产能力基础上,外贸企业才可能借由工业设计来提升出口产品价值和自身在国际市场上的定价能力,并具有最终实现 OBM 的可能。本文实证研究中以 18 种与工业设计关系密切的产品的出口价格为基础,将其价格进行指数化处理并采用加权平均得到 1986—2010 年间设计品出口价格,深入考察了工业设计对设计品出口价格提升的促进作用。结果显示,无论是反映长期均衡关系的协整方程还是反映短期波动的误差修正模型,工业设计变量均与设计品出口价格变量具有显著的正向关系。实证研究发现,工业设计变量的滞后 3 期分布对设计品出口价格变量的正向作用尤为显著,这表明工业设计能力的增强与提高设计品出口价格之间具有 3 年的滞后期。

长期以来,美国、德国和日本等制造业强国均将工业设计提升至国家战略层面大力促进其发展。而中国虽然在20世纪80年代即已从西方引进了工业设计理念与教育体系，但长期以来并未得到应有的重视，近年来由于金融危机爆发导致出口压力增大才促使政府和企业意识到工业设计对外贸出口升级的重要作用。需要强调指出的是，工业设计并不是在经济困难时期帮助企业突破出口困局的投机性举措，而是一国制造业长期稳健发展和渐次转型升级的基础性战略工程。所以，中国工业设计能力的提升，一方面需要充分吸取发达国家发展工业设计的成功经验采取适当的具体措施，另一方面需要强化理论研究和完善人才培养体系等工业设计可持续发展的基础支撑体系。具体来说，政府要出台鼓励和扶持性工业设计产业发展政策，为工业设计企业的发展壮大营造优良的软件环境，同时倡导校企联合大力提高工业设计教育质量。企业要加大工业设计领域的投入，在核心技术领域与国外差距短期内难以缩短的情况下，要缩短工业设计从设计到产品投入市场的时间间隔，通过工业设计打造具有中国特色和具有自身知识产权的产品，提高出口产品附加值，提升企业在全球价值链中的地位。联结企业和政府的行业协会也应进一步发挥促进工业设计国际交流、保护工业设计知识产权和引导工业设计产业有序发展等有关方面的作用。

参考文献

[1] 陈圻，刘曦卉. 现代生产性服务业与我国工业设计产业的发展//Proceedings of the 2006 International Conference on Industrial Design & the 11th China Industrial Design Annual Meeting（Volume 2/2），2006.

[2] 凌继尧，季欣. 工业设计——企业创新的重要途径. 江南大学学报（人文社会科学版），2006(4).

[3] 刘晓军，张米尔，李坤. 工业设计在产业技术演进中的作用趋势研究. 科学学与科学技术管理企，2009(3)：165-169.

[4] 卢洪雨. 对我国产品出口非正常低价现象的探讨. 国际贸易问题，2004(2)：11-14.

[5] 毛蕴诗，戴勇. OEM、ODM到OBM：新兴经济的企业自主创新路径研究. 经济管理·新管理，2006(20)：10-15.

[6] 汪建成，等. 由OEM到ODM再到OBM的自主创新与国际化路径. 管理世界，2012(6)：148-156.

[7] 王娟娟，汪海粟. 工业设计服务业与产业结构优化的互动研究——以湖北省为例. 武汉大学学报（哲学社会科学版），2009，5(3)：382-388.

[8] 张娟，刘钻石. 我国对外贸易利益分析：基于2001—2008年的数据. 国际贸易问题，2011(8)：3-13.

[9] 张先锋，刘厚俊. 我国贸易条件与贸易利益关系的再探讨. 国际贸易问题，2006(8)：12-17.

[10] 朱红文. 从哲学看工业设计的问题及其出路. 哲学动态，2000(5)：20-23.

[11] Gemser G, Leenders M. How integrating industrial design in the product development process impacts on company performance. Journal of Product Innovation Management, 2001, 18(1):28-38.

[12] Hobday M. East Asian latecomer firms: Learning the technology of electronics. World Development, 1995, 23(7):1171-1193.

[13] Johansen S. Statistical analysis of cointegration vectors. Journal of Economic Dynamics and Control, 1988(12):231-254.

[14] MacPherson A. The role of international design orientation and market intelligence in the export performance of US machine tool companies. R&D Management, 2000, 30(2): 167-176.

[15] Veryzer RW, Brigitte BM. The impact of user-oriented design on new product development: An examination of fundamental relationships. Journal of Product Innovation Management, 2005, 22(1):128-143.

[16] Yan HD. Entrepreneurship, competitive strategies, and transforming firms from OEM to OBM in Taiwan. Journal of Asia-Pacific Business, 2012(13):16-36.

工业设计、ODM与中国出口产品价值提升：作用机理与实证检验

欧债危机对浙江省外贸影响的
传导机制及对策研究[*]

孙雪芬

（中共浙江省委党校经济学教研室）

摘要：欧债危机仍为当前全球经济增长面临的最大威胁，欧元区经济已经连续六个季度陷入衰退。伴随危机的纵深演进，其对中国对外贸易产生着越来越明显的国际传导影响，而作为外贸大省的浙江省更是经受着欧债危机愈加严重的冲击。本文首先试图提出金融危机对中国外贸影响的明确传导机制，在此基础上，从贸易量和贸易结构的双重视角，结合当前情况具体分析欧债危机对浙江省外贸影响的传导机制，并提出有针对性的对策建议。

关键词：欧债危机；贸易传导；贸易量；贸易结构

欧债危机于 2009 年底爆发于希腊后迅速蔓延，在 2010 年第二季度和 2011 年第四季度持续高涨，最终演变为整个欧元区债务危机；2012 年以来仍愈演愈烈，尤其是 5 月份希腊退出欧元区的风波使危机进一步升级，并开始给欧盟带来解体风险。目前，这场危机仍未彻底解决，欧元区经济已持续第六个季度陷入衰退，经济增长陷入恶性循环。欧盟作为浙江省最大的贸易伙伴，欧债危机不可避免地影响到浙江省对外贸易的发展。自 2010 年第二季度末开始，危机对浙江省对外贸易的国际传导开始显现出来，外贸同比增长速度放缓；进入 2012 年以后，尤其是 7 月份以来，危机对贸易的影响更为突出，外贸开始呈现同比负增长；进入 2013 年 3 月份，浙江对欧盟进出口贸易以及浙江省总体贸易同比增速再次大幅下滑。对外贸易在保持浙江省经济持续增长、解决就业方面的重要性不言而喻。正确认识和评估欧债危机对浙江省对外贸易的传导机制，采取措施保持对外贸易的持续增长，具有十分重要的意义。

贸易传导机制是金融危机国际传导的四大主要传导机制（马红霞和孙国华，2010）之一，是金融危机国际传导的重要途径（Eichengreen *et al*.，1996；

---

[*] 本文获得"第五届浙江省国际经济贸易研究优秀成果奖"实务类三等奖。

Gerlach&Smets, 1995；Glick&Rose, 1999；Allen&Gale, 2000；Dornbusch *et al.*, 2000；Caramazza *et al.*, 2004；Gnan&Mooslechner, 2008）。国外学者们基于不同角度,考察了金融危机的国际贸易传导;尤其是本世纪初全球金融危机以来,金融危机的国际贸易传导机制再次成为研究的热点。有学者提出了金融危机国际贸易传导机制的具体作用渠道,其中包括总需求渠道和汇率渠道等。亚洲金融危机以来,国内学者围绕金融危机对中国对外贸易的传导也进行了有益的探索。中国科学院金融避险对策研究组(1998)、李刚等(2009)、钟钰和秦富(2009)、沙文兵(2010)和金洪飞等(2011)均从不同角度验证了金融危机对中国外贸的传导。也有少数国内学者具体分析了危机对中国某些省份对外贸易的影响,如蔡春林和陈万灵(2009)、陈志成(2009)、胡求光和李洪英(2010)、张建清和魏清(2011)等。有关传导渠道方面,国家计委宏观经济研究院课题组(1998)研究指出,世界经济增长速度放缓引发的外部需求下降,对中国出口竞争力造成了深远影响。

可见,国内外学者关于金融危机国际贸易传导机制的研究取得了许多值得借鉴的成果。然而,关于欧债危机对浙江省对外贸易传导的理论和实证研究还相对缺乏。而且,已有的文献缺乏对金融危机国际贸易传导机制的系统性研究:在具体分析的过程中,往往忽略具体的传导渠道或者仅仅强调某一渠道的作用,尚没有一个涵盖各种渠道的统一分析框架;在研究对象上,已有研究往往是针对总量的研究,缺乏基于结构视角、针对不同贸易主体、贸易方式和贸易行业等更为具体的研究。本文将在以往研究的基础上,试图提出金融危机国际贸易传导机制的更为明确的传导机制和作用机理,并结合当前情况具体分析欧债危机对浙江省对外贸易的传导,并提出有针对性的对策建议。

二、金融危机影响国际贸易的传导机制

全球化时代的金融危机表现出极强的国际传染性,一国金融危机往往会给其贸易伙伴国进出口贸易带来巨大冲击;而这种冲击的显现相对于危机对汇率、价格等金融领域的传导在速度上要缓慢一些,随着危机的演进和时间的推移对外贸的传导会逐步显现、深化。

(一)传导方式

金融危机对进出口贸易的传导包括直接传导和间接传导两种方式。直接层面的传导,即金融危机直接影响到危机发生国和贸易伙伴国之间的双边贸易。间接层面的传导,即金融危机可能会对其他国家以及世界经济贸易产生影响,从而间接影响到其贸易伙伴国的对外贸易。

(二)传导的影响因素

从贸易传导的影响因素看,一国金融危机对其贸易伙伴国进出口贸易传导的程度,取决于贸易伙伴国自身的外贸依存度、与危机国的贸易联系程度、汇率制度安排等诸多方面。具体来说,贸易伙伴国外贸依存度越高、与金融危机发生国贸易联系越密切,金融危机越容易传导至该国的对外贸易。从汇率制度看,对于实行浮动汇率制度的贸易伙伴国,危机发生国货币贬值更容易影响其国际竞争力及出口贸易额。

(三)传导渠道

不论是直接传导,还是间接传导,一国金融危机对其贸易伙伴国进出口贸易的影响主要是通过以下四条渠道实现的。

1. 总需求渠道

金融危机下一国经济增长放缓乃至衰退,会使危机发生国减少对贸易伙伴国商品和服务的进口需求,导致贸易伙伴国出口贸易量下降。当危机发生国经济衰退影响到全球经济,也会导致全球对贸易伙伴国的商品需求减少[①]。同时,如果贸易伙伴国宏观经济遭受冲击,必然导致其进口产品需求减少,进口贸易量出现下降(Forbes,2001)。

2. 汇率渠道

危机发生国货币遭受投机性冲击并贬值,会通过收入效应、价格效应(Gerlach&Smets,1995)传导至贸易伙伴国的对外贸易。从收入效应看,危机发生国货币贬值,居民实际收入水平下降,国内总需求下降,对进口商品和劳务的需求也随之下降,进而影响到贸易伙伴国的出口贸易量。从相对价格效应看,危机发生国货币贬值提升了该国在国际市场商品和劳务出口的价格竞争优势,而贸易伙伴国货币相对升值则降低了其产品的国际竞争力,导致出口贸易减少、进口贸易增加。此外,金融危机下汇率大幅波动,汇率风险加大,也会使贸易伙伴国的贸易商产生避险情绪,尽量减少与危机发生国的进出口贸易往来以尽可能规避汇率风险。

---

① 值得注意的是,对于某些中低端产品,也可能产生相反的情况,即所谓的"马铃薯效应",这种情况导致危机发生国增加对此类产品的进口需求,从而使其贸易伙伴国相关产品的出口贸易量相应增加。

3. 信贷渠道

危机发生国金融机构倒闭破产、金融市场环境恶化,相关金融机构加快推进去杠杆化进度,必然会对贸易融资形成压力,该国进口商和经销商可能陷入融资困境,企业和个人支付能力严重下降,从而被迫缩减贸易进口量。此外,危机国信用和金融环境恶化,也会冲击到全球金融市场,给全球贸易带来融资压力,进而影响到贸易伙伴国在世界市场上的进出口贸易。

4. 贸易保护渠道

危机发生国金融危机引致该国经济增长放缓,为了推动本国经济复兴,维护自身利益,该国在贸易政策上可能更加倾向于贸易保护政策,从而对贸易伙伴国出口贸易进行打击。而且,一国的贸易保护政策也会对其他地区形成示范效应和多米诺骨牌效应,造成贸易保护主义泛滥,进一步影响到贸易伙伴国的进出口贸易。

总之,一国爆发金融危机会通过以上不同渠道,直接或间接地传导到其贸易伙伴的进出口贸易。而针对不同性质的金融危机、不同的危机发生国、不同的贸易伙伴国,金融危机的贸易传导具体机制和作用程度是不尽相同的。而且,针对同一个贸易伙伴,其内部不同的贸易企业主体、贸易方式和贸易行业所受到的冲击也不尽相同。

三、欧债危机对浙江省对外贸易的国际传导

在上述理论分析基础上,以下将针对欧债危机和浙江省对外贸易展开具体分析。首先将从理论视角分析传导的具体机理和作用渠道,然后结合进出口贸易的实际数据和情况进行展开分析。

(一)欧债危机对浙江省外贸传导的机理分析

本文认为,受外贸依存度、贸易联系、汇率制度安排等因素的影响下,欧盟危机将通过总需求、汇率、信贷和贸易保护四条渠道,从直接和间接两种方式给浙江省外贸带来愈加显著的冲击。

1. 传导的方式

此次欧债危机对浙江省对外贸易的传导,既包括对浙江与欧盟之间双边贸易的传导,更包括对浙江与其他贸易伙伴国即浙江对外总体贸易的传导。当前,欧债危机以及欧盟经济发展已经成为全球经济复苏最大不确定性因素,欧元区经济陷入长期衰退泥潭,欧债危机对浙江省外贸的间接传导也会愈加突出。

2. 从影响因素看传导的畅通度

首先,从浙江省自身的外贸依存度来看,根据相关研究测算,改革开放以来,浙江外贸依存度逐年提高,由 1978 年的 10％提高到 1990 年的 20％,2003 年进一步提升到 60％,2006 年出口依存度接近 55％、外贸依存度高达 70％。虽然自 2007 年以来受金融危机的影响外贸依存度呈下降趋势,但这一指标目前仍维持在 50％左右,外贸仍为浙江经济极为重要的一架拉动马车。

从浙江与欧盟的外贸关系看,欧盟近年来一直是浙江最大的出口贸易市场。根据统计局相关数据,近 10 年来,浙江省对欧盟出口占其总出口额的比重平均约为 25％。

从汇率制度看,中国 2005 年启动汇率制度改革,实行参考一篮子货币进行调节的、有管理的浮动汇率制度。2010 年 6 月再次重启汇改,2012 年 4 月扩大波幅进一步增强汇率弹性。汇率改革已取得显著成效。目前人民币汇率形成机制改革仍在进一步推进,汇率市场化程度不断提高,因此将更容易地遭受欧债危机的国际传导。

3. 传导的渠道

(1)需求渠道。根据 OECD 最新的有关经济预测报告,2013 年欧元区经济将持续衰退,GDP 将下降 0.6％,失业率将达到 12.1％。可以看出,欧盟已经陷入成立以来最长的衰退周期中,失业形势更加严峻,这必将通过总需求渠道影响到欧盟对浙江省商品和劳务的进口需求。而且,增长乏力的欧洲经济势必拖累全球经济复苏,尤其是新兴市场经济体的经济增长,从而进一步影响到浙江省对其他国家的对外贸易。

(2)汇率渠道。欧债危机以来,欧元市场地位每况愈下,欧元对人民币汇率大幅贬值。而且,为了振兴本国经济,发达国家竞相实施量化宽松货币政策,进一步推高人民币汇率。根据 BIS 的统计数据,自 2009 年底至今年 4 月份,人民币实际有效汇率升值达 19％,而欧元实际有效汇率贬值超过 12％,这必然会带来汇率渠道下的收入效应和相对价格效应。

(3)信贷渠道。欧债危机爆发以来,越来越多的欧元区国家面临财政紧缩、信贷紧缩的双重制约,银行业危机造成金融市场动荡、融资成本居高不下。作为全球最主要的融资来源之一,欧洲银行业信贷紧缩也在很大程度上导致了全球其他地区如新兴市场和产油国等地区信贷供应的减少。由此,直接和间接地影响到浙江省进出口贸易的发展。

(4)贸易保护渠道。危机以来,欧盟为了实现自身经济复苏,频频对中国发起贸易保护,浙江省主要出口商品纺织品、机电产品等均为国外实施贸易保护的重点对象,浙江成为贸易保护的重灾区。2012 年下半年以来,欧盟贸易保护主义势头愈演愈烈,对中国太阳能光伏产业发起"双反"调查,并于今年 6 月 4 日宣布对中国光伏产品征收 11.8％的临时反倾销税;其中浙江省涉及 46 家光伏企业,75％的产品销往欧洲。除了欧美发达经济体外,越来越多的新兴市场和发展中国家也加入了对中国实施贸易保护措施的国家行列,浙江出口贸易的发展必然由此受到制约。

总之,从外贸依存度、贸易联系、汇率制度安排等影响因素看,欧盟危机对浙江省进出口贸易的传导畅通,通过总需求、汇率、信贷和贸易保护四条渠道,从直接和间接两种方式传导至浙江省对欧盟贸易以及总体进出口贸易。

(二)欧债危机对浙江省外贸传导的具体分析

在上述理论分析基础上,下文将结合浙江省对欧盟进出口贸易、浙江省总体进出口贸易的具体数据,从贸易量、贸易结构两个视角剖析欧债危机对浙江省进出口贸易的影响。

1. 基于贸易量视角的考察

欧债危机自爆发之初,对浙江进出口贸易的传导表现出明显的阶段性特征。由图 1 和 2 可看出,在欧债危机冲击下,浙江省总体进出口贸易量、浙江省对欧盟进出口贸易量的变动趋势表现出较高的一致性,本文将其划分为三个阶段。

(1)欧债危机爆发初期,传导效应尚未显现

2008 年以来,美国金融危机拖累了全球各国经济,也对浙江进出口贸易带来严重冲击。2009 年第二季度开始,世界经济形势出现好转,外部需求回暖趋势同步显现,浙江省总体进出口贸易、浙江省对欧盟进出口贸易同比增速都开始呈现上升趋势(如图 1、2 所示),浙江外贸进出口规模、出口市场、主要出口商品以及经营主体状况都基本上恢复到美国金融危机以前的水平。可见,欧债危机爆发初期,从 2009 年 12 月份至 2010 年 5 月份,欧债危机对浙江省进出口贸易的影响尚未显现。

(2)欧债危机深化,2010 年二季度末贸易增速持续下降、传导效应显现

随着欧债危机在 2010 年第二季度进入第一次高潮,经过一段时间的传导,欧债危机对浙江省进出口贸易的影响自 2010 年 6 月份年开始显现,贸易增速呈现持续下降的趋势。具体来说,2010 年 6 月份开始,浙江省对欧盟进出口贸易量、浙江省总体进出口贸易量同比增速都开始下滑:其中出口贸易同比增速下降显著,对欧盟出口贸易同比增速由 2010 年 5 月的 56.6％下降至 2011 年 12 月份的 10.87％,总体出口贸易同比增速则由 2010 年 5 月的 57.2％持续下降至 2011 年 12 月的 17.9％。可见,随着欧洲主权债务危机的蔓延,浙江省进出口贸易受

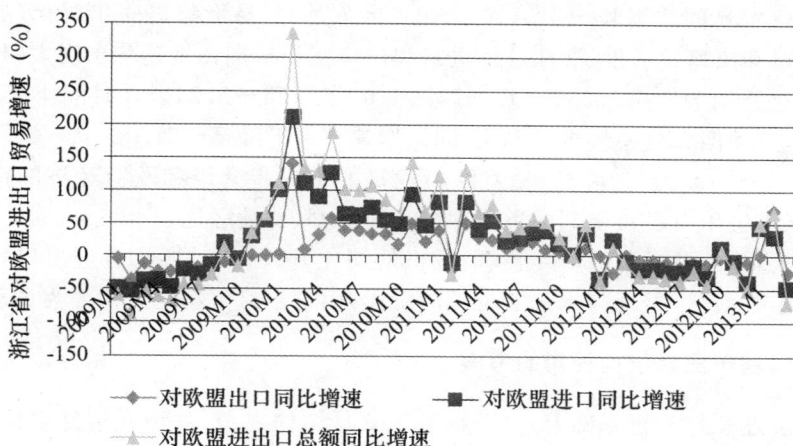

图 1　浙江省对欧盟进出口同比增速(%)

数据来源:浙江省统计局

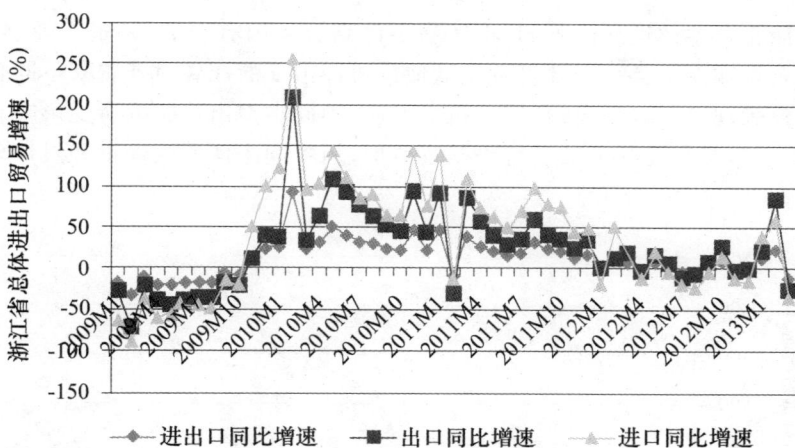

图 2　浙江省总体进出口同比增速(%)

数据来源:浙江省统计局

到的传导凸显,尤其是出口贸易压力不断加大;相对于总体出口贸易来讲,浙江对欧盟的双边出口贸易所受影响程度更大。

(3)欧债危机再度升级,2012 年初外贸呈现同比增速为负并持续恶化

欧债危机在 2011 年底再度升级蔓延,危机对浙江省外贸的影响也随之进一步深化。浙江省对欧盟进出口贸易量、浙江省总体进出口贸易量均开始出现同比负增长:2012 年 1 月,浙江省对欧盟进出口贸易同比增长−5.53%,浙江省总

体进出口贸易同比增长－2.57％。2012年7月,贸易形势进一步恶化,浙江对欧盟进口和出口贸易量、浙江总体进口和出口贸易量同比增速均出现大幅下滑:同比增速分别为－5.39％、－17.47％、－6.66％和－5.24％。时隔半年,2013年3月,上述四大贸易量再次恶化,同比增速分别下降至－21.02％、－25.84％、－8.9％和－13.2％。可见,随着欧债危机的进一步升级和欧盟经济的持续衰退,浙江省进出口贸易受到的负面冲击不断加剧、持续恶化。

由上,从总量视角看,伴随欧债危机的演化升级,其对浙江省进出口贸易的影响经历了潜伏、显现与深化三个不同阶段;而对出口贸易的影响尤为显著。

(二)基于贸易结构视角的考察

在上述总量分析基础上,以下将基于贸易结构视角,从不同贸易主体、贸易方式和贸易行业三方面展开具体分析。考虑到出口贸易在危机中遭受的传导冲击更为显著,因此这一部分的考察将集中关注浙江省出口贸易的具体情况。

1. 不同性质的贸易企业出口主体

按照企业主体性质的不同,将贸易主体划分为国有企业、外资企业、集体企业和私营企业四大类。图3可看出欧债危机冲击下浙江省对外贸易不同企业主体的出口表现。可以看出,欧债危机爆发后,不同类型出口企业所受影响总体趋势是一致的,与贸易量的变动趋势基本类似;但不同主体所受冲击和具体表现各有差异。

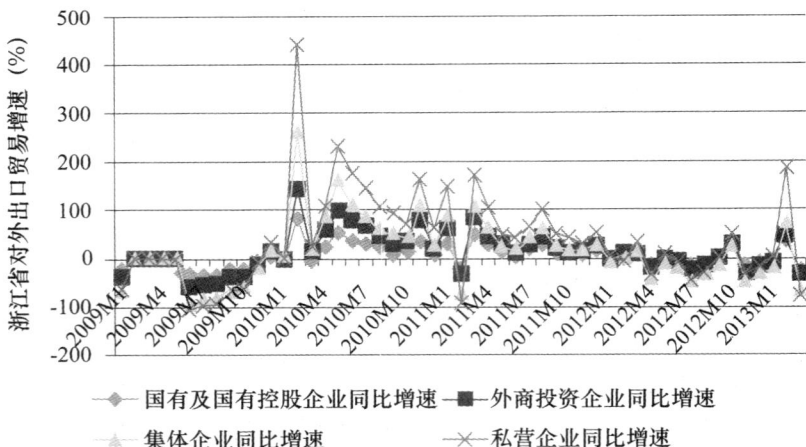

图3 浙江省不同企业主体出口同比增速(％)

数据来源:浙江省统计局

在整个欧债危机期间,私营企业表现最佳,一直保持了相对最高的同比增长速度;除了 2011 年 2 月份、2012 年 2 月份和 2013 年 3 月份由于季节性因素同比负增长外,其余时间基本为同比正增长。这主要是由于民营企业出口主要以一般贸易和劳动密集型产品为主,再加上经营机制比较灵活,因此受危机影响相对较小。

而且,在欧债危机推进过程中,私营企业的表现继续优于外商投资企业、国有企业和集体企业:私营企业出口总额 2012 年全年占据全省 57.4%,2013 年第一季度占全省约 60%。可见,私营企业作为浙江省出口主力军的地位不断加强,成为拉动浙江出口增长的中坚力量。由图 4 可以看出,欧债危机期间,私营企业在浙江省出口贸易中的比重持续攀升,而外商企业所占比重则趋于下滑。

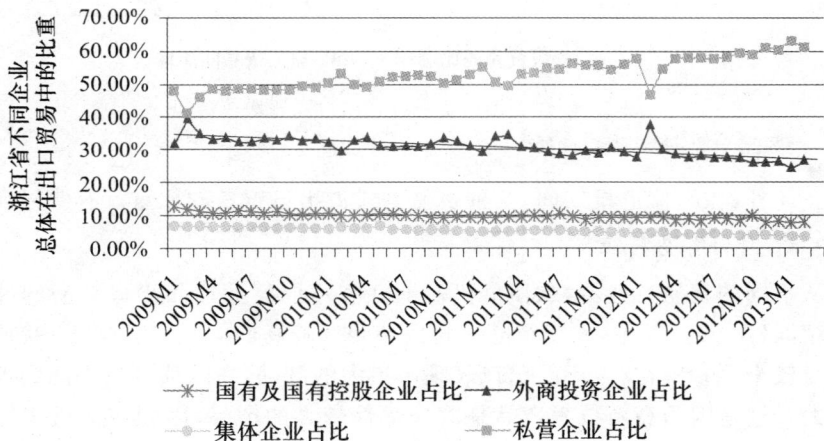

图 4　浙江省不同企业主体在出口中所占比重

数据来源:浙江省统计局

值得警惕的是,进入 2012 年以来,尤其是 5 月份希腊退出欧元区风波以来,随着欧债危机进一步升级恶化,民营企业出口同比增速也呈现出进一步下降的趋势,2012 年 7 月份同比增速仅为 0.4%。可见,虽然作为浙江省最主要的出口主体,民营企业在危机中表现出相对较好的抵御风险能力和增长态势,但随着危机的深化和进一步传导,民营企业也开始面临愈加严峻的外贸形势。

2. 不同的贸易方式

从不同贸易方式看,一般贸易和出口贸易在危机冲击下的表现有着相对明显的区别。比较来看,浙江一般贸易在危机冲击下的上下波幅更小,而加工贸易的上下波幅更大,受危机冲击更大,如图 5 所示。我们认为,一般贸易方式的出口产业链相对较长,抵御国际市场波动的能力较强;而加工贸易方式以 IT 等电子信息产品为主,两头在外,产业链相对较短,因此受外部金融危机的影响更加

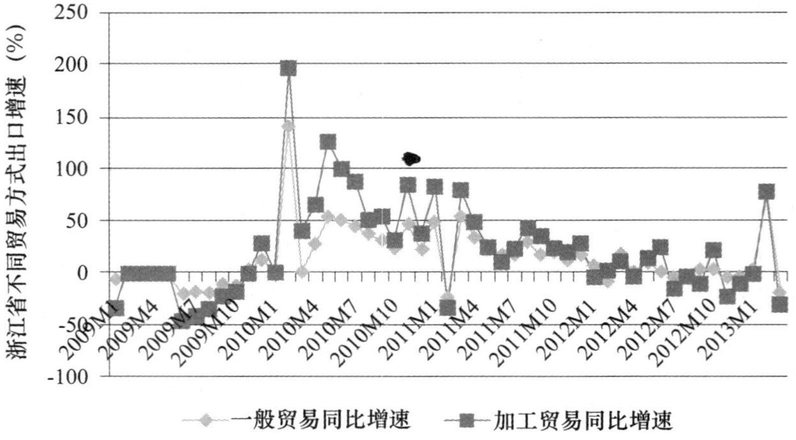

图 5　浙江省不同贸易方式出口同比增速(％)

数据来源:浙江省统计局

直接。此外,在欧债危机期间,两种贸易方式占出口贸易的比重没有明显变化。

3. 不同的贸易行业

从不同的贸易行业看,欧债危机对浙江省不同行业产品出口贸易的冲击也不尽相同(图 6)。其中,农副产品一直保持相对较高的同比增长速度,受危机冲击相对较小;而高新技术产品出口表现出更大的波动,在欧债危机期间的波动幅度较大。这是因为高新技术产品是需求弹性较大的产品,因此在危机中更容易

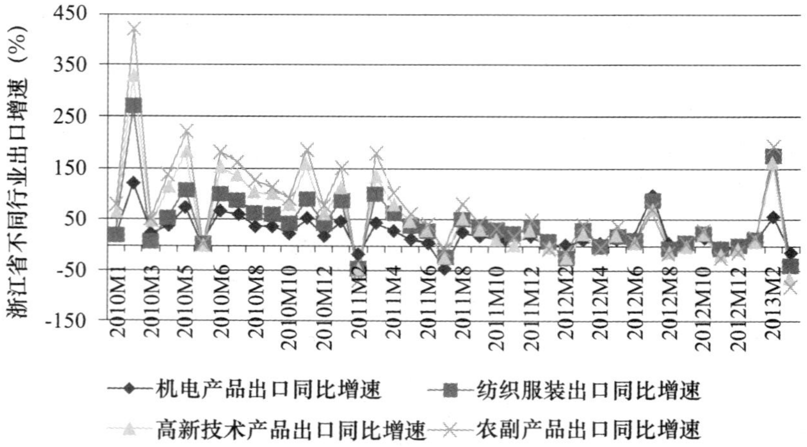

图 6　浙江省不同贸易行业出口同比增速(％)

数据来源:浙江省统计局

遭遇冲击。上文所述的欧债危机导致的需求萎缩、欧元贬值、贸易保护抬头、贸易融资紧缩等，都是高新技术产品遭遇冲击的重要渠道。纺织服装和机电产品在危机中同样受到冲击，出口增速也表现出下滑的趋势，但相对于高新技术产品幅度较小。

通过以上分析可以看出，欧债危机已经在其纵深演变中逐渐传导至浙江省的进出口贸易，浙江省进出口贸易已经开始遭受愈发显著的冲击。这种影响不仅体现在进出口贸易总量上，还体现在贸易结构上，而且不同贸易主体、贸易方式和贸易行业在危机中受到的影响不尽相同。

四、结论和政策建议

综上所述，通过理论与实证分析，本文认为，欧债危机在其演化升级的过程中，直接和间接地对浙江省外贸，尤其是出口贸易产生了极大的冲击。这种贸易传导是通过总需求、汇率、信贷和贸易保护等渠道实现的，经历了潜伏、显现与深化三个不同的阶段逐步体现出来的。这种影响不仅体现在贸易总量上，还体现在贸易结构上，不同贸易主体、贸易方式和贸易行业在危机中受到的影响不尽相同。

当前欧债危机发展形势仍不明朗，未来欧盟自身经济结构调整也必将给全球经济带来更大不确定性，浙江省外贸也将由此面临诸多不确定因素和严峻考验。危机中蕴含转机，浙江外贸如果能够在短期内确保外贸适度增长，长期内成功转型升级，迅速实现增长方式、市场方向、企业战略等的调整，不仅能够有效应对欧债危机的阴霾，更能够在新一轮世界经济复苏中赢得有力的市场地位和可持续发展的竞争优势（张芳和邹俊，2012）。

具体来说，在短期，要做好出口退税和外贸企业的金融服务，其中包括拓宽出口企业尤其是小微企业的融资渠道，进一步提高贸易便利化水平，积极推进人民币跨境贸易结算，从而确保对外贸易的适度增长。要注重加强对境外贸易壁垒的预警监测，引导企业应对各种贸易摩擦，取得合理的贸易利益。

从长期来看，必须改变原有的过度依赖数量优势和价格优势的发展方式，实现外贸发展方式的转变，更加重视知识、技术创新和贸易结构在贸易发展中的作用，充分利用浙江实施四大国家战略的机遇，加快实现外贸结构升级与转型，不断提升在国际产业分工中所处的地位，实现从贸易大国向贸易强国的战略调整。要注重解决民营企业（按照海关统计包括私营企业和集体企业）尤其是私营企业在融资、工业用地和技术研发等方面存在的困难，更好发挥其出口主力军作用。要鼓励企业增加研发经费投入和加强自主研发，提高劳动者的技术素质，延伸国际贸易产业链,提高出口产品的技术含量和附加值,增强产品的非价格核心竞争力,打造国际知名品牌,通过品牌优势扩大市场占有率,实现"以质取胜"。在欧盟及美日等发达国家市场持续走弱的事实下,要重视积极开拓多元化市场,进一步扩大对非洲、东南亚、南美等新兴市场出口,降低对发达市场的依赖程度。要注重可持续发展,实现增长方式由粗放型向集约型增长方式转变,注重发展绿色贸易和低碳贸易等。充分运用各类方法,有效规避汇率风险,采取灵活的结算方式和有效的金融工具来转移、锁定汇率风险。积极开拓国内市场,鼓励企业积极利用阿里巴巴、淘宝网等第三方电子商务平台向国内市场开拓,由"外贸"向"内贸"转型,最终实现内外贸一体化。同时,要抓住机遇,积极"走出去",进行海外并购,实现由从产品"走出去"向企业"走出去"转化。

参考文献

[1] 蔡春林,陈万灵. 金融危机对我国沿海外贸强省的冲击及对策分析. 对外经贸实务,2009(5):92-95.

[2] 陈志成. 当前形势下浙江外贸出口的思考. 浙江统计,2009(2):23-24.

[3] 国家计委宏观经济研究院课题组. 亚洲金融危机对我国出口竞争力的影响及对策. 经济改革与发展,1998(5):26-30.

[4] 胡求光,李洪英. 金融危机对中国出口贸易影响的实证分析. 国际贸易问题,2010(3):3-11.

[5] 金洪飞,万兰兰,张翅. 国际金融危机对中国出口贸易的影响. 国际金融研究,2011(9):58-68.

[6] 李刚. 国际金融危机的根源、影响及中国的对策. 世界经济研究,2009(9):28-33.

[7] 沙文兵. 美国金融危机对中国出口贸易的影响. 财经科学,2010(8):83-90.

[8] 张建清,魏伟. 国际金融危机对我国各地区出口贸易的影响分析——基于贸易结构的视角. 国际贸易问题,2011(2):3-11.

[9] 中国科学院金融避险对策研究组. 亚洲金融危机对中国进出口贸易的影响. 统计研究,1998(6):13-18.

[10] 钟钰,秦富. 金融危机冲击下我国农产品贸易对策思考. 国际贸易,2009(2):6-8.

[11] Eichengreen B, Rose AK, Wyplosz C. Contagious Currency Crises. National Bureau of Economic Research, 1996.

[12] Gerlach S, Smets F. Contagious speculative attacks. European Journal of Political Economy, 1995, 11(1):45-63.

[13] Glick R, Rose AK. Contagion and trade: Why are currency crises regional? Journal of International Money and Finance, 1999, 18(4):603-617.

[14] Allen F, Gale D. Financial contagion. Journal of Political Economy, 2000, 108(1):1-33.

[15] Dornbusch R，Park YC，Claessens S. Contagion：understanding how it spreads. The World Bank Research Observer，2000，15(2)：177-197.

[16] Caramazza F，Ricci L，Salgado R. International financial contagion in currency crises. Journal of International Money and Finance，2004，23(1)：51-70.

[17] Gnan E，Mooslechner P. The Impact of the financial crisis on the real economy in Austria—Analytical challenges from exceptional factors. Monetary Policy & the Economy，2008(4)：5-7.

欧债危机对浙江省外贸影响的传导机制及对策研究

加快进口贸易发展策略研究

——以义乌为例 *

朱佩珍

（金华职业技术学院）

摘要：在外贸出口面临多重压力的情况下，扩大进口、促进贸易平衡是转变外贸增长方式的重要一环。而进口贸易，尤其是义乌进口贸易的发展存在许多问题。因此，加强对进口贸易的研究和谋划，加大进口政策扶持力度，搭建进口贸易综合服务平台，营造良好的外贸环境等对推动义乌国贸综合改革，以及对中国进口贸易的发展具有重要意义。

关键词：义乌进口贸易；发展策略；国贸改革

近年来，中国外贸出口面临外需不振、成本上升、国际竞争加剧等多重压力，因此，国家强调从多方面促进外贸增长方式的转变，其中扩大进口、促进贸易平衡是极其重要的一方面。而义乌作为国务院批复的国际贸易综合改革试点，足以说明其在中国对外贸易中的重要性，且改革方案中明确提出到 2015 年，进口贸易比重比 2010 年翻一番的发展目标。因此，了解义乌进口贸易的现状，分析其进口贸易发展存在的问题，借助国贸改革的契机，研究义乌进口贸易快速发展的策略，对义乌国际贸易综合改革具有推动作用，对中国进口贸易的发展具有重大意义。

一、义乌进口贸易现状

1. 进口贸易额呈现连年攀升态势

据商务部门提供数据显示，自"十一五"以来，义乌自营进口总额从 2006 年的 1.25 亿美元上升到 2011 年的 3.51 亿美元，年均增幅达 22.9%。其中 2011 年，生产企业进口 2.83 亿美元，同比增长 32.44%；流通公司进口 0.68 亿美元，同比增长 47.3%。

---

* 本文获得"第五届浙江省国际经济贸易研究优秀成果奖"实务类三等奖。

2.进口商品种类不断丰富

目前,义乌进口商品种类已达4.5万余种,主要包括机械设备、化工原料、日用品、工艺品、化妆品、食品(含红酒)、服装、小五金、家用电器、鞋帽、纺织品、运动健身器材等。

3.进口商品来源地遍及全球

义乌进口货源来自国际上83个国家和地区,已基本覆盖全球。"非洲产品展销中心"目前已有33家主体正式入驻,经营来自南非、埃及等23个国家近2300多种商品。另外,"东盟产品展销中心"也确定在义乌国际商贸城进口商品馆设立专门展销窗口,这些都使国际商品馆跃上了国家层面的政治高度。

4.初步构建起进口商品市场销售网络

据调研,目前义乌进口商品的80.9%销往国内大中城市,其中长三角地区为主要目标销售区域。随着电子商务的逐渐兴起与繁荣,约44.3%的经营主体选择通过网上销售拓宽销售网络。转口贸易也成为义乌进口商品新的销售方向,以义乌进口商品博览会为媒介,义乌进口商品转口贸易开始兴起。

二、义乌发展进口贸易存在的问题

(一)结构性失衡现象突出,进口贸易总体发展不够快

1.进口总量偏小,发展严重滞后于出口

近年来,义乌的进口贸易总体上有所增长,2004年达到了1.22亿美元,2011年为3.51亿美元,但2012年略有下降,进口额为3.4亿美元,比2011年下降2.5%。而2012年义乌外贸出口快速增长,出口总值90.1亿美元,比2011年增长150%。从进口占出口比重上看,2012年义乌进口占出口的比重不足1/26,为0.0377,严重滞后于出口。

2.进口主体日趋增加,规模化进口企业较少

随着义乌市场进口需求的不断扩大,开展进口贸易的企业也越来越多。据统计,2012年全市有进口实绩的企业达300多家。从进口企业规模上看,小企业居多,规模化企业仍相对较少。2012年,进口额超过1000万美元的企业仅4家,其中义乌华鼎锦纶股份有限公司进口额超过1亿美元。

(二)进口服务平台和扶持政策缺失,影响进口贸易发展壮大

1.进口综合服务平台缺失

进口商品货源组织、销售渠道铺设等都是由进口企业自主开拓,组货渠道不畅,销货方式单一问题突出。目前义乌尚未建立进口贸易公共信息服务平台,也没有较大规模、有影响力的本地进口商品展会,导致进口商品供销渠道信息来源严重不足。再加上一些进口企业对进口商品通关、商检、税收等方面法律法规及进口流程不甚了解,不敢贸然扩大进口。上述问题长时间得不到妥善解决,势必影响义乌进口市场健康发展。

2.有效的进口扶持奖励政策缺失

目前,宁波、上海等城市纷纷出台各种优惠扶持、奖励政策,大力培育本地进口贸易。同他们相比,义乌的进口扶持与奖励政策力度还不够大,甚至出现政策缺位现象。许多进口企业希望政府在仓储、税收、进口商品销售、金融等方面出台一些优惠政策,也希望政府出台一视同仁的进出口奖励政策,以培育初具规模的进口贸易。

(三)进口监管便利化优势不够突出,尚存不少体制性障碍

1.进口清关手续烦琐,存在诸多不便

一方面,当前国家普遍采用的进口监管方式不适用于义乌进口市场单笔进口货物品种多,但单一品种数量少的进口模式,造成进口环节所需时间和成本大大增加;另一方面,进口商品异地通关成本居高不下。许多进口商品无法在义乌直接通关,大多选择上海、宁波等口岸报检、报关,存在手续烦琐、沟通困难、时间长等诸多不便之处。

2.保税仓库功能亟待完善

很多进口商品,尤其是食品类商品,对仓储条件要求比较苛刻。但从现实情况来看,目前义乌的保税仓库硬件设施还无法达到一些进口商品的保存要求,亟待改造提升;另外,从功能上而言,义乌的保税仓库无法实现"分批提货,集中报关"要求,即不能分批次提出货物,仅在最后一批货物提出时进行申报并缴纳税款,而是每次提货都要报关,这在一定程度上增加了进口企业的工作量,也加重了他们的资金负担。

三、加快义乌进口贸易发展的策略

(一)加强进口贸易发展的系统研究与战略谋划

1. 对义乌进口贸易发展进行系统研究,进一步明晰义乌进口贸易发展战略定位

在实地调研的基础上,结合中国进口贸易的发展趋势和国内消费市场对于进口商品的需求情况,提出义乌进口贸易的长期发展目标、发展规划和实现途径等方面的建议。

2. 进一步明确总体发展思路和目标定位

以推进国际贸易综合改革试点为契机,以做大做强国际商贸城进口商品馆和国际生产资料市场为重点,优化资源配置,完善服务体系,加大扶持引导,扩大经营队伍,优化商品结构,创新贸易方式,积极构建连接世界商品和中国市场,满足和扩大国内市场需求的贸易新通道,促进市场功能创新。力争通过五年的培育发展,把义乌初步建成国家进口贸易促进创新示范区。

(二)构建良好的综合服务平台,提升进口贸易竞争优势

1. 构建进口贸易信息服务平台

对进口企业提供综合性贸易信息服务:一是贸易信息服务。发挥原有小商品市场销售网络和客户资源的优势,整合国内外客户信息,为市场经营户提供供货、销货信息渠道;二是贸易预警信息服务。重视进口贸易风险防范和协调处理工作,引导广大进口贸易企业增强经营风险防范意识,高度重视价格、质量、储运、销售、汇率等方面的风险防范。各有关部门要及时发布进口贸易预警信息,加大风险防范力度,促进规范经营,依法惩处违法违规行为,加强进口贸易纠纷协调,切实维护企业的合法权益,确保进口市场科学健康又好又快发展。

2. 搭建进口贸易会展平台

积极培育进口商品展会,打造优质共享的进口商品展会交易平台。借助义博会进口展、文博会、森博会、旅博会等展会平台邀请国外参展商参展。加强多边、双边交流与合作,加大"走出去"支持力度,组织企业积极参加广交会、华交会、跨国采购大会以及境外的各类展会,为义乌采购商与境外生产商牵线搭桥,拓宽进口供货、销货渠道。

3.打造进口贸易相关政策咨询平台

整合海关、检验检疫、工商、财政等相关部门的现有资源,组织专业人士,为外贸从业人员提供进口法律法规、进口环节、进口清关等方面的专业知识咨询服务。开展进口贸易专业知识讲座,普及进口贸易知识,宣传进口贸易政策,推广先进经验,提升进口贸易经营主体总体素质。

(三)加大政策扶持,提升进口主体整体经营水平

1.加大进口贸易主体培育力度

①优化进口市场招商政策。加大招商引商力度,吸纳一批掌握境外货源的进口主体及一级代理商入驻进口商品馆,不断完善进口馆的软硬件设施,增强平台的全球展销功能。②鼓励引导市场经营主体实行公司化交易。对进口商品馆和国际生产资料市场内经营的个体工商户转型为公司化组织形态的,按照相关政策给予奖励。③加大进口贸易人才培养力度。切实提高广大进口贸易从业人员的实际操作能力,努力把义乌打造成进口贸易主体最丰富,主体发展最有活力的进口市场。④支持进口主体积极拓展经营业态,铺设进口商品国内销售网络。鼓励引导开展进口贸易的外贸流通企业通过发展代理商、开设直营店或加盟店、开展网上销售等方式拓展贸易网络。

2. 支持经营主体开拓多元化进口市场

巩固从传统进口国家原材料和机械设备的进口,更加注重从新兴市场国家和发展中国家进口,加强与日用消费品制造国以及非洲、澳大利亚等资源丰富国家的经贸来往,通过互惠互利的合作,探索扩大进口的途径,推动进口方式和来源多元化。鼓励大中型进口流通企业与境外供应商、国内进口商建立业务合作联系,支持有实力企业整合进口相关环节,打造"国际采购—进口—自营销售"一体化平台,减少进口中间环节。引导义乌外商投资企业利用境外平台,扩大进口。扶持一批业务能力强、经营商品符合市场发展需要的中小型企业开展进口,引导一批优势突出的义乌品牌批发企业从事进口贸易,构建多元化进口企业队伍。

3. 优化进口市场商品结构

利用建设国际生产资料市场的发展机遇,加大对先进设备和先进技术的进口力度,为经济转型发展服务;积极扩大短缺资源、大宗原材料的进口规模,缓解能源、原材料瓶颈约束。扩大对部分高档消费品如高档汽车、服装箱包、化妆品及部分奢侈品的进口。同时,鼓励有条件的企业到境外投资能源和矿产资源,建立稳定的进口基地。努力把义乌打造成全省,乃至全国进口商品的集散中心,成为境外商品进入中国市场的国际大通道。

(四)借力"改革试点",为进口贸易发展创设良好的外部环境

1. 实现通关便利化,提升服务功能

①实现通关便利,提高通关效率。履行工作日 24 小时预约通关承诺,确保进出境货物及时通关,享受通关便利。在海关设置专窗向进口经营者提供预归类、预审价等便利服务,属地报关享受优先办理货物申报、查验、放行等海关手续。②完善保税仓库设施。完善现有保税仓库硬件设施,考虑各种商品的特殊情况,对义乌现有保税仓库升级扩容。研究推动保税仓库"分批出库,集中申报"的通关模式,充分发挥保税仓库在进口贸易中的功能和作用。③借力改革契机,积极争取保税物流中心(B 型)获批。利用国际贸易综合改革的契机,通过各种渠道,争取保税物流中心(B 型)获批,努力获得通关、税收等方面的优惠政策,提高进口商品的市场竞争力。

2. 优化检验检疫流程,提高服务效率

①实行便利机制,提高检验检疫效率。全面落实 24 小时预约检验检疫工作机制。免费为企业提供进口食品、化妆品标签预审核服务,精简检测项目,降低检验费用。②实行差异化检验检疫流程,提供个性化服务。对不同的进口产品,商检的速度、流程有所区别,尤其是对于保质期较短的进口农副产品,一定要考虑其特殊性,进一步简化程序,加快商检速度,缩短货物在口岸滞留的时间,提供有针对性的贴心服务,降低经营户对食品保质期的焦虑,增强经营户的信心。③做好进口产品风险预警工作。认真做好进口商品风险分析和风险预警,科学制定抽批规则,有针对性开展涉及安全、卫生和环保等项目的检测工作。

3. 提供优质的综合配套服务

①优化融资环境,积极拓展融资渠道。金融部门要加大对进口企业的信贷支持力度,对进口企业的重点进出口业务和季节性资金要求予以重点支持。要积极探索创新适合进口企业需求的金融产品,帮助进口企业特别是中小进口企业解决融资难问题,提供良好的融资环境。②完善进口风险保障制度。鼓励商业保险公司推出支持进口的保险产品和服务,降低企业进口风险。③对进口市场主体提供优惠的仓储配套服务。充分发挥保税仓库在进口贸易中的功能和作用;四是积极引进具有业务优势和良好声誉的货运物流、船务代理、报关、报检代理等各类外贸中介服务机构到义乌落户,不断壮大进口服务主体。

4. 加大宣传力度,提升进口市场品牌知名度与美誉度

①打响"全球进口商品批发中心"的品牌。通过整体的品牌宣传,在大众心中形成这样一个概念:"买进口商品到义乌,卖进口商品也到义乌"。充分发挥义

乌得天独厚的批发中心地位。②加大广告宣传投入。制定进口商品馆和国际生产资料市场宣传推介工作计划,面对重点客户和重点市场,加大宣传推介投入,不断提高进口商品馆和国际生产资料市场的知名度和美誉度,扩大影响力和辐射面。积极开展形式多样的宣传活动,普及进口贸易知识,宣传进口贸易政策,推广先进经验,进一步形成全社会关心、支持发展进口市场的良好氛围。

加工贸易促进环境全要素生产率吗?[*]
——基于 Luenberger 生产率指数的研究

张少华

（浙江理工大学经济管理学院）

摘要：为系统考察加工贸易对经济增长、环境污染的影响，本文依托中国 30 个省市自治区 2000—2009 年的数据测算出考虑坏产出的 Luenberger 生产率指数，并在此基础上对加工贸易的环境全要素生产率效应展开深入分析。研究表明，加工贸易和环境全要素生产率之间存在着显著的倒 U 形曲线关系，意味着在初期，从事加工贸易可以改善中国的环境全要素生产率，然而随着加工贸易规模的不断增长，尤其当加工贸易占货物贸易的比重超过 0.35 的临界值时，加工贸易将对中国环境全要素生产率产生负效应。与此同时，研究也发现，出口和进口在环境全要素生产率的决定中有着完全相反的作用，加工贸易进口可以促进中国的环境全要素生产率，而加工贸易出口却有损于中国的环境全要素生产率。在以上富有启发意义结论的基础上，本文提出了调整外贸模式、完善产业政策、协调区域发展的若干政策建议。

关键词：加工贸易；环境全要素生产率；Luenberger 生产率指数

一、引 言

改革开放以来，伴随着国际分工的深化，中国立足于自身比较优势，在全球价值链（Global Value Chain，GVC）低端环节从事加工、组装与装配业务，由此带动了外贸总量乃至经济的快速增长，但也导致了严重的环境污染问题[①]。伴随

---

[*] 本文系"浙江省国际经济贸易学会 2013 年度立项课题"研究成果（编号：Z201301）。

[①] 例如，Shui&Harriss(2006)采用中美两国 1997—2003 年的贸易数据研究发现，中国目前的二氧化碳排放量中的 7%～14% 来自出口美国的产品；国际能源署(2007)研究了中国 2004 年的国际贸易和碳排放强度的关系，发现中国国内出口商品所蕴含的二氧化碳排放量为 16 亿吨，占中国排放总量的 34%；沈利生和唐志(2008)利用投入产出模型发现中国出口产品结构的恶化造成了对外贸易二氧化硫排放的逆差；张友国(2009)通过构建可比价格投入产出表来测算贸易对中国二氧化硫排放的影响，结果表明，中国出口含硫量增长迅速，且增速快于相应的进口含硫量增速。由此可见，国际贸易已经成为中国环境恶化的重要渠道。

着外贸总量迅速增加,中国外贸的结构也发生了根本性变化,其中加工贸易已经占据对外贸易的"半壁江山"。因此,加工贸易已经成为考察中国经济增长、环境变化的一个不可忽视的因素。这是因为加工贸易[①]作为一种新的对外贸易组织和治理方式,体现了国际分工向产品内部深化的趋势,反映了中国基于劳动力、土地、自然资源以及环境容量等要素切入世界低端生产链的事实。在此背景下,现阶段加工贸易活动在促进经济增长的同时能否有效降低环境污染已经成为目前亟须研究的重要课题,对此问题的回答显然具有重要的学术价值与现实意义,它关系到中国能否通过贸易方式来改变自身的国际分工地位,以及中国是否可以借助低端要素来发展、培育自身的竞争优势,此外,对该问题的研究也关系到中国能否在全球价值链和全球生产网络中实现产业升级与可持续发展,进而避免陷入"污染化增长"的陷阱。有鉴于此,本文从加工贸易的研究角度来对环境全要素生产率展开系统性的研究与分析,由此得出富有启发意义的结论,从而为中国未来贸易政策、产业政策以及区域协调发展政策的制定与安排提供重要的参考依据。

关于国际贸易与环境质量的关系研究由来已久。其中,Grossman&Krueger(1991)在早期认为贸易自由化对环境的影响主要分为规模效应、结构效应和技术效应;而 Panayotou(1993)在此基础上首次提出了"环境库兹涅兹曲线(Environmental Kuznets Curve,EKC)"假说[②],该假说认为一个国家的环境质量与其人均收入之间存在一种倒 U 形的关系,即在经济发展初期,环境质量通常会不断恶化,随着收入的提高甚至到了高收入阶段,环境质量则会逐渐改善。该假说的提出引起了学术界的广泛争论,相关学者从不同的角度对 EKC 假说展开实证研究。其中,Dijkgraaf&Vollebergh(1998)在面板分析框架下研究发现 EKC 假说成立,但当对每一个国家逐个分析时,结论却不尽一致;Stern&Common(2001)采用全球样本重新考察了 EKC 假说,分析发现人均排放量随着人均收入的增加而增加,但只有对高收入国家的样本进行分析时,EKC 假说才得到验证。与此同时,相关学者相继提出了"波特假说"(Porter,

---

① 对于全球化和国际分工中出现的生产垂直分割现象,学界使用了不同的术语来研究:全球价值链、加工贸易、外包、全球生产网络、代工、生产非一体化、垂直专业化、多阶段生产、产品内分工、全球供应链、国际生产分割、价值链切片、生产的非地化、竞合关系和全球生产分享等。在本体论层面上,这些术语都是根植于一个节点、链条或网络方法的变异;在认识论层面上,这些术语关注的是在全球—地区关系下理解当代经济的发展动态。这也从不同侧面说明了本文研究对象的重要性和复杂性。

② 国内外已有不少学者对 EKC 假说进行了详细的综述,其中 Dinda(2004)从 EKC 假说的产生背景、形成机制、理论分析、实证研究、政策含义以及缺陷等方面进行了文献综述;He(2006)则从 EKC 假说在发展中国家的应用和有效性方面进行了文献综述;而 Kijima *et al.*(2010)则更强调 EKC 假说产生以来引发的理论模型发展概况。陆旸(2012)则从开放宏观的视角对环境污染问题进行了综述。

1991）、"转移假说（Displacement Hypothesis）"（Arrow *et al.*，1995；Ekins，1997；Rothman，1998）、"污染天堂假说（Pollution Haven Hypothesis）"（Antweiler *et al.*，2001；Liddle，2001）、"逐低竞争假说（Race to bottom）"（Jaffe *et al.*，1995；Mani&Wheeler，1998），试图从理论分析的角度来阐述EKC假说背后的发生机理。其中，"波特假说"认为严格的环境规制标准和政策会诱使企业采用清洁型技术、从事技术创新，从而有利于减少污染排放；"污染天堂假说"则认为发达国家和发展中国家在环境管制上的差异可能会诱使发达国家的企业将污染密集型产业从环境管制严格的发达国家转移到环境管制较弱的发展中国家；"逐底竞争假说"则强调贸易自由化降低了各国的贸易壁垒，由此一国政府会通过弱化环境管制政策来减轻本国企业所面临的国际竞争压力，即政府会用环境政策来替代贸易政策，以帮助本国企业参与国际竞争，结果是由于环境管制政策的弱化，自由贸易破坏了该国生态环境。

随着国际贸易与环境关系的理论研究的进一步深化，相关的学者也从外商直接投资、技术扩散、国际援助、经济转型、环境规制以及产权等崭新的研究视角来进一步考察国际贸易对环境的影响。其中，Antweiler *et al.*（1998）通过理论模型的演绎来考察收入增长对环境的作用关系，他们研究发现贸易自由化使得低收入国家的产出结构转向污染型产品；Xu（2000）在产业份额方程框架下，分析发现技术才是产业国际竞争力的决定力量，环境因素即便对于环境敏感型产业来说，也不是至关重要的，从而不支持环境倾销战略；Antweiler *et al.*（2001）则认为环境污染与经济增长的源泉有关，即资本积累导致的增长会提高污染水平，而由技术进步带来的增长则会降低污染水平；Dean（2002）在联立系统方程的框架下研究了贸易自由化对环境的影响，发现产出结构变化效应为负，而收入效应为正，从而使得贸易自由化的净效应为正；Cole（2004）的研究则发现，贸易是通过产业结构变化和污染避难所的效应促成了EKC的倒U形关系。此外，发达国家的制造业占GDP比重的下降只是反映了发达国家的制造业产品的需求被发展中国家满足了这一事实。Dean *et al.*（2004）采用了采用条件logit模型和嵌套logit模型考察了中国1993—1996年的2886家制造业外商直接投资项目，分析发现来自与中国不相关国家的FDI不支持"污染避难所假说"，而来自与中国相关的国家的FDI则支持"污染避难所假说"，Dean&Lovely（2008）则从微观机制来研究中国的国际贸易、投资对环境的影响，他们研究发现结构效应和技术效应使得中国的进口和出口都变得更加清洁了；Managi&Jena（2008）采用印度1991—2003年的产业数据来考察收入和环境全要素生产率之间的关系，发现印度的环境全要素生产率和收入之间存在着类似于EKC的倒U形关系；Meng&Ni（2011）也认为中间品贸易和一般贸易对环境的影响效应是不同的，他们发现中国的中间品贸易能够减少污染排放进而提高环境质量,而一般贸易则会增加污染排放。

国内学者围绕着贸易与环境的关系这一话题也做了大量的研究。张连众等(2003)在一般均衡模型框架中实证分析了中国贸易自由化对环境的影响,结果表明规模效应可能恶化中国的环境质量,而结构效应和技术效应会降低中国的环境污染程度,总体而言,中国开展贸易自由化有利于中国的环境保护;潘申彪和余妙志(2005)采用时间序列方法进行分析,研究发现江浙沪三省市的外商直接投资是该地区环境污染加剧的 Granger 因果原因;刘渝淋和温怀德(2007)认为 FDI 促进了中国的经济增长,但是以中国的环境污染为代价的;沈利生和唐志(2008)利用投入产出模型实证分析了国际贸易对中国二氧化硫排放的影响,发现从总体来说由于出口污染排放强度低于进口污染减排强度,故国际贸易有利于中国污染减排;李小平和卢现祥(2010)同样采用投入产出模型来考察国际贸易对中国工业行业的二氧化碳排放的影响,他们发现国际贸易可以减少工业行业的二氧化碳排放,不支持"污染天堂假说";彭水军和刘安平(2010)建立了一个开放经济系统的环境投入产出模型,利用中国 1997—2005 年的投入产出表和环境污染数据,研究发现国际贸易可以降低中国的环境污染;何洁(2010)通过建立一个四方程联立系统,研究了国际贸易经由规模、结构、技术这三个经济因素对二氧化硫排放的影响,研究表明出口和制造品进口在二氧化硫的排放中起完全相反的作用,结果不支持"污染避难所假说";李锴和齐绍洲(2011)则通过不同的模型设定和工具变量策略发现,中国的国际贸易对环境影响是负面的,关键机制是向底线赛跑效应大于贸易的环境收益效应。

纵览国内外的相关研究,现有的文献很少对中国加工贸易对环境全要素生产率作用关系展开系统的探讨①。然而近几十年中国借助自身比较优势迅速融入了全球经济,并使得加工贸易在对外贸易所占的比重不断攀升。对于一个加工贸易占到其对外贸易"半壁江山"的中国而言,考察加工贸易对环境甚至对环境全要素生产率的作用关系显得十分重要,它有助于正确理解和把握经济全球化造就的新型贸易格局对中国经济与环境的影响。有鉴于此,本文首先借助 Luenberger 生产率指数测度出中国的环境全要素生产率。Luenberger 生产率指数不同于一般的全要素生产率指数,它可以将环境因素纳入生产率分析框架,对好产出和坏产出(如污染)的联合生产问题进行建模,关键是可以将坏产出的减少作为一种效率提升放入整体分析框架,这样有助于本文既分析加工贸易的

---

① 笔者认为造成这种现象原因可能有二,一方面是加工贸易的数据难于获取,另一方面将环境污染这种坏产出和好产出同时引入模型测度环境全要素生产率,存在一定的难度。

经济增长效应，又分析加工贸易的环境污染效应。然后本文再利用中国 30 个省市自治区 2000—2009 年的面板数据计量分析加工贸易对环境全要素生产率的影响。研究过程中，不仅从加工贸易总量上，而且从加工贸易的进口和出口渠道上分析加工贸易的环境全要素生产率，同时，更进一步考察了加工贸易对环境全要素生产率可能存在的非线性影响。

本文的创新性体现在几个方面：①不同于国内外文献主要集中研究贸易和环境之间的关系，本文着重考察加工贸易和环境全要素生产率之间的关系；②构建了一个分析加工贸易的环境全要素生产率效应的分析框架，提出了加工贸易影响环境全要素生产率的三种效应：结构效应、技术效应和规模效应[①]，并在此基础上提出待检验假说进行检验；③为了系统全面回答加工贸易的环境全要素生产率效应，本文选择二氧化硫（SO_2）和化学需氧量（COD）和二氧化碳（CO_2）这些可以直接反映污染程度和温室效应的指标，作为坏产出纳入到 Luenberger 生产率指数测度中，既避免了使用一种污染物作为坏产出的偏误，又避免了使用废水、废气等广义指标的偏误[②]；④考虑到发展中国家从事加工贸易活动的阶段性和复杂性，本文还通过非线性的研究视角来考察加工贸易的环境全要素生产率效应。

其余部分结构如下：第二部分是分析框架和待检验假说；第三部分是环境全要素生产率测度与初步分析；第四部分是方法与数据说明；第五部分是实证分析与结果；最后是结论与启示。

二、分析框架和待检验假说

过去几十年来，经济全球化重塑了全球贸易结构和生产结构，集中表现在贸易一体化和生产非一体化这一对共生现象上。微观层面上，发达国家跨国公司，通过将生产的不同环节、工序或者区段放在不同国家进行生产，然后再在某一个国家进行组装，从而达到在全球范围内整合、配置资源，构建链条对链条竞争的目的。微观层面的资源配置活动直接导致了宏观上各国商品进出口贸易总额占 GDP 的比重急剧上升，尤其是中间品贸易在进出口贸易中占了越来越大的份额。《World Trade Report 2008》中指出，1988—2006 年间，中间品贸易增长速

---

① 本文借鉴和学习了 Grossman&Krueger（1991）的分析框架，在其基础上进一步提出了加工贸易影响环境全要素生产率的三种效应：结构效应、技术效应和规模效应。

② 废水中包括化学需氧量，废气中包括二氧化硫，直接采用废水、废气存在对污染的过度认识偏差，因为废水、废气未必代表污染。

度从总体上看快于货物贸易增长速度，并且随着时间推移，这种增长速度的差距有拉大的趋势。

与此相对应，中国在 1992 年春天之后，改革开放向纵深推进，借助自己廉价的劳动力资源、广阔的国内市场以及地方政府之间五花八门的竞争方式，无可争议的成为这次全球化浪潮的主要表演者，具体表现在几个方面：首先，中国通过承接 GVC 中低附加值的加工组装环节，融入国际生产和贸易体系，成为全球最有竞争力的外包制造平台（Gereffi&Sturgeon，2004），一跃成为世界上最大的加工厂；其次，2010 年，中国货物进出口贸易总额达 2.97 万亿美元①，规模超过德国跃居世界第二。但是在中国对外贸易高速增长的过程中，对外贸易的结构也发生了根本性变化，加工贸易取代了一般贸易成为对外贸易的重要部分。最后，2010 年，中国超过美国成为全世界吸引外资最多的国家，总额为 591 亿美元，位列第二的美国吸引外商投资 574 亿美元②。在这个世界第一的背后是外资利用中国廉价的生产要素，在中国大量投资设厂，使得外资企业成为中国加工贸易的主体。外资企业加工贸易占全国加工贸易的比重从 1995 年的 59.9% 上升到 2008 年的 84.5%，外资企业加工贸易占其货物贸易比重在 1995—2008 年间，始终保持 70% 左右的水平③。可见，外资企业已经成为中国加工贸易的微观主体。

因此，中国面临的环境问题要放在 20 世纪后半期经济全球化的大背景下来考察，要放在国际生产和贸易体系中的大背景来考察，要结合中国在新型的国际分工体系中的地位和处境来分析。具体而言，在经济全球化初期，加工贸易对中国环境全要素生产率的影响可从以下几个方面分析：①越来越多的劳动力从农业中转移出来从事加工、组装以及装配活动等，传统农业的低附加值、高污染逐渐被高附加值、相对低污染的制造业代替；②轻工业以及高科技生产、组装等产业在制造业中的比重逐渐上升，而污染严重的传统重工业的比重越来越低；③与原先"村村点火、户户冒烟"的乡镇企业相比，"三资"企业在中国主要是以产业集群的形态发展，这有利于促进经济向能源节约化和环境清洁化方向发展。本文将加工贸易通过上述三个渠道导致的中国环境全要素生产率提高的效应称为结构效应。

同时，中国的加工贸易，具有"两头在外"的特点，即从国外进口机器设备、原材料、半成品和零部件，在国内加工组装后再出口销售。从进口来看，通过进口

---

① 数据来自《中国统计年鉴 2011》。
② 数据来自《中国统计年鉴 2011》。
③ 数据来自《中国海关统计年鉴 2005、2006、2007、2008》，作者进一步整理。

先进的机器设备、原材料、半成品和零部件，隐含在进口品中的先进技术，在帮助中国提高生产率的同时有利于降低环境污染，而国际大买家对出口产品严格的技术标准、环保标准等，也有助于提高中国的环境全要素生产率；随着收入的增长，更多的研发投入，污染型和过时的技术逐渐被更先进的清洁型技术代替。总之，本文这里将这两个渠道导致的中国环境全要素生产率提高的效应称为技术效应。基于此，我们提出：

假说一：在经济全球化初期，加工贸易导致的结构效应和技术效应会提高中国的环境全要素生产率。

随着改革开放政策在中国大陆不断向纵深推进，越来越多省份和地区开始从事加工贸易活动，地方政府之间甚至出现了"为出口而竞争"的格局，为了吸引外资、为了拿到订单，地方政府之间形成一种逐低竞争，竞相降低对环境规制的要求，最终引发发达国家将大量高污染、低附加值的产业向中国转移。本文将这种由于加工贸易活动增加导致的环境全要素生产率下降情形称之为规模效应。基于此，本文提出：

假说二：结构效应、技术效应以及规模效应的共同作用，会使得加工贸易对环境全要素生产率产生非线性影响。

在国际分工的新秩序下，中国实际上是作为承包方加入全球价值链的。在这个网络中，中国主要是依靠自身的土地、能源、劳动力等低端要素从事加工、组装和装配活动。但是随着来自农村剩余劳动力逐渐减少，转移效应会逐渐递减。同时，发达国家跨国公司作为全球价值链的治理者，可能出于自身利益在外包业务的初期帮助发展中国家代工企业完成较低级的工艺升级和产品升级，从而有助于提高当地的环境全要素生产率。但是，跨国公司最根本的利益和目标是通过在全球配置资源实现自身利益最大化，手段就是尽可能地榨取价值链中的被治理企业，执行的是"胡萝卜加大棒"政策。它在外包初期帮助发展中国家代工企业完成工艺升级和产品升级之后，会由于根本的利益冲突阻碍代工企业向更高级的功能升级和链条升级。这种政策的阶段性和偏向性意味着转移效应和技术效应随着加工贸易企业的发展是不断递减的，升级受阻意味着发展中国家的产业无法实现从能源密集型向技术、知识密集型以及高端的生产性服务业转移；而由于发展中国家从事加工贸易的企业被锁定在高能耗的加工组装环节，以及发达国家向中国转移污染产业的力度和范围不断扩大，规模效应就逐渐上升。与此同时，结构效应和技术效应逐渐递减，当规模效应逐渐超过转移效应和技术效应时，加工贸易对环境全要素生产率的综合作用就会发生逆转。基于此，本文提出：

假说三：随着发达国家向中国大量转移污染产业以及跨国公司对本土代工企业向高附加值、低污染的环节的爬升的控制，使得中国从结构效应和技术效应的得益不断递减，而规模效应的作用日益显著并占据主导。最终，加工贸易和环境全要素生产率之间呈现出倒U形曲线的非线性关系。

三、环境全要素生产率的测度与初步分析

(一)Luenberger 生产率指数

在将环境因素纳入生产率分析框架时，往往面临着如下问题：(1)如何对好产出和坏产出(如污染)的联合生产问题进行建模，由于技术等因素的制约在扩大好产出的同时，往往坏产出也会随之增加；(2)如何将坏产出的减少作为一种效率提升放入整体分析框架。针对上述问题，Chung *et al.*(1997)创新性地提出了 Malmquist-Luenberger 生产率指数。但 ML 指数需要假定成本最小化或者产出最大化，即选择投入导向型或者产出导向型。Chambers *et al.*(1996)发展了一种比 ML 指数更加一般化的生产率测度方法，即 Luenberger 指数法。

下面笔者将按照构造环境技术、引入方向性距离函数、定义 Luenberger 指数的顺序对该方法作一个简单的介绍。

1. 环境技术

假设某决策单元(DMU)使用投入向量 $x \in R_+^N$，可以生产好产出向量 $y \in R_+^M$ 以及坏产出向量 $b \in R_+^I$。令 $P(x)$ 为给定投入向量 x 下的产出可能性集合，则产出技术可以通过产出集合被描述为：

$$P(x) = \{(y,b) \mid x \text{ 可以生产} (y,b)\}, x \in R_+^N \tag{1}$$

为了解决联合生产问题，一个定义良好的环境技术需要同时满足以下这些基本假设[①]：

(1)好产出和坏产出零结合(Null-Joint)，即当坏产出为零时好产出必然也为零，表明如果存在好产出则必然会伴随坏产出。该假设可以表示为：当 $(y,b) \in P(x)$ 时，如果有 $b=0$，则有 $y=0$。该假设保证了生产可能性边界过原点。

(2)投入和好产出是强可处置的(Freely/Strong Disposable)，即当 $x_1 \geqslant x_2$ 且 $P(x_1) \supseteq P(x_2)$ 时，若 $(y_1,b) \in P(x)$ 且 $y_1 \geqslant y_2$，则有 $(y_2,b) \in P(x)$。

---

① Färe *et al.*(2007)以及王兵等(2010)对这些假设进行了详细说明。

（3）坏产出是弱可处置的（Weakly Disposable），即若 $(y,b)\in P(x)$ 且 $\theta\in$ $[0,1]$ 成立，那么就有 $(\theta y,\theta b)\in P(x)$。这一假设表明减少坏产出是有代价的，会使得好产出也同时减少，且保证了生产可能性边界的凸性。

参考 Färe et al.（2007）的研究，可以对满足上述条件的 DEA 模型设定如下。假定 K 个决策单元在时期 $t=1,2,\cdots,T$ 中的投入产出向量为 $(x^{k,t},y^{k,t},b^{k,t})$。利用这些数据，可以构造一个满足以上三个条件以及（1）式的产出集合：

$$P^t(x^t)=\{(y^t,b^t):\sum_{k=1}^{K}z_k^t y_{mk}^t\geqslant y_m^t \quad m=1,2,\cdots,M$$

$$\sum_{k=1}^{K}z_k^t b_{ik}^t=b_i^t \quad i=1,2,\cdots,I$$

$$\sum_{k=1}^{K}z_k^t x_{nk}^t\leqslant x_n^t \quad n=1,2,\cdots,N$$

$$z_k^t\geqslant 0 \quad k=1,2,\cdots,K\} \tag{2}$$

在上述约束中，z_k^t 是为了构造生产可能性边界而对各个观测值设置的权重变量，而对于好产出的不等式约束及对于坏产出的等式约束则分别表达了好产出的强可处置和坏产出的弱可处置。（2）式中对于投入变量的不等式约束表达了这些变量是强可处置的。如果 $x\geqslant x'$，则有 $P(x)\supseteq P(x')$，意味着当投入增加时产出是非减的。非负的权重变量 $z_k^t(k=1,2,\cdots,K)$ 表明生产技术展现出规模报酬不变（CRS）的特性，即 $P(\lambda x)=\lambda P(x),\lambda>0$。如果引入约束条件 $\sum_{k=1}^{K}z_k^t$ $=1$，则生产技术表现出规模报酬可变（VRS）的特性。

为了包含产出零结合的特征，需要在上述 DEA 模型中加入如下两个限制条件：

$$\sum_{k=1}^{K}b_{ki}^t>0 \quad k=1,2,\cdots,K \tag{3}$$

$$\sum_{i=1}^{I}b_{ki}^t>0 \quad i=1,2,\cdots,I \tag{4}$$

这两个条件表明每一个坏产出均被某个决策单元 k 生产，且每一个决策单元 k 至少产生一种坏产出（有多种坏产出时）。

2. 方向性距离函数

与传统的 Shephard 产出距离函数不同，方向性距离函数允许在增加好产出的同时减少坏产出。如图 1 所示，Shephard 距离函数测量的是观测点 A 向点 C 扩张时放大的倍数，此时坏产出与好产出都会增加，而方向性距离函数在观测点

A 向点 B 移动,在好产出增加的同时减少了坏产出的形成,其具体形式为:

$$\boldsymbol{D}_0(x,y,b;g)=\sup\{\beta:(y,b)+\beta g\in P(x)\} \tag{5}$$

g 是产出扩张的方向向量。参考 Chung *et al.*（1997）的研究,方向向量被定义为 $g=(y,-b)$,表明好产出是增加的而坏产出是减少的。方向性距离函数表示在既定的投入向量 x 下,沿着方向向量 g,产出向量 (y,b) 所能够扩张的最大倍数 β。其值越小则表明观测值越接近生产前沿面,等于 0 表明决策单元位于生产前沿面上,是完全有效率的。

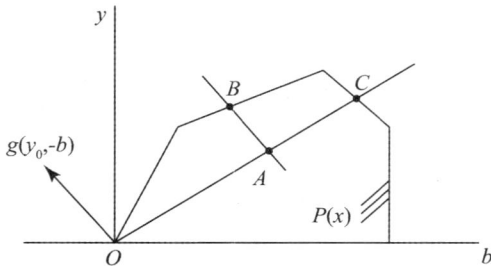

图 1　Shephard 产出距离函数及方向性距离函数

3. Luenberger 生产率指数

在上述环境效率生产可能集设定下,结合方向性距离函数,Chambers *et al.*（1996）定义了从 t 期到 $t+1$ 期的 Luenberger 生产率指数:

$$LTFP_t^{t+1}=\frac{1}{2}\left\{\left[D_V^t(x^t,y^t,b^t;g)-D_C^t(x^{t+1},y^{t+1},b^{t+1};g)\right]\right.$$

$$\left.+\left[D_V^{t+1}(x^t,y^t,b^t;g)-D_C^{t+1}(x^{t+1},y^{t+1},b^{t+1};g)\right]\right\} \tag{6}$$

这里距离函数的下标 V 和 C 分别表示规模报酬可变和规模报酬不变,$LTFP$ 大于或小于 0 分别表明生产率增长或下降。

（二）各省环境全要素生产率的测度

为了计算环境全要素生产率,本文构造了中国 30 个省市自治区 2000—2009 年的好产出、坏产出和投入数据①。遵循文献中的普遍做法,本文没有包括中国的香港、台湾和西藏等省份和地区。本文数据主要来源于历年的《中国统计年鉴》、《新中国六十年统计资料汇编》和各省统计年鉴。具体数据说明和处理如下。

———————————

① 选择这个时间段的数据主要是因为本文所研究的关键变量——加工贸易的数据只有 2000—2009 年的。

(1)好产出。好产出选用中国 30 个省市自治区以 2000 年为基期的实际地区生产总值（rdp）。

(2)坏产出。本文选择二氧化硫（SO_2）和化学需氧量（COD）和二氧化碳这些可以直接反映污染程度和温室效应的指标作为坏产出，既避免了使用一种污染物作为坏产出的偏误，又避免了使用废水、废气等广义指标的偏误。

(3)劳动投入。在衡量劳动力投入时，劳动时间可能是比劳动力人数更好的度量，但是在中国很难获得这方面的数据。本文采用各省历年从业人员数作为劳动投入量指标。

(4)资本投入。估算资本存量最常用的方法是所谓的"永续盘存法"。在使用永续盘存法时主要涉及当期投资指标的选择、基期资本数量的计算、折旧率的选择和投资平减四个问题。

(5)能源消费。传统的全要素生产率测度主要采用国内生产总值、劳动投入和资本投入，因为国内生产总值是增加值概念，所以投入要素不包括能源这种中间投入。在考虑了环境污染这种坏产出的情况下，就有必要加入能源这种中间投入，主要是假设其为坏产出的主要来源。能源消费数据来自《新中国 60 年统计资料汇编》，单位是万吨标准煤。

(6)环境全要素生产率（$ltfp$）。本文借助上述投入产出数据，采用 Luenberger 生产率指数计算所得。

接着，本文借助公式(6)，计算出中国各省市自治区的环境全要素生产率，见表 1。总体而言，中国各省市自治区的环境全要素生产率比较低，只有 4.71%，并且各个年份之间的波动幅度较大，并没有呈现出稳定的上涨趋势，2009 年甚至是负的。研究发现，环境全要素生产率最高的分别是：北京、上海、天津、贵州和山东，其中有三个是直辖市，而环境全要素生产率最低的分别是：江西、广西、宁夏、福建和湖北，除福建外其余都是中西部落后省份或自治区。考虑到影响环境全要素生产率的因素很多，本文在控制其他因素的情况下，将着重分析加工贸易对环境全要素生产率的影响。

表 1　2001—2009 年中国各省市自治区环境全要素生产率变化

省市自治区	2001	2002	2003	2004	2005	2006	2007	2008	2009	平 均
北　京	0.1530	0.1370	0.2890	0.0070	0.5510	0.1670	0.1910	0.2070	0.0080	0.1900
天　津	0.0960	0.0800	0.0240	0.1840	0.1170	0.0870	0.1390	0.1020	−0.0020	0.0919
河　北	−0.0050	0.0340	0.0570	0.0540	0.0270	0.0330	0.0560	0.0730	0.0300	0.0399
山　西	0.0620	0.0660	0.0870	0.0750	0.1970	−0.0890	0.0930	0.0370	−0.0240	0.0560

续表

省市自治区	2001	2002	2003	2004	2005	2006	2007	2008	2009	平　均
内蒙古	0.0780	0.0250	0.0580	0.1110	0.1410	0.0210	0.1060	0.0300	−0.0050	0.0628
辽　宁	0.0680	0.0510	0.1050	0.1360	−0.0740	0.0580	0.1010	0.0140	0.1130	0.0636
吉　林	0.0760	0.0330	0.0510	0.0190	0.0030	0.0160	0.0300	0.0430	−0.0150	0.0284
黑龙江	0.0980	0.0940	0.0530	0.1660	−0.0750	0.0500	0.0890	0.0610	−0.0180	0.0576
上　海	0.0430	0.0730	0.1010	0.1370	0.1920	0.0990	0.1220	0.0960	0.0680	0.1034
江　苏	−0.1010	0.0840	0.1150	0.0470	−0.0010	0.0750	0.1260	0.1060	0.0390	0.0544
浙　江	0.0290	0.0760	0.0800	0.0610	0.0590	0.0370	0.0870	0.0910	0.0050	0.0583
安　徽	−0.0500	0.0380	0.0540	0.0490	−0.0140	0.0010	0.0440	0.0430	0.0210	0.0207
福　建	−0.0670	0.1210	−0.0270	0.0080	−0.1180	0.0560	0.0450	0.0690	0.0080	0.0106
江　西	0.0640	−0.0170	−0.0310	−0.0560	0.0130	−0.0030	−0.0030	0.0070	−0.0340	−0.0067
山　东	0.0660	0.1260	0.0520	0.0740	0.0320	0.0660	0.0820	0.1080	0.0590	0.0739
河　南	0.0330	0.0220	0.0510	0.0710	−0.0230	0.0140	0.0290	0.0240	−0.0060	0.0239
湖　北	0.0420	−0.0550	0.0320	0.0420	−0.0600	0.0060	0.0610	0.0460	0.0190	0.0148
湖　南	−0.0010	0.0000	−0.0190	0.0250	0.0600	0.0540	−0.0330	0.0710	−0.0710	0.0096
广　东	0.0040	0.0470	0.0630	0.0620	0.1640	0.0780	0.0300	0.0170	−0.0110	0.0504
广　西	−0.0400	0.0470	−0.0440	0.0300	0.0170	−0.0090	−0.0200	0.0080	−0.0310	−0.0047
海　南	0.1110	−0.0320	0.0810	−0.0070	0.0600	0.0710	0.1920	0.0430	0.0440	0.0626
重　庆	−0.0210	0.0450	−0.0150	−0.0530	0.0960	0.0710	0.0500	0.0650	−0.0530	0.0206
四　川	−0.0420	0.0550	0.0290	0.0480	0.0030	−0.0470	−0.0700	0.1570	0.0260	0.0177
贵　州	0.0250	0.1430	0.0590	0.0910	0.1660	0.1010	0.1740	0.0960	−0.0770	0.0864
云　南	0.0070	0.0380	0.0030	0.0200	0.1380	−0.0240	0.0450	0.0820	0.0370	0.0384
陕　西	0.0540	0.0860	0.0710	0.0080	0.0890	0.0460	0.0080	−0.0020	−0.0340	0.0362
甘　肃	0.1290	0.0450	0.0010	0.0960	0.1140	0.0380	0.0500	0.0220	0.0190	0.0571
青　海	0.0980	0.2010	0.0660	0.0520	0.0540	0.0550	0.0370	0.0820	−0.0500	0.0661
宁　夏	0.0230	−0.0060	−0.0110	0.0460	0.0320	0.0160	−0.0030	0.0490	−0.0720	0.0082
新　疆	−0.0090	0.0830	0.0270	0.0250	−0.0090	0.0180	0.0390	0.0280	−0.0110	0.0212
平　均	0.0341	0.0580	0.0487	0.0543	0.0650	0.0387	0.0632	0.0625	−0.0006	0.0471

(三)加工贸易与环境全要素生产率的初步分析

在测度出各省市自治区的环境全要素生产率之后,通过绘制散点图来初步分析加工贸易与环境全要素生产率之间的关系。图 2 和图 3 分别是用 2001 和 2009 年的数据拟合的加工贸易与环境全要素生产率的趋势图,而图 4 则是采用 2001—2009 年数据拟合的趋势图。图 2 和图 3 显示加工贸易与环境全要素生产率之间存在明显的正相关关系,这初步印证了前文的假说 1,即加工贸易可能会促进环境全要素生产率。图 4 的 2001—2009 年数据的拟合仍然表明加工贸易与环境全要素生产率之间存在明显的正相关关系。值得强调的是,趋势图分析忽略了影响环境全要素生产率的其他变量。加入其他变量后,加工贸易对环境全要素生产率的影响是否会有所不同,这有待于进一步的实证检验。

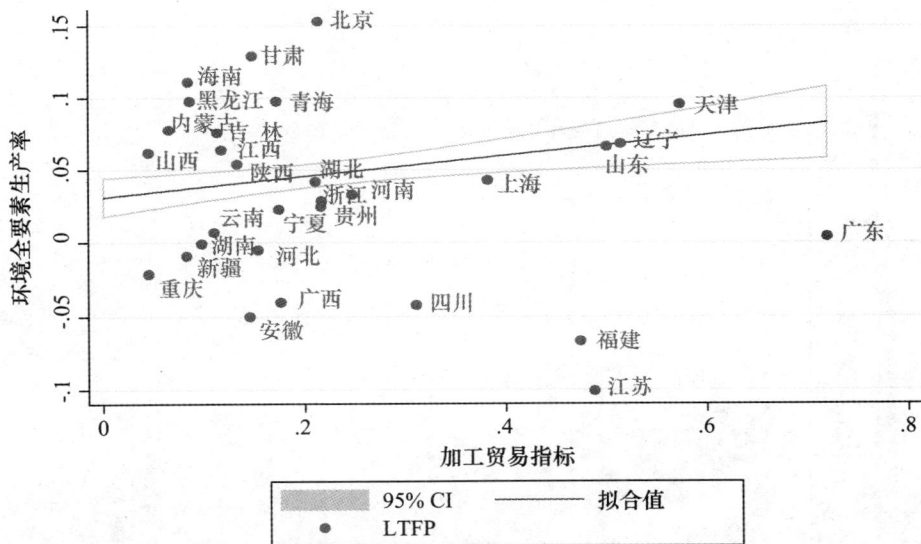

图 2　加工贸易与环境全要素生产率关系图(2001 年)

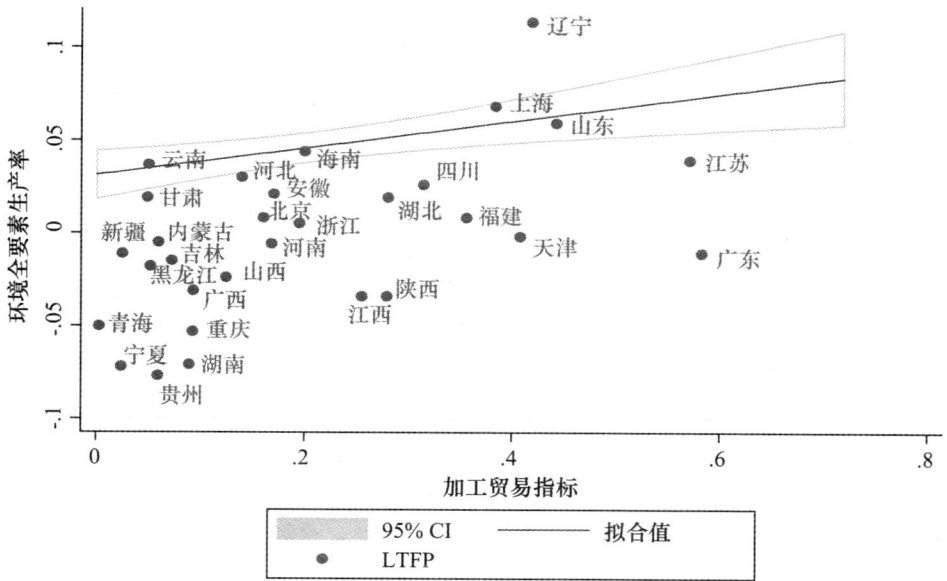

图 3　加工贸易与环境全要素生产率关系图（2009 年）

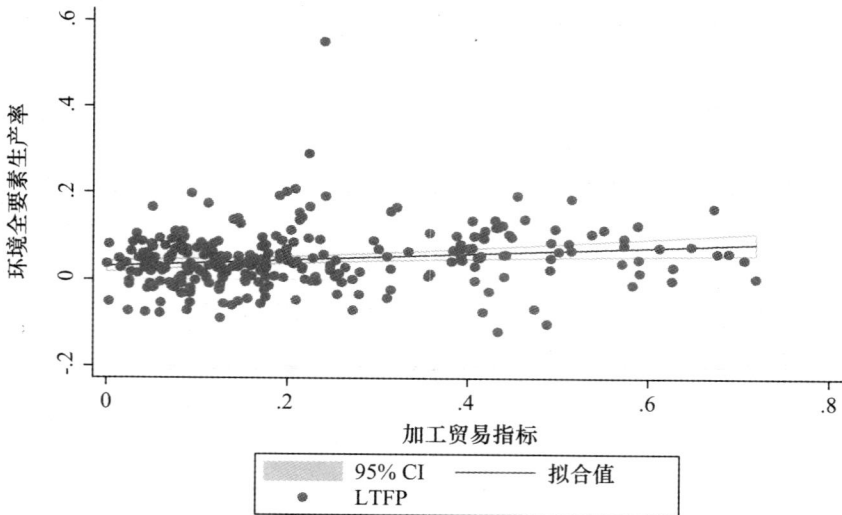

图 4　加工贸易与环境全要素生产率关系图（2001—2009 年）

四、方法与数据说明

（一）计量模型设定

尽管上文的散点图分析表明，在中国从事加工贸易会促进环境全要素生产率，但是，为了验证本文第二部分提出的假说，仍然需要设定严谨的计量分析模型来对上述现象和假说进行检验。为了验证假说1，引入如下的计量经济模型来分析加工贸易与环境全要素生产率之间的关系：

$$\ln ltfp_{pt} = \alpha_0 + \alpha_1 \ln eipt_{pt} + \alpha_2 \ln fdc_{pt} + \alpha_3 \ln ti_{pt} + \alpha_4 \ln fdv_{pt}$$
$$+ \alpha_5 \ln fdi_{pt} + \alpha_6 \ln mi_{pt} + \lambda_p + \mu_t + \varepsilon_{pt} \tag{7}$$

这里，被解释变量 $ltfp$ 是采用基于方向性距离函数的 Luenberger 生产率指数，作为本文的环境全要素生产率。解释变量 $eipt$ 是加工贸易指标，反映各省市自治区从事加工贸易的规模。鉴于中间品贸易理论与外包理论都是以同一产品不同工序跨国垂直分割为基础的，只是研究的视角和侧重点不同，故本文以加工贸易进出口额占货物贸易进出口总额的比重作为各省市自治区从事加工贸易规模的度量。依据贸易理论和本文分析框架，加工贸易可能是影响环境全要素生产率的一个重要途径，当然还存在其他各种途径。为了识别加工贸易的环境全要素生产率效应，本文结合相关文献和中国经济现实，尽量控制其他途径的影响。具体而言，选取了下面五类控制变量：fdc 是财政分权，用来反映各省市自治区财政分权的程度。众多研究证实中央向地方的财政分权导致了地方政府"为发展而竞争"的格局，这个变量在环境的意义上就是可能存在"逐低竞争"现象。ti 是第三产业比重，产业结构是影响经济增长和环境污染的主要因素。fdv 是金融发展水平。已有研究表明，一个国家的金融发展水平越高，越有利于节能环保型技术的采用，并能促进经济增长、环境改善技术创新的开展。fdi 是外商直接投资的比重，这个变量可以检验"污染天堂假说"。mi 是市场化程度。研究表明市场化进程中会出现公共地悲剧问题，即环境污染水平会随着市场化程度的提高而上升。回归时对所有变量取对数。

λ 是控制省份固定效应，考虑到加工贸易在省份之间的巨大差异，在计量模型中引入地区哑变量。μ 是时间固定效应。中国 2001 年加入世界贸易组织，巩固了自身在 GVC 中承接加工组装外包订单的竞争优势，贸易规模迅速扩大，贸易增速明显加快。2007 年随着欧美次贷危机逐渐加重，中国的加工贸易受到的冲击也越来越大。为控制这些因素对实证结果的影响，本文在计量模型中引入时间固定效应。下标 p 表示省份，t 表示年份。ε 为随机扰动项。

　　既有理论和研究表明,进口和出口会对生产率产生显著影响。新的中间投入在新贸易理论和新增长模型中越来越重要,由此引发了大量关于进口中间投入与产品多元化、产成品质量、产出增长以及生产率提升的研究。这些研究发现,贸易自由化以及关税减免导致的激烈进口竞争会使得进口中间投入品的价格越来越便宜,由此通过学习效应、多样化效应、溢出效应以及质量效应促进生产率进步。大量采用企业层面或者产业层面的数据同样证明,企业参与激烈的国际市场竞争可以提高自身生产率(竞争效应),为了出口不断提升自身能力可以提高自身生产率(出口中学习效应),通过对生产要素进行有效的再分配,企业能够显著提高自身生产率。已有研究也表明,进口和出口会对环境产生显著甚至不同的影响。沈利生和唐志(2008)利用投入产出模型实证分析了国际贸易对中国二氧化硫排放的影响,发现从总体来说,由于出口污染排放强度低于进口污染减排强度,故国际贸易有利于中国污染减排。何洁(2010)通过建立一个四方程联立系统,研究了国际贸易经由规模、结构、技术这三个经济因素对二氧化硫排放的影响,研究表明出口和制造品进口在二氧化硫的排放中起完全相反的作用,结果不支持"污染避难所假说"。

　　由此可见,从进口和出口两个渠道分别研究它们对环境全要素生产率的影响,不仅是题中应有之义,而且是对现有文献的一个突破。同时,中国加工贸易最突出的特征是"两头在外"和"大进大出"。根据本文 2008—2008 年的数据样本,加工贸易进口占加工贸易出口的比重平均一直在 55% 以上,有的地区甚至达到了 70% 以上。在"两头在外"和"大进大出"模式中,由于外商控制着核心技术和销售渠道,中方只参与简单的加工环节,因而使得加工贸易对国内其他产业缺乏前向和后向的带动作用,因此,有必要从加工贸易进口和出口渠道进一步理清加工贸易和环境全要素生产率之间的关系。为此,引入下面的模型来分析加工贸易进口和加工贸易出口与环境全要素生产率之间的关系:

$$\ln ltfp_{pt} = \alpha_0 + \alpha_1 \ln ept_{pt} + \alpha_2 \ln fdc_{pt} + \alpha_3 \ln ti_{pt} + \alpha_4 \ln fdv_{pt}$$
$$+ \alpha_5 \ln fdi_{pt} + \alpha_6 \ln mi_{pt} + \lambda_p + \mu_t + \varepsilon_{pt} \tag{8}$$

$$\ln ltfp_{pt} = \alpha_0 + \alpha_1 \ln ipt_{pt} + \alpha_2 \ln fdc_{pt} + \alpha_3 \ln ti_{pt} + \alpha_4 \ln fdv_{pt}$$
$$+ \alpha_5 \ln fdi_{pt} + \alpha_6 \ln mi_{pt} + \lambda_p + \mu_t + \varepsilon_{pt} \tag{9}$$

这里,解释变量 ept 是加工贸易出口;解释变量 ipt 是加工贸易进口。其余变量含义同公式(7)的解释。

　　为了进一步分析加工贸易对环境全要素生产率的非线性影响,以及验证本文第二部分的假说 2 和假说 3,本文在公式(7)的基础上引入加工贸易的二次项,设定计量模型如下:

$$\ln ltfp_{pt} = \alpha_0 + \alpha_1 \ln eipt_{pt} + \alpha_2 \ln eipt_{pt}^2 + \alpha_3 \ln fdc_{pt} + \alpha_4 \ln ti_{pt}$$
$$+ \alpha_5 \ln fdv_{pt} + \alpha_6 \ln fdi_{pt} + \alpha_7 \ln mi_{pt} + \lambda_p + \mu_t + \varepsilon_{pt} \qquad (10)$$

(二)变量定义和数据来源

本文实证研究所用的变量定义以及数据来源见表 2。其中加工贸易的数据[①]是在国研数据库基础上,按照同样的统计口径构建的。为了区分进口和出口渠道对环境全要素生产率的影响,还构造了加工贸易进口(ipt)和加工贸易出口(ept)的数据,其中加工贸易进口指加工贸易进口额占货物进口贸易的比重,加工贸易出口指加工贸易出口额占货物出口贸易的比重。

表 2　变量定义和数据来源

变量符号	变量定义	数据来源
$ltfp$	环境全要素生产率	作者根据 Luenberger 生产率指数计算
$eipt$	加工贸易,指加工贸易进出口额占货物贸易总额的比重	国研网数据库,搜数网,各省统计年鉴
ept	加工贸易出口指数,指加工贸易出口额占货物出口贸易的比重	国研网数据库,搜数网,各省统计年鉴
ipt	加工贸易进口指数,指加工贸易进口额占货物进口贸易的比重	国研网数据库,搜数网,各省统计年鉴
fdc	财政分权,地方一般预算支出占全国比重	《中国统计年鉴》,《中国国内生产总值核算历史资料 1952—2004》
ti	第 三 产 业 的 比 重,第三产业 GDP/GDP	《中国统计年鉴》,《新中国六十年统计资料汇编》
fdv	金融发展水平,金融机构人民币各项贷款余额占 GDP 的比重	《中国统计年鉴》,《新中国六十年统计资料汇编》,各省统计年鉴
fdi	FDI 比重,指实际利用外商直接投资与国内生产总值之比	《中国统计年鉴》,《新中国六十年统计资料汇编》,各省统计年鉴
mi	市场化指数	《中国市场化指数》,樊纲等主编

---

① 国研数据库只有 2002—2008 年的分省贸易方式的数据。2000、2001 年的分省加工贸易数据来自搜数网,2009 年的数据则是笔者从 30 个省市自治区的统计年鉴整理所得,不同年份的数据口径是一致的,保证了加工贸易数据库的权威性。值得强调的是,即使海关统计资讯网分省贸易方式数据从 2000 年开始,之前年份的没有。

五、回归结果分析

本部分的分析分三步：首先从总量视角分析加工贸易与环境全要素生产率的关系；其次，分别从加工贸易的进口渠道和出口渠道分析加工贸易与环境全要素生产率的关系；最后是分析加工贸易对环境全要素生产率可能存在的非线性影响。

（一）加工贸易与环境全要素生产率：总量视角分析

在面板数据模型中，固定效应模型（Fixed Effect Model，FE）假定个体不可观测的特征与解释变量相关；随机效应模型（Random Effect Model，RE）则假定个体不可观测的特征与解释变量不相关，此处利用 Hausman Test 在二者之间进行筛选。实证分析以采用固定或随机效应模型的全部样本的回归结果为主，带有 Driscoll-Kraay 标准误差（D-K 标准误差）的固定效应方法[①]和其他子样本的回归结果作为稳健性检验。在处理面板数据时，如果数据存在序列相关、异方差或自相关等问题，一般会采用广义最小二乘法处理，但其前提是时间跨度大于截面单元数（即"大 T 小 N"型）。在"大 N 小 T"的情况下，可以采用带有 D-K 标准误差的固定效应估计方法。考虑到计量模型的随机扰动项可能存在着序列相关、异方差或自相关等问题，且数据结构属于"大 N 小 T 型"（30 个省市自治区，10 年），为此，在执行了 Pesaran CD 检验（Pesaran，2004）后，将采用带有 D-K 标准误差的固定效应方法进行稳健性估计。

表 3 的分析表明，加工贸易对环境全要素生产率存在显著的促进作用，从而验证假说 1。为此，做了各种稳健性检验。在表 4 中，第Ⅰ列采用 2001—2009 年 30 个省市自治区（不包括西藏）的全样本数据（计算环境全要素生产率损失第一期 2000 年的数据）进行估计。第Ⅱ列是 D-K 标准误差的稳健性估计。第Ⅲ列是剔除了北京、天津、上海和重庆等四个直辖市，以余下的省和自治区作为子样本进行的稳健性回归。张晏和龚六堂（2005）指出包括直辖市的样本会存在统计学上的差异。

---

① 此方法对随机效应模型不适用。

表3　加工贸易与环境全要素生产率

自变量	（Ⅰ）全样本	（Ⅱ）全样本	（Ⅲ）去除直辖市	（Ⅳ）去除江苏、广东	（Ⅴ）去除直辖市及江苏、广东	（Ⅵ）宽口径
	FE	XTSCC	RE	FE	RE	FE
$eipt$	0.007* (0.004)	0.007* (0.003)	0.007** (0.003)	0.008* (0.004)	0.007* (0.003)	0.007* (0.004)
fdc	0.085 (0.053)	0.085** (0.027)	0.020 (0.015)	0.072 (0.061)	0.018 (0.015)	0.085 (0.053)
ti	0.099* (0.049)	0.099 (0.085)	0.020 (0.038)	0.084* (0.047)	0.020 (0.040)	0.099* (0.049)
fdv	0.068*** (0.023)	0.068 (0.042)	0.059*** (0.017)	0.064** (0.024)	0.058*** (0.016)	0.068*** (0.023)
fdi	0.005 (0.008)	0.005 (0.008)	0.009* (0.005)	0.005 (0.008)	0.009* (0.005)	0.005 (0.008)
mi	−0.063 (0.047)	−0.063 (0.047)	−0.058** (0.027)	−0.053 (0.047)	−0.052** (0.026)	−0.063 (0.047)
省份固定效应	是	是	否	是	否	是
年份固定效应	是	是	是	是	是	是
Constant	0.587** (0.268)	0.587** (0.207)	0.261** (0.112)	0.517* (0.290)	0.251** (0.114)	0.587** (0.268)
Hausman Test 的 P 值	0.001		0.643	0.004	0.472	0.006
Pesaran CD Test 的 P 值		0.020				
观测值	270	270	234	252	216	270
R^2	0.183	0.183	0.182	0.176	0.180	0.183
省份数	30	30	26	28	24	30

注:括号里是标准误差；*** 表示 $P<0.01$，** 表示 $P<0.05$，* 表示 $P<0.1$。第Ⅱ列的 XTSCC 回归括号里是 D-K 标准误差。对于固定效应我们报告组内 R^2，对于随机效应我们报告全局 R^2。Pesaran CD Test 的零假设:残差是横截面不相关的。Hausman Test 的零假设:随机效应模型，P 若小于 0.05，则拒绝原假设(RE)，支持 FE。

　　第Ⅳ列是剔除广东和江苏，以余下的省和自治区作为子样本进行回归。中国的加工贸易，具有"两头在外"的特点，即从国外进口机器设备、原材料、半成品和零部件，在国内加工组装后再出口销售。这种"两头在外"的贸易模式使得东部地区可以利用自身区位优势,承接全球价值链中的劳动密集型环节,再结合东部地区的工业基础和国家优惠政策等,最终形成了加工贸易主要发生在东部地区的格局,其中仅仅粤苏两省加工贸易占全国加工贸易比重在1990—2008年期间始终维持在60％以上。黄玖立(2011)也发现加工贸易的空间集中度更高,主要集中在东部。第Ⅴ列则是干脆剔除直辖市和广东、江苏这些特殊截面。

第Ⅵ列是宽口径的稳健性检验。通常理解的加工贸易是来料加工装配贸易和进料加工贸易。从新贸易理论和全球价值链的经济学含义出发,贸易方式中的来料加工装配贸易、进料加工贸易、加工贸易进口设备、出料加工贸易、出口加工区进口设备这5种方式的贸易,都具有加工贸易的特征和含义,所以在通常的加工贸易核算基础上,加上这5种贸易方式,作为一种宽口径的加工贸易,而进行又一个稳健性检验。同样,对于加工贸易进口和加工贸易出口,也分为两种口径,其中宽口径作为稳健性检验(见后文表4和表5)。

总之,样本的改变和变量的选择没有改变回归结果,模型中的分析无论是变量的符号还是显著性水平,都表现出很强的一致性。研究发现,财政分权可以促进环境全要素生产率的提高,说明"逐低竞争假说"在中国并没有得到验证。发展第三产业也可以促进环境全要素生产率的提升,这不仅说明第三产业具有污染少的特点,也验证了发达国家大多数都是第三产业发展比重高、速度快的典型事实,而且启发我们必须通过发展服务业来提高经济增长的效率和质量,以实现可持续增长。金融发展也是促进环境全要素生产率的重要因素,考虑到金融业属于高端服务业,这种结果也就不足为奇了。研究还发现,外商直接投资对环境全要素生产率的效应也是正的,说明跨国公司并没有通过外商直接投资向中国转移污染产业,不支持"转移效应假说"和"污染天堂假说"。而市场化程度对环境全要素生产率的影响为负,这表明在中国市场化初期存在着一定程度的"公地悲剧"现象,市场化经济背景下,各个企业为了追求自身经济利益最大化,可能会有更大的激励竞相采用污染密集型技术。

(二)加工贸易与环境全要素生产率:进口和出口渠道视角分析

表4回归表明加工贸易进口会显著促进环境全要素生产率。表5回归发现加工贸易出口也会促进环境全要素生产率,但是并不显著。通过表4及表5的对比发现,加工贸易对中国环境全要素生产率的影响主要是通过加工贸易进口渠道。各种稳健性回归也都表明加工贸易进口渠道的环境生产率效应是显著为正的,且加工贸易出口渠道的环境生产率效应也为正,但是不显著。其他控制变量的符号和显著性不仅在各个子样本下一致,而且和表4分析也一致。下面对这种结论和现象提出合理性解释。

表 4　加工贸易进口与环境全要素生产率

自变量	（Ⅰ）全样本	（Ⅱ）全样本	（Ⅲ）去除直辖市	（Ⅳ）去除江苏、广东	（Ⅴ）去除直辖市及江苏、广东	（Ⅵ）宽口径
	FE	XTSCC	SE	FE	SE	FE
ipt	0.010** (0.005)	0.010** (0.003)	0.007* (0.004)	0.010** (0.005)	0.011** (0.005)	0.009* (0.005)
fdc	0.077 (0.054)	0.077** (0.027)	0.019 (0.015)	0.063 (0.062)	0.018 (0.064)	0.077 (0.054)
ti	0.098** (0.047)	0.098 (0.081)	0.023 (0.038)	0.084* (0.046)	0.056 (0.045)	0.099** (0.047)
fdv	0.069*** (0.023)	0.069 (0.042)	0.057*** (0.017)	0.065** (0.024)	0.083*** (0.020)	0.069*** (0.023)
fdi	0.005 (0.008)	0.005 (0.008)	0.009 (0.005)	0.005 (0.008)	0.009 (0.009)	0.005 (0.008)
mi	−0.058 (0.047)	−0.058 (0.047)	−0.060** (0.027)	−0.049 (0.047)	0.002 (0.029)	−0.058 (0.047)
省份固定效应	是	是	否	是	否	是
年份固定效应	是	是	是	是	是	是
Constant	0.553** (0.267)	0.553** (0.201)	0.263** (0.112)	0.480 (0.290)	0.218 (0.268)	0.554** (0.268)
Hausman Test 的 P 值	0.021		0.243	0.034	0.523	0.026
Pesaran CD Test 的 P 值		0.035				
观测值	270	270	234	252	216	270
R^2	0.188	0.188	0.181	0.181	0.155	0.187
省份数	30	30	26	28	24	30

注:同表3。

161

表5　加工贸易出口与环境全要素生产率

自变量	（Ⅰ）全样本	（Ⅱ）全样本	（Ⅲ）去除直辖市	（Ⅳ）去除江苏、广东	（Ⅴ）去除直辖市及江苏、广东	（Ⅵ）宽口径
	FE	XTSCC	SE	FE	SE	FE
ept	0.006 (0.005)	0.006 (0.004)	0.007* (0.004)	0.006 (0.005)	0.007 (0.004)	0.006 (0.005)
fdc	0.088 (0.053)	0.088** (0.027)	0.020 (0.014)	0.075 (0.061)	0.033 (0.064)	0.088 (0.053)
ti	0.100* (0.049)	0.100 (0.086)	0.018 (0.038)	0.085* (0.048)	0.053 (0.047)	0.100* (0.049)
fdv	0.067*** (0.023)	0.067 (0.042)	0.059*** (0.017)	0.063** (0.024)	0.082*** (0.020)	0.067*** (0.023)
fdi	0.005 (0.008)	0.005 (0.008)	0.009* (0.005)	0.006 (0.008)	0.009 (0.009)	0.005 (0.008)
mi	−0.070 (0.048)	−0.070 (0.048)	−0.059** (0.027)	−0.060 (0.048)	−0.008 (0.028)	−0.070 (0.048)
省份固定效应	是	是	否	是	否	是
时间固定效应	是	是	是	是	是	是
Constant	0.605** (0.274)	0.605** (0.202)	0.262** (0.110)	0.535* (0.296)	0.280 (0.277)	0.605** (0.274)
Hausman Test 的 P 值	0.015		0.865	0.024	0.923	0.036
Pesaran CD Test 的 P 值		0.005				
观测值	269	269	233	251	215	269
R²	0.180	0.180	0.186	0.172	0.123	0.180
省份数	30	30	26	28	24	30

注：同表3。

从加工贸易实施的业务环节来看，国内企业为了顺利拿到跨国公司的外包订单，为了产品能够达到跨国公司的要求，必须进口技术含量高的中间投入品、引进最新的机器设备和生产工艺，这些资本品和中间投入品不仅可以对当地企业发生技术溢出，进而提升本土企业的技术水平，而且这些资本品和中间投入品本身是能源节约型和环境友好型的，从而帮助改善中国的环境全要素生产率。国际贸易理论指出，出口可以接触到发达国家更先进的生产工艺，出口还可以通过产业关联效应,使得加工贸易企业获得上游设备供应商、下游专业销售商的技术溢出。然而,加工贸易的出口环节使得当地企业进入了竞争更为激烈的国际市场。一方面,国内企业为了争夺订单而相互压价,没有足够能力和资金进行消化吸收,更谈不上技术创新,竞争效应起到负面作用,形成"逐底竞争";另一方面,国内企业为了提高产品质量而展开的竞争,也可能会激励他们增加技术资源的投入,从而促进技术创新,形成"良性竞争",此时,竞争效应起到的是正面作用。因此,加工贸易出口对环境全要素生产率的影响存在不确定性。

从加工贸易发生的内在机制来看,国内企业在中央政府和地方政府"出口导向"战略的感召和鼓舞下,在本土装备制造业技术相对落后的背景下,为了满足跨国公司对产品质量的更高要求,不得不通过大量进口发达国家的先进机器设备来实现,形成"为出口而进口"的循环关系。在这种特定战略背景和要素禀赋促成的机制中,进口客观上有利于本国效率的提升和环境的改善,而出口则是为他人作嫁衣。

(三)加工贸易与环境全要素生产率:非线性影响分析

从表 6 回归结果来看,二次项系数显著为负,说明加工贸易与环境全要素生产率之间存在显著的倒 U 形关系,即在一定水平内加工贸易的增加可以促进环境全要素生产率,而超过这一水平之后随着加工贸易的进一步扩大,环境全要素生产率会有所降低,从而验证假说 2 和假说 3。本文的发现填补了国内外相关研究的空白,尽管已经有国内学者,比如杨子晖(2010;2011)发现经济增长和二氧化碳排放之间的非线性关系,但是现有文献发现加工贸易与环境全要素生产率之间的非线性关系。

图 5 显示了加工贸易与环境全要素生产率之间关系的拟合曲线(阴影区域为95%的置信区间)。根据回归系数进一步算出,在给定财政分权、外商直接投资、产业结构等的情况下,最优加工贸易水平在 0.35 左右。结合前面的分析,这意味着,只要加工贸易占对外贸易的比例低于 0.35,那么加工贸易就可以促进环境全要素生产率的提升;一旦超过这个临界值,加工贸易就会降低环境全要素生产率。

从全国贸易方式的时间序列数据来看(图 6),中国加工贸易占对外贸易的比重在 1990 年达到 0.3821,首次超过临界值水平 0.35。从图 6 也可以进一步清晰地了解,自从 1990 年以来,中国加工贸易已经占据对外贸易的"半壁江山",说明从全国平均水平而言,中国的加工贸易比重已经处于有损中国环境全要素生产率的区间,这个时间点也正好是中国进一步扩大对外开放的时间点。正是从 20 世纪 90 年代开始,国内的地方政府和跨国资本开始结盟,这种结盟所引发的一系列经济环境等问题,不得不引起政府的重视。

表6 加工贸易与环境全要素生产率：非线性分析

自变量	（Ⅰ）全样本	（Ⅱ）全样本	（Ⅲ）全样本	（Ⅳ）去除直辖市	（Ⅴ）去除江苏、广东	（Ⅵ）去除直辖市及江苏、广东
	SE	FE	XTSCC	SE	FE	SE
$eipt$	0.176*** (0.068)	0.207* (0.107)	0.207** (0.065)	0.172** (0.067)	0.221 (0.142)	0.204 (0.137)
$eipt^2$	−0.241** (0.107)	−0.303 (0.226)	−0.303* (0.151)	−0.305*** (0.106)	−0.341 (0.339)	−0.409 (0.309)
fdc	1.256* (0.689)	5.066** (2.187)	5.066*** (1.394)	1.756** (0.711)	4.834* (2.475)	2.197*** (0.678)
ti	0.280** (0.116)	0.371*** (0.133)	0.371 (0.266)	0.130 (0.119)	0.354** (0.138)	0.135 (0.122)
fdv	0.040** (0.019)	0.030 (0.030)	0.030 (0.050)	0.060*** (0.019)	0.030 (0.032)	0.064*** (0.017)
fdi	0.329 (0.254)	−0.149 (0.379)	−0.149 (0.226)	0.491 (0.375)	−0.156 (0.428)	0.784* (0.441)
mi	−0.010** (0.004)	−0.006 (0.011)	−0.006 (0.014)	−0.011** (0.005)	−0.009 (0.012)	−0.015*** (0.005)
省份固定效应	否	是	是	否	是	否
时间固定效应	是	是	是	是	是	是
Constant	−0.129*** (0.028)	−0.248*** (0.088)	−0.248** (0.105)	−0.097** (0.044)	−0.209** (0.094)	−0.094** (0.044)
Hausman Test 的 P 值	0.493	0.035		0.725	0.040	0.672
Pesaran CD Test 的 P 值			0.040			
观测值	270	270	270	234	252	216
R^2	0.311	0.171	0.171	0.175	0.165	0.197
省份数	30	30	30	26	28	24

注：同表3。

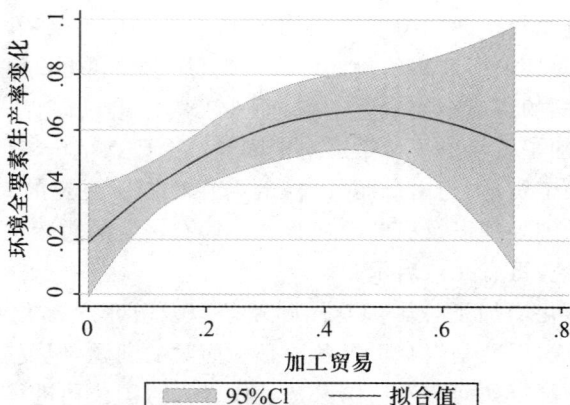

图5　加工贸易与环境全要素生产率关系图（所有年份）

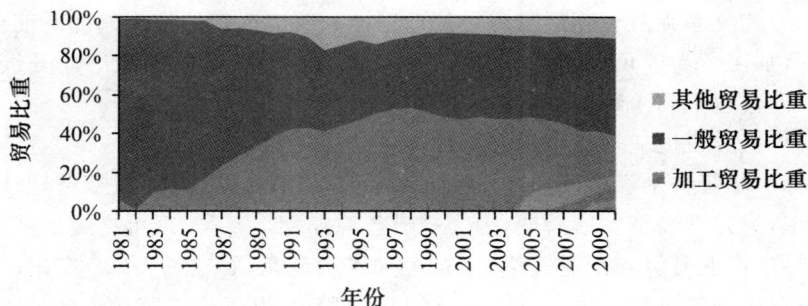

图6　中国主要贸易方式的比重

注：1981—2008 年数据来源《中国统计年鉴 2009》，2009 年数据来自国家统计局网站。

六、结论与启示

为了研究加工贸易的环境经济效应，本文依托中国 2000—2009 年的省级面板数据，分析了考虑坏产出的 Luenberger 生产率指数，由此测算出中国的环境全要素生产率，并在此基础上实证检验了加工贸易的环境全要素生产率效应。研究发现，加工贸易和环境全要素生产率之间存在着类似于"环境库兹涅兹曲线"的倒 U 形关系，意味着在经济发展初期，从事加工贸易可以改善中国的环境全要素生产率，然而，当加工贸易占货物贸易的比重超过 0.35 的临界值时，加工贸易则有害于中国的环境全要素生产率，表明加工贸易可能不是一种可持续发展的贸易方式。同时，自 20 世纪 90 年代初，中国加工贸易就已经超过临界值水平，因此从环境全要素生产率角度来看，中国应该调整贸易结构，改善贸易方式，以缓解加工贸易对环境所产生的负效应。此外，从进口和出口渠道看，加工贸易进口可以促进中国的环境全要素生产率，而加工贸易出口却有损于中国的环境全要素生产率。加工贸易进出口渠道对中国环境全要素生产率的这种不对称效应，本质上是由加工贸易"为出口而进口"的内在机制所决定的。本文在模型设定、变量度量的精细处理以及稳健性检验方面均有一定的边际贡献。

基于以上研究，可有几点启示：

(1)经济全球化增加了一国参与国际竞争以及分享全球化收益的复杂度。打开国门迎接挑战，无疑是当今世界各国必须面对的问题，但关键是在开放的全球市场中，发展中国家如何和发达国家及其代言人跨国公司进行博弈，争取自身最大利益，分享全球化最大好处。具体到加工贸易上，一方面需要借助加工贸易进口来引进技术、转移农村剩余劳动力、锻炼队伍、积累经验，甚至实现产业升级等；另一方面又必须意识到加工贸易的局限性和跨国公司追逐利润的真面目，认识到从事加工贸易的负面影响，过度的加工贸易活动不仅无助于产业升级和技术进步，而且也不利于环境改善。

(2)可持续发展应该是中国开展加工贸易、改善贸易方式的一个关键约束和主要目标。尽管一个经济体在经济发展的初期从事加工贸易可以改善环境全要素生产率，但是到经济发展后期，因为规模效应作用，为了实现可持续发展，经济体必须寻求产业升级和产业转移，来避免加工贸易负效应的产生。广东、江苏、天津、山东等加工贸易大省，在经济发展的初期都获得了加工贸易活动带来的技术、知识以及环境改善等好处，但是由于没有及时实现本地产业升级和技术进步，现在都处在环境恶化的发展阶段，就值得引起重视。

(3)中国广阔的市场空间可以作为加工贸易经济效应转换的缓冲地，避免出现同期环境效率恶化现象，以保证国内经济的梯队发展和环境效率的地区转换。越来越多文献注意到母国市场效应(Home Market Effect)。中国作为一个发展中大国，有着广阔的产业转移和产业发展空间，东部沿海地区可以率先借助自身的区位优势、政策优势等实现加工贸易的环境效率，一旦加工贸易的环境效率在边际上开始递减，政府就要果断的鼓励和帮助东部沿海地区加工贸易企业向中西部地区转移，一方面通过转移为东部沿海地区的产业升级留出空间，另一方面可以让加工贸易的环境效率得以在中西部地区延续。最终要通过政府的有效协调、东部的产业升级和向西部的产业转移，来最大化加工贸易的环境效率，实现区域经济的可持续发展，即在空间上，一个国家的不同地区可以通过产业转移获得加工贸易的正效应，而业已完成产业转移的地区必须通过产业升级来避免加工贸易的负效应，从而实现一国各个地区通过加工贸易带来的可持续发展。

参考文献

[1] 国际能源署. 世界能源展望 2007 中国选粹. http://www.iea.org. 2007.

[2] 何洁. 国际贸易对环境的影响——中国各省二氧化硫工业排放. 经济学季刊, 2010, 9(2): 415-446.

[3] 黄玖立. 对外贸易、区域间贸易与地区专业化. 南方经济, 2011(6): 7-22.

[4] 李锴, 齐绍洲. 贸易开放、经济增长与中国二氧化碳排放. 经济研究, 2011(11): 60-72.

[5] 李小平, 卢现祥. 国际贸易、污染产业转移和中国工业二氧化碳排放. 经济研究, 2010 (1): 15-26.

[6] 刘渝琳, 温怀德. 经济增长下的 FDI——环境污染损失与人力资本. 世界经济研究, 2007 (11): 48-55.

[7] 陆旸. 从开放宏观的视角看环境污染问题: 一个综述. 经济研究, 2012(2): 146-158.

[8] 潘申彪, 余妙志. 江浙沪三省市外商直接投资与环境污染的因果关系检验. 国际贸易问题, 2005(12).

[9] 彭水军, 刘安平. 中国对外贸易的环境影响效应——基于环境投入—产出模型的经验研究. 世界经济, 2010(5): 140-160.

[10] 沈利生, 唐志. 对外贸易对我国污染排放的影响——以二氧化硫排放为例. 管理世界, 2008(6): 1-16.

[11] 王兵, 吴延瑞, 颜鹏飞. 中国区域环境效率与环境全要素生产率增长. 经济研究, 2010 (5): 95-109.

[12] 杨子晖. "经济增长"与"二氧化碳排放"关系的非线性研究. 世界经济, 2010(10): 139-160.

[13] 杨子晖. 经济增长、能源消费与二氧化碳排放动态关系研究. 世界经济, 2011(6): 2-29.

[14] 张连众, 朱坦, 李慕菡, 张伯伟. 贸易自由化对我国环境污染的影响分析. 南开经济研究, 2003(3): 3-6.

[15] 张晏, 龚六堂. 分税制改革、财政分权与中国经济增长. 经济学(季刊), 2005, 5(1): 75-108.

[16] 张友国. 中国贸易增长的能源环境代价. 数量经济技术经济研究, 2009(1): 16-30.

[17] Antweiler W, Copeland BR, Taylor MS. Is Free Trade Good for the Environment? NBER Working Paper, No. 6707, 1998.

[18] Antweiler W, Copeland BR, Taylor MS. Is free trade good for the environment. American Economic Review, 2001, 91(4): 877-908.

[19] Chambers R, Chung YH, Färe R. Benefit and distance function. Journal of Economic Theory, 1996(70): 407-419.

[20] Chung YH, Färe R, Grosskopf S. Productivity and undesirable output s: A directional distance function approach. Journal of Environmental Management, 1997(51): 229-240.

[21] Cole M. Trade, the pollution haven hypothesis and the environmental Kuznets curve: examining the linkages. Ecological Economics, 2004(48): 71-81.

［22］Costanza R. Economic growth, carrying capacity, and the environment. Ecological Economics, 1995(15):91-95.

［23］Dean JM. Does trade liberalization harm the environment? A new test. The Canadian Journal of Economics, 2002, 35(4):819-842.

［24］Dean JM, Lovely ME, Wang H. Foreign Direct Investment and Pollution Havens: Evaluating the Evidence from China. Office of Economics Working Paper, U. S. International Trade Commission, 2004.

［25］Dean JM, Lovely ME. Trade growth, production fragmentation, and China's environment. In: Feenstra R, Wei S (Eds.), China's Growing Role in World Trade. University of Chicago Press, 2012.

［26］Dinda S. Environmental Kuznets curve hypothesis: A survey. Ecological Economics, 2004, 49(4):431-455.

［27］Ekins P. The Kuznets curve for the environment and economic growth: examining the evidence. Environment and Planning A, 1997(29):805-830.

［28］Färe R, Grosskopf S, Pasurka CA. Environmental production functions and environmental directional distance functions. Energy, 2007(32):1055-1066.

［29］Gereffi G, Sturgeon TJ. Globalisation, Employment and Economic Development. A briefing paper. http://web. mit. edu/ipc/publications/pdf/IPC004-006. pdf. 2004.

［30］Grossman GM, Krueger AB. Environmental Impacts of a North American Free Trade Agreement. Paper prepared for the Conference on United States-Mexico Free Trade Agreement, 1991.

［31］He J. Pollution haven hypothesis and environmental impacts of foreign direct investment: The case of industrial emission of sulfur dioxide (SO_2) in Chinese Provinces. Ecological Economics, 2006(60):228-245.

［32］He J. Is the environmental Kuznets curve hypothesis valid for developing countries? A survey. http://econpapers. repec. org/paper/shrwpaper/07-03. htm. 2007.

［33］Jaffe A, Peterson S, Portney P, Stavins R. Environmental regulation and the competitiveness of U. S. manufacturing: What does the evidence tell us? Journal of Economic Literature, 1995, 33(1):132-163.

［34］Kijima KN, Ohyama A. Economic models for the environmental Kuznets curve: A survey. Journal of Economic Dynamics and Control, 2010, 34(7):1187-1201.

［35］Liddle B. Free trade and the environment-development system. Ecological Economics, 2001, 39(1):21-36.

［36］Managia J. Environmental productivity and Kuznets curve in India. Ecological Economics, 2008(65):432-440.

［37］Mani M, Wheeler D. In search of pollution havens? Dirty industry in the world economy: 1960—1995. Journal of Environment and Development, 1998, 7(3):215-247.

[38] Meng C, Ni H. Intra-product trade and ordinary trade on China's environmental pollution. Procedia Environmental Sciences, 2011(10):790-795.

[39] Panayotou T. Empirical Tests and Policy Analysis of Environmental Degradation at Different Stages of Economic Development. Technology and Employment Programme, Geneva, 1993.

[40] Pesaran MH. General Diagnostic Tests for Cross Section Dependence in Panels. CESifo Working Paper Series No. 1229; IZA Discussion Paper No. 1240, http://ssrn.com/abstract=572504. 2004.

[41] Porter ME. America's green strategy. Scientific American, 1991, 264(4):168-197.

[42] Rothman DS. Environmental Kuznets Curve—real progress or passing the buck?: A case for consumption-base approaches. Ecological Economics, 1998(25):177-194.

[43] Shui B, Harriss RC. The role of CO_2 embodiment in US-China trade. Energy Policy, 2006, 34(18):4063-4068.

[44] Stern DL, Common MS. Is there an environment Kuznets curve for sulfur. Journal of Environment Economics and Management, 2001(41):162-178.

[45] Xu XP. International trade and environmental policy: How effective is 'eco-dumping'? Economic Modelling, 2000(17):71-90.

全球价值链分工下的贸易条件分析[*]

刘永泉[1]　李　萍[2]

（1.嘉兴职业技术学院；2.南京大学商学院）

摘要：本文测算了全球价值链分工下的中国制造品价格贸易条件及其影响因素和影响渠道。结果显示，2002—2012 年中国制造业全球价值链分工下的价格贸易条件除个别行业外均有一定程度改善，但其 2003—2012 年"贫困化"增长指标的测算结果显示，中国制造业的大部分行业在绝大多数年份"贫困化"增长现象比较严重，尤其参与全球价值链分工程度较高的高技术行业和中技术行业更为严重。因此，中国参与全球价值链分工形式、地位和国际分工生产贸易格局是导致中国制造业全球价值链分工贸易条件恶化的重要因素。

关键词：全球价值链；分工；贸易条件

一、引论与相关研究进展

由于中国积极并深入参与到全球价值链分工中，传统国际分工理论下的贸易条件不能准确衡量现阶段中国的真实贸易条件。基于这种考量，我们测算了全球价值链分工下的价格贸易条件，对全球价值链分工贸易条件的影响因素进行了实证分析，来研究中国全球价值链分工贸易条件恶化、"贫困化"增长的因素及其影响渠道。

由于全球价值链分工涉及不同国家中间产品的进口再出口，统计比较复杂而且困难，所以准确度量全球价值链分工也比较困难。我们借鉴垂直分工度的方法，目前主要有以下几种研究思路：加工贸易法、零部件中间品贸易法、发展中国家的加工贸易是全球价值链分工发展的重要贸易形态或载体。Baldone *et al*.（2001）利用加工贸易来衡量垂直分工度，认为欧盟纺织服装业将劳动密集型环节转移到转型国家，降低了生产成本、促进相关产业的发展。无独有偶，Feenstra *et al*.（2000）发现美国服装业存在从墨西哥等发展中国家的出口复进

---

* 本文系"浙江省国际经济贸易学会 2013 年度立项课题"研究成果（编号：Z201309）。

口。Hummels *et al.*(2001)提出了目前应用最为广泛的投入产出法测算垂直分工度,其基本思路是首先按照用途将进口品的分为两类:国内最终消费和用于出口品投入的中间产品,然后将进口中间品用于出口的价值占到出口额的比重就是垂直专业化比重。Koopman *et al.*(2008)测算了中国分部门和分所有制的垂直专业化水平,得出:中国出口中所包含的进口投入约占 50%,且不同行业、不同所有制亦有所差别,电子设备 VSS 程度高,外资企业程度高。Wang&Wei(2009)测算了东亚主要国家、美国的垂直专业化程度发现东亚国家之间的中间品出口在增加,东亚的生产网络在加强。

国内学者关于垂直分工度的测算一般采用 Hummels(2002)的算法。平新乔(2006)用中国投入产出表测算了中国 1992—2003 的垂直专业化。文东伟和冼国明(2010)用 OECD 投入产出表测算了中国 1995—2005 年制造业的垂直专业化水平以及出口增长的来源,发现虽然中国垂直专业化水平比较低,但增长迅速,从 1995 年到 2005 年增长了 72.39%;制造业出口增长中 28.85%来自国外增加值贡献。

二、全球价值链分工的测度方法的测算方法

本文垂直分工度的测算采用了使用最为广泛的投入产出法。按照 Hummels(1998)的计算公式,某国 i 产品的垂直分工度 VS_i,其中,M_i 表示 i 部门进口的中间产品的价值,Y_i 表示 i 部门的国内总产出,x_i 表示 i 部门的总出口。若该国有 n 个部门则该国的垂直分工度为:

$$VS = \sum_{i=1}^{n} VS_i = \sum_{i=1}^{n} \left(\frac{M_i x_i}{Y_i} \right)$$

一国的垂直分工度比重 VSS 表示为:

$$VSS = \frac{VS}{X} = \frac{\sum VS_i}{\sum x_i} = \frac{\sum_i \left(\frac{M_i x_i}{Y_i} \right)}{\sum x_i} = \frac{1}{X} \sum_i \left(\frac{M_i x_i}{Y_i} \right) = \frac{1}{X} (\mu A^M x)$$

其中,$\mu = (1\ 1\ 1\ ...\ 1\ 1)$,$A^M = \begin{bmatrix} a_{11} & . & . & a_{1n} \\ . & . & . & . \\ . & . & . & . \\ a_{n1} & . & . & a_{nn} \end{bmatrix}$ 表示进口系数阵,$a_{ij} = \frac{M_{ij}}{Y_{ij}}$,$X$

$= \begin{bmatrix} x_1 \\ . \\ . \\ x_n \end{bmatrix}$ 表示出口向量。考虑到产业关联的循环,进口的中间产品在国内被多次

循环使用,最终将 VSS 修正为:

$$VSS = \frac{1}{X}\mu A^M (I-A^D)^{-1} x \tag{4}$$

其中 A^D 是国内消耗系数矩阵。中国参与垂直专业化分工水平 VSS 按照(4)式的计算公式,严格按照垂直分工度的定义进行计算,原始数据来于 2002 年、2007 年投入产出表及联合国 COMTRADE 数据库,测算了 16 个制造业行业的垂直分工度。目前的投入产出表有 2002 年、2007 年,以及 2005 年的延长表,由于投入产出表编表周期长,为了全面考察连续年度的垂直分工度,处理上采用了赵明亮(2012)的处理方法,对于缺失年份的垂直专业化水平按平均增长率进行计算。历年的垂直分工度水平如表 1 所示。

同时本文借鉴曾铮(2010)关于工序分工价格贸易条件的定义方法,定义某产业的全球价值链分工价格贸易条件 VCTT = 一般价格贸易条件 × 垂直分工度。

三、全球价值链下贸易条件测算

从 2002—2012 年中国制造业全球价值链分工价格贸易条件来看,以 2002 年为基期,16 个制造业行业中有 4 个行业的价值链分工贸易条件成恶化态势(这 4 个行业依次是服装鞋帽皮革羽绒业、通信设备及计算机电子业、纺织业和非金属矿物制品业),2012 年的全球价值链分工价格贸易条件为 6.5909、12.8990、12.4562、12.3176,仅为 2002 年的 38.61%、37.55%、80.99% 和99.02%。其余 12 个制造业行业全球价值链分工价格贸易条件均呈改善态势,其中改善最大的行业依次是:造纸印刷文教体育用品业和食品制造业,2012 年的价值链分工价格贸易条件依次是:31.6041、18.0327,是 2001 年的 241.81%和 218.58%。整体来看,制造业行业全球价值链分工价格贸易条件上升幅度与中国制造业对外贸易的发展速度相比较非常微小。对于大部分行业而言以2005 年前后为拐点,都经历了一个价值链分工价格贸易条件先逐步恶化再逐步恢复并改善的过程,可能的原因是 2005 年的人民币汇率改革。此外大部分行业以 2009 年为拐点,价值链分工价格贸易条件均表现出由增长转为下降的态势,2010 年其中一些行业或缓慢或迅速恢复到金融危机前的水平,但也有行业无复苏状态甚至贸易条件持续恶化,如通信设备计算机电子业、服装鞋帽皮革羽绒业。因此大部分行业的价值链分工价格贸易条件变化态势都类似"W"形态。而变化态势比较独特的行业是石油加工业、交通运输业,分别以 2004 年和 2011 年为拐点,全球价值链分工贸易条件呈现先增加后下降的态势。

表 1　制造业全球价值链分工价格贸易条件 1

年份	食品制造及烟草加工	纺织业	服装鞋帽皮革羽绒	木材加工家具制造	造纸印刷文教体育用品	石油加工炼焦及核燃料加工	化学工业	非金属矿物制品
2002	8.2500	15.3800	15.7900	12.6100	13.0700	21.7200	17.2900	12.4400
2003	7.3524	14.6871	15.7655	10.3967	12.1854	28.9545	15.8878	12.8803
2004	6.9612	12.8282	14.0055	8.5494	11.3313	45.8959	14.8574	11.6647
2005	7.0680	12.3869	13.1647	7.9476	10.6468	39.5358	15.3286	11.1496
2006	8.5863	13.5371	13.3617	10.1774	12.9683	33.3150	17.2504	11.5731
2007	8.8719	16.7548	15.6942	12.9989	17.5894	31.4071	19.2422	10.4121
2008	10.2477	19.2852	19.8714	18.5922	23.0451	30.5072	24.4896	12.9939
2009	16.3117	21.7318	9.9033	25.4747	39.3122	26.7737	28.0012	12.2070
2010	16.8190	11.3769	4.9875	12.5807	19.8620	26.0623	25.0515	10.1855
2011	17.1553	11.0982	4.8085	15.3423	25.8524	24.2350	25.3653	10.9147
2012	18.0327	12.4562	6.0959	21.5094	31.6041	23.4432	28.1885	12.3176

年份	金属冶炼及延压	金属制品	通用专用设备	交通运输设备	电气机械及器材	通信设备计算机及其他电子	仪器仪表文化办公	其他制造业
2002	15.9700	16.8000	19.2500	19.3800	20.2400	34.3500	27.2900	28.1200
2003	16.5147	18.1634	19.6671	19.6596	19.8845	42.1378	27.2690	26.3095
2004	22.0884	15.2742	19.4922	21.3138	17.5256	35.6463	26.5719	23.1593
2005	22.2094	15.3769	19.6326	23.3293	16.4149	36.9073	27.0787	26.0720
2006	20.7952	16.9372	22.1422	27.3318	19.9556	37.5709	31.0303	23.9318
2007	19.6837	17.2032	25.9759	25.4125	26.4767	40.8791	59.1151	25.4656
2008	24.2135	21.2913	28.8880	28.7762	30.1673	40.7284	27.2108	34.1638
2009	23.4462	21.3414	31.4859	33.6273	35.8389	41.0653	34.6410	32.4265
2010	18.9087	20.9088	23.2551	36.1761	26.0206	26.0678	32.3369	41.1130
2011	19.6528	23.1415	22.0915	42.4171	32.6602	24.7592	31.9305	57.5082
2012	18.9417	29.5238	19.6220	30.2640	30.2874	12.8990	54.2579	55.7364

数据来源：2002—2009 年数据引自：赵明亮（2012）；其余年份数据结合《中国投入产出表 2007》，COMTRADE 数据库，由作者计算而得。

从上面的分析我们可以看出,2002—2012 年中国制造业全球价值链分工价格贸易条件除个别行业外均有一定程度的改善,从这个角度来说不存在"贫困化增长"。但制造业行业全球价值链分工下的价格贸易条件上升幅度对比中国制造业对外贸易的发展速度而言非常微小,这和曾铮(2010)的结论保持一致,曾铮由此认为贸易"贫困化"增长陷阱仍然困扰中国的制造业对外贸易。

四、中国制造业是否存在贸易"贫困化"

贸易"贫困化"增长在传统贸易理论中是指对于贸易大国,贸易行为会影响国际市场价格,即该国某种产品出口量增加,会引起该国产品出口价格下降;如果产品价格下降的幅度超过出口量增加的幅度,最终导致该出口大国贸易利益下降,导致"贫困化"增长。也就是说可以借助贸易条件的变化率/出口量变化率的相对值来判断贸易"贫困化"增长。如果该相对值<−1,则存在"贫困化"增长;如果该相对值>−1,则不存在"贫困化"增长。

故从"贫困化"增长的定义入手,在曾铮(2010)"贫困化"增长指标的构建基础上,本文构建了全球价值链分工下衡量贫困化增长的代理变量 $ig = |$价格链分工价格贸易条件的变化幅度/出口总数量的变化幅度$|$,该代理变量的构建比曾铮(2010)更加贴近"贫困化"增长含义。显然 $ig > 0$。如果 $ig > 1$,则存在"贫困化"增长;$ig < 1$ 则不存在"贫困化"增长。ig 增加说明贸易"贫困化"增长趋于改善;反之亦然。中国制造业在参与全球价值链分工中,虽然贸易结构在不断优化,但仍然集中在全球价值链的低端环节,这使得中国的制造业有可能落入"贫困化"增长陷阱。表 2 给出了两种方法计算得到的 2003—2012 年"贫困化"增长指标 ig。

从"贫困化"增长指标 $ig1$ 来看,除了通信设备及计算机电子业外 2008 年前后,制造业行业的"贫困化"增长程度有大幅度的波动,其原因是受金融危机的外部冲击,中国制造业各行业的出口量有大幅度的波动。如果忽略 2008 年前后"贫困化"增长指标 $ig1$ 的异常波动,中国制造业各行业在 2003—2012 年"贫困化"增长幅度在 2010 年之后有明显改善,中技术行业和高技术行业在 2010 年前均存在严重的"贫困化"增长。在 2012 年除通用专用设备业、电气机械器材业和石油加工炼焦及核燃料加工业外,其余行业均不存在"贫困化"增长,这三个行业均属于中技术行业和高技术行业。而 2012 年"贫困化"增长指标 $ig1$ 最大(即改善最大)的行业是造纸印刷文教体育用品业和服装鞋帽皮革羽绒业,均属于低技术行业。从整体来看,低技术行业在 2006 年之后绝大多数年份均不存在"贫困化"增长,典型的行业如服装鞋帽皮革羽绒业、纺织业、食品业。而中技术行业和

表2 中国制造业全球价值链分工"贫困化"增长指标 $ig1$

年份	食品制造及烟草加工	纺织业	服装鞋帽皮革羽绒	木材加工家具制造	造纸印刷文教体育用品	石油加工炼焦及核燃料加工	化学工业	非金属矿物制品
2002	—	—	—	—	—	—	—	—
2003	0.709257	0.372517	0.00721	2.086801	0.339859	1.568267	0.404287	0.1407
2004	0.23495	1.588911	0.391325	0.895938	0.220053	2.661832	0.695899	0.356692
2005	0.079562	0.243779	0.32673	0.462535	0.23621	0.358128	0.247943	0.222255
2006	0.945659	0.443613	0.051946	1.778925	0.904806	0.632744	2.43908	0.178926
2007	1.244082	2.333418	12.82692	22.86877	1.789744	0.918118	0.601112	0.423659
2008	2.706407	2.959064	3.963652	4.285178	5.803087	0.293856	15.58717	5.123217
2009	6.085602	1.397005	4.165285	0.557849	5.73665	0.535825	1.013206	39.21407
2010	0.025484	3.830367	0.273288	0.534605	0.261446	0.028449	0.941476	0.406744
2011	16.23914	0.279107	6.1173	18.15302	51.79456	6.130155	0.776935	1.352007
2012	2.122585	9.428083	51.79729	5.607459	73.83294	0.749562	1.318368	1.868981

年份	金属冶炼及延压	金属制品	通用专用设备	交通运输设备	电气机械及器材	通信设备计算机及其他电子	仪器仪表文化办公	其他制造业
2002	—	—	—	—	—	—	—	—
2003	0.093553	0.322222	0.097616	0.04461	0.095393	0.513012	0.001528	0.555651
2004	0.619461	0.523997	0.025085	0.296337	0.377192	0.486971	0.044005	0.518369
2005	0.028264	0.023136	0.022108	0.253951	0.271931	0.155213	0.048747	0.75849
2006	0.106543	0.362434	0.361933	0.374172	0.87296	0.088372	0.727014	0.562169
2007	0.224266	0.069994	1.012115	0.253676	2.915215	0.449382	2.468073	0.388228
2008	21.76077	20.46193	0.388118	0.624998	1.5431	0.336322	0.225929	197.3464
2009	0.067443	0.008859	0.179017	0.517126	0.975119	0.182966	2.402564	0.485904
2010	0.317025	0.06075	0.154454	0.15639	0.465033	0.42909	0.14268	0.947498
2011	0.15306	0.769357	0.213962	0.482353	2.276339	0.535629	0.205365	14.68617
2012	1.180522	8.541231	0.41433	6.202227	0.462782	3.599575	1.100371	1.49812

数据来源:COMTRADE 数据库,由作者计算而得。

高技术行业大部分年份均为"贫困化"增长。可见参与全球价值链分工程度较深的高技术行业和中技术行业"贫困化"增长程度更为严重,而参与全球价值链分工程度最低的低技术行业贸易"贫困化"增长趋于改善,这和本文对全球价值链分工贸易条件的实证结果保持一致,进一步验证了本文的结果。

五、结　论

由于中国积极并深入参与到全球价值链分工中,传统国际分工理论下的贸易条件不能准确衡量全球价值链分工下中国的真实贸易条件,我们测算了全球价值链分工下的价格贸易条件,以及"贫困化"增长,并对全球价值链分工贸易条件的影响因素进行了实证分析,来研究中国全球价值链分工贸易条件恶化、"贫困化"增长的因素及其影响渠道。本文的测算结果显示,2002—2012 年中国制造业全球价值链分工下的价格贸易条件除个别行业外均有一定程度的改善,从这个角度来说不存在"贫困化增长"。但制造业全球价值链分工下的价格贸易条件上升幅度对比中国制造业对外贸易的发展速度而言非常微小,"贫困化"增长陷阱仍然困扰中国的制造业对外贸易。而对中国制造业全球价值链分工下的价格贸易条件的实证结果显示,中国参与全球价值链分工形式、地位和国际分工生产贸易格局是导致中国制造业全球价值链分工贸易条件恶化的最重要因素。可见随着中国制造业更深入的参与全球价值链分工,中国的全球价值链分工价格贸易条件难以得到改善,中国制造业的外贸增长"贫困化"增长趋势较为明显。2003—2012 年"贫困化"增长指标的测算结果显示,中国制造业的大部分行业在绝大多数年份"贫困化"增长现象比较严重,尤其参与全球价值链分工程度较高的高技术行业和中技术行业更为严重,这也验证了本文的实证结果:中国参与全球价值链分工形式、地位和国际分工生产贸易格局是导致中国制造业全球价值链分工贸易条件恶化的重要因素。

由于积极参与全球价值链分工是中国外向型经济战略的必然趋势,为了缓解中国制造业全球价值链分工价格贸易条件难以得到改善,外贸增长"贫困化"增长趋势较为明显的态势,结合本文的实证结果:一方面加大研发投入,提高技术水平对于中国价值链分工贸易条件的改善有较为重要的意义;另外一方面中国在积极融入全球价值链分工的过程中更应该提升中国参与全球价值链分工中的质量,实现价值链升级,提高中国制造业的分工地位。

全球价值链分工下的贸易条件分析

参考文献

［1］平新乔. 中国出口贸易中的垂直专门化与中美贸易. 世界经济，2006(5):3-11.

［2］文东伟，冼国明. 中国制造业的垂直专业化与出口增长. 经济学(季刊)，2010，9(2):
469-494.

［3］赵明亮. 中国参与国际垂直专业化分工的经济效应研究. 博士学位论文，山东大学，
2012:36-38.

［4］曾铮. 马来西亚应对"中等收入陷阱"的经验和启示. 中国市场，2010(46):85.

［5］Baldone S，Sdogati F，Tajoli L. Patterns and determinants of international fragmentation of production: Evidence from outward processing trade between the EU and central eastern European countries. Review of World Economics (Weltwirtschaftliches Archiv)，2001，137(1):8-104.

［6］Feenstra RC，Hanson GH，Swenson DL. Offshore Assembly from the United States: Production Characteristics of the 9802 Program. In: Feenstra RC (ed.)，The Impact of International Trade on Wages. Chicago: University of Chicago Press，2000:85-122.

［7］Hummels D. Social Profiles of Virtual Communities. Proceedings of the 35th Hawaii International Conference on System Sciences，2002.

［8］Hummels D，Rapoport D，Yi KM. Vertical Specialization and the Change Nature of World Trade. Federal Reserve Bank of New York Economic Policy Review，1998.

［9］Hummels D，Ishii J，Yi KM. The nature and growth of vertical specialization in world trade. Journal of International Economics，2001，54(1):75-96.

［10］Koopman R，Wang Z，Wei SJ. How Much of Chinese Exports Is Really Made in China? Accessing Domestic Value Added with Processing Trade Is Pervasive. Office of Economics Working Paper No. 14109，U. S. International Trade Commission，2008.

［11］Wang Z，Wei SJ. Value Chains in East Asian Production Networks—An International Input-Output Model Based Analysis. U. S. International Trade Commission，Office of Economics Working Paper No. 2009-10-C，2009.

生产性服务贸易与中国汽车产业全球价值链提升

——基于投入-产出方法[*]

黄哲煜[1]　　周蕾[2]

(1. 浙江大学经济学院;2.浙江树人大学现代服务业学院)

摘要:为了评价生产性服务业对中国汽车产业的贡献,本文通过投入产出法对中国生产性服务业、生产性服务贸易现状以及汽车产业的生产性服务贸易额、生产性服务业具体构成进行测算与分析,同时通过对美国、德国、日本、印度和巴西等国汽车产业生产性服务业的投入进行比较,得出以下结论:中国汽车产业生产性服务贸易的出口额高速增长;具体对中国汽车产业投入的生产性服务业最主要服务为交通运输和信息服务,其次是金融服务,再次是住宿餐饮和商业;代表科技含量高的服务所属的类别占比最低;与对照国相比中国汽车产业生产性服务贸易仍处于较低水平。

关键词:生产性服务业;生产性服务贸易;投入产出法;汽车产业;全球价值链

一、引　言

汽车产业在国民经济的发展中起着重要作用,这是因为:首先汽车产业的产值和销售收入在国民经济中占比较大;其次汽车产业的发展往往推动很多其他关联产业的发展;最后汽车产业是高度技术密集型产业,它的发展能推动整个国家的技术水平的提高。近年来,中国汽车行业发展迅速,根据中国汽车统计年鉴资料显示,2012 年,中国汽车产销量双双突破 1900 万辆,达到 1926 万辆和 1930万辆,其中乘用车产销量分别为 1552 万辆和 1549 万辆;商用车产销量分别为374 万辆和 381 万辆。根据工信部统计,2012 年中国汽车业生产总值达 5.29 万亿元,占全国 GDP 的 10.4%(王祖德,2013)。

伴随着经济的全球化和发展中国家的兴起,发达国家的跨国汽车巨头开始

---

　* 基金项目:浙江省哲学社会科学研究基地"浙江省现代服务业研究中心"课题《全球价值链升级目标下的生产性服务业与浙江汽车及零部件产业研究》(课题编号:13JDFW01YB);本文为"浙江省国际经济贸易学会 2013 年度立项课题"研究成果(项目编号:Z201303)。

关注新兴发展中国家汽车市场,加大对发展中国家的投资,并开始将生产环节分布到新兴市场中去。跨国汽车公司通过将产品设计、原材料供应、汽车生产、汽车销售、售后服务等环节全球分布以达到利润最大化的目的,中国广大的消费市场、廉价的劳动力、丰富的自然资源毫无疑问吸引了诸多汽车厂商的注意,促使跨国汽车厂商将汽车生产全球价值链在国内展开。与此同时,由于中国汽车产业发展较晚,大多数企业规模小、技术含量不高,且集聚在全球价值链的低附加值环节上。中汽协官网数据显示,2011 年,中国自主品牌乘用车的企业利润微乎其微,95％以上被合资企业赚走。再加上面临的全球竞争不断加剧,中国本土汽车企业生产空间被不断挤压,大量零部件企业处于淘汰的边缘。所以研究如何提高中国汽车产业全球价值链地位意义重大,刻不容缓。

自 20 世纪尤其是二战以来,现代服务业的精髓部门生产性服务业的作用逐渐凸现。伴随着交通运输和通讯技术的不断提升,专业化生产开始受到各种生产者的青睐,一种商品的生产过程延伸为多个连续的生产阶段,从而划分成各个生产单元,跨越国界,分布在各国,形成了全球的产业链。生产性服务业伴随着全球价值链的展开,以中间投入的形式参与到各生产环节中,成为生产性服务贸易。种类繁多、数量庞大的零部件和中间产品的生产以及专业化的服务分别在不同的国家和经济体中进行,大大促进了跨国公司内部贸易和生产性服务贸易额的上升。根据周蕾(2010)测算,从 1983 年到 2005 年,生产性服务贸易出口额增长了 58 倍多。生产性服务贸易已成为世界贸易的主要支柱(周蕾,2010)。

影响汽车产业全球价值链地位提升的因素有很多,那么生产性服务业与全球价值链的关系如何,也就是生产性服务业基于怎样的动机,通过何种条件和机制作用于全球产业链,能否促使产业链增值,价值链升级呢? 这些问题也变得越来越值得关注。因此为了解决以上问题,本文拟利用投入产出法对中国汽车产业生产性服务贸易现状进行评价,为以后的相关研究做铺垫。

二、中国生产性服务贸易发展现状分析

生产性服务作为某一产品跨国生产的中间投入,将其分散在各地的生产企业连接起来,成为全球价值链的纽带。为了体现生产性服务业作为全球价值链的生产中间投入的服务性活动这一概念,将汽车产业生产性服务贸易的概念定义为组成汽车产业全球价值链的外包生产中间投入的服务性活动。因此本文利用投入产出方法来估算中国汽车产业的生产性服务贸易现状。

1. 研究方法

目前国内对生产性服务业产值的研究方法主要有两种,一种是将定义为生

产性服务行业的包括金融保险业、交通运输业、计算接软件服务业、邮政和仓储业、通讯业等诸多服务行业的产值加总以衡量生产性业产值;另一种是运用投入产出分析法计算(唐海燕和张会清,2009)。投入产出法分析法最早是由美国经济学家 Wassily W. Leontief 在 1936 年发表的论文《美国经济制度中投入产出的数量关系》中创立的一种研究经济体系各部门之间投入与产出互相依存关系的计量模型。

本文认为,通过将各服务行业的产值简单加总,会高估中国生产性服务行业的实际产值,且对组成结构分析也有很大偏差;而利用投入产出法,通过将各部门中间投入服务额加总,来计算某一行业生产性服务行业产值和生产性服务业总的产值更能反映实际情况,故本文最终选择投入产出法进行分析。

此外根据本文对生产性服务贸易的定义,以及生产性服务中间投入的特点,投入产出法计算某一部门生产性服务贸易额的计算方法为:(A 部门使用的中间服务价值/A 部门的总产值) * A 部门的出口额。式中(A 部门使用的中间服务价值/A 部门的总产值)度量了该部门每出口一单位商品所包含的中间生产性服务,即生产性服务贡献度乘以部门出口额,就度量了这一部门的生产性服务贸易出口额。

本文计算生产性服务业产值、生产性服务贸易额的数据来自历年《投入产出表》、《投入产出延长表》、《中国统计年鉴》。

2. 中国生产性服务业产值

基于前文所述投入产出法,计算生产性服务业产值如表 1 所示。由表 1 可得,中国从 1983 年到 2010 年这 28 年间生产性服务业产值增长飞快,从 1712.9 亿元到 157334.5 亿元,增长了近 91 倍。1992 年全国生产性服务贸业产值接近 1 万亿元,按照已有数据推断,1993 年全国生产性服务业产值突破万亿大关。生产性服务业业占服务业总比重由 1983 年的 40.7％增长到 1995 年的 56.8％达到峰值,之后下降到 50％左右。综上,从行业总产值角度来看,中国生产性服务业发展速度惊人;另外根据周蕾(2010)中计算所得美国 1995 年到 2007 年生产性服务贸易行业产值总计增长 1.5 倍,而中国为 4.5 倍,可见相比其他发达国家,中国生产性服务业产值增长速度要远要高。再从生产性服务行业所占比例来看,在一段时期内生产性服务业占服务业总产值比例总体趋势上升,这反映了生产性服务业在国民经济以及整个服务业中地位有所增长;对于 1995 年之后出现的一定回落,本文认为主要是随着中国经济不断发展,以最终消费需求为主的第三产业开始大力发展,这导致了生产性服务行业所占的比例有所下滑。

表 1 中国生产性服务业产值

年份	服务业产值 （亿元）	生产性服务业产值 （亿元）	所占比例 （％）
1983	4204.0	1712.9	40.7
1987	4743.6	2180.2	46.0
1990	7484.4	3578.9	47.8
1992	16964.3	9545.4	56.3
1995	30908.0	17547.0	56.8
1997	42438.0	22116.0	52.1
2000	58134.9	31310.6	53.9
2002	94292.7	46084.2	48.9
2005	145050.0	70994.0	48.9
2007	192385.1	95214.8	49.5
2010	306446.4	157334.5	51.3

数据来源：1983 年数据转自周蕾（2010）。1987 年及以后数据自由历年《投入产出表》、《投入产出延长表》和《中国统计年鉴》计算所得。

注：中国投入产出表为每五年统计一次，每次统计后两年计算出投入产出延长表，故以上数据年份不连续。

3.中国生产性服务贸易现状

根据前文所述生产性服务贸易额计算方法，计算历年中国生产性服务出口额，结果记录在表 2 中。由表 2 可得，1987 年中国生产性服务出口额为 33.5 亿美元，到 2010 年生产性服务出口额达到 1981.7 亿美元，生产性服务贸易额增长了大约 58 倍，足见中国生产性服务贸易发展迅速。中国生产性服务贸易出口额所占比例由 1987 年的 8.49％上升到 2010 年的 12.56％。此外，这一过程中虽然比例有所波动，但是整体呈现上升趋势。这反映了生产性服务贸易在中国服务贸易中重要性的不断提升。

表2　中国生产性服务贸易出口额

年份	贸易出口总额 (亿美元)	生产性服务出口额 (亿美元)	所占比例 (%)
1987	394.4	33.5	8.49
1990	620.9	52.6	8.47
1992	849.4	118.4	13.94
1995	1487.8	166.7	11.20
1997	1827.9	202.2	11.06
2000	2492.3	302.9	12.15
2002	3256.0	478.7	14.70
2005	7620.1	996.7	13.08
2007	12180.2	1416.2	11.63
2010	15779.3	1981.7	12.56

数据来源:同表1。

三、中国汽车产业生产性服务贸易发展现状

1. 中国汽车产业生产性服务贸易出口额

根据投入产出法,计算出历年中国汽车产业的生产性服务出口额。为了更好地研究这一额度,除了计算出具有投入产出表的年份以外,对没有投入产出表的年份我们参考平新乔(2006)的做法,用现有数据替代,例如用1997年替代1998、1999年数据,用2000年替代2001年数据,以此类推。最后计算结果如表3所示。可见,中国汽车产业生产性服务出口额由1997年的4517.1万美元到2012年的359162.9万美元,总量增长迅猛。此外,生产性服务贸易额占比(即生产中所投入生产性服务占比)由1987年的7.29%提高至2010年9.80%。从表中能够看出,从1997年到2008年,中国汽车产业生产性服务出口额逐年上升,且增长率不断提高。2009年,中国生产性服务贸易额出现断崖式下跌,本文分析后认为这是由于全球金融危机,全球跨国贸易量下降,中国汽车产业受到明显影响,生产性服务出口额有所下降。随后2010年出口额迅速恢复并且超过金融危机前水平,之后两年保持增长势头。综上,中国汽车产业出口产品中所含服务量不断上升,汽车产业生产性服务贸易发展迅速。

表3　中国汽车产业生产性服务出口额

年份	汽车产业出口总额 （万美元）	生产性服务出口额 （万美元）	所占比例 （％）
1997	61979.8	4517.1	
1998	71315.4	5197.4	7.28
1999	89713.7	6538.3	
2000	134117	9774.4	8.96
2001	157764	11497.9	
2002	213225	22655.7	
2003	287546	30552.5	10.63
2004	532804	56611.8	
2005	881469	91109	10.34
2006	1283170	132629	
2007	2023548	171948	
2008	2491448	211707	8.49
2009	1702754	144689	
2010	2387052	234040	
2011	3161112	309933	9.80
2012	3663221	359163	

数据来源：历年投入产出表、联合国贸易统计数据库（UN Comtrade Database）。

2. 中国汽车产业生产性服务贸易的构成

中国汽车产业生产性服务业具体由哪些行业所提供呢？本文将各生产性服务行业分类为：运输和信息服务业；金融保险、商务服务业；住宿、餐饮和商业；其他服务行业四个部门。各部门所提供生产性服务总量和比例如表4所示。由表4可得，从总量上来看，各部门所提供的生产性服务值均稳步上升，其中增长最多的是运输和信息服务业。从各部门提供生产性服务比例来看，2010年相对1997年有较大变化。1997年，所列四个类别行业中餐饮、住宿和商业所提供的生产性服务占比最高，达到38.4％，随后，这一比例逐年下降到23.6％。相对地，由运输和信息服务业所提供的服务由1997年的25.1％上升到2010年33.3％，成为占比最高的部门；可见近年来交通运输和信息技术行业对汽车产业生产影响越来越大，这其中以计算机技术为代表的信息技术的投入增加更为关键。金融、保险和商业服务行业在20世纪90年代不断下降之后由21世纪开始逐渐回升,最终2010年达到26.3%,相对1997年略微上升。此外,截至2010年,其他服务行业所提供生产性服务占比达到16.7%。值得注意的是,近年来其他服务行业主要包括科学研究事业、综合技术服务等代表高科技含量的其他服务行业(周蕾,2010),由表4可以看出其比例在四部门中仍然为最低,可见中国汽车产业的生产性服务贸易结构中科技含量的服务占比仍然较低。

表4 中国汽车产业生产性服务贸易构成情况

年份		运输和信息服务业	金融保险、商务服务业	住宿、餐饮和商业	其他服务行业
1997	贸易额(万美元)	1133.79	551.09	1734.57	1097.66
	所占比例(%)	25.1	12.2	38.4	24.3
2000	贸易额(亿元)	2668.41	1231.57	3421.04	2463.15
	所占比例(%)	27.3	12.6	35.0	25.2
2002	贸易额(亿元)	7453.73	5006.91	6955.30	3239.77
	所占比例(%)	32.9	22.1	30.7	14.3
2005	贸易额(亿元)	32252.59	21866.16	21501.72	15579.64
	所占比例(%)	35.4	24.0	23.6	17.1
2007	贸易额(亿元)	55367.26	42815.05	41955.31	31810.38
	所占比例(%)	32.2	24.9	24.4	18.5
2010	贸易额(亿元)	77935.32	61552.52	55233.44	39084.68
	所占比例(%)	33.3	26.3	23.6	16.7

数据来源:同表3。

4. 中国汽车产业生产性服务贸易国际水平

为了更好地反映中国汽车产业生产性服务贸易水平,本节将选取几个国家与中国进行比较。考虑到数据的可得性和比较意义,最终选取美国、德国、日本、印度、巴西 5 个国家作为参考国。其中,美国数据来自《投入产出统计年鉴》,其余四国数据来自 OECD 投入产出数据库。

表 5 显示了美国 1998 年—2011 年美国汽车产业生产性服务出口情况。与前文所得中国的汽车产业贸易中生产性服务出口额比较可得,美国汽车产业贸易中生产性服务出口额远高于中国,此外生产性服务出口额在汽车产业总出口额总所占的比例相较中国汽车产业也明显更高。但是从增长率来看,中国汽车产业从 1998 至 2011 年生产性服务贸易出口额增长近 60 倍,远高于美国的增长水平。

表 5　美国汽车工业生产性服务出口额

年份	汽车产业出口总额 (百万美元)	生产性服务出口额 (百万美元)	所占比例 (%)
1998	56279	7792	13.8
1999	58580	8526	14.6
2000	62408	8818	14.1
2001	58719	8563	14.6
2002	61686	9173	14.9
2003	63866	9563	15.0
2004	66703	10104	15.1
2005	71262	10984	15.4
2006	80958	13237	16.4
2007	89893	14953	16.6
2008	87577	16538	18.9
2009	59704	14492	24.3
2010	81779	13757	16.8
2011	95650	15589	16.3

资料来源:美国历年《投入产出统计年鉴》(http://www.census.gov/eos/www/naics/)。

表 6 反映了德国、日本、印度、巴西四个国家的汽车产业贸易中生产性服务出口额,出于数据的可得性,仅能获得来自 OECD 网站的 1995、2000、2005 三个年份的各国投入产出表。能够看出,截至 2005 年,四个国家中出口额最高的为德国,其次为日本。中国与四个国家相比,汽车产业生产性服务出口额仅高于印

度而远低于两个发达国家德国和日本,仅为出口额最高的德国的约 1/30,此外较同为发展中国家的巴西也有不小的差距;但应当注意到中国汽车产业生产性服务出口额的增长率要远高于所列四个国家,本文相信中国与各国的差距正在不断缩小。

表6　德国、日本、印度、巴西汽车工业生产性服务出口额

国家	年份	1995	2000	2005
德国	汽车产业出口总额(百万美元)	86392	102248	187599
	生产性服务出口额(百万美元)	11409	19392	29944
日本	汽车产业出口总额(百万美元)	82201	88730	119933
	生产性服务出口额(百万美元)	10055	12104	15719
印度	汽车产业出口总额(百万美元)	573	747	4002
	生产性服务出口额(百万美元)	109	140	866
巴西	汽车产业出口总额(百万美元)	3645	3903	14956
	生产性服务出口额(百万美元)	399	580	2743 ·

资料来源:OECD 网站投入产出数据库(http://stats. oecd. org/Index. aspx? DataSetCode=STAN_IO_TOT_DOM_IMP)。

综上,从与各国比较来看,尽管中国汽车产业生产性服务贸易发展迅速,但仍然处于较低的水平,尤其与以美国、德国、日本为代表的发达国家相比,无论是出口总额还是所占比例都有较大差距。

四、结　论

通过投入产出法计算中国汽车产业生产性服务出口额,并选取了三个发达国家、两个发展中国家与中国进行对照,得出结论:

(1)中国汽车产业生产性服务贸易的出口额高速增长,由 1997 年的 4517.1万美元增长到 2012 年的 359162.9 万美元,,;

(2)中国汽车产业生产性服务贸易中的最主要服务为交通运输和信息服务,其次是金融服务,再次是住宿餐饮和商业,代表科技含量高的其他服务所属的类别占比较低;

(3)与四个对照国相比,中国汽车产业生产性服务出口额仅略高于印度,可见中国汽车产业生产性服务贸易仍处于较低水平。

参考文献

［1］平新乔. 产业内贸易理论与中美贸易关系. 国际经济评论，2006(5)：12-14.

［2］唐海燕，张会清. 产品内国际分工与发展中国家的价值链提升. 经济研究，2009(9)：81-93.

［3］王祖德. 中国汽车工业 60 年发展综述. 中国汽车工业年鉴，2013：10-20.

［4］周蕾. 生产性服务贸易与全球价值链提升. 杭州：浙江大学，2010：70-101.

提升国际资本流动质量

农业 FDI 对中国粮食安全的动态影响研究[*]

——基于种业研发能力视角

马述忠[1]　陈　颖[2]　王笑笑[1]

（1. 浙江大学区域经济开放与发展研究中心；2. 广东省银监局）

摘要： 本文以农业发明专利产出代表农业研发能力，通过构建负二项分布模型考察了外资对中国农业研发能力的影响。实证结果表明，外资在中国农业研发领域会产生负向的溢出效应，不断拉大本土企业与外资企业研发水平的差距，有利于外资企业建立技术优势，逐渐形成垄断。以种业为例，本文构建一个以本土和外资企业为主体的研发能力动态仿真系统，模拟外资对中国种业的影响。模拟结果表明，外资企业进入后，容易形成寡头垄断或垄断市场，不断冲击本土种子的价格稳定和市场份额。当外资撤出，本土企业种子研发产出和销售利润虽在短期内会有增加，但增幅将明显滑落，说明本土企业受外资撤资冲击的影响较大，本土研发产出呈现对外资的高度依赖，不利于保障自身的粮食安全。最后，本文就如何合理利用外资、保障中国粮食安全提出了合理的对策建议。

关键词： FDI；农业研发能力；粮食安全；负二项分布模型；系统动力学

一、引　言

近年来，农业对跨国资本的吸引力持续增大。尤其是在粮食产业链的上游环节，外国资本愈加青睐中国农业的种子研发和生产环节，大肆吞噬着中国种业的市场份额。虽然跨国种业公司进入中国市场在一定程度上有助于中国种业实现更替和升级，但是，拥有较强研发能力的外国资本可以利用知识产权保护制度轻而易举地巩固自身的技术优势，从而形成垄断势力，这对中国农业传统的种植

---

* 本文系第一作者主持的教育部新世纪优秀人才支持计划资助项目（NCET-12-0496）、国家社会科学基金重点项目（10AGJ004）、浙江省自然科学基金重点项目（Z6110066）的系列研究成果之一，并得到中央高校基本科研业务费专项资金的资助，特此致谢。本文获"第五届浙江省过既经济贸易研究优秀成果奖"理论类一等奖，发表在《管理世界》（月刊）2013年第7期。

模式、组织方式等都会产生冲击和影响。

面对中国农业逐步加大对外开放、外资纷纷布局中国农业研发领域的现实，如何采取必要的措施来合理引导外国资本的布局，减少和规避外资技术优势所带来的不利影响，提升中国农业本土研发能力，是保障中国粮食安全所面临的现实而迫切的问题。为此，国家几次出台政策，强调必须加大政策扶持和投入力度，快速提升中国农作物种业科技创新能力、企业竞争能力、供种保障能力和市场监管能力，依靠农业科技创新驱动、引领支撑现代农业建设，构建现代农作物体系，保障粮食安全。

关于如何在推进农业对外开放的同时保障国家粮食安全的研究一直是学界讨论的热点，虽然外国资本参与农业在一些发展中国家促进了生产力提高和产量增加，但缺乏充足的证据说明这种参与在何种程度上使发展中国家增加了主要粮食作物的生产并改善了粮食安全。越来越多的现象表明，来自发达国家的外国资本凭借技术方面的优势，容易垄断发展中国家市场，使得许多发展中国家在推动外国资本参与本国农业，以改进粮食安全的过程中面临挑战。中国作为众多外国资本的聚集地，研究外资的技术优势和垄断对粮食安全的影响就中国而言显得尤为重要。

本文在梳理已有研究文献的基础之上，针对外国资本对中国农业研发能力可能产生的影响，运用负二项分布模型检验了外资与中国农业专利产出的关系。在得到实证结果后，以种业部门为例，进一步借助系统动力学模型，从全局的角度模拟在外资存在技术优势情况下，中国本土种业企业的研发水平、创新能力与生产效率的演变趋势及对粮食安全带来的后果。最后，结合实证结果提出了规避农业FDI对中国粮食安全不利影响的对策建议。

二、文献综述

Chang et al.(2010)对OECD重要新兴经济体的实证研究结果表明，外商直接投资（FDI）对一国技术水平的提升存在潜在的不确定性甚至不利影响。Walkenhorst(2001)、Girma et al.(2009)、Brambilla(2009)和Brambilla et al.(2009)认为本土企业需要与外资企业有中等的技术差距以受益于其先进技术，如果技术差距过大反而不利于FDI技术外溢的产生。黄静(2006)对中国工业部门的实证研究表明，技术差距会对技术外溢产生不利影响。

这种由技术差距而引起的FDI对技术溢出的不利影响，可以为外资在东道国建立技术优势提供便利性。如果外资在东道国的研发领域建立了技术优势，会对东道国本土的技术研发活动产生挤出效应。Furman et al.(2005)利用一个R&D国际化的演化模型分析出跨国公司在东道国的研发投资会产生严重的挤出效应,造成东道国社会福利的极大损失。在探讨发展中国家技术创新的影响因素时,Novoselova(2007)发现外资参与抑制了巴西国内企业的研发活动,外资参与度和企业研发能力呈负相关关系。在检验FDI对中国技术研发能力影响的实证研究方面,毛日昇和魏浩(2007)研究发现,外资对国有内资部门的技术密集型行业没有显著的技术外溢效应,而对国有内资部门的劳动密集型行业产生了显著的负向技术外溢效应。李蕊(2008)的实证结果也表明,跨国公司在华专利申请对中国国内专利申请存在显著的替代关系,前者的内在动力是市场竞争和技术独占。李钧(2009)研究了跨国公司在华研发对本土企业技术创新的溢出效应与挤出效应。周洎和李林(2010)借助更加适合对专利研发进行分析的负二项分布模型,得出FDI对中国企业创新能力存在不利影响的结论。

农业领域FDI产生的技术优势会对东道国的粮食安全产生很大的威胁。Barlett&Steele(2008)的研究表明,农业跨国公司利用先进的技术优势会对东道国农业研发能力产生严重威胁,并且这种威胁会增强农业跨国公司垄断全球市场的力量。Novoselova(2007)对巴西国内企业的研究、Derwisch *et al.*(2009)对非洲撒哈拉地区农业市场的研究都表明FDI会对一国或区域内的研发能力产生不利影响。Vandana(2006)从粮食供应角度论述了跨国公司借助FDI而实现对农业技术专利和产品市场的垄断,给印度等发展中国家粮食安全带来的十分严重的负面影响。Nizamuddin(2009)则使用拉美国家大量的数据和案例,说明了跨国公司依靠先进技术在东道国产生的农业垄断势力,会使发展中国家失去粮食自主权,进而产生严重的粮食安全危机。

具体到外资流入如何影响中国的粮食安全,近年来除了农业生产、加工环节,外国资本还把触角伸向了种子的研发和生产领域。一些学者(陈健鹏,2010;邵长勇等,2010;耿月明,2010)指出中国需要警惕的是,在农业国际化进程中,外国资本在不断扩张FDI版图的同时,容易借助其强大的资金实力和市场控制力形成垄断力量,进而不利于国内农业产业的发展,威胁国家粮食安全。但这方面的研究多为定性分析,研究的结论主要局限于现象描述和原因探析,尚缺乏较为充分的实证结果支持。

通过文献梳理我们发现,现有检验FDI对中国技术研发能力影响关系的实证研究文献并不多,针对农业领域的研究更是少之又少。特别是以开放的视角,将农业FDI与中国粮食安全,尤其是粮食安全源头——种业安全问题结合起来的研究更是少见。同时,对中国粮食安全的研究也仅局限于定性分析层面,实证研究与定量研究还不足。如果能够在定量分析农业FDI对中国农业研发能力影响关系的基础之上,进一步从动态角度模拟、分析农业FDI对中国粮食安全的影响,对于中国农业发展和粮食安全来说具有非常重要的现实意义。本文将在这方面做出探索。

三、农业 FDI 对中国农业研发能力影响关系的实证检验

对于外资对中国农业研发能力影响关系的研究,本文通过测度外资在农业研发领域产生的技术溢出效应,考察外资对本土农业研发活动产生的是促进还是抑制作用,从而确定外资对农业产业安全的影响关系。因此我们需要构建一个农业研发产出的回归模型。

(一)模型构建

考虑到农业专利的研发产出并不是一个正态分布过程,而且可能存在过度分布(Chang *et al.*,2010)问题,这使得早期使用的线性回归模型和泊松分布模型都难以用来准确地刻画农业专利的研发产出。较之于一般的线性回归模型,负二项分布模型包含了对横截面异质性的自然表述,即可以对非正态分布的样本回归进行很好的刻画,同时又可以解决泊松分布无法处理的过度分布问题,因而更加适合估计农业专利的研发产出(Chang *et al.*,2010;周汩和李林,2010)。因此我们采用符合如下分布函数形式的负二项分布模型来建模:

$$\mathrm{Prob}(Y_{it}=y_{it})=\frac{\Gamma(\lambda_{it}+y_{it})*\delta^{\lambda_{it}}}{\Gamma(\lambda_{it})*\Gamma(y_{it}+1)*(1+\delta)^{(\lambda_{it}+y_{it})}} \tag{1}$$

$$\lambda_{it}=\exp(\beta x_{it}+\varepsilon_{it}) \tag{2}$$

其中,t 表示年份,i 表示省份区别,y 为被解释变量,x 为解释变量,是引入了伽马分布误差项的泊松参数,ε 为样本个体未观测效应,误差项 $\exp(\varepsilon_{it})$ 服从参数为 $(1,\delta)$ 的伽马分布,且独立同分布。

最后,根据极大对数似然函数的求解原理,可获得简化后的计量模型,来计算 y_{it} 的条件分布:

$$E(y_{it}/x_{i1},\cdots,x_{it},\varepsilon_{it})=\exp(\alpha_i+\sum_1^i\beta_ix_{it}+\sum_1^i\gamma_iz_{it}+\varepsilon_{it}) \tag{3}$$

其中,α 为常数项;β 和 γ 是参数;z 为控制变量。

（二）变量选取及数据来源

对于变量的选择，本文采用国家知识产权局公布的各省农业发明专利申请量[①]（$AgInv\&Ap$）代表中国的农业研发能力，作为被解释变量。在解释变量的选取及计算指标的构建中参考了 Chang $et\ al.$（2010）、周泪和李林（2010）、马野青和林宝玉（2007）等学者的研究。与已有文献不同的是，本文根据农业产业的具体情况对部分指标做了相应的调整。我们认为在一个开放的农业市场中，有以下 3 种因素会对农业研发产出产生重要影响：农业研发投入、农业外资参与度、外商贸易依存度。

参照 Hausman $et\ al.$（1984）的研究，我们对农业研发投入的衡量分为两类：农业研发资本投入和农业研发劳动投入。农业研发资本投入的度量采用农业 R&D 经费内部支出与农业 GDP 的比值（$AgR\&DK$）；农业研发劳动投入的度量采用农业 R&D 人员数与农业就业人员总数的比值（$AgR\&DL$）（马野青和林宝玉，2007；周泪和李林，2010）。农业外资参与度选取实际利用农业外商直接投资占农业 GDP 之比（$AgFDI$）来衡量。外商贸易依存度选取外商独资和中外合资企业出口和进口额分别占 GDP 的比值（$Fowncap\&Ex$ 和 $Fowncap\&Im$）来衡量，以便在控制外商贸易活动的技术溢出效应下，衡量农业 FDI 对农业专利产出所产生的影响。

本文选取了 2005—2010 年中国 17 个覆盖东部、中部和西部且具有一定代表性省市自治区的面板数据，包括北京、天津、河北、河南、山东、辽宁、黑龙江、上海、江苏、浙江、安徽、江西、湖北、福建、广西、青海、新疆。数据来源于省际层面各年份的《统计年鉴》和《中国对外经济贸易年鉴》。

（三）实证分析

结合上述模型和变量的选取，本文所构建的模型的具体形式表示如下：

$$E(AgInv\&Ap_{it}) = \exp(\alpha_i + \beta_1 AgR\&DK_{it} + \beta_2 AgR\&DL_{it} + \beta_3 AgFDI_{it} + \gamma_1 Fowncap\&Ex_{it} + \gamma_2 Fowncap\&lm_{it} + \varepsilon_{it}) \tag{4}$$

通过 Stata 软件分析，方程（4）Hausman 检验的结果不支持随机效应模型，

[①] 农业专利所统计的范畴属于大农业概念，涵盖了农业、林业、畜牧业、打猎、诱捕和捕鱼等内容，按照国际专利分类（IPC）方法的界定并结合国家知识产权局对专利的分类，本文将农业专利划分为如下 25 个 IPC 分类号：A01B、A01C、A01D、A01F、A01G、A01H、A01J、A01K、A01L、A01M、A01N、A22B、A22C、A23B、A23C、A23D、A23F、A23G、A23J、A23L、A23N、A23P、A24B、A61D、B09C。具体数据来源于国家知识产权局网站。当某一个专利涉及多个领域时，其专利分类号会不止一个，数据统计过程中剔除了重复部分。

因而采用固定效应模型,表1提供了回归的结果。方程 A 采用的是无控制变量的固定效应负二项分布模型,$AgR\&DK$ 和 $AgFDI$ 的系数不显著,结果不理想。方程 B 采用的是控制外商独资和合资企业出口的固定效应负二项分布模型,整体的 Wald 统计量明显增加,表明模型设定更好。$AgFDI$ 的系数在 10% 程度上显著为负,其他系数也显著且符号方向符合经济现实。方程 C 采用的是同时控制了外商独资和合资企业出口和进口的固定效应负二项分布模型,控制了更多的影响因素,其 Wald 统计量更大,各项系数也更加显著。

表1　回归结果统计表

	$AgInv\&Ap$		
	A	B	C
$AgR\&DK$	2.2399 (1.5195)	4.6519*** (1.6757)	5.4529*** (1.6047)
$AgR\&DL$	2.4343** (0.4414)	2.3456*** (0.4523)	2.4148*** (0.4192)
$AgFDI$	−39.4277 (45.9335)	−82.4671* (45.4522)	−91.8131** (45.5549)
$Fowncap\&Ex$	×	20.9734** (8.6232)	56.4524*** (17.7755)
$Fowncap\&Im$	×	×	−39.0779** (19.232)
$Cons$	1.7806*** (0.2776)	1.6099*** (0.2927)	1.6951*** (0.2894)
Wald 统计量	22.29	51.55	62.66
Obs	102	102	102

注:括号内是异方差稳健的回归标准差。*,** 和 *** 分别表示在 10%,5% 和 1% 程度上显著,×表示回归方程中没有包含此变量。回归结果由软件 Stata10.0 给出。

从方程 C 的结果来看,$AgR\&DK$ 和 $AgR\&DL$ 的系数在 1% 程度上显著为正,表明农业 R&D 资本投入和劳动投入强度与农业发明专利产出之间存在正相关关系。$AgR\&DK$ 比 $AgR\&DL$ 的系数要大,表明 R&D 资本投入对研发能力的贡献更大,说明 2005—2010 年期间农业发明专利的产出较多地依靠 R&D 资本投入。

作为衡量外资对农业研发能力影响关系的关键变量,$AgFDI$ 的系数在 5% 程度上显著为负且绝对值较大,这意味着农业 FDI 占农业 GDP 的比例越大,越不利于国内农业发明专利的增加。这个结果表明，近年来外资在中国农业研发领域产生的是负向技术溢出效应，外资的涌入在一定程度上抑制了本土农业研发能力的提升。

就控制变量而言，$Fowncap \& Ex$ 和 $Fowncap \& Im$ 的系数都显著，说明外商独资和合资企业进出口贸易对农业专利产出的影响得到了有效解释。$Fowncap \& Ex$ 的系数显著为正，表明出口导向型的外商独资和合资企业产生了正向溢出效应，有利于提升中国的农业研发能力；$Fowncap \& Im$ 的系数显著为负，是由于外商独资和合资企业进口的产品多为加工层次低、产品档次低、技术含量低和附加值低的"四低"产品，对农业专利的产出没有直接的促进作用，不能提升中国农业的研发能力。

上述负二项分布模型的实证结果只是确认了农业 FDI 对中国农业专利产出的影响关系，我们还有必要从全局的角度模拟在外资存在技术优势情况下，中国本土种业企业的研发水平、创新能力与生产效率的演变趋势及对粮食安全带来的后果。

四、农业 FDI 对中国农业研发能力影响 过程的动态仿真——以种业为例

在研究农业 FDI 对中国农业研发能力影响机制时，传统数量分析方法虽然给出了数量上的定性影响关系，但无法追踪农业行为系统中变量间相互影响与作用的运行机制。为了得到很好的动态追踪、反映农业行为系统的传导机制，本文选用了系统动力学（System Dynamics）方法。系统动力学建立在对结构方程模拟的基础之上，可以用来模拟刻画系统关键运作环节的传导机制和演进过程，还可以预测变量变化对整个系统的影响。如今这种分析方法已被广泛应用于经济分析的微观层面如企业生产管理、库存管理，以及宏观层面如社会经济系统分析（Derwisch *et al.*，2009；周泊和李林，2010）等领域。

种业作为粮食产业链的上游环节，近年来愈加受到外国资本的青睐，外国资本对中国种业市场份额的大肆吞噬，正严重威胁着中国粮食安全的源头。因此，在开放的市场环境中，针对外资对种业发展影响关系和作用机制的研究，对保障中国粮食安全来说显得尤为重要。所以我们具体以种业部门为例，借鉴系统动力学的方法将外资与东道国种业自主研发能力结合起来进行模拟分析。本文在借鉴 Derwisch *et al.*（2009）的研究基础上，做了两点重要的改进：①引入种子价格及其变化率作为衡量粮食安全受影响程度的关键变量；②引入两寡头价格竞

争模型作为构建企业竞争反馈回路[①]的理论依据。旨在构建一个以本土和外资企业为主体的研发能力动态仿真系统,考察外资通过 FDI 影响中国农业研发能力的内在关联机制、影响效应及作用效果。

(一)系统假设及模拟情景

在本文构建的种业系统动力学模型中,我们假定在中国种业市场上只存在一个外资企业和一个本土企业,种业的研发投入要素除了包括资本和劳动力外还包括种质资源的投入,本土与外资企业研发生产同类种子,但在品牌、质量和包装等方面具有差异,产品间有不完全替代性。

在这样的市场背景下,系统主要模拟三种情景:①外资进入前;②外资进入后,本土企业和外资企业同时竞争时;③经过一段时间后,外资撤走[②]。本文试图在这三种情景下,模拟中国本土种子企业研发能力、市场份额以及种子价格等可能的演变趋势,并做出分析。

(二)系统变量及动力学方程说明

整个仿真系统包含了本土和外资种子企业的三种变量:状态变量 L、速率变量 R 和辅助变量 A,一个常量集合 C 和一个外生变量 Exo 的相互作用关系。状态变量 L 是最终决定系统行为的变量。速率变量 R 是直接改变状态变量值的变量。辅助变量 A 是系统中某种特定的结构关系。常量 C 是不随时间变化的量,是系统中所有常数的集合。外生变量 Exo 是系统外部作用于系统的变量。

就本文所构建的研发能力仿真系统而言,企业的研发产出、劳动投入、资本投入、种质投入和种子价格,对衡量外资种子企业的技术垄断是否对中国粮食安全带来威胁具有决定性影响。因此,选取上述五个变量作为状态变量。为了获得影响企业状态变量速率变化的计算依据,选取企业市场份额、销售利润、技术差距和技术溢出四个变量作为价格竞争模型的主要辅助变量。

选取合适的方程形式,联合常量集合 C 的校准和外生变量 Exo 的设定,组成一个动态演进的动力系统。

状态变量 L 和速率变量 R 相关方程形式如下:

$$L_t^{ij} = L_{t-1}^{ij} + Dt * (Inflow_t^{ij} - Outflow_t^{ij}) \quad i=1,2; j=1,2,3,4,5 \quad (5)$$

$$R_t^{i1} = DELAY_3 I(\sum_{j=2}^{3} L_t^{ij} * \widetilde{m^{ij}}) * \widetilde{n^{i1}} \quad i=1,2 \quad (6)$$

---

① 反馈回路(Feedback Loop)是指由一系列的因果与相互作用链组成的闭合回路或者说是由信息与动作构成的闭合路径(王其藩,2009)。

② 主要考虑的是受政策因素或突发性经济因素(如经济危机)等影响的外资撤资情况。

$$R_t^{ij} = A_t^{i2} * \widetilde{m}^{ij} * \widetilde{n}^{ij} \qquad i=1,2; j=2,3,4 \tag{7}$$

$$R_t^{i5} = RAMP(1,0,39)/(A_t^{i1} - \xi_p^i * (p_t^i - c^i)) \qquad i=1,2 \tag{8}$$

辅助变量 A 的方程表示如下：

$$A_t^{i1} = y_t^i - \xi_p^i * p_t^i + \xi_r^i * p_t^i \qquad i=1,2 \tag{9}$$

$$A_t^{i2} = (p_t^i - c^i) * A_t^{i1} \qquad i=1,2 \tag{10}$$

$$A_t^3 = y_t^2 - y_t^1 \tag{11}$$

$$A_t^4 = 0.2 * A_t^3 * \left(1 - RAMP\left(\frac{1}{y_t^2}, 0, 39\right)\right) \tag{12}$$

外生变量 Exo 的方程为：

$$Exo = PULSE(0,30) \tag{13}$$

系统中的所有常数用集合 C 表示。其中，$i=1$ 表示本土企业，$i=2$ 表示外资企业。第二个上标 j 用来区分状态变量 L 的类别，其中 $j=1$ 表示研发产出，$j=2$ 表示劳动投入，$j=3$ 表示资本投入，$j=4$ 表示种质投入，$j=5$ 表示种子价格。$Inflow$ 是输入速率，$Outflow$ 是输出速率。Dt 表示时间间隔，$\widetilde{m}$ 是投入比例，$\widetilde{n}$ 是效率比例，p 是种子价格，c 是生产成本，ξ_p 是价格弹性，ξ_r 是替代弹性。A^1 表示企业市场份额，A^2 表示销售利润，A^3 表示技术差距，A^4 表示技术溢出。y^1 是本土企业种子研发产出，y^2 是外资企业种子研发产出。$DELAY_3 I$ 是三阶延迟函数（王其藩，2009），受技术制约，本土投入转化为研发产出所需的时间和外资相比较长，本文假定为滞后三期。$RAMP$ 是斜坡函数，是系统动力学的测试函数（王其藩，2009）。$PULSE$ 是脉冲函数，用于描述外生变量 Exo 对系统的冲击，设定 Exo 在第0～30期值为1，在30期以后值为0。C 是一个常数集合，包含了系统中所有的初始值和参数：L^{ij} 的初始值 L_0^{ij}（$i=1,2; j=1,2,3,4,5$），$\widetilde{m}^{ij}$（$i=1,2; j=2,3,4$）和 $\widetilde{n}^{ij}$（$i=1,2; j=1,2,3,4$）的值，ξ_p^i、ξ_r^i 和 c^i（$i=1,2$）的值。在为变量之间建立逻辑关联时，本文使用了 $DINAMO$ 语言编写系统所包含的动力学方程。

对 C 的校准和设定是进行系统模拟的基础。在为状态变量赋初始值时，我们参考了 Derwisch *et al.*（2009）的研究结论，考虑到相对外资而言中国种子研发起步较晚，其初始研发产出相比外资较低，因而设定 $L_0^{11}=0.2, L_0^{21}=10$。系统假定本土企业的劳动要素禀赋相对丰富、外资企业的资本和种质要素禀赋相对丰富，因而假定本土企业和外资企业在劳动、资本和种质方面的初始投入比分别为5：3：3和3：5：5，所以设定 $L_0^{12}=5, L_0^{13}=3, L_0^{14}=3, L_0^{22}=3, L_0^{23}=5, L_0^{24}=5$。初始销售价格默认与种子生产成本相同，即 $L_0^{15}=c^1, L_0^{25}=c^2$。由于本土企业在要素投入和资源利用效率等方面都与外资企业存在差异，因而对本土和外资企业要素投入比例和研发效率参数的赋值有所不同。假定企业将所有的销售利润全部投入研发活动,其中本土和外资企业投入的劳动、资本和种质三种要素的比例分别为 4∶3∶3 和 2∶4∶4,所以设定 $\tilde{m}^{12}=0.4$, $\tilde{m}^{13}=0.3$, $\tilde{m}^{14}=0.3$, $\tilde{m}^{22}=0.2$, $\tilde{m}^{23}=0.4$, $\tilde{m}^{24}=0.4$。由于外资企业研发能力比本土企业较强,所以设定本土和外资企业研发过程的转化比例分别为 $\tilde{n}^{11}=0.01$, $\tilde{n}^{21}=0.02$;要素投入过程的效率比例分别为 40% 和 60%,则 $\tilde{n}^{12}=\tilde{n}^{13}=\tilde{n}^{14}=0.4$, $\tilde{n}^{22}=\tilde{n}^{23}=\tilde{n}^{24}=0.6$。本土与外资企业生产的种子在品牌、质量和包装等方面存在差异,本土的种子成本较高,农民通常青睐于更优质的外资种子,即外资种子比本土种子拥有更高的替代性且价格弹性相对较低,所以设定 $\xi_p^1=0.8$, $\xi_p^2=0.5$, $\xi_r^1=0.6$, $\xi_r^2=1$, $c^1=2$, $c^2=1$。

围绕关于外资技术垄断、中国农业研发能力和粮食安全的研究重点,本文选取本土与外资企业的种子研发产出、市场份额、销售利润以及种子价格为主要观察变量,基于以上的假设和系统内在机理,采用系统动力学软件 Vensim-PLE 建立了一个历时 10 年[①]的企业研发能力动态仿真系统。图 1 描绘了系统内部的相互作用关系。借助模拟结果可以整体把握外资的技术垄断如何作用于中国的农业研发活动,尤其是种业的研发活动,进而探讨农业 FDI 对中国粮食安全所带来的影响。

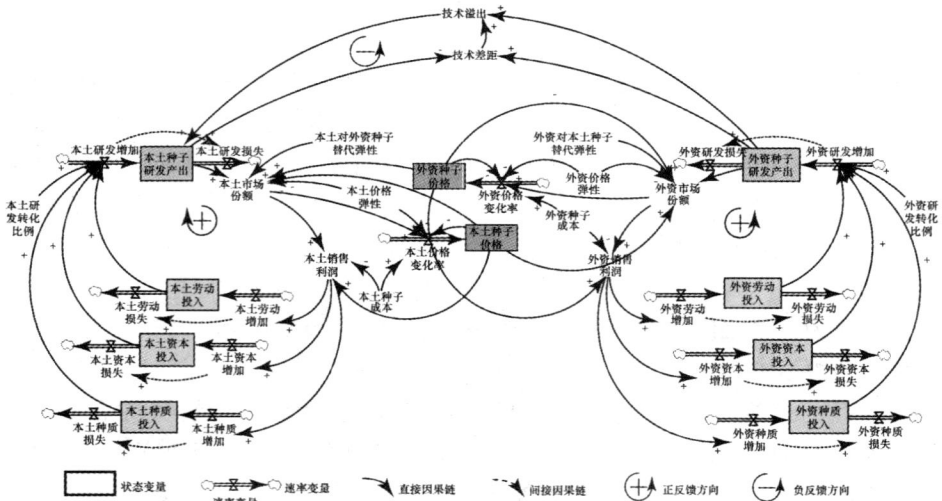

图 1　开放环境下种子企业研发能力演变的动态仿真系统

---

① 以一个季度为步长,即总共经历 40 期的模拟计算。

(三)系统模拟结果分析

1. 外资进入前

外资进入前,本土企业从研发投入到研发产出需经历一定的滞后期,本系统调用了三阶延迟函数($DELAY_3 I$)来模拟本土企业的研发投入-产出过程。

图2的模拟结果显示,本土企业的种质投入、研发产出、市场份额、销售利润等从长期来看都呈现上升趋势,但种质投入的增长速度非常缓慢,因而导致种子的研发产出总量较低,销售利润也不高。如果单凭企业自身的实力,研发支出远远超过了企业的负担,企业无法实现对种子研发活动的持续投入,往往需要政府部门和其他科研机构的支持。

此时的竞争压力主要来源于内部,由于缺乏外部竞争压力,本土企业不太重视种子质量的提升,追求创新的动力不足,研发产出总量较低,种子的品种和质量不能满足消费者的需求。整个阶段的种业现代化和商业化进程缓慢。种子价格不是由市场充分竞争所决定,而是由本土企业规定,它可能把价格定得很高。由此可见,封闭的本土种业市场具有诸多弊端,必然不利于种业市场发展。市场开放和吸引外资成为寻求中国种业市场发展的必然选择。

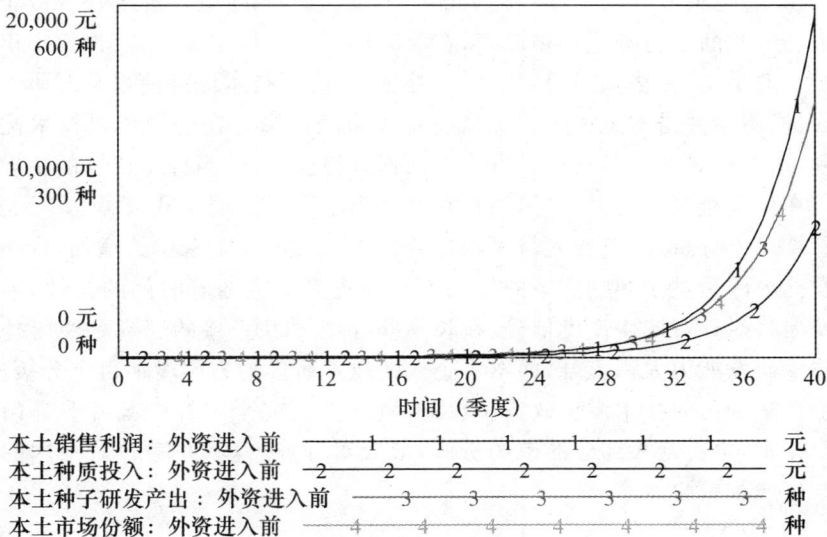

图2　外资进入前仿真系统主要观测值演变趋势

2. 外资进入后

当市场开放后,外资企业进入,凭借其在资金、技术等方面的优势而拥有较高的初始研发产出、资本和种质资源,以及较短的研发产出滞后期(系统在此假设外资企业的研发产出无延迟,区别于本土企业的三阶延迟)。仿真系统变为本土企业与外资企业共同竞争的多个反馈回路。

图3的模拟结果显示,外资的流入在一定程度上能为国内种业的发展带来一些好处,主要表现在本土企业的研发产出总量较外资进入前稍多。这主要是由于外资进入中国市场后,其重视研发和市场推广的做法以及市场竞争的加剧,能够激励本土种子公司提升种子研发能力与种子质量,使得研发产出有一定的增加。同时外资种子在国内市场的出现,必然也会刺激国内种子总供给的增加。

但另一方面,本土种子企业的研发产出、市场份额、种子价格稳定性等方面都不可避免地会受到冲击。当本土企业和进入的外资企业同时竞争时,本土企业的研发产出虽然会受益于外资企业激励竞争的作用而增加,但外资企业在国内的研发产出要远远大于本土企业,即使本土企业的研发产出在增长,但其增长速度远远比不上外资企业研发产出的增长速度,结果是本土企业竞争不过外资企业,大部分市场被外资企业抢占。此外,外资企业的技术优势对研发产出的正反馈作用,容易形成外资企业在种业部门的技术垄断,十分容易导致外资企业对种业市场的垄断。对种子价格而言,在没有外资参与的情况下,定价权牢牢掌握在本土企业手中,价格相对稳定。而当外资进入后,技术优势使得其对研发品种加以改进,不断冲击本土种子的价格稳定和市场份额。在外资形成技术优势的品种领域,本土企业要想获得研发能力的提升绝非易事,当种子研发的主导权牢牢掌握在外资企业手中时,中国的粮食安全问题无疑会继续升级。

总结以上分析,外资流入带来的好处在于使国内种子总供给增加,本土企业的研发能力因受益于激励竞争的作用而有所提升。但随着时间的持续,国内种业的发展将对外资产生高度依赖,在长期并存中FDI直接的表现是使得外资企业的技术研发能力大幅上升,而本土企业的技术研发能力则增加得十分缓慢,进而产生严重的负向技术溢出效应,最后外资企业会完全掌控中国种业部门的重要生产技术,抢占绝大部分的市场份额,形成对种业市场的垄断,对中国的粮食安全产生严重威胁。

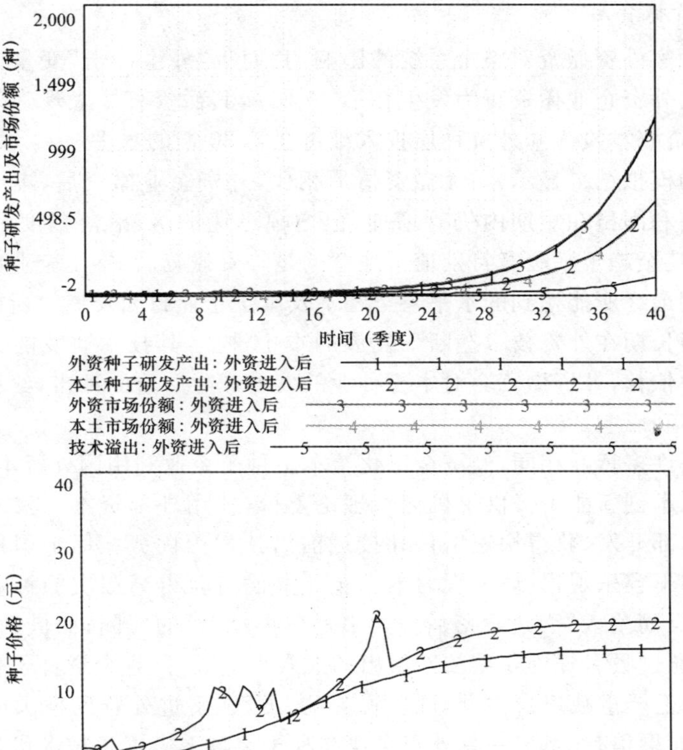

图 3 外资进入后仿真系统主要观测值演变趋势

3. 外资撤资后

为了考察外资撤资对整个系统的影响,我们将"外生冲击"变量的作用引入系统。假设外资企业撤资行为发生在第 30 期[①],其撤资直接表现为外资种子研发产出、外资资本投入和外资种质投入维持在第 30 期的水平。

图 4 的模拟结果显示,与无撤资情形相比,外资企业撤资后,本土种子研发产出和销售利润虽在短期内仍有增加,但增幅迅速滑落,滑落幅度都高达 60% 以上,最终甚至趋于平缓。特别值得注意的是外资撤资后,本土企业的研发产出和销售利润最终所能达到的水平甚至还不及本土企业封闭发展时所能达到的水平。这说明长期在外资技术垄断下发展的本土种业,其技术研发能力对外资产生了高度的依赖,外资撤资会对本土种业的发展产生严重的冲击,给种业发展带来严重的不利影响。

与中国许多行业相同,经济全球化给本土种子企业利用国外资本、技术资源提升本土技术创新能力提供了机遇。理论上说,使用外部资本和技术可以避免高成本的内部开发、获得快速增长和接近前沿技术等优势。但中国种子企业的现实情况却不容乐观,具体表现为本土企业并没有获得高层次的种业技术研发能力,有的反而陷入"引进—落后—再引进—再落后"的怪圈;而借助"以市场换技术"战略通过吸引外资获得技术溢出的成效也甚微,并且合资种子企业在关键和核心技术上严重缺乏自主创新能力。事实上,在引进外资助推国内种业发展的道路上,如果稍有不慎,一旦外资企业在种子市场上占据了技术优势地位并且利用该优势操控市场,那么中国的粮食安全将遭到严重的威胁,这无疑给中国的粮食安全敲响了警钟。

五、研究结论与对策建议

(一)研究结论

本文构建了一个负二项分布模型来验证农业 FDI 对中国农业研发能力的影响关系。实证结果表明,农业 R&D 资本投入和劳动投入对中国农业研发能力提升有积极影响,而农业 FDI 对中国农业研发能力提升会产生负向溢出效应,不断拉大本土企业与外资企业研发水平的差距,进而有利于外资企业建立技术优势,对国内企业的技术创新产生不利影响。

---

① 考虑到中国的政治周期一般是 8~10 年,而外资企业的投资周期一般也是 8 年左右,所以假定外资在第 8 年左右(即第 30 期时)受到外生因素的影响而撤资。

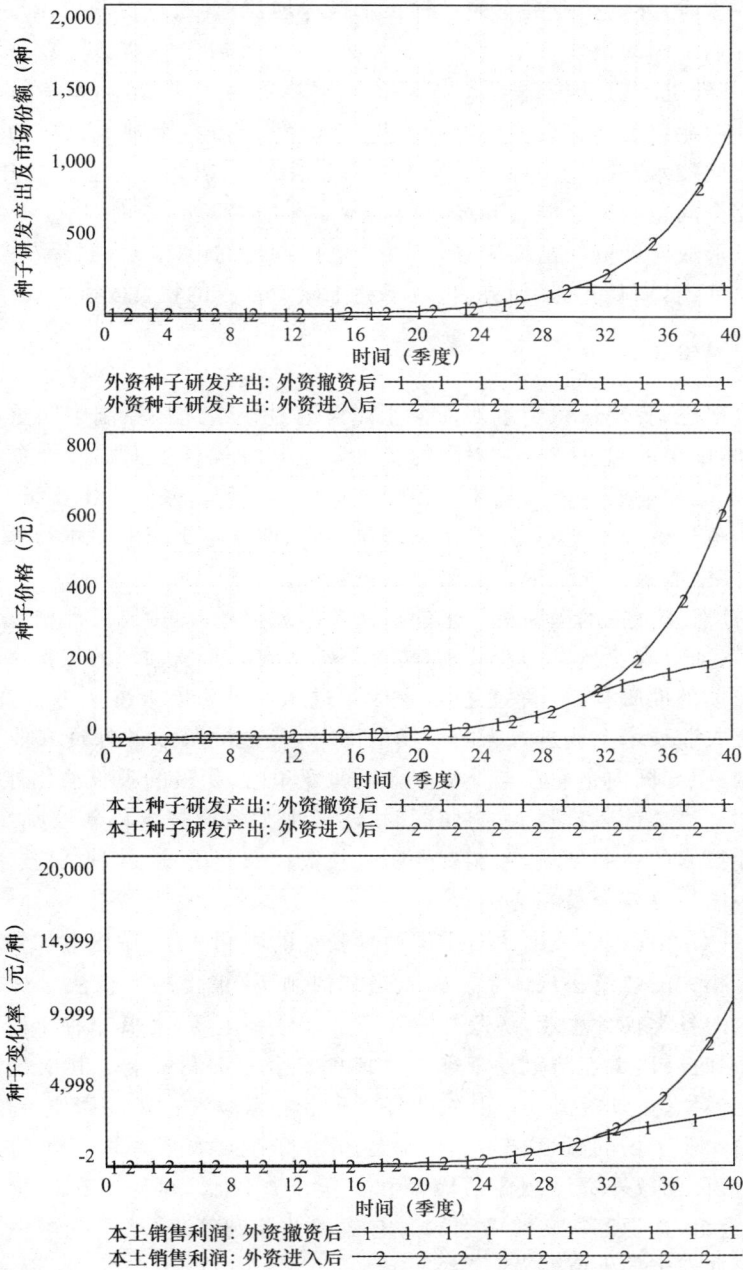

图 4　外资撤资与无撤资仿真系统主要观测值演变趋势对比

进一步看,外资企业具有的这种技术优势地位,会通过控制中国重要的农业技术来影响中国的粮食安全。以种业为例,本文所构建的动态仿真系统模拟结果表明,外资进入前,国内种子研发产出虽有增加但总量较低,整个阶段的种业现代化和商业化进程缓慢。外资进入后,会严重挤占本土种子企业的市场份额且容易形成技术垄断。当种子研发的主导权牢牢掌握在外资企业手中时,中国的粮食安全问题无疑会继续升级。而当缺少外资持续投入时,由于早期本土研发产出已形成对外资的高度依赖,受外资撤资冲击的影响较大,导致中国种业的研发产出和销售利润下降趋势明显,不利于保障自身的粮食安全。

(二)对策建议

通过研究,我们认识到了外资企业如何通过技术优势控制中国重要的农业技术、影响中国的粮食安全。中国的粮食安全某种程度上面临着外资技术垄断的威胁,本土农业研发能力整体较弱的形势依然严峻。基于以上实证分析,本文着重从防范外资技术垄断、完善相关法律机制、促进本土农业技术行业发展等方面,为保障中国粮食安全提出了以下对策建议。

(1)针对外资技术垄断所带来的负向技术溢出效应,中国要严格规避国外专利"陷阱",加大农业技术创新鼓励,防范外资在农业研发领域的技术垄断。政府方面应谨慎批准所有涉外农业技术企业的进入和外资农业专利的商业审批,在允许外资农业技术企业进入国内市场的同时,应建立长效的外资农业技术内部消化机制,引导国内企业在与外资企业同时竞争时,积极的吸收消化外资农业技术,做到"师夷长计以自强"。与此同时,还要加大农业技术创新鼓励,大力推进国内农业技术的自主创新,才能有效防范外资在农业研发领域形成技术垄断,形成保障中国粮食安全最有力的武器。

(2)针对外资进入或退出对中国粮食安全的不利冲击,中国应加快完善保障粮食安全相关的政策法规体系。首先是加快制定《粮食法》,依法管理包括外资企业在内的各类粮食企业,防范外资对农业产业链上游,尤其是种子研发领域的过度垄断和投机,重点防范外资进入对粮食安全的不利影响。其次是修订相关政策规定,对农业外资流动以及农业外资企业经营设置一定的门槛,避免外资企业对国内农业市场的过度侵占。最后还要做好针对农业外资企业的监督和审查,建立粮食领域外资监测评估体系和安全审查机制,对外资在农业领域的投资、并购重组、知识产权转移做到实时有效的监控和管理,严格规避一切可能威胁中国粮食安全的外资经营行为。

(3)在规制外资经营行为的同时,还要大力促进本土农业技术企业和行业的发展。目前中国在农业技术产业领域还未形成以企业为主体的研发模式,单凭小而分散的农业技术企业无法与国外农业技术企业相抗衡。为了推动农业技术研发的产业化发展,必须加快建立健全以企业为主体的现代农业技术创新体系,地方政府应出台优惠的税收政策,引导农业技术企业的合并和规模化,培植具有国际竞争力的农业技术研发龙头企业。国家层面应实施有力的财政政策,大力开展农业技术行业基础建设,推动农业技术行业的发展,为保障国家粮食安全和主要农产品的有效供给提供强有力的支撑。

参考文献

[1] Vandana S. 失窃的收成:跨国公司的全球农业掠夺. 唐均,译. 上海:上海人民出版社,2006.

[2] 陈健鹏. 转基因作物商业化:影响、挑战和应对——整体战略研究框架的构建和初步分析. 中国软科学,2010(6):1-14.

[3] 耿月明. 种业应提升为国家安全战略. 中国种业,2010(9):5-9.

[4] 黄静. 影响 FDI 技术外溢效果的因素分析——基于吸收能力的研究. 世界经济研究,2006(6):60-66.

[5] 李钧. 跨国公司在华研发对本土企业技术创新的溢出效应与挤出效应. 社会科学研究,2009(5).

[6] 李蕊. FDI 与中国工业自主创新:基于地区面板数据的实证分析. 世界经济研究,2008(2):15-21.

[7] 马野青,林宝玉. 在华 FDI 的知识溢出效应——基于专利授权数量的实证分析. 世界经济研究,2007(5):20-25.

[8] 毛日昇,魏浩. 所有权特征、技术密集度与 FDI 技术效率外溢. 管理世界,2007(10):31-42.

[9] 邵长勇等. 基于粮食安全视角下的中国种子产业发展战略. 中国种业,2010(4):11-14.

[10] 王其藩. 系统动力学. 上海:上海财经大学出版社,2009.

[11] 周汨,李林. R&D 投资、FDI 技术外溢与创新——基于负二项分布模型的分析. 统计与信息论坛,2010(6):96-100.

[12] Barlett DL,Steele JB. Monsanto's harvest of fear. Vanity Fair,2008(4):1-9.

[13] Brambilla I. Multinationals,technology & the introduction of varieties of goods. Journal of International Economics,2009,79(9):89-101.

[14] Brambilla I,Galina H,Long CX. Foreign direct investment and the incentives to innovate and imitate. Scandinavian Journal of Economics,2009,111(4):835-861.

[15] Chang CL,Chen SP,Michael M. Globalization and Knowledge Spillover:International Direct Investment,Exports and Patents. University of Canterbury,Department of Economics and Finance in its Series Working Papers in Economics,2010,54:1-40.

[16] Derwisch S,Kolpainsky B,Henson-Apollonio V. Foreign Direct Investment and

Spillovers in Seed Sector Development—Towards an Assessment of the Impact of Intellectual Property Rights. Central Advisory Service on Intellectual Property, 2009.

[17] Furman JL, Porter ME, Stern S. The determinants of national innovative capacity. Research Policy, 2005(31):899-933.

[89] Girma S, Gong Y, Görg H. What determines innovation activity in Chinese state-owned enterprises. The role of foreign direct investment. World Development, 2009 (37): 866-873.

[19] Hausman J, Hall B, Griliches Z. Econometric models for count data with an application to the patents-R&D relationship. Econometrica, 1984, 52(4):909-938.

[20] Nizamuddin A. Rape and Reap: Multinational Corporations and the Politics of Food Security. Paper Presented at the Annual Meeting of the Midwest Political Science Association 67th Annual National Conference, 2009.

[21] Novoselova TA. Adoption of GM technology in livestock production chains: An integrating framework. Trends in Food Science and Technology, 2007(18):175-188.

[22] Walkenhorst P. Determinants of foreign direct investment in the food industry: The case of Poland. Agribusiness, 2001, 17(3):383-395.

农业FDI对中国粮食安全的动态影响研究

浙江引进世界 500 强调研报告[*]

浙江省商务厅课题组

摘要：世界 500 强已成为所有国家和地区为加快其全球化进程,进入或强化其全球体系网络地位而竞相引进的首要对象。引进世界 500 强对浙江省推动实施"四大国家战略举措"和"四大建设",优化产业结构,加快发展方式转变意义重大。本文梳理了浙江省引进世界 500 强发展历程,利用 2011 年外商投资联合年检数据库分析了世界 500 强在浙江省投资经营的主要特点,并结合世界 500 强投资趋势及浙江面临的机遇和挑战,从投资导向、政策支持、机制保障等方面提出加快引进世界 500 强的对策建议。

关键词：浙江;世界 500 强

以世界 500 强为代表的跨国公司,具有强大的技术研发能力、发达的全球营销网络、先进的企业管理理念和经验,是产业转型升级的示范企业、现代管理制度的标杆企业和全球化经营的龙头企业,已经成为具有强大竞争优势的世界经济竞争的主体,也是所有地区为加快其全球化进程,进入或强化其全球体系网络地位而竞相引进的重要对象。将引进世界 500 强作为浙江利用外资的主攻方向和重点突破目标 ,有利于推动实施"四大国家战略举措"和"四大建设",有利于民外合璧,提升民营企业国际竞争力,有利于优化产业经济结构,加快发展方式转变。

一、浙江省引进世界 500 强进程

改革开放初期,浙江省引进的主要是对浙江情况有所了解,与浙江有亲情血缘关系的浙江籍港商、华侨投资。港澳台小型跨国公司在浙江省吸收外资的来源上占据了绝对优势,充分体现了改革和开放初期海外跨国公司小规模试探的特征。

---

[*] 本文系 2012 年浙江省商务厅领导牵头课题,课题组负责人:徐焕明。课题组成员:汤小刚、张汉东、郁海萌、赵建华、沈霞俊。执笔人:赵建华。本文发表于《统计科学与实践》2013 年第 6 期。

　　1992—2001 年,中国处于扩大开放时期。跨国公司开始进行比较大规模的直接投资,以各种形式在中国投资建厂。1992 年以后,浙江吸引 FDI 最重要的变化就是世界 500 强开始加入投资行列,且主要集中在制造业领域。截至 2001 年底,世界 500 强企业中已有 54 家来浙投资,兴办了 104 家直接投资企业,投资总额 32.56 亿美元,合同外资 15.99 亿美元,平均投资规模 3131 万美元,是同期全省外商投资项目平均规模的 13 倍。这一时期,主要以纺织服装制造、机械及交通运输设备制造业、食品饮料加工制造业、电子及通信设备制造等初级要素主导的劳动密集型、资本密集型生产性项目为主,其中 65% 以上采取合资方式,84.4% 的企业集中在杭州、宁波两地。

　　2001 年底中国加入 WTO① 以后,实现全方位开放,包括法制环境、政策环境和行政环境在内的投资软环境得到大幅改善。世界著名跨国公司根据其全球战略需要,开始重新考虑中国在其全球战略中的地位,调整在中国的经营战略或策略,把中国纳入其全球经营网络。从浙江引进世界 500 强的情况看,随着浙江经济快速发展和市场秩序的不断完善,世界 500 强投资浙江步伐加快,并且开始统筹管理物流、资金流、人流、信息流、技术流,实现其新的经营管理中心本地化。截至 2007 年底,共有 83 家世界 500 强企业在浙江投资,设立了 214 家外商投资企业,总投资 83 亿美元,项目平均投资规模扩大到 3878.50 万美元(表1)。现代服务业和临港工业成为新的投资热点。一批世界 500 强企业开始在浙江设立区域总部和研发中心,如诺基亚、三星设立了研发中心,联邦快递在萧山国际机场设立了大中国地区营运中心,德国博世设立全球采购中心,松下、东芝在杭州经济技术开发区建立海外制造中心。

　　2008 年国际金融危机爆发,跨国公司对外投资趋缓。截至 2008 年底,共有 84 家世界 500 强在浙投资 224 家企业,投资总额 98.78 亿美元。截至 2009 年,共有 89 家世界 500 强在浙投资 233 家企业,投资总额 129.86 亿美元(表1)。

　　近几年来,浙江省将吸引世界 500 强企业作为利用外资的重中之重。世界500 强企业进入浙江的步伐明显加快,为浙江经济发展注入了新的动力。截至 2011 年年底,全省已累计审批 143 家世界 500 强投资企业 415 家,投资总额达到 209.2 亿美元,合同外资 81.2 亿美元。2012 年全省新批世界 500 强投资企业 28 家,单个项目投资总额规模超过 5000 万美元,投资行业主要集中在生物制药、信息软件等高技术行业及仓储、汽车销售等现代服务业(表1)。

---

　　① 确切日期是 2011 年 12 月 11 日。

表 1　世界 500 强在浙投资进程

截至年份	500 强企业数	投资企业数	总投资额 （亿美元）	平均投资规模 （万美元）
2000	50	93	18.93	2035.48
2002	54	115	35.8	3113.04
2004	64	167	53.3	3191.62
2006	79	211	77	3649.29
2007	83	214	83	3878.50
2008	84	224	98.78	4409.82
2009	89	233	129.86	5573.39
2010	90	238	142	5966.39
2011	143	415	209.2	5040.96
2012	154	415	223.5	5385.54

注：从 2010 年开始，浙江省参照江苏等省市对世界 500 强的统计口径作了调整。

二、世界 500 强在浙江省投资经营主要特点

在 2011 年度浙江省外商投资企业联合年检数据库中，我们选取了 98 家世界 500 强投资的 213 家企业数据，对世界 500 强在浙江省投资经营的特点作了分析。

(一)总体规模扩大，项目平均规模较大

截至 2011 年底，世界 500 强在浙江省平均投资规模为 5041 万美元，是同期全省外商投资平均规模的 7.1 倍，是 2007 年的 1.3 倍，2002 年的 1.6 倍（表 1）。根据联合年检数据库分析，98 家世界 500 强投资的 213 家企业投资总额 114.66 亿美元，中方注册资本 16.34 亿美元，外方注册资本 43.68 亿美元，平均投资规模 5383 万美元，投资额在 5000 万美元及以上的企业共 48 家，总投资额占比 76.4%；其中 1 亿美元及以上的企业 25 家，总投资额占比 61.4%。

(二)独资化趋势明显，代替合资成为主要投资方式

早期，受不熟悉中国市场以及产业政策限制等因素，世界 500 强在浙江省投资以合资合作形式为主，如达能与娃哈哈、摩托罗拉与东方通信、奥的斯与西子、可口可乐与中萃、西门子与省电力物资公司等。2002 年，世界 500 强在浙江省

投资的合资企业数占比为 65.2%。近年来,世界 500 强在浙江省投资独资化趋势明显,主要表现在三个方面,一是新设独资企业增加;二是原有合资企业的股权扩张;三是并购浙江省企业。根据 2011 年联合年检数据,98 家世界 500 强投资的 213 家企业中,独资企业 112 家,投资总额 59.52 亿美元,分别占 52.6% 和51.9%。合资合作企业 100 家,投资总额 53.59 亿美元,分别占 46.9% 和 37%。在 213 家企业中,零售业、软件和信息技术服务业、通用设备制造业、专用设备制造业、计算机通信和其他电子设备制造业等行业独资比重较高,分别达到 84.6%、66.7%、62.5%、69.2% 和 80%。纺织服装业、酒饮料和精制茶制造业、仓储业、化学纤维制造业等行业合资比重较高,分别为 85.7%、83.3%、70% 和 60%。

(三)来源多元化,日本企业占比仍然较大

跟全国的情况相似,500 强中日本公司在浙江创办子公司的数目占全部 500强在浙江投资企业的一半左右,说明地理优势、文化、习俗、价值观等相近的社会环境都很重要。截至 2002 年,进入浙江投资经营的 115 家企业中,日本企业有58 家,占 50.4%,居首位。截至 2006 年底,日本世界 500 强在浙江省投资企业数占比达到 50.7%,高居首位。根据 2011 年联合年检数据库,截至 2011 年底,在浙江省投资的 98 家世界 500 强企业来自 16 个国家(地区)。其中来自日本的世界 500 强企业 26 家,投资企业 90 家,占比 42.3%;美国世界 500 强企业 22家,投资企业 28 家,占比 13.2%;欧盟世界 500 强企业 32 家,投资企业 56 家,占比 26.3%;韩国世界 500 强企业 7 家,投资企业 15 家,占比 7.0%(表 2)。

表 2　世界 500 强在浙企业来源国分布情况

国别	500 强企业数	占比(%)	投资企业数	占比(%)
日本	26	26.5	90	42.3
韩国	7	7.1	15	7.0
欧盟	32	32.7	56	26.3
美国	22	22.4	28	13.1

(四)投资行业仍以制造业为主,服务业投资比重上升

根据 2011 年联合年检数据库,世界 500 强企业在浙江省投资仍以第二产业,尤其是制造业为主,但现代服务业投资趋势强化。98 家世界 500 强投资的213 家企业中,投资第二产业的企业共 163 家,占比 76.5%,比 2002 年下降10.5 个百分点;投资总额 97.75 亿美元,占比 85.3%,比 2002 年下降 7.2 个百分点。其中制造业企业总共 157 家,占比 73.7%;投资总额 92.53 亿美元,占比

80.7%（表3），项目涉及化学原料和化学制品制造、电气机械和器材制造、纺织服装、通用和专用设备制造、汽车制造、医药制造等24个行业，且主要集中在化学原料和化学制品制造、电气机械和器材制造、通用和专用设备制造等资本、技术密集型行业。服务业投资企业50家，投资总额16.13亿美元，分别占比23.5%和14.1%，比2002年上升10.5个和6.6个百分点（表4）。

表3　世界500强在浙企业行业分布情况（制造业）

制造业	500强企业数	占比（%）	投资额（万美元）	占比（%）
化学原料和化学制品制造业	25	11.7	261821.7	22.8
电气机械和器材制造业	22	10.3	112428.57	9.8
纺织服装服饰业	14	6.6	37037.63	3.2
通用设备制造业	13	6.1	56172.69	4.9
专用设备制造业	10	4.7	25452.79	2.2
计算机、通信和其他电子设备制造业	8	3.8	44996	3.9
纺织业	7	3.3	14515.73	1.3
橡胶和塑料制品业	7	3.3	108156.67	9.4
酒、饮料和精制茶制造业	6	2.8	18846.67	1.6
汽车制造业	6	2.8	12219	1.1
化学纤维制造业	5	2.3	40989.41	3.6
金属制品业	5	2.3	20009.72	1.7
仪器仪表制造业	5	2.3	5166.41	0.5
非金属矿物制品业	4	1.9	20296.42	1.8
医药制造业	4	1.9	12155.12	1.1
黑色金属冶炼和压延加工业	3	1.4	97575.06	8.5
其他制造业	2	0.9	4680	0.4
食品制造业	2	0.9	3721.6	0.3
金属制品、机械和设备修理业	1	0.5	132.89	0.0
木材加工和木、竹、藤、棕、草制品业	1	0.5	1600	0.1
皮革、毛皮、羽毛及其制品和制鞋业	1	0.5	9438.89	0.8
有色金属冶炼和压延加工业	3	1.4	9556.5	0.8
造纸和纸制品业	1	0.5	600	0.1
总计	155	72.8	917569.47	80.0

表 4　世界 500 强在浙企业行业分布情况(服务业)

服务业	500 强企业数	占比(%)	投资额(万美元)	占比(%)
零售业	13	6.1	45018.05	3.9
仓储业	10	4.7	34745.88	3.0
房地产业	7	3.3	32587.11	2.8
软件和信息技术服务业	6	2.8	2936.62	0.3
批发业	4	1.9	6598.1	0.6
商务服务业	2	0.9	1120	0.1
水上运输	2	0.9	24214	2.1
餐饮业	1	0.5	856.11	0.1
道路运输	1	0.5	200	0.0
电信、广播电视和卫星传输服务	1	0.5	4000	0.3
科技推广和应用服务业	1	0.5	863.02	0.1
其他服务业	1	0.5	5000	0.4
生态保护和环境治理	1	0.5	3146.74	0.3
总计	50	23.5	161285.63	14.1

(五)投资地域集中在环杭州湾地区,集聚发展现象突出

从区域分布上看,世界 500 强在浙江省投资企业主要分布在环杭州湾地区,企业数和投资总额占比分别为 89.7% 和 93.8%,尤其是杭州、宁波两大中心城市,企业数和投资总额占比分别达到 63.9% 和 73.2%(表 5)。集聚发展、系统化项目投资特征较为明显。如日本伊藤忠商事在宁波投资了 14 家企业,行业涉及棉化纤印染精加工、纺织服装、针织品及编织品制造、软木制品及其他木制品制造等。日本松下在杭州投资设立电气机械和器材制造业企业后,又设立了家电研究开发公司。从地域产业特征看,世界 500 强投资行业与地区产业优势相对比较吻合。如在绍兴投资行业主要为纺织面料鞋的制造,棉、化纤印染精加工,合成纤维单(聚合)体的制造和涤纶纤维制造等。在台州投资行业主要为汽车零部件及配件制造、专项化学用品制造。软件和信息技术服务业、电信广播电视和卫星传输服务、科技推广和应用服务等服务业企业近 50% 设在杭州。

表5　世界500强在浙企业投资地域分布情况

地区	500强企业数	占比（%）	投资总额（万美元）	占比（%）
杭州	80	37.6	258305.84	22.5
宁波	56	26.3	581671.53	50.7
嘉兴	27	12.7	104315.28	9.1
湖州	13	6.1	40207.52	3.5
金华	11	5.2	35366.99	3.1
绍兴	10	4.7	40212.67	3.5
温州	6	2.8	27711.89	2.4
舟山	5	2.3	50342.66	4.4
台州	4	1.9	6845	0.6
衢州	1	0.5	1579.88	0.1

（六）经营情况良好，主要经济效益指标高于全省平均水平

综合考虑数据可得性及横向可比性，我们选取了每百元资产实现销售收入、每百元固定资产净值实现利税、每百元资产实现利税、每百元主营业务实现利税、流动资产周转次数和销售利润率这几个指标作为在浙世界500强工业企业的主要经济效益指标。计算结果显示，2011年，这213家世界500强投资企业中的工业企业各项经济效益指标都明显高于同期全省规模以上工业企业，也高于同期规模以上外商投资工业企业。尤其是每百元固定资产净值实现利税、每百元资产实现利税和流动资产周转次数，分别比同期全省规模以上工业企业高出61.2%、47.6%和52.6%，分别比同期规模以上外商投资工业企业高处78.7%、54.1%和61.1%（表6）。

表6　2011年在浙世界500强企业主要经济效益指标比较

指标	500强投资企业	规模以上工业企业	其中：外商投资工业企业
每百元资产实现销售收入（元）	121.72	108.98	111.2
每百元固定资产净值实现利税（元）	67.09	41.37	37.54
每百元资产实现利税（元）	15.87	10.75	10.3
每百元主营业务收入实现利税（元）	11.85	9.87	9.26
流动资产周转次数（次）	2.9	1.9	1.8
销售利润率（%）	6.4	6	6.3

数据来源：2011年浙江外商投资企业联合年检数据库，《浙江统计年鉴》（2012）。

(七)国内市场导向明显,人才本土化程度较高

2002年,在浙江省投资的世界500强企业产品销售以国外市场为主。而近几年来,中国市场的价值已经凸显出来,跨国公司本土化经营战略导向更加明显。2011年联合年检数据库显示,163家世界500强投资工业企业中,出口占销售收入比重在50%以下的企业占76.7%,比重在20%以下的企业占66.3%;产品完全内销的企业占45.4%。顺应国内市场战略导向,人才本土化成为跨国公司本土化战略中重要一环,本地化的优秀员工队伍及管理层更能理解中国消费者的需求,更能帮助企业将其一流的科学技术极其成功的经验扎根于中国文化,为其在中国的发展奠定基础。在浙江省投资的213家世界500强企业中,外籍人员占全部就业人数比重小于10%的占92%,小于5%的占比85%,全部是国内人员的占比46.5%。

三、世界500强投资新趋势及浙江面临的机遇和挑战

在当前全球经济复苏进程缓慢曲折、国际投资合作面临的不确定、不稳定因素有所增多的情况下,中国吸收外资仍然保持了较强的竞争力。今后一段较长时期内,中国仍将是跨国公司的主要投资目的地,但与前10年相比,跨国公司在包括投资力度、项目布局、投资方式等方面在内的投资战略已经发生了较大变化。对浙江来说,今后一段时期引进世界500强机遇和挑战并存。

(一)机遇

1. 市场寻求型投资趋势为浙江省引进500强系统化投资项目带来新机遇

国际金融危机爆发后,处于全球经济再平衡大背景下的跨国公司在中国投资的过程中,市场动机更为突出。同时,"十二五"期间中国把扩大消费需求作为扩大内需的战略重点,内需在中国经济增长中的地位显著提升。党的十八大报告更是明确把扩大内需作为战略基点,这都将为跨国公司在中国发展提供最佳发展机遇,其市场寻求型投资趋势将进一步强化。市场寻求导向将使跨国公司在研发设计、生产制造、物流、销售、售后服务等环节的投资更加针对中国市场需求,投资项目趋于系统化,并通过建立或加强在华总部和营运中心实现投资管理体制一体化。这将为浙江引进研发设计、物流等现代服务业项目,提高产业链式项目投资比重,优化外商投资产业结构,提升利用外资质量和水平带来新机遇。

2. 服务业投资趋势符合浙江省利用外资加快优化经济结构新要求

"十二五"期间,现代服务业成为对外开放的重点。在2011年修订的《外商

投资产业指导目录》中,现代服务业是国家鼓励外商投资的领域,租赁和商务服务、创业投资企业和知识产权服务等都被纳入鼓励类范围。跨国公司中的银行、保险、证券、零售、物流等服务企业纷纷在中国设立分支机构。与2008年相比,2011年中国吸收服务业外资占比上升6.3%,首次超过制造业外资比重。跨国公司在华投资产业结构性调整趋势明显,服务业投资比重将迅速上升。对浙江来说,调整优化经济结构,是转变经济发展方式的战略重点,产业结构调整是重中之重,浙江省现代服务业吸引外资近年来比重提高较快,但仍需要继续扩大开放,把利用外资和优化经济结构有机结合起来,着力提高国际竞争力。

3. 高附加值投资趋势适应浙江省利用外资强化自主创新新阶段

中国在加工制造环节的低成本优势面临威胁,跨国公司的一般加工制造环节将由沿海地区逐步向中国内陆和周边国家转移。中国现在依然拥有国内市场容量大、基础设施良好、人才资源丰富等竞争优势,因此中国沿海地区将吸引更多高端投资,它们主要流向高附加值的产品和产业链的高端环节。对浙江来说,全面提高自主创新能力,是加快转变经济发展方式的关键。如何通过利用外资大力引进先进技术、管理经验和各类人才,加强与国际知名品牌在生产设计及营销方面的合作,提高自主创新能力,是当前及今后一段时期利用外资中需要解决的一个突出问题。

4. 低碳投资趋势顺应浙江省利用外资推进生态文明建设新导向

目前,世界各国不仅把发展低碳产业看作应对环境恶化和气候变化的必要举措,而且将其作为应对经济危机、创造就业及抢占新一轮技术革命制高点的新兴战略产业大力发展。联合国贸易和发展组织研究表明,跨国公司已经在全球积极开展低碳投资,其在中国的低碳投资主要涵盖以下几个方面:①加强低碳技术研发,以提升在产业链中的地位。其中比较突出的是汽车、新能源,以及电子信息等领域实施的节能减排。②注重减少碳足迹,在采购、制造、运输、销售、使用及废弃物处置等环节全面减少碳排放。党的十八大报告将经济建设、政治建设、文化建设、社会建设"四位一体"拓展为包括生态文明建设的"五位一体"的新部署,着力推进绿色发展、循环发展、低碳发展。浙江省作为东南沿海的发达地区,应率先探索低碳发展之路,建设资源节约型、环境友好型社会。跨国公司实施低碳战略与浙江省利用外资推进生态文明建设,增强区域经济可持续发展能力的目标高度吻合。

5. 并购投资趋势有利于浙江省探索"民外合璧"新途径

目前,全球80%以上的跨国投资是通过并购实现的。并购对盘活存量资产、优化产业结构、促进技术进步、转变增长方式等有着积极作用。2010年国务院出台《关于进一步做好利用外资工作的若干意见》,明确"鼓励外资以参股、并购等方式参与国内企业改组改造和兼并重组。支持 A 股上市公司引入境内外战略投资者。规范外资参与境内证券投资和企业并购"。随着法制政策环境的逐步完善,加上土地等生产要素制约,今后一段时期内,并购将成为中国利用外资主要形式之一。2011 年,浙江外资并购比重仅为 9.4%,明显偏低。而结合民营经济发达的浙江实际,近年,浙江省将引进世界 500 强和民外合璧作为利用外资工作的两大重点,鼓励民营企业多形式与世界 500 强企业嫁接提升,跨国公司在华并购投资趋势强化将有利于浙江省探索"民外合璧"新途径。

(二)挑战

随着跨国公司投资战略的全面调整,现代服务业发展环境、高技术产业基础、自主创新能力、外资集聚效应、市场潜力等因素在其区位选择中的重要性凸显,与上海、江苏、广东等地相比,浙江吸引世界 500 强的综合优势并不明显。

1. 政策导向有待进一步明确,与上海、江苏等地差距还较大

多年以来,浙江省一些地区一直存在重民资、轻外资;重数量、轻质量的片面认识,一定程度上影响了外资在全省经济社会发展工作中的地位。从政策导向上看,除了 2010 年、2012 年出台的外资文件以外,之前浙江省不论在综合性外资政策还是区域性外资产业规划指导等方面的政策导向还不够明确,这也成为浙江省在引进世界 500 强项目的规模和结构上一直与先进省市存在差距的因素之一。目前,上海已经有 347 家跨国公司地区总部、237 家跨国公司投资性公司、332 家跨国公司研发中心,而浙江跨国公司投资项目主要还是以生产制造业为主。江苏超 1 亿美元的世界 500 强投资项目占比达到 20.9%,而浙江为 11.7%。

2. 高技术产业基础有待进一步夯实,吸引高附加值投资能力还较弱

据对世界 500 强在华 457 家美国子公司和 537 家欧洲子公司区位选择决定因素进行的实证分析研究表明[①],东道国(地区)所拥有比较优势的产业,可以吸收更多的外资在该产业进行投资。2008 年,浙江省高技术产业总产值规模在全国排名第 5 位,总量只有广东的 1/5、江苏的 1/3、上海的 1/2,位次低于 GDP 总量在全国的排名。高技术产业增加值占 GDP 比 3.4%,不但远低于先进地区,甚至低于全国平均水平(4.4%)[②]。高技术产业比重明显偏低,在整个国民经济

---

① 余珮,孙永平.集聚效应对跨国公司在华区位选择的影响.经济研究,2011(1):71-82.
② 数据来源:省发改委课题组调研报告《加快浙江高技术产业发展的若干问题研究》。

中的地位不显著,对结构调整和经济增长方式转变的作用和贡献不够明显,成为主导产业还有较大差距,是吸引世界 500 强高附加值投资的主要制约因素。

3. 企业自主创新能力有待进一步增强,投资合作主体培育比较滞后

由于历史原因,浙江省工业基础比较薄弱,"低、小、散"特征明显,缺乏一批实力雄厚的大企业、大集团,企业自主创新能力较弱。从 R&D 投入来看,浙江省工业企业自主创新经费投入强度明显不足,2009 年仅为 0.81%。(国际上普遍认为,企业的 R&D 投入强度达到 3% 只能维持生存,而达到 5% 以上才具有市场竞争力。)从发明专利申请量来看,2009 年,浙江规模以上工业企业发明专利申请量占专利申请总量的 18.7%,是全国平均水平的一半左右,严重影响浙江工业企业的发展后劲。同时,浙江省大型工业企业研发优势不明显。大型工业企业 R&D 经费内部支出占规模以上工业的比重仅为 19.8%,比全国平均比重低 33.5 个百分点[1]。企业自主创新能力较弱,缺乏与跨国公司合资合作的条件和基础,也是浙江省吸引世界 500 强投资的重要制约因素。

4. 平台作用有待进一步强化,外资集聚效应不够高

集聚效应,特别是母国效应,在吸收新进外资时有积极的作用,尤其是对欧洲公司,它们倾向于在已经集聚了来自同一个国家或来自欧洲的子公司的东道地区设立新的子公司。开发区是浙江省引资主战场,在提高外资集聚效应,推进产业升级和结构调整等方面发挥了重要作用。近三年内浙江省新增 12 个国家级经济技术开发区,总数达到了 17 个,占全国 1/10,列全国第二。但与江苏等地相比,浙江省开发区利用外资主平台作用有待进一步强化。在开发区利用外资比重上,2011 年江苏省开发区实际外资 243.6 亿美元,占全省比重为 75.8%,比浙江省(51.3%)高出 24.5 个百分点。在开发区引进世界 500 强比重上,根据 2011 年外商投资联合年检数据库,浙江省开发区引进世界 500 强企业数占比 38.5%,投资总额占比 47.2%,集聚效应有待进一步提高。

四、浙江引进世界 500 强对策建议

引进世界 500 强投资是贯彻落实党的十八大提出的提高利用外资综合优势和总体效益,推动引资、引技、引智有机结合的精神,按照浙江省利用外资工作"一个结合、四个化"的指导思想,实现"两个高于、四个优化"总体目标的重要抓手,应采取更加积极有效的措施,运用更加灵活多样的形式,更多地通过制度优

---

① 数据来源:省统计局课题组调研报告《浙江省工业企业自主创新现状与分析研究》。

化来创造吸引世界 500 强投资的经济环境和市场环境,培育吸引世界 500 强投资的综合优势,促进世界 500 强为代表的跨国公司与浙江企业的深度合作,提高总体效益,实现互利共赢。

(一)进一步明确引进世界 500 强投资导向

浙江省引进世界 500 强致力于推动跨国公司参与实施"四大国家战略举措"和"四大建设",实现"民外合璧",提升民营企业国际竞争力,优化产业经济结构,加快发展方式转变。今后一段时期引进世界 500 强的投资导向主要是:以吸引欧美、日韩等发达国家世界 500 强企业为重点,鼓励世界 500 强投资战略性新兴产业和浙江省"四大国家战略举措"重大项目。鼓励世界 500 强企业投资生物、新能源、物联网、高端装备制造、节能环保、新材料、新能源汽车、海洋新兴产业及核电关联产业等战略性新兴产业;鼓励世界 500 强企业参与浙江海洋经济发展示范区、舟山群岛新区和义乌国际贸易综合改革试点及现代服务业集聚示范区建设。支持世界 500 强投资企业开展技术创新。支持世界 500 强企业在浙江省设立地区总部和各类功能性机构。

(二)进一步夯实引进世界 500 强产业基础

顺应世界 500 强加大服务业投资、高附加值投资和低碳投资力度的趋势,进一步夯实引资产业基础。扩大高技术产业规模,延伸产业链,提高产业配套能力,积极促进优势特色高技术产业发展,努力形成一批创新能力强、产业特色明显、产业配套完备、有较强竞争力的高技术产业集群,提升高技术产业吸引世界 500 强投资的引领带动能力和国际竞争能力,加强本地企业与跨国公司在产业配套、市场销售、技术研发等环节的合作,提升产业竞争力。加快发展现代服务业。大力发展生产性服务业,加快发展生活性服务业,积极发展公共服务业,拓展新领域,培育新业态,促进服务业规模化、品牌化、国际化发展。支持大中城市建设现代服务业集聚区和总部基地,推动大城市形成以服务经济为主的产业结构,在吸引世界 500 强设立地区总部、运营管理中心、系统化项目投资等方面增强竞争优势。把培育发展科技引领、高质发展、生态良好的战略性新兴产业放在更加突出的位置,加快生物、新能源、物联网、高端装备制造、节能环保、新材料、新能源汽车、海洋新兴产业及核电关联产业九大新兴产业发展,形成省引进世界 500 强投资的新优势。

(三)进一步强化引进世界 500 强平台建设

进一步发挥开发区引进世界 500 强主平台作用。结合全省产业集聚区规划建设,加快开发区转型升级,突出开发区引进世界 500 强主平台作用,作为提高利用外资质量、加快开发区转型升级的重要抓手。进一步强化开发区具有的品牌效应、基础设施、产业集聚、人才队伍、要素保障和体制机制等六大优势,向专业化、高端化、低碳化、品牌化、国际化方向发展。针对全省开发区整合提升后出现的空间布局组团化、利益格局多元化的新情况,积极引导开发区探索建立统分结合的领导管理体制、便捷高效的运行服务机制和成果共享的利益平衡机制。积极搭建信息平台、拓展投资信息渠道。充分利用好浙洽会、厦洽会、浙江国际商务周等大型投资洽谈平台,开展世界 500 强投资洽谈活动。

(四)进一步加大引进世界 500 强政策支持力度

突出重点,强化政策对世界 500 强企业的鼓励和引导功能。认真贯彻落实《浙江省人民政府关于进一步做好世界 500 强企业引进工作的意见》,包括对进驻的世界 500 强地区总部和研发中心、采购中心、财务管理中心、结算中心等功能性机构,给予一定比例的租金补贴。投资战略性新兴产业和浙江省"四大国家战略"重大项目的企业同等享受《中共浙江省委浙江省人民政府关于加快培育战略性新兴产业的实施意见》(浙委〔2011〕76 号)以及浙江省加快发展海洋经济若干意见中的财政、税收、技术、人才、土地、金融等政策。支持世界 500 强投资企业申报评定高新技术企业,对经认定的高新技术企业减按 15% 税率征收企业所得税。一个纳税年度内,对居民企业技术转让所得不超过 500 万元的部分,免征企业所得税;超过 500 万元的部分,减半征收企业所得税。鼓励世界 500 强投资企业开展技术研发,对企业为开发新技术、新产品、新工艺产生的研究开发费用,未形成无形资产计入当期损益的,在按照规定据实扣除的基础上,按照研究开发费用的 50% 加计扣除;形成无形资产的,按照无形资产成本的 150% 摊销。各地要结合实际,创新举措,加大支持力度,提高工作实效。

(五)进一步优化引进世界 500 强的工作机制保障

充分发挥省和各地利用外资工作领导小组的作用,定期召开会议,研究引进世界 500 强的重大举措和重要事宜。利用外资工作领导小组办公室具体指导、协调和统筹引进世界 500 强工作。坚持"四有"招商基本要求,切实加强招商机构和队伍建设。加强世界 500 强投资项目要素,尤其是土地保障。鼓励世界 500 强投资项目进入省级产业集聚区、经济技术开发区,土地指标给予优先保障。对科技含量高、投入产出大、带动力强的世界 500 强投资项目,土地指标建议在省留新增建设用地计划中统筹解决,土地价格建议专项优惠支持。建立投资项目审批"绿色通道"。建立世界 500 强投资项目"绿色通道"工作机制,加快项目批准、用地预审、用地报批、环评批复、规划选址等审批事项的办理进度,确保项目尽快落户与投产开业。建立健全目标考核办法。将引进世界500强纳入各级年度目标责任制考核体系。在利用外资考核办法中,加大对引进世界500强的考核力度。对世界500强投资鼓励类项目并达到一定投资额度的,按照实到资金额给予项目所在县(市、区)或省级产业集聚区、经济技术开发区给予专项工作经费奖励。设立地方政府"外商投资奖",表彰在经济和社会发展中做出突出贡献的外商投资企业和高级管理人员。

FDI 对浙江生态环境影响的度量[*]

黄水灵　蒋琴儿　黄　敏

（浙江农林大学）

摘要：通过构建环境库兹涅茨曲线、C-D 生产函数、FDI 模型的联立方程，全面量度 FDI 对浙江生态环境的影响。结果表明，三种污染排放物与人均 GDP 之间呈倒 U 形，FDI 与浙江经济增长之间互为正效应，而与生态环境之间关系较复杂；FDI 对浙江工业废水污染呈现正效应，对工业废气、工业固体废物排放量的影响呈现负效应。同时劳动力和产业结构对环境污染的影响呈现出负效应。

关键词：FDI；生态环境；环境污染；影响

一、引言与文献综述

改革开放以来，浙江凭借区位、人才、基础设施、产业配套等方面的优势，积极发展外向型经济，吸引了大量的外资企业来浙江投资，利用外资的规模不断扩大，实际利用外资总额从 1985 年的 0.16 亿美元上升到了 2010 年的 110 亿美元，占全国的比重从 0.35％增加到 10.41％，在全国的位次长期稳定在第四、五位。利用外资已成为浙江经济发展的引擎。然而，在 FDI 强劲驱动浙江经济快速增长的同时，浙江环境污染日益严重，"三废"排放量逐年增加，工业固体废物、工业废水和工业废气的排放量分别从 1990 年的 847 万吨、130229 万吨、2595 亿立方米增加到 2010 年的 4268 万吨、217426 万吨和 20434 亿立方米。在当前国际国内低碳经济建设的大背景下，我们必须弄清 FDI 给浙江带来的是先进的技术与"污染光环"（ Zarsky ，1999）还是产生了"污染天堂"（Baumol&Oates，1988），日益增长的 FDI 是否对浙江逐年增加的"三废"排放量起到了推波助澜的作用？ 这些问题的解决对民间资本雄厚、民营经济大省的浙江进一步引进外资具有重要的现实意义。因此，本文就 FDI 对浙江环境产生什么样的影响、产生多大的影响开展研究。

＊ 本文获"第五届浙江省国际经济贸易研究优秀成果奖"理论类二等奖。

近年来,以 FDI 为载体的跨境环境污染问题成为开放型经济研究的重点。目前,得出了三种不同的研究结果。第一种是以"污染天堂"假说为代表的有害论,认为发达国家污染密集型的企业向环境管制较为宽松的发展中国家转移。Smarzynska&Wei(2004)对俄罗斯和南非的研究表明,FDI 恶化了环境质量,存在"污染避难所"假说。Pao 和 Tsai(2011)认为,"金砖四国"的 CO_2 排放量与 FDI 流入之间存在强烈的双向因果关系,支持"污染避难所"假说。陈凌佳(2008)证实了 FDI 的增加对中国环境产生了负面的影响,并呈现东低西高的梯度特征。苏振东和周玮庆(2010)认为,FDI 对中国环境具有明显的负作用,呈现出东高西低的梯度特征,"污染避难所"假说在中国成立。第二种是以"污染光环"假说为代表的有益论,认为外资企业给发展中国家带来了先进的清洁技术和环保管理,改善了东道国的环境。Gray&Shadbegian(2002)认为,FDI 引入环境友好型技术,改善了东道国的环境福利。Chakraborty(2010)认为,印度引进FDI 与环境污染间并不存在因果关系,"污染避难所"在印度没有发生。许和连和邓玉萍(2010)认为,FDI 对环境污染的影响显著为负,污染天堂假说在中国不成立,FDI 对中国省域环境污染的改善呈现出东高西低的格局。黄菁(2010)认为,FDI 通过对经济增长、产业结构和环境污染治理的影响最终有利于中国工业污染治理和环境的改善。第三种是以 FDI 的环境效应为代表的折中论,认为FDI 的环境效应可分解为规模效应、结构效应、技术效应等,综合环境效应取决于各种效应的总和。罗丽英和王丽娜(2009)认为,FDI 诱致的经济规模扩张和经济结构变化带来的环境效应是负的,而诱致的技术转移带来的环境效应是正的,总体环境效果是消极的。包群等(2010)认为,外资进入扩大了东道国生产规模与产出水平,导致了更多的污染排放,同时又提高了东道国居民收入水平,导致了更多的资源用于污染治理,外资与东道国环境污染之间具有倒 U 形曲线。鲍洋(2012)从规模、结构和技术三方面检验了"金砖国家"引进 FDI 的环境效应,除印度引进FDI 的环境效应是正向的,其余四个国家都是负向的。沈能(2013)认为,FDI 的规模效应和收入效应引致了 FDI 和中国总体工业污染排放存在倒 U 形关系,目前大部分污染密集型行业处于倒 U 形曲线的上升阶段,对应了污染避风港效应,而清洁生产型行业处于倒 U 形曲线的下降阶段,对应了污染光环效应。

二、FDI 与浙江环境污染发展状况

(一)浙江利用外资概况

改革开放以来,浙江大力发展外向型经济,不断拓展对外开放广度和深度,利用外资经历了 20 世纪 80 年代最初的起步阶段,到 20 世纪 90 年快速增长阶段,进而到 21 纪的高速扩张阶段,利用外资的规模不断扩大,实际利用外资总额从 1985 年的 0.16 亿美元上升到了 2011 年的 111.66 亿美元,占全国的比重从 0.35% 增加到 10.06%(图 1)。从 2004 年开始,浙江每年实际利用外资金额占全国比重一直在 10% 以上,在全国的位次长期稳定在第四、五位。然而,浙江外资企业独资化趋势日益增强,引进外资的独资企业项目占外资总量的比重迅速上升。2010 年浙江 FDI 中的外商独资企业项目个数为 1396 个,占外资总量的 71.81%。从产业分布看,外资进入第二产业的比例最高。2010 年,第二产业实际利用外资达 67.67 亿美元,占浙江实际利用外资的 61.51%,其中制造业利用外资 66.29 亿美元,成为外商投资最集中的领域。2010 年,第三产业引进外资 41.45 亿美元,占浙江实际利用外资的 37.67%,而第一产业仅占 0.82%。可见,浙江利用外资呈现出明显的"二、三、一"产业分布特点。

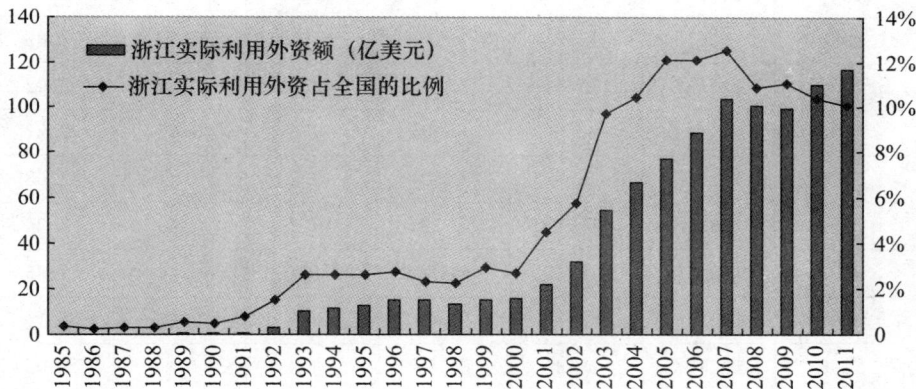

图 1　1985—2011 年浙江利用外资情况

(二)浙江环境污染状况

随着浙江经济的快速发展,工业化进程的加快,对资源利用强度的增加,环境污染和生态破坏日趋严重,工业"三废"排放量仍在增加,工业固体废物、工业废水、废气的排放量分别从 1991 年的 888 万吨、102049 万吨、4676 亿立方米增加到 2010 年的 4268 万吨、20434 万吨和 217426 亿立方米。进入 21 世纪以来,浙江日益意识到经济越发展,越要重视环境保护和生态建设,大力治理环境污染问题,推进绿色浙江、生态省的建设,"三废"排放量增速在放慢,单位产值的"三废"排放量呈现出下降的趋势(表 1)。

表1 1991—2010年浙江工业"三废"排放状况

年份	总排放量			单位产值排放强度		
	工业废水（万吨）	工业固体废物（万吨）	工业废气（亿立方米）	工业废水（吨/万元）	工业固体废物（吨/万元）	工业废气（标立方米/元）
1991	102049	888	4676	232.8	2.02	10.67
1992	116626	945	3136	200.5	1.62	5.39
1993	105734	949	2878	120.7	1.08	3.28
1994	100703	953	2996	81	0.77	2.41
1995	102807	1018	3108	62.5	0.62	1.89
1996	85481	1027	3279	43.1	0.52	1.65
1997	108553	1326	4884	47.5	0.58	2.14
1998	113018	1390	5016	45.5	0.56	2.02
1999	117132	1361	5417	43.7	0.51	2.02
2000	136433	1386	6509	46.3	0.47	2.21
2001	158113	1603	8530	49.7	0.5	2.68
2002	168048	1778	8532	46.2	0.49	2.34
2003	168088	1976	10432	37.7	0.44	2.35
2004	165274	2318	11749	30.1	0.42	2.14
2005	192426	2514	13025	30.3	0.4	2.05
2006	199593	3096	14702	26.3	0.41	1.94
2007	201211	3613	17467	22.1	0.4	1.92
2008	200488	3785	17633	19.4	0.37	1.71
2009	203441	3910	18860	19.3	0.37	1.79
2010	217426	4268	20434	17.2	0.34	1.61

（三）外资在污染密集型产业中的分布

本文借鉴赵细康（2003）对产业污染强度的测量分类方法，以工业废水、工业废气和工业固体废物排放量为污染衡量指标，用2010年数据对浙江污染密集产业进行分类（表2）。

表 2　浙江污染密集产业划分

分类	浙江省总计	工业废水排放指数	工业废气排放指数	工业固体废物排放指数	总体指数
重污染产业 $R_i > 0.1$	煤炭开采和洗选业	0.3182	0.0387	0.3216	0.2262
	黑色金属矿采选业	0.5913	0.0429	0.4325	0.3556
	有色金属矿采选业	1.0029	0.9045	0.0521	0.6532
	非金属矿采选业	0.0457	0.0834	0.5216	0.2169
	其他采矿业	0.9346	0.1232	0.0345	0.3641
	造纸及纸制品业	0.0092	0.4215	0.3821	0.2709
	非金属矿物制品业	0.0176	0.4032	0.1243	0.1817
	电力、热力的生产和供应业	0.3272	0.6321	0.1264	0.3619
中度污染产业 $0.1 > R_i > 0.01$	农副食品加工业	0.0395	0.0137	0.0025	0.0186
	食品制造业	0.0534	0.0176	0.0025	0.0245
	饮料制造业	0.0352	0.0531	0.0215	0.0366
	纺织业	0.0242	0.0532	0.0102	0.0292
	皮革、毛皮、羽毛(绒)及其制品业	0.0356	0.0452	0.0132	0.0313
	木材加工及木、竹、藤、棕、草制品业	0.0342	0.065	0.0184	0.0392
	石油加工、炼焦及核燃料加工业	0.0643	0.0132	0.0053	0.0276
	化学原料及化学制品制造业	0.0255	0.0943	0.0464	0.0554
	医药制造业	0.0632	0.0453	0.0166	0.0417
	化学纤维制造业	0.0543	0.0154	0.0241	0.0313
	黑色金属冶炼及压延加工业	0.0432	0.0654	0.0431	0.0506
	有色金属冶炼及压延加工业	0.0432	0.0321	0.0245	0.0333
	燃气生产和供应业	0.0653	0.052	0.0123	0.0432
	水的生产和供应业	0.0423	0.0422	0.0543	0.0463
轻度污染企业 $R_i < 0.01$	橡胶制品业	0.0011	0.0060	0.0040	0.0037
	塑料制品业	0.0102	0.0026	0.0030	0.0053
	家具制造业	0.0010	0.0106	0.0030	0.0049
	印刷业和记录媒介的复制业	0.0072	0.0061	0.0030	0.0054
	文教体育用品制造业	0.0011	0.0133	0.0004	0.0049
	纺织服装、鞋、帽制造业	0.0001	0.0028	0.0001	0.0010
	烟草制品业	0.0028	0.0108	0.0001	0.0046
	金属制品业	0.0002	0.0108	0.0001	0.0037
	通用设备制造业	0.0018	0.0061	0.0020	0.0033
	专用设备制造业	0.0134	0.0035	0.0019	0.0063
	交通运输设备制造业	0.0029	0.0049	0.0009	0.0029
	电气机械及器材制造业	0.0049	0.0080	0.0021	0.0050
	通信设备、计算机及其他电子设备制造业	0.0051	0.0060	0.0020	0.0044
	仪器仪表及文化、办公用机械制造业	0.0027	0.0060	0.0020	0.0036
	工艺品及其他制造业	0.0032	0.0050	0.0029	0.0037
	废弃资源和废旧材料回收加工业	0.0028	0.0040	0.0015	0.0028

　　根据表 2 的分类,从企业数量看,浙江外资企业占全省工业企业的 14.18%,外资重污染企业占浙江同类企业的 9.85%,外资中度污染企业占浙江同类企业的 15.09%,外资轻度污染企业占浙江同类企业的 14.17%。从工业总产值看,浙江外资总产值占全省工业总产值的 25.50%,外资重污染企业总产值占浙江同类企业总产值的 11.70%,外资中度污染企业总产值占浙江同类企业总产值的 26.96%,外资轻度污染企业总产值占浙江同类企业总产值的 27.60%。从从业人数来看,浙江外资企业从业人数占全省企业从业人数的 25.86%,外资重污染企业从业人数占浙江同类企业从业人数的 16.51%,外资中度污染企业从业人数占浙江同类企业从业人数的 26.55%,外资轻度污染企业从业人数占浙江同类企业从业人数的 26.40%。可见,浙江外资重污染企业各项数据所占比重都低于浙江外资企业占浙江整体工业企业的平均指标,而浙江外资中度污染企业和轻度污染企业各项数据所占比重都高于浙江外资企业占浙江整体工业企业的平均指标。

三、模型的建立与数据说明

(一)模型的建立

　　外资对生态环境的影响,还要受到经济发展、产业结构、从业人口等多方面的制约,因此本文引入这些变量,构建 EKC(环境库兹涅茨)曲线、C-D 生产函数、FDI 模型的联立方程组,为剔除异方差带来的误差,将模型两边取对数,其检验方程为:

$$\ln E_t = \alpha_0 + \alpha_1 \ln G_t + \alpha_2 (\ln G_t)^2 + \alpha \ln f_t + \alpha \ln x_t + \varepsilon_t \tag{1}$$

$$\ln G_t = \beta_0 + \beta_1 \ln E_t + \beta_2 \ln f_t + \beta_3 \ln x_t + \mu_t \tag{2}$$

$$\ln f_t = \gamma_0 + \gamma_1 \ln E_t + \gamma_2 \ln S_t + \lambda_t \tag{3}$$

其中,E_t 表示浙江省在第 t 年的人均污染排放量,本文用人均工业废水排放量(AFS)、人均工业废气排放量(AFQ)、人均工业固体废物排放量(AFW)作为衡量环境污染的指标;G_t 表示浙江省在第 t 年的人均 GDP;f_t 表示浙江省在第 t 年的实际利用外资金额;x_t 表示浙江省在第 t 年的控制变量,包括劳动力(LDS)和产业结构(CYJ)等;S_t 表示浙江省在第 t 年第二产业产值占 GDP 的百分比。α_0、β_0 和 γ_0 表示常数项,α_1、α_2、α_3、α_4、β_1、β_2、β_3、γ_1 和 γ_2 表示各个解释变量的系数,ε_t、μ_t 和 λ_t 表示随机误差项。

(二)数据说明

　　本文选取 2000—2010 年相关数据作为样本,原始数据主要来自于《浙江省统计年鉴》和《浙江环境公报》。衡量环境污染的三个指标均使用人均排放量,是各年工业废水、工业废气、工业固体废物排放量除以浙江各年总人数。为了剔除物价对人均GDP和实际利用外资金额的影响,以2000年的物价为基期,用居民消费价格指数对人均GDP、实际利用外资金额进行处理。其中,实际利用外资金额转换化人民币为单位,根据2000—2010年中国银行外汇统计数据,将FDI金额与历年人民币兑换美元的中间汇率相乘而得。劳动力数据使用各年年底从业人员数量,产业结构数据由第二产业生产总值除以GDP所得。各项变量的统计描述见表3。

表3　模型数据统计

变量	单位	均值	最小值	最大值	标准差
$\ln AFS_t$	吨/人	4.05590547	3.912668219	4.141798198	0.058763566
$\ln AFQ_t$	吨/人	1.393597067	0.870020402	1.726310503	0.264367784
$\ln AFW_t$	吨/人	−0.200094559	−0.676743532	0.160255657	0.279253542
$\ln G_t$	元/人	10.11717223	9.504128763	10.67141767	0.376920436
$(\ln G_t)^2$	(元/人)²	102.4992429	90.32846354	113.879155	7.599524282
$\ln f_t$	万元	15.64622277	14.53860501	16.1894948	0.483917008
$\ln LDL_t$	万人	8.051288053	7.910920712	8.198644956	0.098707691
$\ln CYJ_t$	%	3.967242921	3.943047453	3.991753097	0.020326587

四、计量结果分析

(一)环境库兹涅茨曲线方程估计结果与分析

表4列出了方程(1)的估计结果,三个污染指标的回归方程均通过了F-test,方程的R^2(拟合优度)和$\overline{R}^2$(修正拟合优度)都很高,F值都大于$F_{0.05}(5,9)$＝3.48,这表明方程(1)的线性关系在95％的置信水平下显著成立,且有较好的解释功能。

表 4　环境库兹涅茨曲线方程的估计结果

变量	工业废水 $\ln AFS_t$	工业废气 $\ln AFQ_t$	工业固体废物 $\ln AFW_t$
截距项 α_0	24.49594 (23.18654)	-1.600401 (22.19081)	-16.08515 (24.10922)
$\ln G_t$	-3.670798 (4.424919)	-2.826306 (4.234894)	-0.187043 (4.601003)
$(\ln G_t)^2$	0.176728 (0.217594)	0.139273 (0.208249)	0.009500 (0.226252)
$\ln f_t$	-0.206165 (0.089105)	0.255267 (0.085279)	0.072596 (0.092651)
$\ln LDL_t$	0.020791 (1.020303)	1.819744 (0.976487)	1.093061 (1.060904)
$\ln CYJ_t$	-1.212300 (0.636928)	-0.310890 (0.609576)	0.777011 (0.662274)
R^2	0.818965	0.991807	0.991333
$\overline{R}^2$	0.637929	0.983614	0.982666
F	4.523783	121.0571	114.3781
拐点	29498 元	23202 元	24292 元

从表 4 的估计系数可知,人均工业废水、人均工业废气和人均工业固体排放量与人均 GDP 呈倒 U 形,其拐点分别在 29498 元、23202 元和 24292 元。可见,工业废水、工业废气和工业固体废物排放量随着经济增长呈现"先增加后减少"的现象;在到达拐点前,环境质量随着人均 GDP 的增加而恶化,过了拐点后环境质量随着人均 GDP 的增加而改善。而浙江人均 GDP 逐年增加,2005 年为 25513 元,超过了人均工业废气和人均工业固体废物排放量回归曲线的拐点;2006 年为 29132 元,均超过了三个污染指标回归方程的拐点,这说明浙江在经济发展中日益注重与环境的协调性。

实际利用外资金额对人均工业废水排放量的估计系数显著为负,实际利用外资金额每增加 1 个百分点,人均工业废水排放量减少 0.206165 个百分点,说明了引进外资对控制浙江工业废水排放有积极作用。而实际利用外资金额对人均工业废气和人均工业固体废物的排放量估计系数显著为正,实际利用外资金额每增加 1 个百分点,人均工业废气和人均工业固体废物排放量分别增加 0.255267 个百分点和 0.071596 个百分点,说明了引进外资对浙江省工业废气排放和工业固体废物生产有消极作用,对生态环境造成了负面影响。造成这种结果的原因可能有:工业废水的治理方法相对容易,工业废气和工业固体废物等污染防治费用高、处理难度大，外资企业拥有更好的处理工业废水的环保技术标准；一些外商投资者在浙江兴建了许多产生工业废气和工业固体废物等污染防治费用高、处理难度大、对环境造成极大危害的企业和工厂。

从业人员密度对"三废"排放量的回归系数都为正，这说明从业人员越密集的地方，环境污染越严重，从业人员密度每增加 1％，人均工业废水排放量增加 0.020791％，人均工业废气排放量增加 1.1819744％ 人均工业固体废物排放量增加 1.093061％。产业结构与人均工业废水和人均工业废气的回归系数都为负，而与人均工业固体废物排放量的回归系数都为正，第二产业比重每增加 1％，人均工业废水排放量减少 1.2123％，人均工业废气排放量减少 0.31089％ 人均工业固体废物排放量增加 0.777011％。这说明产业结构对浙江环境的影响是复杂的、多方面的，外资企业对浙江第二产业生产的工业废水的治理上卓有成效，虽然浙江已进入工业化发展后期，但第二产业所占比例高，还要密切关注对环境带来的消极影响。

(二)C-D 函数的估计结果与分析

表 5 列出了 C-D 函数的估计结果，实际利用外资金额的估计系数为正，说明引入外资对经济增长有正向效应。估计系数约为 0.03，即外资流入每增加 1 个百分比，人均 GDP 增长 0.03 个百分比。由此不难看出，浙江外资规模不断扩大，但利用外资的效率不太理想。可能原因是大量外资投入到了处于全球产业链中附加价值比较低的产业中。因而，外资流入对浙江省的人均 GDP 增长作用不明显，这需要进一步提高利用外资的质量和水平。从业人员的产出弹性系数

表 5   C-D 函数的估计结果

变量	工业废水	工业废气	工业固体废物
截距项 β_0	1.438923 (2.434529)	1.793212 (3.279321)	1.274934 (6.326829)
$\ln f_t$	0.035709 (3.537820)	0.016839 (0.757219)	0.0569235 (0.457843)
$\ln LDL_t$	0.067834 (1.232964)	0.146820 (2.678343)	0.125745 (3.286640)
$\ln CYJ_t$	0.336802 (3.879230)	0.386122 (3.186783)	0.368230 (3.569843)
R^2	0.746783	0.764632	0.769743
$\bar{R}^2$	0.703422	0.735786	0.738670

显著为正,约为 0.12,即劳动力每增加 1 个百分比,人均 GDP 增加 0.12 个百分比。而产业结构的估计系数也显著为正,体现了第二产业所占比重对经济增长的积极作用,第二产业所占比重每增加 1 个百分比,人均 GDP 增加约为 0.36 个百分比。

(三)FDI 方程的估计结果与分析

表 6 为 FDI 方程的估计结果,人均 GDP 的回归系数显著为正,说明人均 GDP 对 FDI 有积极作用,人均 GDP 每增加 1 个百分比,FDI 流入将增加 2.6 个百分比左右。这反映了浙江作为东道国地区有着强大的市场潜力和对产品的需求,也印证了 FDI 不断涌入的现象。与此同时,第二产业所占比重对 FDI 有显著的消极效应,反映了省内第二产业的迅速发展对 FDI 的流入有一定的挤出效应,也体现了省内制造业企业成长较快,特别是民营企业的竞争力日益增强,对外资企业造成了一定的压力;也表明了随着浙江劳动力成本的提高,其他地区更低廉的劳动力成本,使得浙江的 FDI 会减少。

表 6   FDI 方程的估计结果

变量	工业废水	工业废气	工业固体废物
截距项 γ_0	-7.315330 (-6.324152)	-8.015215 (-7.704390)	-8.234210 (-7.426794)
$\ln G_t$	2.362924 (22.253950)	2.623210 (23.429843)	2.753292 (25.349754)
$\ln CYJ_t$	-1.824093 (-9.003290)	-1.902231 (-8.452892)	-1.945783 (-8.457923)
R^2	0.423190	0.412398	0.435785
$\overline{R}^2$	0.402746	0.398918	0.417594

五、结论与政策建议

本文通过构建生产函数、EKC 曲线和 FDI 模型的联立方程,引入人均 GDP、实际利用外资金额、环境污染三指标、产业结构等多项变量,利用 2000—2010 年数据对浙江 FDI 与生态环境进行了二阶最小二乘法回归分析。结果显示,FDI 与浙江生态环境、经济增长之间的关系较为复杂。外资与浙江经济增长之间互为正效应,相互促进,经济增长对生态环境的影响经过了"恶化"阶段进入了"改善"阶段。FDI 对浙江工业废水污染呈现正效应,而对工业废气、工业固体废物排放量的影响呈现负效应,这表明 FDI 与浙江生态环境之间是一个复杂的综合性问题。同时,经济规模的扩大和工业生产的扩张都给浙江环境带来了巨大的压力,产业结构对环境污染的影响呈现出显著的负效应,说明浙江省的产业结构仍需调整,产业的环境保护压力大。

以上结果告诉我们,浙江经济发展要从"高投入、高消耗、低效率、难循环"粗放式增长模式,转向"少投入、低消耗、高效率、循环化"集约式增长模式,利用外资应从注重数量向注重质量转变,FDI 成为推进浙江经济国际化、提高经济素质和经济增长质量的重要力量。当前,浙江正处于转变经济发展方式的关键时期,引进外资必须根据浙江产业结构调整升级的需要,积极引导外商投资浙江现代服务业、先进制造业、高技术产业、战略性新兴产业、海洋经济和现代农业。进一步推进利用外资从引进资本为主向"引资"和"引智"并重转变,在注重资金引进的同时,更加注重引进先进技术、管理经验和高端人才等智力资本。

参考文献

[1] 包群,等. 外商投资与东道国环境污染. 世界经济,2010(1).

[2] 鲍洋. "金砖国家"引进 FDI 的环境效应比较研究. 国际贸易问题,2012(8).

[3] 陈凌佳. FDI 环境效应的新检验. 世界经济研究,2008(9).

[4] 黄菁. 外商直接投资与环境污染. 世界经济研究,2010(2).

[5] 罗丽英,王丽娜. 湖南省外商直接投资的环境效应分析. 经济地理,2009(3).

[6] 苏振东,周玮庆. 外商直接投资对中国环境的影响与区域差异. 世界经济研究,2010(6).

[7] 沈能. 异质行业假定下 FDI 环境效应的非线性特征. 上海经济研究,2013(2).

[8] 许和连,邓玉萍. 经济增长 FDI 与环境污染. 财经科学,2010(9).

[9] 赵细康. 环境保护与产业国际竞争力:理论与实证分析. 北京:中国社会科学出版社,2003.

[10] Baumol, Oates. Environmental and Natural Resource Economics. Cambridge: Cambridge University Press,1988.

[11] Chakraborty D. Does Pollution Haven Hypothesis Holds Good for India? Evidences from Cross-State FDI Inflow Patterns. Working Paper,2010.

[12] Gray WB, Shadbegian RJ. When Do Firms Shift Production Across States to Avoid Environmental Regulations? National Bureau of Economic Research,working paper No. 8705,2002.

[13] Pao HT, Tsai CM. Multivariate granger causality between CO_2 emissions, energy consumption,FDI and GDP: Evidence from a panel of BRIC countries. Energy,2011(1).

[14] Smarzynska B, Wei S. Pollution havens and foreign direct investment: Dirty secret or popular myth? Contributions to Economic Analysis and Policy,2004,3(2):1-32.

[15] Zarsky L. Havens, Halos and Spaghetti: Untangling the Evidence about Foreign Direct Investment and the Environment. OECD Environment Directorate,The Hague,1999.

FDI 对中国城市化进程的影响：基于 252 个城市数据的检验*

李玉双

（嘉兴学院）

摘要：本文首先分析 FDI 影响城市化进程的作用机理，并构建城市化综合水平指数，然后根据 2003—2011 年中国 252 个地级市的相关数据，运用面板数据模型研究 FDI 对城市化进程的影响。研究结果显示，FDI 流入对城市化进程有着显著性的正向影响，FDI 增加 1% 会使城市化综合指数增加 0.152。分地区的估计结果显示，中部地区的影响效果稍大一些，西部地区的影响效果稍小一些，而东部地区则居中。最后，稳健性检验表明本文实证结果具有很强的稳健性。

关键词：FDI；城市化；面板数据

一、引 言

城市化是历史发展的必然阶段，积极稳妥的城市化建设是扩大中国内需的最大潜力，也是稳增长的最大动力。"十二五"规划中也提出，遵循城市发展客观规律，构建城市化战略格局，以城市化促进经济增长。改革开放以来，中国城市化发展取得了突出成就，城市化的速度在提高。近年来，每年大约有 1000 多万人进城，这相当于世界上一个中等规模国家的人口数量。在这一过程中，中国城市综合实力不断增强，广大群众也在城市化的过程中普遍得到了实惠。这是有利的一面，但在这个过程中也出现了一些问题。比如，长期生活在城市的 1 亿多农民工，在统计上已经被纳入"城市户口"，但在就业、住房、医疗、子女入学、社会保障等方面还不能与城市居民享受平等待遇，大规模的人口流动造成资源的双重占用，也带来了很多社会问题（李玉双和彭冲，2013）。此外，社会城市化速度严重滞后于经济城市化速度，突出表现为交通拥堵、环境污染、设施短缺、住房紧张、服务滞后等诸多问题，严重影响城市生活质量的提高。因此，合理地衡量一

---

* 本文获"第五届浙江省国际经济贸易研究优秀成果奖"理论类三等奖。

个国家的城市化水平不能仅仅关注于人口的城市化,还应该关注经济与社会层面的城市化。目前,如何引导中国城市化朝着和谐发展、可持续发展的道路迈进是政策制定者与经济学家所关注的重要问题之一。传统的城市化理论认为,一个国家的城市化是国内经济系统发展的一个"自然历史过程"。随着经济全球化的迅速发展,许多学者开始关注外商直接投资(FDI)对一个地区城市化进程的影响。

在学术界,关于 FDI 对城市化进程的影响主要有两种观点:一种观点认为,FDI 不利于一个地区的城市化发展(Friedmann,1986;Myers,1997)。具体而言,FDI 会造成发展中国家依附城市化,即发展中国家的城市化模式与速度取决于其在工业化国家资本积累过程中的角色,容易造成发展中国家城市化的滞后或过度。因此,FDI 对发展中国家城市化的发展是不利的。另一种观点认为,FDI 有利于一个地区的城市化发展。例如,Zhao *et al*.(2003)认为,外商直接投资是促进一个城市发展的显著性因素。Sit(2001)认为,发展中国家恰当的 FDI 政策是推进国家城市发展的重要因素之一。Zhang(2002)、Davis& Henderson(2003)、Zhao *et al*.(2003)、Firman& Pradono(2007)等通过实证研究发现,FDI 流入会对该地区的城市化进程产生正向影响作用。

薛凤旋和杨春(1995;1997)以珠江三角洲为个案研究,研究 FDI 对城市化进程的影响,其结论表明,在资本、人力、技术和市场走向"全球化"的情况下,外资已经成为发展中国家城市化的新动力。吴莉娅和顾朝林(2005)以江苏作为案例探讨 FDI 对城市化进程的影响,其结果研究表明,FDI 是江苏城市化重要的投资主体;外资促进江苏人口城市化和土地利用景观变化。黄河等(2009)基于VAR 模型对 1979—2008 年间中国城市化发展与实际利用外商直接投资水平的动态关系做了实证分析;研究显示,城市化发展与 FDI 之间存在长期协整,以及存在 FDI 到城市化发展的单向因果关系。程开明和段存章(2010)依据 1983—2007 年的时序数据,利用协整检验、格兰杰因果检验及脉冲响应函数等方法开展动态计量分析;结果显示,中国 FDI 和城市化之间存在长期均衡关系,FDI 是城市化水平提高的格兰杰原因,对城市化产生较大的正向冲击效应,而城市化对FDI 的作用强度不大。这些研究结果均认同,FDI 流入会对中国城市化进程有着正向作用。另外,国内也有部分学者提出不同的观点。例如,赵修渝和陈虹全(2009)对广东省 1990—2006 年 FDI 与城市化的关系进行了实证研究,结果表明,长期内 FDI 与城市化互为因果关系,短期内 FDI 不是城市化进程的原因。彭继增和邓伟(2013)以 1984—2010 年江西省时间序列为例,研究 FDI、城市化与经济增长互动关系,其结论表明,工业化与服务业的快速发展是城市化的基本动力,FDI 的流入对江西城市化有正向推动作用,但效果不是很明显。黄娟等

(2011)选取中国 21 个市 2003—2007 年的相关数据,分析 FDI 对城市化综合水平的影响,实证结果表明,在城市化综合水平较高的地方,实际 FDI 对城市化综合水平有积极作用,而在城市化综合水平较低的地方,FDI 对城市化综合水平促进作用较小,甚至为负作用。

虽然上述研究提供了 FDI 影响城市化进程的证据,可是这些研究没有形成共识,而且国内的大多数研究仅仅就某个地区或是对很小的样本进行分析。另外,已有研究多以单指标衡量城市化水平①,而城市化是一种复杂的、多维的变化过程,它不仅仅体现在人口方面变化,还应该体现在经济、土地、社会等方面的变化,因此,使用单一指标来衡量一个地区的城市化水平,这并不十分合适。有鉴于此,本文首先分析 FDI 影响城市化进程的作用机理,并构建城市化综合水平指数,然后根据 2003—2011 年中国 252 个地级市的相关数据,运用面板数据模型研究 FDI 对城市化进程的影响。考虑到中国东、中、西部地区间经济发展的差异可能会影响到 FDI 与城市化水平的关系,本文还进一步分析不同地区FDI 流入对城市化进程的影响。

二、FDI 影响城市化进程的作用机理

FDI 流入会对一个地区的城市化进程产生重要影响,这一观点已经基本达成共识。但是,这个影响是如何产生的,作用机理是什么? 图 1 归纳了 FDI 影响一个地区城市化进程的作用机理,FDI 主要会通过资本积累效应、就业效应、收入效应、集聚效应、产业结构升级效应来影响该地区的城市化进程。

①FDI 流入会形成资本积累效应,加速城市化进程。众所周知,城市化建设需要大量的资金,例如,修建楼房与城市道路、开设工厂、绿化城市环境等等,因此,资本丰裕状况对其城市化进程有着显著性的影响。特别是对于发展中国家而言,资本缺乏是阻碍一个地区城市化发展的重要因素之一,而 FDI 流入正好可以解决这一问题,加速该地区的城市化进程。②FDI 流入会增加一个地区的就业人数。由于大多数 FDI 都是流向第二、三产业,因此,FDI 流入会提高该地区第二、三产业的就业人数,从而加快该地区的城市化进程。③FDI 流入会增加市场对劳动力的需要,间接引起工资水平上涨,从而提高居民收入。收入的增加又间接促使人们增加消费,从而拉动市场需求,提升城市化水平。④FDI 流入不仅带来了资金,还带来了先进的生产力,大量的理论与实证研究也均表明,FDI在东道国存在着技术溢出效应。FDI 除了具有技术溢出效应外,它还会带动上

---

① 大多文献以城镇人口占总人口的比重来衡量一个地区的城市化水平。

下游产业的发展,最终形成集聚经济,提高城市化水平。集聚经济一旦形成,依据发挥其规模经济效应,又会进一步加速城市化进程。⑤FDI 会通过竞争、示范、技术溢出等效应直接或间接带动产业结构升级,而产业结构升级又是城市化发展的主要动力之一,因此,FDI 流入通过产业结构升级效应,加速城市化进程。

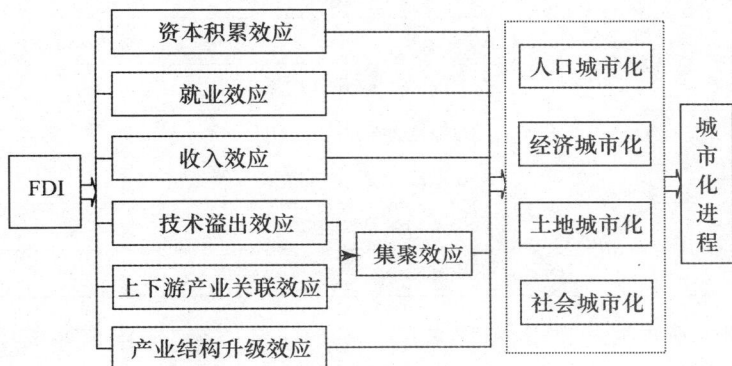

图1　FDI影响城市化进程的作用机理

三、数据说明与计量模型设定

基于数据的可获得性,本文选取 2003—2011 年中国 252 个地级市为研究对象。FDI 数据依据相应年份的人民币—美元汇率进行了换算,并进行取对数处理。

城市化是一种复杂的、多维的变化过程,它不仅仅体现在人口方面变化,还应该体现在经济、土地、社会等方面的变化,因此本文构建一个多指标体系来衡量一个地区的城市化水平。具体而言,本文从人口城市化、经济城市化、土地城市化、社会城市化等四个方面来构建城市化综合指标体系(见表1)。其中,人口城市化指标包含非农人口占总人口比重与二、三产业就业人口占总就业人口比重这两个变量,经济城市化指标包含人均 GDP 与二、三产业占 GDP 比重这两个变量,土地城市化指标包含人均绿地面积与城市建设用地占市辖区面积比重这两个变量,社会城市化指标包含居民人均生活用电量与每万人拥有公共汽电车数量这两个变量。在测算方法上,本文选用常用的主成分方法分析方法来计算城市化综合水平指数①。城市化综合水平指数越大表示城市化水平越高。

---

① 限于篇幅,这里略去主成分分析的详细结果,欢迎读者来函索取。

表 1　城市化指数体系

目标层	准则层	指标层
城市化指标体系	人口城市化 B_1	非农人口占总人口比重 C_1
		二、三产业就业人口占总就业人口比重 C_2
	经济城市化 B_2	人均 GDP C_3
		二、三产业占 GDP 比重 C_4
	土地城市化 B_3	人均绿地面积 C_5
		城市建设用地占市辖区面积比重 C_6
	社会城市化 B_4	居民人均生活用电量 C_7
		每万人拥有公共汽电车数量 C_8

本文研究所需要的数据,汇率来源于 2004—2012 年《中国金融统计年鉴》,其他相关原始数据均来源于 2004—2012 年《中国城市统计年鉴》。为了更加直观地揭示中国城市化水平与 FDI 之间的关系,本文绘制了两者间的散点图(见图 2)。通过图 2 可以发现,不管是在全国样本中,还是在东部地区、中部地区、

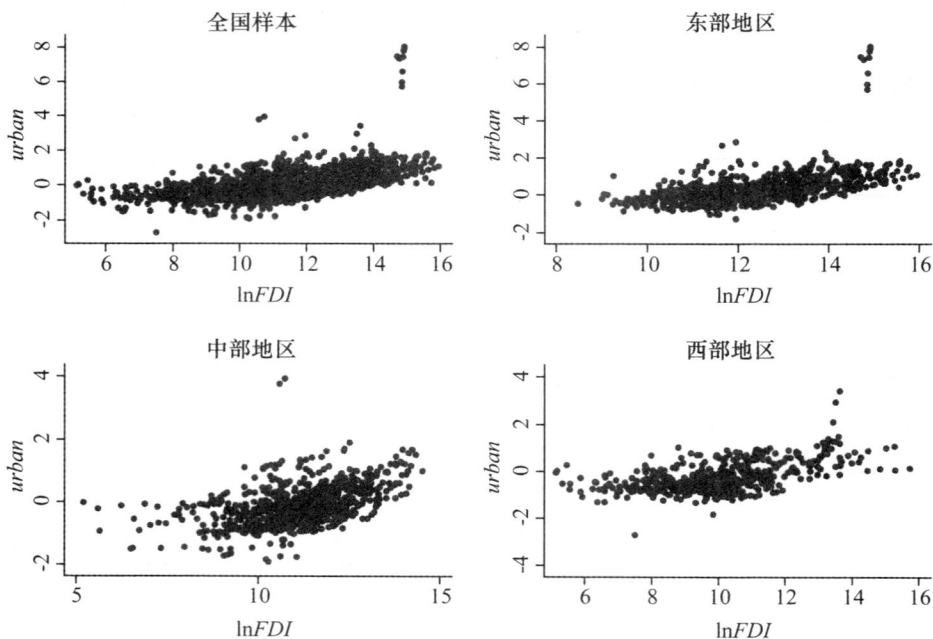

图 2　城市化水平与 FDI 的散点图

西部地区,城市化水平与 FDI 之间存在正向关系,特别是在中部地区,这种正向关系更加明显。具体的相关关系,有待通过计量模型检验做进一步分析。

参考程开明和段存章(2010)、黄娟等(2011)的研究,设面板数据的计量模型为:

$$urban_{i,t} = a + b\ln FDI_{i,t} + v_{i,t} \tag{1}$$

其中,a 是常数项,b 是系数项,$urban$ 表示城市化水平综合指数,$\ln FDI$ 表示取对数后的外商直接投资量。假设 $v_{i,t} = S_i + T_t + \varepsilon_{i,t}$,$S_i$ 和 T_t 分表代截面固定效应和时间固定效应,$\varepsilon_{i,t} \sim N(0, \sigma^2)$,$i = 1, 2, \cdots, N$。

四、实证分析

表 2 报告了 FDI 对中国城市化进程影响的估计结果。在全国样本中,固定效应模型与随机效应模型估计的结果均显示,FDI 流入会对城市化进程产生正向影响,且 t 统计量都通过 1% 水平下的显著性检验。其中,固定效应模型估计的系数为 0.152,随机效应模型估计的系数为 0.168,两者相差不大,这也说明该实证结果很稳健。通过 Hausman 检验结果发现,在 1% 显著性水平条件下,拒绝采用随机效应模型,即在全国样本中采用固定效应模型更加合理,FDI 流入增加 1% 会促使城市化综合指数增加 0.152。可以发现,实证结果与理论分析基本保持一致,FDI 流入会促进一个地区的城市化进程。

考虑到中国东、中、西部地区间经济发展的差异可能会影响 FDI 与城市化水平之间的关系,这里还将进一步分析不同区域 FDI 流入对城市化进程的影响。从表 2 中可以发现,在东部地区样本中,固定效应模型与随机效应模型估计的结果均显示,FDI 流入会对城市化进行产生正向影响,且 t 统计量都通过 1% 水平下的显著性检验。其中,固定效应模型估计的系数为 0.156,随机效应模型估计的系数为 0.186,Hausman 检验结果显示,采用固定效应模型更加合理,也就是说,东部地区 FDI 增加 1% 会促使该地区城市化综合指数增加 0.156。在中部地区样本中,也获得类似的结果,FDI 流入会对城市化进行产生正向影响,且 t 统计量都通过 1% 水平下的显著性检验,Hausman 检验结果显示,采用固定效应模型更加合理,即中部地区 FDI 增加 1% 会促使城市化综合指数增加 0.161。在西部地区样本中,固定效应模型与随机效应模型估计的结果均显示,FDI 流入会对城市化进行产生正向影响,且 t 统计量都通过 1% 水平下的显著性检验,但是,Hausman 检验结果显示,采用随机效应模型更加合理,即 FDI 增加 1% 会促使城市化综合指数增加 0.146。可以发现,中部地区的影响效果稍大一些,西部地区的影响效果稍小一些,而东部地区则居中,即在不同区域间,这种正向影响作用会存在着一定程度的差异性。

表 2　FDI 对城市化进程影响的估计结果

变量	全国样本		东部地区		中部地区		西部地区	
	FE	RE	FE	RE	FE	RE	FE	RE
lnFDI	0.152*** (10.93)	0.168*** (12.29)	0.156*** (5.31)	0.186*** (6.34)	0.161*** (8.04)	0.167*** (8.90)	0.139*** (5.52)	0.146*** (5.76)
常数项	−1.691*** (−10.69)	−1.866*** (−12.78)	−1.570*** (−4.32)	−1.949*** (−5.79)	−1.906*** (−8.54)	−1.975*** (−9.83)	−1.630*** (−6.48)	−1.707*** (−6.87)
Hausman	Prob>chi2=0.0000		Prob>chi2=0.0009		Prob>chi2=0.0384		Prob>chi2=0.1158	
样本数	2268	2268	864	864	882	882	522	522

注：小括号内是基于稳健标准误差计算得到的 t 统计量；*** 表示在 1% 显著性水平上拒绝原假设；Hausman 表示豪斯曼检验；FE 表示固定效应模型估计；RE 表示随机效应模型估计。

五、稳健性检验

稳健性检验的方法很多，这里主要是通过调整样本的时间跨度来检验本文实证结果的稳健性。表 2 中的实证研究是依据 2003—2011 年的相关数据进行的，这里将其调整为 2006—2011 年，观察其结果是否发生较大变化。

表 3 报告了稳定性检验结果，可以发现：在全国样本中，lnFDI 的系数为 0.12，t 统计量通过 1% 水平下的显著性检验，该结果与表 2 的结果相一致，差别不大。在东部地区、中部地区、西部地区中，lnFDI 的系数分别为 0.131、0.189、0.095，且 t 统计量都通过 1% 水平下的显著性检验，即中部地区的影响效果稍大一些，西部地区的影响效果稍小一些，而东部地区则居中，这与表 2 中的结论相一致。通过稳健性检验可以发现，本文的实证结果非常稳健，其结论是可信的。

表 3　稳健性检验

变量	全国样本	东部地区	中部地区	西部地区
lnFDI	0.120*** (8.38)	0.131*** (4.62)	0.189*** (8.54)	0.095*** (4.52)
常数项	−1.231*** (−7.39)	−1.129*** (−3.18)	−2.182*** (−8.55)	−1.101*** (−5.45)
样本数	1512	576	588	348

注：小括号内是基于稳健标准误差计算得到的 t 统计量；*** 表示在 1% 显著性水平上拒绝原假设；全国样本、东部地区、中部地区是采用固定效应模型，西部地区采用的是随机效应模型。

六、结　论

　　城市化是历史发展的必然阶段,积极稳妥的城市化建设是扩大中国内需的最大潜力,也是稳增长的最大动力。因此,研究 FDI 对城市化进程的影响这一问题是具有一定的现实意义。本文首先分析 FDI 影响城市化进程的作用机理,并构建城市化综合水平指数,然后根据 2003—2011 年中国 252 个地级市的相关数据,运用面板数据模型,研究 FDI 对城市化进程的影响。研究结果显示,FDI流入对中国城市化进程有着显著性的正向影响,这与理论分析结论相一致,其中,FDI 增加 1% 会使中国城市化综合指数增加 0.152。分地区的估计结果显示,中部地区 FDI 流入对城市化进程的影响效果稍大一些,西部地区 FDI 流入对城市化进程的影响效果稍小一些,而东部地区则居中。稳健性检验表明,全国样本的估计结果与分地区的估计结果都具有很强的稳健性。本文研究的政策价值在于,其分析结论可以为中国制定更加有效、合理的城市化政策提供一个有力的证据。

参考文献

[1] 程开明,段存章. FDI 与中国城市化关联机理及动态分析. 经济地理,2010(1):99-103.

[2] 黄河,周春光,袁瑶南. 我国城市化发展与 FDI 的动态关系研究. 统计教育,2009(8):13-17.

[3] 黄娟,尚枫,雷鹏飞. FDI 对我国城市化水平的影响研究——基于 2003—2007 年 21 个市数据. 经济问题,2011(4):44-47.

[4] 李玉双,彭冲. 把握新型城镇化的着力点. 经济日报,2013-6-14(15).

[5] 彭继增,邓伟. FDI、城市化与经济增长互动关系实证分析——以 1984—2010 年江西省时间序列为例. 金融与经济,2013(1):30-33.

[6] 吴莉娅,顾朝林. 全球化、外资与发展中国家城市化——江苏个案研究. 城市化研究,2005(7):28-33.

[7] 薛凤旋,杨春. 外资:发展中国家城市化的新动力——珠江三角洲个案研究. 地理学报,1997(5):193-206.

[8] 薛凤旋,杨春. 外资影响下的城市化——以珠江三角洲为例. 城市规划,1995(6):21-27.

[9] 赵修渝,陈虹全. 广东省 FDI 与城市化关系的实证研究——基于市级面板数据的检验. 科技管理研究,2009(11):124-127.

[10] Davis JC, Henderson JV. Evidence on the political economy of the urbanization process. Journal of Urban Economics,2003(53):98-125.

[11] Firman T, Pradono BK. The dynamics of Indonesia's urbanisation,1980-2006. Urban

Policy and Research，2007，25(4):433-454.

[12] Friedmann J. The world city hypothesis. Development and Change，1986(17):69-73.

[13] Myers DJ. Latin American cities: Internationally embedded but nationally influential. Latin American Research Review，1997，32(1):109-123.

[14] Sit VFS. Globalization，foreign direct investment，and urbanization in developing countries. World Bank Discussion Papers，2001(415):11-46.

[15] Zhang KHL. What explains China's rising urbanisation in the reform era? Urban Studies，2002，39(12):2301-2315.

[16] Zhao SXB，Chan RCK，Sit KTO. Globalization and the dominance of large cities in contemporary China. Cities，2003，20(4):265-278.

对外直接投资经济效应协整研究:浙江实证[*]

诸惠伟

（浙江省商务研究院）

摘要:本文通过对浙江对外直接投资的经济增长效应、投资效应、贸易效应、就业效应、产业结构调整效应、技术进步效应分别进行协整分析,研究表明浙江境外直接投资对促进浙江省经济增长、扩大进口贸易、促进就业、技术进步方面有着积极正向作用;与省内投资之间不存在替代关系;但是对扩大出口、推动产业结构调整方面的作用还不够显著。最后就进一步扩大浙江对外直接投资经济效应提出了意见和建议。

关键词:对外直接投资;效应;协整分析

一、引 言

"十一五"以来,浙江省大力实施"走出去"发展战略,"走出去"已经成为浙江开放型经济发展的新动力。随着浙江省企业"走出去"步伐不断加快,对外投资合作的经济效应问题开始成为社会关注的焦点,部分地方政府质疑"走出去"对外贸发展、地区就业、产业升级所带来的积极作用,担心"走出去"发展会导致产业空心化、税收流失等。基于目前对"走出去"发展的认识偏差,本文通过协整关系研究方法,以全面、客观评价对外直接投资对浙江省经济发展的积极贡献。

二、经济效应理论综述

当前国内外对于对外直接投资与经济关系的文献研究很多,从不同角度进行了理论和实证的探讨与研究,对外直接投资与经济关系的研究重点集中在:①对外直接投资与 GDP 的关系。魏巧琴和杨大楷（2003）利用 Granger 检验和 DF、ADF 检验对经济增长与对外直接投资的因果关系进行了研究。蒋志强

---

* 本文发表于《浙江树人大学学报》2013 年第 5 期。

(2009)在协整分析的基础上,运用脉冲响应分析动态的分析了 GDP 与 OFDI 的关系。这些研究一定程度上揭示了对外直接投资对经济增长的促进作用,但是很多学者通过研究也发现这种促进作用很小,甚至并不显著。②对外直接投资与就业的关系。国内对境外直接投资与就业的关系研究集中在对就业规模、就业结构的影响。罗良文(2007)通过比较分析对外直接投资对就业总量和三大产业的就业影响来分析对外投资的就业效应。③对外直接投资与贸易的关系。孙敬水和张蕾(2007)利用浙江省宏观经济数据,对浙江省对外直接投资与对外贸易关系进行了实证研究。④对外直接投资与国内投资的关系。对外直接投资对投资国国内投资影响的研究结果重点集中在验证是否具有替代效应,即对外投资会影响国内投资,产生替代效应,国内的研究主要是通过建立模型进行实证研究。项本武(2006)构建了一个对外直接投资对国内投资影响的模型,得出对外直接投资每增加 1 个百分点,则减少国内投资量 0.93 个百分点。⑤综合分析对外直接投资对国内多个经济变量的影响,重点集中在对外直接投资对中国产业结构、技术进步、出口贸易、国际收支和就业的影响。

三、实证分析

(一)计量方法和模型

Granger 提出了非平衡时间序列变量之间的协整关系研究方法,即如果变量自身是非平稳的,但其某种线性组合却是平稳的,这个线性组合反映了变量之间长期稳定的比例关系,即协整关系。协整分析是对非平稳时间序列寻找其长期稳定关系的一种分析方法。这一方法也是本文分析浙江省对外直接投资和一些经济之间是否存在长期稳定关系的理论基础。

(二)数据来源

浙江企业的对外投资活动始于 1982 年。由于 1982 —1995 年的对外直接投资数据可能由于该阶段的对外直接投资规模小没有引起相关部分的重视而缺乏统计,或者是因为中国对"对外开放"的片面理解为"引进外资"而缺少对"对外投资"的认识等原因造成浙江省此阶段统计数据的不全。1989—2011 年对外直接投资的数据来自《浙江历年商务统计年鉴》,其余数据(出口值、就业值等)均来自浙江省各年份统计年鉴。

(三)浙江省对外直接投资的经济效应实证分析

我们将对外直接投资经济效应的分析重点集聚在对 GDP、省内投资、贸易、就业、产业结构调整、技术进步的影响上。各类变量解释如下：

$OFDI$ 表示 1989—2011 年浙江的对外直接投资额序列；

GDP 表示 1989—2011 年浙江的国内生产总值序列；

$INVEST$ 表示 1989—2011 年浙江的固定资产投资额序列；

EX 表示 1989—2011 年浙江的出口额序列；

IM 表示 1989—2011 年浙江的进口额系列；

$LAB1$ 表示 1989—2010 年浙江的第一产业就业人数序列；

$LAB2$ 表示 1989—2010 年浙江的第二产业就业人数序列；

$LAB3$ 表示 1989—2010 年浙江的第三产业就业人数序列；

$INDUSTRY1$ 表示 1989—2011 年浙江的第一产业产值占生产总值比重数值序列；

$INDUSTRY2$ 表示 1989—2011 年浙江的第二产业产值占生产总值比重数值序列；

$INDUSTRY3$ 表示 1989—2011 年浙江的第三产业产值占生产总值比重数值序列；

$TECH$ 表示 1990—2011 年浙江的科技活动经费额序列。

为减少原始数据的波动性和异方差性，我们对上述变量分别进行取对数，取对数后的对外直接投资额数据系列用 $\ln(OFDI)$ 表示，其余变量标记类同。用 ADF 方法对变量的平稳性进行检验，检验结果发现取对数后的变量均不平稳，对序列作差分，$\ln(OFDI)$ 的一阶差分记为 $\Delta\ln(OFDI)$，其余变量标记类同。用上述同样的方法检验所有差分变量的平稳性，检验结果如表 1 所示，在各显著水平下通过检验，由结果可得，除 $INDUSTRY2$ 变量，其余变量均为一阶单整序列，

可以进一步检验它们之间的协整关系。

运用 SPSS 软件分析，分别分析对外直接投资同全省 GDP、省内投资、贸易、就业、产业结构调整、技术进步各类指标之间的协整关系(表 2)。

表 1　单位根检验

变量	ADF 检验	检验临界值			平稳性
		1%水平	5%水平	10%水平	
$\Delta\ln(OFDI)$	-8.492696	-3.788030	-3.012363	-2.646119	平稳
$\Delta\ln(GDP)$	-6.295326	-3.788030	-3.012363	-2.646119	平稳
$\Delta\ln(INVEST)$	-3.278912	-3.886751	-3.052169	-2.666593	平稳
$\Delta\ln(EX)$	-4.155128	-3.831511	-3.029970	-2.655194	平稳
$\Delta\ln(IM)$	-4.493387	-3.886751	-3.052169	-2.666593	平稳
$\Delta\ln(LAB1)$	-3.236590	-3.808546	-3.020686	-2.650413	平稳
$\Delta\ln(LAB2)$	-4.285475	-3.808546	-3.020686	-2.650413	平稳
$\Delta\ln(LAB3)$	-4.405559	-3.808546	-3.020686	-2.650413	平稳
$\Delta\ln(INDUSTRY1)$	-3.206825	-3.788030	-3.012363	-2.646119	平稳
$\Delta\ln(INDUSTRY2)$	-2.530994	-3.788030	-3.012363	-2.646119	不平稳
$\Delta\ln(INDUSTRY3)$	-3.100158	-3.788030	-3.012363	-2.646119	平稳
$\Delta\ln(TECH)$	-6.233731	-3.808546	-3.020686	-2.650413	平稳

表 2　浙江对外直接投资经济效应协整分析①

研究项目	变量类型	回归系数	R^2	P 值	残差平稳性	拟合性
对外直接投资与经济增长	对外直接投资额	0.435920	0.9495	0.000	平稳	显著
	国内生产总值					
对外直接投资与省内投资	对外直接投资额	0.52551	0.912801	0.000	不平稳	不显著
	省内固定资产投资额					
对外直接投资与贸易	对外直接投资额	0.537756	0.6	0.000	平稳	不显著
	出口额					
	对外直接投资额	0.659727	0.9069	0.000	平稳	显著
	进口额					

① 注:基于数据可获性,对外直接投资与就业分析采用 1989—2010 年数据序列;对外直接投资与技术进步分析采用 1990—2011 年数据序列。

续表

研究项目	变量类型	回归系数	R^2	P 值	残差平稳性	拟合性
对外直接投资与就业	对外直接投资额	−0.124195	0.9259	0.000	平稳	显著
	第一产业就业人数					
	对外直接投资额	0.132898	0.8966	0.000	平稳	显著
	第二产业就业人数					
	对外直接投资额	0.158541	0.8747	0.000	平稳	显著
	第三产业就业人数					
对外直接投资与产业结构调整	对外直接投资额	−0.231173	0.893	0.000	平稳	显著
	第一产业产值比重					
	对外直接投资额	非平稳序列				
	第二产业产值比重					
	对外直接投资额	0.05236	0.852022	0.000	不平稳	不显著
	第三产业产值比重					
对外直接投资与技术进步	对外直接投资额	0.662329	0.92778	0.000	平稳	显著
	科技活动经费					

(四)基本结论

1. 浙江对外直接投资有力推动了本省经济增长,与省内投资不存在替代效应

我们通过模型方程估计,对外直接投资的增长有效地拉动了全省 GDP 增长,即浙江的 OFDI 当期每提高 1 个百分点,会使当期的 GDP 增长 0.44 个百分点。这种推动效应重点表现为:一方面企业通过"走出去"带动了本土产业的发展壮大,经济效益提升;另一方面,"走出去"企业带动省内关联产业扩大生产,创造效益。由于我们没有考虑影响 GDP 的其他相关因素,因此增长系数明显偏小,主要是因为浙江省的对外直接投资规模相对还偏小,其对经济的联动效应及杠杆效应还没有得到发挥。而对与固定资产投资的分析中,没有得到境外投资与省内固定资产投资存在替代效应的结论,意味着境外直接投资的增长并不会引起省内固定资产投资的减少。

2. 浙江对外直接投资对本省出口推动效应不显著，但是对扩大进口影响较大

浙江"走出去"的企业中，很多是贸易导向型的，企业通过建立地区性营销中心、并购海外销售渠道、开设品牌连锁店、设立售后服务站等多种方式，建立起跨国界的从事国际营销和服务的市场拓展体系，有效地拓展了海外市场，规避了贸易壁垒。由模型分析结果看，浙江的 OFDI 当期每提高 1 个百分点，会使当期的出口增长 0.54 个百分点，但是模型的解释性不佳，其显著性欠佳的主要原因在于浙江省对外投直接投资引发的出口规模增加占全省总出口规模的比例很低。

从对进口的影响来看，浙江的 OFDI 当期每提高 1 个百分点，会使当期的进口增长 0.66 个百分点。对外直接投资的增加从长期来看会带来进口规模的扩大，模型解释性很好，这一现象可以从以资源寻求为目的对外直接投资动因来解释。资源问题是中国经济发展面临的一大瓶颈，尤其对浙江这样的东部沿海省份来说，资源匮乏更是一个悬而未决的难题，对外资源寻求是浙江对外直接投资的主要动因之一。通过对浙江稀缺资源的国外投资，进口省内紧缺的资源，有效缓解了资源要素瓶颈制约，同时也进一步扩大了进口规模。

3. 浙江对外直接投资对产业整体就业规模影响不显著，但是有效推动了产业就业结构调整

由于浙江"走出去"发展带动省内相关产业就业规模占全省就业规模比重很小，因此对省内整体就业市场规模来说变化很小，并不显著。但是，"十一五"以来，浙江企业"走出去"发展进程加快，通过"走出去"，员工获得了学习高技能、先进技术、管理经验的机会，在就业理念、技术技能、管理水平等方面都有不同程度的提高，同时促进了省内就业的产业间转移。由分析可以看出，浙江的 OFDI 当期每提高 1 个百分点，使一产的就业人数减少 0.124 个百分点、二产就业增长 0.133 个百分点，三产就业增长 0.159 个百分点。由此可见，通过对外投资，使浙江就业人数由第一产业向第二、第三产业转移，这与浙江省的对外直接投资集中在多为劳动密集型行业的第二、第三产业相吻合，优化了产业就业结构。

4. 浙江对外直接投资对推动某领域某产业技术进步作用大，但偶发性强

由分析看，浙江境外直接投资对全省科技进步的影响存在正向促进作用，即浙江的 OFDI 当期每提高 1 个百分点，使得全省科研活动经费增长 0.66 个百分点，模型解释性良好。主要是近年来，部分行业、领域通过海外并购，有效地控制销售渠道、拥有先进技术、推广或收购自主品牌，不仅推动了企业发展方式的转变、市场竞争力的提升，更是积累了跨国经营管理的经验。如吉利并购沃尔沃后，三花控股并购以色列海利福克斯公司等。随着企业在境外设立的研发中心逐渐增多，利用发达国家先进科技资源进行新产品开发也取得一定成效，企业内

涵包括经营管理水平和自主创新能力都得到了提升。"十一五"期间,全省研发国际化取得了新进展,经核准的境外研发机构共有 132 个,总投资额为 10.9 亿美元,中方投资额为 6.9 亿美元。研发国际化是继贸易全球化、生产全球化之后世界经济一体化的重要趋势,对促进浙江省个别产业技术进步意义重大。但是,总的来说,浙江当前"走出去"企业大部分核心竞争力还不强,对全行业全产业技术进步效应还不明显。

5. 浙江对外直接投资一定程度推动了产业结构调整,但是整体效应不明显

从理论看,浙江"走出去"企业一方面发挥局部相对优势,向更低阶梯的发展中国家进行投资,实现传统的劳动密集型边际产业转移,促进省内产业结构调整;另一方面通过向更高阶梯国家投资,汲取国外先进的产业技术和管理经验,带动省内产业升级,创造新的比较优势。由分析看,浙江的 OFDI 当期每提高 1 个百分点,使第一产业的产值比重减少 0.23 个百分点,继而拉动了二、三产业产值比重,产业结构的调整逐步由一产向二、三产业转移,这主要与浙江省"走出去"发展集中在二、三产业吻合。但是,由于二、三产业产值比重数据为不平稳序列,因此无法直接考证对外直接投资与拉动二、三产业发展的直接关系,值得下一步进一步研究。

四、政策建议

为进一步发挥对外投资推动本地区经济增长的作用,就必须从以下几个方面做出进一步努力。

(一)提高认识、凝聚思想,把握"走出去"发展方向和重点

一方面高度认识加快实施"走出去"战略的现实意义,充分认识到实施"走出去"战略对浙江省经济发展的重要推动作用;另一方面要不断更新完善"走出去"的投资国别产业指导目录,加强产业指引。结合浙江省重点发展的产业布局、地区市场以及企业国际化经营态势,尽快研究出台《浙江省境外投资合作国别(地区)产业指南》,使之真正起到导向作用和辅助参考功能,促使企业明确"走出去"的方向和重点,努力提高国内企业对外投资的针对性和可行性。

(二)突出重点、注重层次,推动"走出去"主体发展壮大

要结合浙江发展实际,遵循产业国际化发展规律,坚持市场导向和企业自主决策、自担风险的原则,支持和引导有条件的各类所有制企业到境外开展各种形式的投资、贸易合作。①加大对中小企业"走出去"的支持,促进中小企业国际竞

争力的提高。中小企业因其自身的特点，在"走出去"时需要给予更多的帮助。目前浙江省对中小企业走出去的支持体系建设还需进一步完善。②积极培育"走出去"重点企业，打造本土跨国公司。充分意识到培育本土跨国公司对推动本省产业结构调整升级，推动经济增长方面的重要作用，重点支持一批具备条件的优势行业、骨干企业"走出去"发展，鼓励企业参与全球资源配置，拓展市场空间，尤其是并购境外的国际知名品牌和营销网络、境外研发机构和先进技术，是培育本土跨国公司，快速提升浙江省企业创新能力和国际竞争力的有效途径。

（三）细化政策、强化扶持，提升企业"走出去"发展质量水平

①增加省级专项扶持资金的项目和规模，提高各种补助和奖励额度；降低专项资金使用门槛，拓宽扶持范围。尤其是对能拉动本省经济发展和涉及浙江省长远战略的境外投资给予重点财政支持。例如加大对建立境外营销网络的扶持；支持境外产业园（区）建设等。②强化金融服务。进一步放宽企业跨国经营的外汇管制；加大政策性银行对企业对外投资合作的支持力度；提高商业银行等金融机构提供"走出去"金融服务的能力；大力引导民间资本与"走出去"项目融资的结合。③进一步强化公共服务主体建设，逐步形成政府机构，由企业组建的行业协会、商会和其他社团，以及商业性中介机构为主体的"走出去"公共服务工作网络。

（四）先出后进、先进后出，强化"引进来"与"走出去"互动

①推动"引进来"与"走出去"统筹发展，形成内外联动、交互发展局面。要充分发挥"走出去"企业在带动"引进来"方面的作用，要注重境外企业的生存状态，努力塑造境外企业的良好形象和产品信誉，通过境外企业这个窗口向外国公司间接展示国内母公司的吸引力，最终将外国资本"引进来"，形成资本的内外循环往复流动。②在处理"走出去"和"引进来"关系中，围绕拓展市场、调整结构、应对贸易摩擦、引进高新技术和资源等目标，积极鼓励企业留住本部、走出加工环节，留住研发及研发成果、走出营销环节，留住高新产业产品、走出相对过剩的产业产品，通过"走出去"与"引进来"结合，大力发展新能源、新材料、节能环保、生物医药、信息网络和高端制造产业等具有战略意义的新兴产业；增强自主创新能力和品牌营销优势提升传统优势产业，做强做大本土产业，培育壮大本土经济。

参考文献

[1] 蒋志强. 基于 VAR 模型的我国对外直接投资与经济增长关系经验研究. 现代物业，2009(11):49-50.

[2] 罗良文. 对外直接投资的就业效应:理论及中国实证研究. 中南财经政法大学学报. 2007(5):87-91.

[3] 孙敬水，张蕾. 对外直接投资与进出口贸易关系的协整分析—以浙江省为例. 财贸研究，2007(1):51-56.

[4] 魏巧琴，杨大楷. 对外直接投资与经济增长的关系研究. 数量经济技术经济研究，2003(1):93-97.

[5] 项本武. 对外直接投资对国内投资的影响. 中南财经政法大学学报，2007(5):82-86.

浙江企业海外投资遭遇政治风险的
原因及防范对策[*]

楼朝明

（宁波大学商学院）

摘要：浙江省近年海外投资规模呈现迅速增长的态势，从而使企业面临更大的投资风险。政治风险具有复杂多变、影响力强和威胁性大等特点，值得我们认真研究，以便采取切实有效措施对政治风险进行防范。本文研究了浙江企业海外投资过程中面临政治风险的具体表现形式——政治动乱、政策突变和经济民族主义风险，采用利益集团影响东道国政府政策的经济模型探讨了形成这些政治风险的原因，并提出从预防策略、投资经营风险管理、补偿策略、退出策略以及亡羊补牢等五方面来防范政治风险。

关键词：浙江企业；海外投资；政治风险；形成原因；防范措施

一、政治风险的含义及文献综述

美国学者于 1960 年最早提出政治风险一词。Nehrt(1970)首先把政治风险与东道国政局动荡、暴力冲突和经营中的各种限制联系起来。政治风险是指在国际投资过程中，由于东道国政治、社会不稳定以及法律法规不健全等因素，而给外国投资者造成投资财产及其权益损害的可能性。国际投资中的政治性风险主要有政治暴力风险、征收风险、汇兑限制风险和政策突变风险。政治风险可以分为内部政治风险和外部政治风险：内部政治风险来自于东道国内部，包括政局不稳、政策调整、法律环境和政党因素；外部政治风险来自于东道国所处的国际政治环境，主要包括货币政策的不稳定性、外交因素和东道国所处的国际局势。

国外学者对影响外资的政治风险研究比较多。Busse&Hefeker(2005)、Gordon(2008)、Henisz&Zelner(2004)以及 Jensen(2005)利用计量经济方法检验了政治风险与外国直接投资之间的关系，但没有得出一致的结论。国内学者

---

* 本文获"第五届浙江省国际经济贸易研究优秀成果奖"实务类三等奖。

如聂名华和颜晓晖(2007)、赛格和门明(2010)以及李紫莹(2011)分析了中国企业在东盟、非洲和拉美遭遇的政治风险问题,韦军亮和陈漓高(2009)以及高建刚(2011)则利用计量经济模型分析了政治风险对中国对外直接投资的影响,但结论并不明确。Schneider&Frey(1985)以及 Osaghale(1993)认为,关于政治因素与外国投资关系的研究存在变量选择缺乏理论依据、统计计量方法太过复杂和难以解释的缺陷。

上述研究大部分是针对中国企业在世界各地投资所遭遇的政治风险,没有对中国某一地区对外投资遭遇的政治风险进行研究。本文在分析浙江企业海外投资过程中遭遇政治风险的具体表现形式之后,探讨形成这些政治风险的原因,并找出相应的解决方案。

二、浙江企业海外投资中面临的政治风险

(一)战争或内乱风险、政治暴力风险

很多发展中国家由于历史原因,存在着复杂的民族、种族、宗教问题,长期经济贫困、政治民主化发展缓慢,导致民众对政府不满,经常发生游行、示威、罢工等行为。虽然发展中国家经济发展的步伐加快,经济投资的潜力明显,但发展中国家政局的变化等引起社会动荡的政治事件给浙江投资企业造成不利影响的可能性。

2005 年 3 月,吉尔吉斯共和国发生政变。中国商人的国英商品城和玛迪纳商城在 3 月 24 日的哄抢中受损。国英商品城有 1/3 商户是浙江人,被哄抢的商人 53 户,损失约为 470 万美元。玛迪纳商城被哄抢的集装箱有 150 个左右。2010 年 4 月 9 日,吉尔吉斯共和国再次发生骚乱,一个位于吉首都比什凯克市区中心地带的中国商品贸易城遭烧毁。浙商在吉尔吉斯遭受的损失,为海外投资的浙江商人敲响了警钟。在这些地区经商机遇大,政治风险同样也很大。

(二)东道国政策突变引起的违约风险

东道国违约风险是指东道国在接受外国投资过程中发生毁约或违约的行为,致使原定协议、合同无法履行,造成浙江投资者遭受重大损失。有关国家围绕产业调整的政策行为改变投资项目运作的政策环境,使已实施的投资项目所享受的优惠条件或待遇不复存在。东道国政策、法规的不连续,使浙江企业海外投资的空间和利益受到很大影响。

2005 年 5 月,吉利汽车公司和 IGC 集团就整车项目及 CKD 项目合作签约,

吉利汽车公司与 IGC 集团计划在马来西亚制造、组装和出口吉利汽车。担任马来西亚国家汽车工业公司(PROTON)顾问的前总理马哈蒂尔在公开场合呼吁抵制中国汽车"侵占"市场,促请政府限制中国汽车的进口,以此保证马来西亚本土汽车企业的市场份额。马来西亚政府颁布新的政策要求,新进入的汽车品牌,在当地生产组装汽车,不能在马来西亚当地销售,而必须 100% 出口。这与吉利公司到马来西亚设厂的初衷完全违背,吉利公司被迫放弃了在马来西亚组装轿车的计划,转移到印尼进行 CKD 生产和销售。

(三)经济民族主义风险

经济民族主义是体现在经济上的一种民族主义,即东道国国民为表示对自身民族经济利益的忠诚与认同,不惜以各种手段损害其他民族的经济利益。浙江企业海外经营往往过分追求纯粹的经济利益,不在东道国寻求利益代言人,不注重建立本土化的公共关系,很少实施本土化的经营战略。这样一来,浙江海外投资企业的发展不仅难以真正融入东道国当地经济社会发展体系之中,而且由于与当地政府和公众缺乏有效的沟通与协调,很容易引起"排华"情绪,遭遇经济民族主义风险。

2004 年 9 月 17 日,西班牙埃尔切市的少数激进分子烧毁了大批中国鞋,酿成了震惊世界的"烧鞋事件"。西班牙"烧鞋事件"并非简单的排华事件,而有着复杂的经济背景。埃尔切市是西班牙的制鞋中心。由于西班牙制鞋成本慢慢上升,温州鞋商通过款式竞争、价格竞争,使得西班牙鞋商份额减少,温州人摊位比例扩大。"烧鞋事件"的原因之一在于中国人的勤劳令习惯于享受家庭和朋友的休闲生活的西班牙人感到不满,但经济状况的变化以及对变化感到的不安,是非理性情绪酝酿并蔓延的根本原因。

三、浙江企业海外投资遭遇政治风险的原因

(一)经济民族主义与利益集团

浙江企业在东道国投资经营,必然在一定程度上增加与当地企业的竞争,导致一部分企业经营困难和工人失业。在一些国家,以行业协会、工会为代表的集团为了维护本集团利益而向本国政府施加压力,推动实施保护本国企业的投资政策,导致浙江企业经常遭遇来自东道国利益集团(如工会、商会等)的排挤和抵制。这种行为有时以民主的方式(立法程序)出现,有时也表现为游行、骚扰等暴力手段。经济民族主义情绪高涨,导致工会势力加强,罢工频起,致使生产进度

受到极大影响。在多党制国家中,利益集团有着更大的活动空间与影响力,其中许多集团具有贸易与投资保护主义倾向。在西方发达国家中,利益集团将失业和经济萧条归于浙江企业的竞争,采取各种手段来限制或反对依靠低成本竞争的浙江企业。东道国政府往往偏袒这种行为,甚至改变相关政策,公开支持这种行为。

(二)浙江海外投资遭遇政治风险的政治市场竞争模型分析

浙江企业在海外投资中,会遭遇到各种政治风险,每次遭遇政治风险的成因各有不同。我们采用经济学的分析方法解释东道国内部政治市场的竞争,以便为浙江企业防范海外投资中的政治风险找到合理思路。

Markusen(1984)和 Helpman(1984)把对外投资看成一家企业在国外花费巨大成本建立分厂的行为。Bhagwati(1987)认为,一个国家的出口企业为了消除外国贸易保护政策的影响而进行的投资是"替代性对外投资"。Bhagwati 等(1987)就替代性对外投资与东道国贸易保护政策之间的关系进行了一系列研究。Grossman&Helpman(1994a)研究了一个国家贸易保护政策的形成过程。东道国的投资保护政策是该国政府对利益集团政治压力的一种反应(Grossman&Elhanan,1994b)。

在其他公司的投资数量给定条件下,每家浙江企业对东道国贸易政策形成理性预期,并在此理性预期基础上分析投资能否获利。如果浙江企业认为自己对东道国投资的净收益超过在母公司生产并出口的净收益,就会决定去投资。

东道国使用非熟练工人生产标准化的产品,每 1 单位的产品需要投入 1 单位的劳动,单位工资标准化为 1。此外,该国也生产不同品牌的差异化产品,每 1 单位差异化产品需要投入一定数量的非熟练劳动力。东道国的人口总量标准化为 1。个体效用函数如下:

$$U = x_0 + \frac{\theta}{\theta-1} x^{(\theta-1)/\theta}, \ \theta > 1 \tag{1}$$

(1)式中的 x_0 表示个体对标准化产品的消费,x 表示对差异化产品的消费。x的具体表达式如下:

$$x = \left[\int_{j \in N_n} x(j)^{(\varepsilon-1)/\varepsilon} dj + \int_{j \in N_z} x(j)^{(\varepsilon-1)/\varepsilon} dj \right]^{\varepsilon/(\varepsilon-1)}, \quad \varepsilon > 1 \tag{2}$$

(2)式中的 $x(j)$ 表示对差异化产品的消费,N_n 和 N_z 分别代表东道国和浙江企业生产差异化产品的集合。浙江企业生产的产品可能在母公司生产,也可能在东道国的子公司生产。

(2)式表达的消费者偏好结构表明了对每种差异化产品的恒定弹性需求函

数，ε 用来表示恒定需求弹性。给定上述的消费者偏好结构，对于任一产异化产品的需求可以表达为：

$$x(j) = p(j)^{-\varepsilon} q^{\varepsilon-\theta} \tag{3}$$

（3）式中的 $p(j)$ 表示差异化产品 j 的价格，而 q 表示所有差异化产品的价格指数。假定 $\varepsilon > \theta$，即差异化产品之间的相互替代要超过差异化产品与标准化产品之间的相互替代，从而保证需求交叉弹性为正。

生产差异化产品的浙江企业把价格指数看成是外生变量，使自己的边际收益等于边际成本，从而最大化企业的利润。浙江企业在母公司的不变边际成本为 c_z，在东道国生产 1 单位差异化产品的劳动投入为 c_h。对于东道国的本土企业和浙江企业的子公司来说，由于工资率为 1，边际成本为 c_h，根前述定价规则可得：

$$p(j) = \begin{cases} p_h \equiv \dfrac{\varepsilon}{\varepsilon-1} c_h, \text{对在东道国生产的产品 } j \text{ 而言} \\[2mm] p_f \equiv \dfrac{\varepsilon}{\varepsilon-1} c_z\tau, \text{对在浙江生产的产品 } j \text{ 而言} \end{cases} \tag{4}$$

（4）式中的 p_h 和 p_z 分别表示在东道国和浙江生产差异化产品的价格，τ 表示（1＋关税率）。我们以 n_h 表示东道国企业拥有的差异化产品数量（集合为 N_h）；n_z 表示浙江企业拥有的差异化产品数量（集合为 N_z）。以 m 表示浙江企业在东道国建立子公司生产的产异化产品数量。这样，x 的价格指数可以表示为：

$$q = [(n_h+m) p_h^{1-\varepsilon} + (n_z-m) p_z^{1-\varepsilon}]^{1/(1-\varepsilon)} \tag{5}$$

在东道国投资的浙江企业采用子公司的设备进行生产。根据上述条件可以计算在东道国和浙江生产差异化产品企业的产量及利润：

$$x_i = p_i^{-\varepsilon} q^{\varepsilon-\theta}, \qquad i = h, z \tag{6}$$

$$\pi_i = \frac{1}{\varepsilon \tau_i} p_i^{1-\varepsilon} q^{\varepsilon-\theta}, \qquad i = h, z \tag{7}$$

（7）式中的 π_i 表示自某一差异化产品获得的利润。东道国产品的关税率 τ_h 为 1（即不征收关税），浙江产品的关税率 τ_z 为 τ（即 1＋关税率）。

假定对进口产品征收关税是东道国政府唯一的贸易保护政策工具。东道国政府将关税收入平均分配给每个选民。因此，东道国每个选民的平均福利可以表示为关税税率及浙江企业在东道国的子公司供应差异化产品数量的函数，即：

$$W(\tau; m) = L + n_h\pi_h + \frac{\tau-1}{\tau}(n_z-m) p_z x_z + \frac{1}{\theta-1} q^{-(\theta-1)} \tag{8}$$

（8）式中，$W(\tau; m)$ 表示福利函数，L 是劳动供应缺乏弹性且工资率为 1 的平均劳动收入；$n_h\pi_h$ 是平均利润收入，$\dfrac{\tau-1}{\tau}(n_z-m) p_z x_z$ 是平均关税收入，$\dfrac{1}{\theta-1} \times$

$q^{-(\theta-1)}$ 是从消费差异化产品中获得的平均消费者剩余。把(2)~(7)式代入(8)式,可以得出福利函数 $W(\tau;m)$ 受 τ 和 m 的影响程度。

投资博弈分为两个阶段,我们先分析博弈的第二阶段。在投资博弈的第二阶段,东道国政府设定贸易保护的关税率 τ,以最大化其政治目标函数,这一函数设定为利益集团的政治捐款 $C(\tau)$ 与普通选民的平均福利 $W(\tau;m)$ 之线性组合。其函数具体表现形式如下:

$$G=C(\tau)+aW(\tau;m) \tag{9}$$

(9)式中,$C(\tau)$ 是利益集团的计划政治捐款($C(\tau)\geqslant0$),a 是政府对普通选民福利所赋予的权数($a>0$)。

利益集团代表东道国生产差异化产品的企业,这些企业克服了集体行动的困境(搭便车问题)而组织起来,通过向政府游说从而影响贸易保护政策。浙江企业在东道国的子公司不参加上述利益集团,因为这种贸易保护政策不利于母公司的生产。东道国本土企业引导利益集团制定最大化自身利益的计划捐款,即:

$$\max_{\tau,C} n_h\pi_h-C \tag{10}$$
$$s.t.\ C+aW(\tau;m)\geqslant aW^*(m)\ \text{且}\ C\geqslant0$$

上式中的 $aW^*(m)$ 是即使利益集团不提供任何政治捐款,东道国政府也能获得最低的福利水平,其中

$$W^*(m)=\max_{\tau} W(\tau;m) \tag{11}$$

因此,东道国政府设定关税水平 $\tau^p=\arg\max_{\tau}[n_h\pi_h+aW(\tau;m)]$,使利益集团和政府的联合福利最大化;利益集团则提供 $C^p=a[W^*(m)-W(\tau^p;m)]$ 的捐款水平。

根据(8)式,我们可以把均衡状态的关税水平表达成:

$$\tau^p=\operatorname{argmax}\left[(1+a)n_h\pi_h+a\frac{\tau-1}{\tau}(n_z-m)p_zx_z+a\frac{1}{\theta-1}q^{-(\theta-1)}\right] \tag{12}$$

(12)式表明,政治均衡状态时的关税使得利润、关税收益和消费者剩余的加权之和最大化。东道国政府通常会赋予企业利润的权较大,因为企业组成利益集团进行政策游说;而赋予关税收益和消费者剩余的权重较小,因为普通选民难以组成利益集团。利用(12)式的一阶条件,再根据(4)~(7)式,可以得出均衡关税的隐含方程:

$$\frac{\tau^p-1}{\tau^p}=\frac{1+A}{a\varepsilon}\frac{(\varepsilon-\theta)n_h}{\varepsilon(n_h+m)+\theta(n_z-m)(\tau^pc_z/c_h)^{1-\varepsilon}} \tag{13}$$

只要 $m<n_f$,而且(13)式有符合 $\tau^p>(c_z/c_h)^{(\varepsilon-1)/\varepsilon}$ 的解,上述关税水平就能成立。$\tau^p>(c_z/c_h)^{(\varepsilon-1)/\varepsilon}$ 这一条件保证浙江企业在东道国的子公司正常生产,并

向东道国市场供应差异化产品。如果东道国政府设定关税水平为 $\tau^p = (c_z/c_h)^{(\varepsilon-1)/\varepsilon}$，浙江企业在东道国的子公司将被闲置。如果所有浙江企业都在东道国设立子公司（$m = n_f$），关税水平只要达到 $\tau^p \geqslant (c_z/c_h)^{(\varepsilon-1)/\varepsilon}$，就可以最大化政府目标函数。只要关税水平足够高，浙江企业就必定使其在东道国的子公司正常营业，在此水平以上的关税提高没有任何实质性影响。

现在我们转向投资博弈的第一阶段，即每家浙江企业都必须决定是否在东道国建立子公司。为了简单起见，假定每家浙江企业在决定是否投资时，把其他企业投资与否的决定看成是给定的，因此浙江企业之间的投资行为不存在合谋。给定浙江企业在东道国投资总量的假设，每家浙江企业都会根据（12）式做出自己关于东道国关税税率的理性预期。按照这种预期，计算在东道国设立子公司并投入生产后所获利润与在母公司生产并出口所获利润之间的差额，并把这种差额与建立子公司的固定投资成本 φ 相比。

根据（4）～（7）式，可以计算由于关税水平和子公司数量带来的利润之差额：

$$\pi_h - \pi_z \equiv \delta(\tau;m) = \frac{B(c_h^{1-\varepsilon} - \tau^{-\varepsilon}c_z^{1-\varepsilon})}{[(n_h+m)c_h^{1-\varepsilon} + (n_z-m)(\tau c_z)^{1-\varepsilon}]^{(\varepsilon-\theta)/(\varepsilon-1)}} \qquad (14)$$

（14）式中，$B(c_h^{1-\varepsilon} - \tau^{-\varepsilon}c_z^{1-\varepsilon}) > 0$。浙江企业预期东道国政府设定的关税税率为 τ，并且获知浙江企业在东道国设立子公司的数量 m。如果利润差额超过固定成本（$\delta(\tau;m) > \varphi$），该浙江企业在东道国进行投资；如果利润差额低于固定成本（$\delta(\tau;m) < \varphi$），该浙江企业不在东道国进行投资；如果利润差额等于固定成本（$\delta(\tau;m) = \varphi$），该企业在东道国投资或者在母公司生产都可能。

我们通过建立数理模型分析了均衡状态下的贸易保护水平以及浙江企业投资的数量。如果在东道国建立子公司的固定成本很小，而东道国政府对于普通选民的福利关注较多，可能出现两种均衡：一种均衡是浙江企业不投资；另一种均衡是所有浙江企业都在东道国投资。如果改变上述假设，可能出现唯一均衡：只有一些浙江企业在东道国投资建立子公司。在这种均衡中，由于建立子公司的固定成本上升，浙江企业投资数量减少；另一方面，东道国政府对普通选民的福利关注上升，浙江企业的投资数量会下降，转而通过出口牟利。如果贸易保护政策是由东道国内部政治竞争下形成的，不存在对浙江企业投资的限制，那么浙江企业投资的数量随着浙江企业进入东道国的固定成本的上升而下降。

四、浙江企业海外投资过程中对于政治风险的防范措施

浙江企业去海外投资应该从预防策略、投资经营风险管理、补偿策略、退出策略以及亡羊补牢等五方面来防范政治风险。

(一)强化政治风险意识,制定项目投资的可行性报告

关于政治风险评估分析方法的研究已经开展多年,对政治风险评估方法的分类有许多种,有从是否可以量化分为定性和定量分析;也有从所涉各方来分类的,即从东道国角度出发的宏观分析法,从公司角度出发的微观分析法以及综合两大方面的宏微观分析法。对于政治风险高的项目,浙江企业可以通过对资产进行投保的方式,来规避东道国国内的各种风险。

(二)加强政治风险管理,采用多元化策略和本土化策略

多元化投资是分散政治风险的有效手段。在海外投资的过程中,浙江企业可以通过多元化来降低政治风险水平。其中,投资多元化策略对浙江企业最为重要。投资多元化策略要求浙江企业在海外投资时,不能仅仅集中在某个国家或地区,也不能集中在某一领域,否则投资的政治风险就会增大。

实行本土化策略就是使浙江企业融入当地环境中,使浙江企业的利益与当地利益比较紧密地结合在一起。①在海外投资的方式上选择合资或合作经营的形式,将东道国的利益纳入到投资中来,通过投资主体共负盈亏、共担风险,实现投资风险和政治风险的转移与分散。②适当提高当地职员在公司持有股份的比例。这样可以提高公司当地员工的归属感,强化公司利益为第一的观念,从而反对不利于公司发展的本国政府行为。③在资金融通上适当依赖东道国的金融机构。这样不仅可以降低融通资金的成本,提高资金融通的效率和便利程度,更可以加强与当地金融界的联系,形成战略联盟,东道国政府采取不利措施的难度就会增加。④在原料、零部件的采购上适当以当地企业优先。虽然可能增加采购成本,但客观上促进了东道国相关行业的发展,增进了就业,有利于增加东道国政府和工商界对浙江企业的好感,同时将相关行业与浙江企业的利益绑在一起,提高了风险抵抗能力。⑤与当地政府和民众建立良好的关系,利用当地华人商会等组织,开展必要的公关活动;多在当地做一些公益事业,搞好公共关系,树立自己的形象;搞好与当地政府和新闻媒介的关系。

(三)采取申请保护和向法庭诉讼等后续补偿策略

在海外投资过程中,浙江企业遭受政治风险后,可以向中国政府申请保护,借助政府力量来减少政治风险的恶性影响。

浙江企业在海外投资过程中,在东道国遭受政治风险后,应主动与东道国政府沟通,寻求当地政府的理解和支持,借助当地政府的力量来处理政治风险。浙江企业应抓住机会与东道国政府谈判,通过院外集团活动向政府施加压力,说服政府取消接管行为,或者提出妥协方案供东道国政府参考选择。在东道国公布征用或国有化政策以后,如发现所公布的政策有松动的余地,那么浙江企业应积极与东道国政府进行谈判。

当东道国政府实施国有化征收等强硬措施时,浙江海外投资企业可以求助于法律途径与东道国政府展开针锋相对的斗争。浙江企业应果断地向东道国法庭、中国法庭以及国际法庭诉讼,以期获得赔偿。

(四)采取退出策略

退出策略是规避政治风险的明智之举,而退出策略的选择需要企业在利润率和政治风险之间权衡。浙江企业在遭受高度政治风险的情况下,根据对政治风险的评估结果,在风险发生可能性极高和后果极为严重的情况下,为了保证企业的平稳运行,可以采用退出策略,及时从东道国撤回投资,退出东道国市场,以保证资金的安全,将政治风险带来的损失减少到最低程度。

(五)"亡羊补牢"之计

浙江海外投资企业组成行业协会,集中力量,做好浙江商品的品牌。通过行业协会规范海外浙商的恶性竞争行为,组织企业联手开辟新市场,统一价格和竞争策略,以集体的形式参与竞争。根据当地法律成立商会组织和行业协会,开展与当地政府、行会、工会的谈判,为浙商在当地争取尽可能好的商业和生活环境。

浙江各级政府部门应加强与企业沟通,了解企业的信息需求,建立多层次信息渠道,为企业提供有关东道国政策环境、风俗习惯等方面的信息服务,为企业的投资经营决策提供指导和必要的建议。同时,设立东道国国内投资环境预警体系,一旦遭遇变动,可以及时预警,减少损失。一旦投资企业的合法权益在东道国受到侵害,应该通过各种方式维护企业的正当权益。

参考文献

[1]高建刚.经济一体化、政治风险和第三国效应对中国OFDI的影响.财贸研究,2011(5):57-64.

[2]李紫莹.中国企业在拉美投资的政治风险及其对策.国际经济合作,2011(3):20-24.

[3]聂名华.颜晓晖.中国对东盟直接投资的政治风险及其法律防范.当代亚太,2007(1):36-43.

[4]赛格,门明.中国企业对非洲投资的政治风险及应对.西亚非洲,2010(3):60-65.

[5]韦军亮,陈漓高.政治风险对中国对外直接投资的影响——基于动态面板模型的实证研究.经济评论,2009(4):106-113.

[6]Bhagwati JN. Quid pro quo DFI and VIEs:A political-economy-theoretic analysis.

International Economic Journal，1987，1(1)：1-14.

[7] Bhagwati JN.，Brecher RA，Dinopoulos E，Srinivasan TN. Quid pro quo foreign investment and welfare：A political-economy-theoretic model. Journal of Development Economics，1987，27(2)：127-138.

[8] Busse M，Hefeker C. Political Risk，Institutions and Foreign Direct Investment. HWWA Discussion Paper No. 315，2005：1-24.

[9] Gordon K. Investment Guarantees and Political Risk Insurance：Institutions，Incentives and Development. In：OECD Investment Policy Perspectives 2008. Paris：OECD，2008：91-122.

[10] Grossman GM，Helpman E. Protection for sale. American Economic Review，1994a，84(4)：833-850.

[11] Grossman GM，Helpman E. Foreign Investment with Endogenous Protection，NBER Working Paper No. 4876，1994b：1-37.

[12] Helpman E. A simple theory of multinational corporations. Journal of Political Economy，1984，92(3)：451-471.

[13] Henisz WJ，Zelner BA. Political risk management：A strategic perspective. In：Moran T (E)d. International Political Risk Management：The Brave New World. Washington，D. C. ：The World Bank Group，2004：1-15.

[14] Jensen N. Measuring risk：Political risk insurance premiums and domestic political institutions. Paper presented at the 2005 Political Economy of Multinational Corporations and Foreign Direct Investment Conference at Washington University，2005：1-39.

[15] Markusen JR. Multinationals，multi-plant economies，and the gains from trade. Journal of International Economics，1984，16(3/4).

[16] Nehrt LC. Political Climate for Private Foreign Investment：With Special Reference to North Africa (Special Study). Westport：Praeger Publishers Inc. ，1970：15-18.

[17] Oseghale BD. Political Instability，Interstate Conflict，Adverse Changes in Host Government Policies and Foreign Direct Investment：A Sensitivity Analysis. New York：Garland Publishing Press，1993：37-43.

[18] Schneider F，Frey BS. Economic and political determinants of foreign direct investment. World Development，1985(2)：161-175.

创新驱动商务发展

关于苏、鲁、浙三省开发区管理体制创新专题调研报告[*]

庄 谨

（浙江省商务厅）

摘要：开发区体制创新是当前提升浙江省开发区发展水平最迫切需要解决的问题。根据 2012 年省人大四次次会议《政府工作报告》中提出的"深化开发区体制机制改革"的要求和省领导关于浙江省开发区体制机制创新的多次批示，省商务厅积极开展了省内调研、省外考察、座谈研讨、问卷调查等一系列工作，最终形成了有关开发区发展管理体制的专题调研报告。

江苏、山东、浙江是三个全国开发区发展得最好的省份。本报告在对比三省开放型经济和开发区情况的基础上，分别从国家级经济技术开发区和省级开发区两个层面、重点分析三省开发区管理体制的情况，特别是对浙江省开发区主要领导的配备情况和当前开发区体制方面出现的一些新情况进行了梳理和总结，并结合浙江省实际、在征求相关部门意见的基础上，提出了创新开发区管理体制的建议。

关键词：开发区；体制；创新

按照省政府的统一部署，浙江省自 2008 年开始的开发区整合提升工作确立了三大目标，即拓展空间、提升产业、创新体制。经过全省各地四年来的共同努力，"拓展空间"已基本实现，"提升产业"正在实施，有效推动了开发区在"十一五"期间的跃迁式大发展。唯有开发区体制创新，这是三大目标中最难实现、也是浙江省开发区提升发展水平最迫切需要解决的问题。

2012 年以来，根据省领导关于浙江省开发区体制机制创新的多次批示，省商务厅对全省各地的开发区管理体制情况进行了问卷调查，并会同省政府办公厅、省委组织部、省编委办等部门组成联合调研组，分别召开了浙江省国家级和省级开发区体制创新座谈调研会，先后赴河北、天津、广东、山东、江苏等省市进行开发区管理体制专题调研。

---

* 本文系 2012 年浙江省商务厅课题，课题组组长：胡潍康。课题组成员：宋东舡、庄谨、王荣、陈芳芳。课题执笔人：庄谨。本文获"第五届浙江省国际经济贸易研究优秀成果奖"实务类一等奖。

一、江苏、山东、浙江三省开发区的基本情况

(一)三省主要经济指标对比

江苏、山东、浙江是中国沿海地区发展开放型经济的先进省份,三省的主要经济指标在全国处于领先地位(参见表1)。从三省经济的发展来看,有一个共同特点:即三省开放型经济的快速发展,得益于开发区的有力支撑;而开发区的作用发挥,有赖于体制机制的有效保障。

表1 2010年度江苏、山东与浙江三省主要经济指标比较

省　份	地区生产总值(亿元)	规上工业增加值(亿元)	一般预算收入(亿元)	出口额(亿美元)	实际利用外资(亿美元)	开发区(园区)数量(个)
山东省	39416.2	21398.9	2749.3	1042.5	91.7	169
江苏省	40903.3	21223.8	4079.9	2705.5	285	143
浙江省	27226.8	10397.2	2608.5	1804.8	110	117

(二)各类开发区的数量对比

目前,经国务院审批和国家发改委核准的开发区数量,山东、江苏、浙江分别有169、143、117家,居全国前三位。从国家级经济技术开发区数量来看,江苏省现有16家,居全国第一。从国家级高新技术产业开发区的数量来看,山东省现有11家,居全国第一。从海关特殊监管区的数量来看,江苏省共有19家,是全国海关特殊监管区数量最多、功能最全、建设水平最高的省份。从省级开发区(园区)来看,山东有140家、江苏有99家、浙江有93家(参见表2)。

表2 江苏、山东、浙江三省各类开发区数量

开发区类型	山东省	江苏省	浙江省
国家级经济技术开发区	9	16	13
国家级高新技术产业开发区	11	7	3
海关特殊监管区	8	19	7
综合保税	1	3	0
保税区	1	1	1

续表

开发区类型	山东省	江苏省	浙江省
保税港区	1	1	1
保税物流园区	1	1	1
出口加工区	4	13	4
国家级旅游度假区	1	2	1
省级经济开发区（园区）	140	99	93
各类开发区总数	169	143	117

（三）开发区的主要经济指标对比

江苏开发区以不到该省 2％的土地面积，创造了该省 1/2 的地区生产总值，2/3 的工业增加值，2/5 的地方一般预算收入，3/4 的对外贸易，吸纳了 3/4 的实际到账外资，成为江苏经济发展的增长极、新兴产业的集聚区、外商投资的密集区、改革创新的先行区和迅速崛起的新城区。

山东开发区 2010 年的主要经济指标在该省的占比为：规上工业增加值占 46％，地方财政一般预算收入占 1/3，进出口和利用外资均占 55％。累计引进总投资 1000 万美元以上的项目 2970 个，世界 500 强投资项目 304 个。该省进出口百强企业中，69 家坐落在开发区。仅烟台开发区富士康电子科技园，2010 年进出口额就达 193 亿美元。

浙江开发区（不含 43 家园区）2010 年以不到全省 5％的土地面积，贡献了全省 46％的工业增加值，54％的实到外资，39％的出口和 27％的财政收入。从“十一五”期末数据看，浙江开发区拥有全省 46.6％的规模以上工业企业；46.2％的 1000 万美元以上外资大项目；37.9％的世界 500 强企业投资项目；并拥有 3339 家投资总额超亿元的内资大项目（参见表 3）。

表 3 2010 年江苏、山东与浙江三省开发区主要经济指标比较

项　　目	开发区统计口径（个）	规上工业增加值（亿元）	税收收入（亿元）	出口额（亿美元）	实际利用外资（亿美元）
江苏省	125	15149	1601	2027	222
山东省	156	10343	898	566	50
浙江省	66	5187	1141	710	60

二、江苏、山东两省开发区管理体制情况

(一)国家级经济技术开发区的管理体制

关于国家级经济技术开发区的管理体制,国务院办公厅(国办发〔2005〕15号)《关于促进国家级经济技术开发区进一步提高发展水平的若干意见的通知》中明确:"国家级经济技术开发区的管理机构一般是所在地市级以上人民政府的派出机构,除其中具有企业性质的外,根据授权行使同级人民政府行政审批、经济协调与管理等职能。国家级经济技术开发区原则上不与所在行政区合并管理或取消管委会建制"。

从江苏和山东两省的执行情况来看,都做得比较好,一是明确其管理机构为所在市人民政府的派出机构;二是在主要领导的配备上大都是不低于副厅级。特别是在副省级城市的开发区主要领导的干部配备上,都达到了正厅级,如山东的青岛开发区主要负责人兼任青岛保税港区党工委书记,为正厅级,江苏的南京开发区为正厅级。设在县级市的开发区主要领导干部配备上,江苏的国家级开发区全部高配为副厅级(由县委书记兼任开发区主任)。

从江苏和山东两省了解得知,管委会领导副厅级的编制通过以下三种途径来解决:一是向中编办申请;二是当地省委、省政府的文件规定;三是通过各地编办的调配。

(二)省级经济开发区的管理体制

对于省级经济开发区的管理体制,江苏和山东都高度重视,相继出台了有关的政策文件。

江苏省2004年就出台了《江苏省经济技术开发区管理条例》,2008年又出台了《江苏省政府关于印发进一步提升开发区发展水平意见的通知》(苏政发〔2008〕12号),明确"开发区管委会为所在市、县(市、区)政府派出机构,原则上不得与所在行政区合并管理或取消管委会建制。省级开发区管委会按不低于副处级设置,开发区管委会机构编制纳入当地机构编制管理部门统一管理"。最近江苏编办又在酝酿出台针对该省国家级、省级开发区机构编制管理的有关意见,目前已有讨论稿。

山东省今年出台了1号文件《山东省委办公厅、省政府办公厅关于全面提升经济开发区发展水平的意见》(鲁办发〔2011〕1号),明确"省级经济开发区管委会作为同级政府的派出机构,行使同级政府相应的行政管理职能和经济管理权限。对

达到国家级经济技术开发区升级审核标准的省级经济开发区,比照国家级开发区赋予相应经济审批权限,并在机构设置、人员编制和领导班子配备上予以加强"。

此外,河北省编制办去年专门下发了规范开发区编制的文件,对全省开发区的行政编制、内设机构、管理职能等做了明确统一的规定(冀机编[2010]1号),明确"由设区市管理的省级以上开发区,其管理机构规格为副厅级。由县(市、区)管理的省级开发区,其管理机构规格为副处级;规格较大、各项经济发展指标特别突出的,其党工委书记、管委会主任可配备为正处级,副书记、副主任可配备为副处级"。

三、浙江省开发区管理体制有关情况

(一)主要类型

纵观浙江省开发区管理体制,按照管理主体形式可以大致分为以下三种类型。

1. 政府主导型

开发区设党工委、管委会,采用准政府、非企业架构,具有管理者和开发者双重功能。开发区作为一级党委、政府的派出机构,代表其行使相关职责。目前,浙江省开发区绝大部分均采用这种管理模式。

2. 政区合一型

这类开发区的特点是开发区和行政区基本重合,即"一套班子、两块牌子"。浙江省开发区中,国家级宁波经济技术开发区与宁波北仑区、杭州高新技术产业开发区与杭州滨江区,均采取"政区合一"管理体制。安吉、富阳等省级开发区则采用"区镇合一"的管理体制。

3. 企业运作型

在这一管理体制下,开发主体不是一级行政组织或政府派出机构,而是企业化的开发公司,市场化的运作模式。目前,浙江省宁波大榭开发区是唯一采用企业运作管理模式的开发区。

(二)机构级别和领导配备情况

1. 13家国家级经济技术开发区机构和主要领导配备

浙江省现有国家级经济技术开发区13家。2010年以前国务院批准的杭州、宁波、温州、萧山4家国家级开发区(大榭开发区除外)分别有省人大通过的单行条例,设立开发区管委会,代表当地政府对开发区的工作实行统一领导和管理;2010 以后新升级的 8 家国家级开发区和大榭开发区均无单行条例,其机构级别不明确。

与沿海省份相比,浙江省的国家级开发区主要领导的级别相对比较低,副厅级以下的占到一半以上,最低的只有正科级。具体可分以下三种情况:一是设在副省级城市的 5 家开发区,主要领导都达到了副厅级的配备;二是设在地级市的 6 家开发区,主要领导配备为副厅级的有 2 家,正处级的有 4 家;三是设在县级市的 2 家开发区,主要领导为副处级 1 家,正科级 1 家(详见表4)。

表 4　浙江省国家级经济技术开发区领导职级情况汇总表

	开发区主持工作主要领导职级					合计
	正厅级	副厅级	正处级	副处级	正科级	
设在副省级市	宁波　宁波大榭	杭州　萧山　宁波石化				5
设在地级市		嘉兴　金华	温州　湖州　绍兴袍江　衢州			6
设在县区				嘉善	长兴	2
合计	2	5	4	1	1	13

2. 50 家省级开发区机构和主要领导配备

从主要领导的配备来看,浙江省现有的省级开发区 50 家,主要领导副处以下(不含副处级)配备的有 29 家,占到 58%,近六成省级开发区的主要领导还没有达到副处以上的配备。具体可分以下三种情况:一是设在副省级城市的 4 家开发区,主要领导有 2 家是副厅级、2 家是正处级;二是设在地级市的 9 家开发区,主要领导正处级的有 3 家、副处级的有 3 家、正科级的有 3 家;三是设在县级的 37 家开发区,主要领导副处级的有 12 家,正科级的有 25 家(详见表5)。

表 5　浙江省省级开发区领导职级情况汇总表

类别	开发区主持工作主要领导职级				合计
	副厅级	正处级	副处级	正科级	
设在副省级市	钱江　慈溪	镇海　余杭			4
设在地级市		舟山　台州　丽水	金东　金西　衢江	普陀　瓯海　黄岩	9

续表

类别	开发区主持工作主要领导职级				合计
	副厅级	正处级	副处级	正科级	
设在县（市、区）			海宁　德清　南浔 富阳　建德　平阳 东阳　武义　义乌 临海　诸暨　江山	平湖　桐乡　海盐　安吉　象山 奉化　宁海　余姚　岱山　桐庐 临安　淳安　瑞安　浦江　永康 温岭　玉环　景宁　青田　乍浦 柯桥　上虞　嵊州　兰溪　乐清	37
合计	2	5	15	28	50

(三)浙江省开发区管理体制出现的新情况

相比沿海兄弟省份，无论是经济总量还是财政税收贡献，浙江省开发区并不落后，差距主要表现在开发区管理体制上。在浙江省开发区通过整合资源实现空间拓展以后，特别是部分省级开发区升级为国家级开发区，出现了以下值得关注的新情况：

(1)开发区的管辖区域明显扩大。通过整合提升，浙江省开发区实际管辖区域从整合提升前的单个平均8.38平方公里扩大到105.87平方公里。开发区已不是原有的几平方公里的单纯工业园区，而是以产业为主导、以城镇为依托的经济社会全面发展的多功能综合性区域。

(2)开发区的管理事务明显增多。现在的开发区管委会不仅承担着规划建设、招商选资、经济运行、安全生产、节能降耗等经济综合管理服务职能，还要承担劳动、人事、治安、计生等社会管理工作。另外，兴办和管理科、教、文、卫、体等公共事业，也逐渐成为开发区管委会职责的一部分。

(3)开发区的管理体制明显不适。随着开发区管辖区域的扩大、管理事务的增多和省级开发区升级，原有的开发区机构级别和领导配备，已明显不适应承担当前日益繁重的经济社会发展任务。创新开发区管理体制和运行机制迫在眉睫。

四、创新开发区管理体制的几点建议

(一)继续重视发挥开发区的积极作用

浙江开发区经过近三十年的建设发展，在全省基本构成分布广泛、种类齐全、特色鲜明、相互促进的产业园区体系。特别是2008年以来，浙江省开发区分三批开展了整合提升工作,共整合各类功能区 200 多个,辐射带动区域近 6000 平方公里。多数开发区的实际管辖区域达到上百平方公里,已成为区域经济发展的大平台,为引进大项目、培育大企业、发展大产业提供了空间保障。另据统计,在浙江省实施国家"三大战略"的区域范围内,集中了浙江省 100%(7 家)的海关特殊监管区、83%(20 家)的国家级开发区和 58%(29 家)的省级开发区。浙江省国家级和省级开发区多年建设发展所积累的综合优势,可以为推进浙江省"四大建设"和实施国家"三大战略",提供实实在在的平台支撑。

(二)积极筹备召开全省开发区工作会议

2012 年 10 月 17 日,夏宝龙省长就开发区工作做出重要批示,并要求 2013 年 2 月开好全省开发区工作会议,充分体现了省主要领导对浙江省开发区的重视和关心。建议以筹备召开本次会议为契机,认真总结四年来全省开发区整合提升工作,明确今后一个时期浙江省开发区发展的总体思路、主要目标和重点任务,提出开发区管理体制创新的初步构想以保障各项任务的完成,进一步提升浙江省开发区的发展水平和质量。

(三)出台指导开发区科学发展的政策文件

目前指导浙江省开发区发展的文件还是 1999 年出台的《浙江省人民政府关于进一步加快开发区发展若干意见的通知》(浙政发〔1999〕230 号),已经不适应当前开发区科学发展、转型升级的需要。因此,建议按照科学发展观的要求,出台新的政策文件来指导浙江省开发区下步发展,促进开发区在实施三大国家战略、促进产业转型升级中更好地发挥引领、示范和带动作用。

(四)创新促进开发区发展的管理体制

在今年广泛开展省内外开发区体制创新调研基础上,下一步应着重从两个层面加大推进力度,力求有所突破:①在市县层面,主要是针对全省开发区整合提升后出现的空间布局组团化、管理机构膨胀化、利益格局多样化的新情况,积极引导开发区探索建立统分结合的领导管理体制、便捷高效的运行服务机制和公平共享的利益平衡机制;②在省级层面,借鉴兄弟省市经验,结合浙江省实际,逐步规范浙江省国家级、省级开发区的编制体制。根据机构编制管理有关规定,按照"统筹谋划、分类管理、优化体制、创新机制"的思路,相关部门研究出台促进开发区管理体制创新的指导意见。统筹谋划,即统筹考虑国家级经济技术开发区和高新技术产业开发区,省级经济开发区、工业园区和高新园区等;分类管理,即根据国家级、省级开发(园区)和发展水平等不同情况,分类确定编制管理办法;优化体制,即在现行机构编制管理规定和审批权限下,在体制方面给予开发区(园区)支持。创新机制,即鼓励各地在工作机制上大胆探索创新,最大限度地破除障碍、激发活力。

中日韩自贸区对浙江经济转型发展影响研究[*]

王凤逵[1]　金桂生[2]

（1. 浙江省对外贸易服务中心；2. 浙江理工大学经济管理学院）

摘要：当前世界经济格局主要呈现全球化和区域化，且区域化在全球经济中的比重快速提高，有鉴于现阶段全球经济复苏呈现疲软态势、主要经济体的未来状况不明朗，作为全球经济核心地带之一的东亚经济状况更是颇受关注，中日韩自贸区的建立事项也就更受到各方关注。本文主要根据浙江省经济特点研究中日韩自贸区建立对浙江省经济转型升级所带来的影响以及所应采取的对策。研究认为，中日韩自贸区的建成对浙江省第二、三产业的转型升级具有积极推动作用，对第一产业的影响较弱，而企业和政府应分别在技术创新、品牌塑造、营销网络、投资、知识产权、人才培养等方面采取措施，为浙江省经济发展提供不竭之源。

关键词：区域经济一体化；中日韩自贸区；产业结构；转型升级

引　言

20 世纪下半叶以来，世界范围内经济秩序呈现"双化"特征，即经济全球化和地区经济一体化并存现象。自 20 世纪 90 年代以来，区域经济一体化的比重在全球经济活动中迅速提高，世界现存各种各样的投资贸易安排约 200 个左右，如欧盟、北美自由贸易区、东盟自由贸易区、加勒比共同体、中美洲共同市场等，许多国家如美国至少参加一个或多个自由贸易区（free trade area，FTA）。作为支持当今世界经济格局三大核心力量之一的东亚地区（该地区乃至亚洲综合国力最强的中日韩），居然至今仍未组建类似北美自贸区或欧盟之类的区域贸易集团实属罕见。当前仍处于全球经济前景黯淡、经济复苏疲软态势，三国加强经济联系、建立区域贸易集团能增强抵御风险、处理危机的能力，并且对三国经济的改善以致全球经济的推动都有显著效果。作为以贸易立省的浙江省，由于受全

---

*　本文获"第五届浙江省国际经济贸易研究优秀成果奖"实务类二等奖。

球经济不景气的严重拖累,以及部分国家贸易保护主义势力的抬头,近几年来出口形势异常严峻,再加上国内巨大潜在消费市场迟迟没有打开局面,企业转型升级进程步履维艰。历史学家汤因比(1986)在研究人类不同文明的起源与消亡后指出,那些生命力比较顽强的文明是在面临机遇与挑战中通过调整而生存下来的。得益于这一思路本文主要研究当前形势条件下,中日韩自贸区建立对浙江省经济结构调整所带来的机遇与风险,政府及企业等应该采取什么举措来推动浙江经济的转型升级,规避风险,助推浙江经济的再次腾飞。

一、自由贸易区及其福利分析

自由贸易区主要旨在消除成员之间关税和非关税壁垒,实行区内产品的完全自由流动但每个成员方对非成员方的贸易壁垒保持不变。它是区域经济一体化的表现形式之一。最早提出自由贸易理论学者是英国古典经济学家亚当·斯密,他提出的绝对优势理论认为每个国家都应该专门生产绝对成本小于其他国家的产品,然后彼此进行贸易交换,共同获益。此后,经过 Ricardo(1817)的比较优势学说、H-O 理论(Heckscher,1919)等的进一步丰富完善,自由贸易理论得到进一步的发展。Viner(1950)认为区域经济一体化给成员方带来的影响包括贸易创造效应和贸易转移效应两部分。此后众多经济学家继续完善这一理论。现在主流的自由贸易理论一般从静态和动态两个角度分析自由贸易区所带来的经济效应。

静态效应包括贸易创造效应(trade creating effect)和贸易转移效应(trade diverting effect),前者是指区域内进口国家的消费者能获得相对廉价的产品和服务的同时,区域内整体出口总额也将增加,从而扩大缔约国整体的经济规模和效益;后者是指由于区内缔约国关税的废除,与区外进口的低成本产品和服务相比,区内高成本产品或服务的竞争优势得到提高。此外,区域外低成本产品和服务的供给国的出口会减少,区域内进口国的关税收入也会减少,这是一种负效应。总之,自由贸易区的静态效应包括贸易创造正效应与贸易转移负效应两种形式,在贸易创造效应大于贸易转移效应时,福利效应为正;反之则反。它主要分析区域自由贸易协定的短期效应,缺乏对长期效应的考虑。

自由贸易区不仅带来静态效应,还能带来动态效应,体现在服务、技术、投资等各方面。从动态角度看,自由贸易区通过形成规模经济效应(成本降低效应和贸易抑制效应)、竞争效应、技术扩散效应、资本集聚效应等,带来相应的效率和投资变化,从而影响成员国经济的增长和发展。

二、中日韩自贸区面临的障碍及对三国产生的影响

（一）中日韩自贸区建设进程中面临的障碍及存在的分歧

中日韩自贸区问题最早由当时的韩国总统金大中在马尼拉会议上提出，并受到中日两国积极回应①。但是由于东北亚地区异常复杂的政治经济情况，面临众多因素的干扰和阻碍，其中既有内部的阻碍因素（如历史问题、领土问题等），也有外部反对势力的干扰因素，至今仍未能形成由三国政府签订的制度性经济合作组织。

内部因素主要指中日韩三国关于历史问题和领土问题的矛盾，前者主要是指日本否认对朝鲜半岛的殖民统治和对华的侵略史，公然祭拜战犯亡灵并美化对外侵略历史。这种公然背叛事实，刻意扭曲历史的行为严重伤害亚洲人民特别是中韩两国人民的感情。后者是指韩国同日本的独岛（日称"竹岛"）纠纷和中国同日本的钓鱼群岛（日称"尖阁列岛"）纠纷。外部势力干扰主要是指美国由于战略重点转移到亚太地区，它不希望出现一个不是自己主导和参加的地区经济组织的出现。随着金融危机后中国快速崛起，美国意识到并加紧从政治、经济等方面对中国的崛起过程进行围堵和扰乱，从美国倡导的没有中国参与的跨太平洋伙伴关系协议（Trans-Pacific Partnership Agreement，TPP）可以明显觉察出。

除上述面临的障碍外，还存在战略层面、建设进程及贸易利益问题方面三大分歧。

首先，战略层面分歧是指三国对于中日韩自贸区"主导地位"之争。韩国希望利用自身情况平衡中日两个大国，所以应该获得中日韩自贸区的主导权；日本认为自身经济实力雄厚、科技管理水平较高，理应在三国中获得主导权；而中国作为新兴国家代表，经济增长速度快、市场庞大，再加上强大的经济实力，应该在三国自贸区建设进程中发挥有效的主导作用。

其次，对建设进程理解不同。中国比较灵活，认为可以分别进行，比如中国与巴基斯坦建立的自由贸易区就是分阶段进行，而日本则要求一步到位。

最后，是贸易效益的看法上。中国充分理解日本和韩国在农产品市场开放

---

① 中日韩三国领导人会议源于 1999 年 11 月 28 日，时任中国总理朱镕基、日本首相小渊惠三、韩国总统金大中在菲律宾马尼拉举行了首次峰会，简称马尼拉会议。此后，三国首脑就三国合作及其他共同关心的问题举行会晤，统称东亚峰会。

方面所面临来自国内的压力,可以在自贸区谈判时与日韩就少数产品例外或是设定关税减让过渡期进行磋商。但是把农产品完全例外作为启动自贸区谈判的先决条件,是中国所不能接受的。考虑到日本大部分工业制成品已实行零关税,开放农产品市场的意义就更为重要。其实,实现农产品贸易自由化也是日韩从中日韩自贸区中获得资源优化配置好处的必要条件。日韩两国对于向中国转移技术方面存在严格的限制,特别是日本非常担心一旦放开后由于产业转移等将使中国与日本的技术差距等快速缩小,自贸区建立对中国的好处远远大于对日本的好处,再加上中国已经超越日本成为世界第二大经济体,导致日本对于中日韩自贸区近些年积极性不高。

(二)中日韩自贸区对三国的影响

适应世界经济全球化与区域化的发展趋势,积极建立中日韩自由贸易区、加强中日韩经济合作,从资源、贸易及合作等角度看,有利于促进生产要素自由流动、增强三国贸易增长潜力、推动三国经济发展,有利于转移世界经济疲软所带来的风险与威胁。

从贸易、资源及投资互补性角度看,日本、韩国是资源稀缺性国家,这也是日韩长期奉行以"贸易立国"、重点扶持出口导向的制造业企业的原因;相较之下,中国在劳动力资源和自然资源及市场方面具有巨大优势。因此,三国经济一体化后,中国不仅可以吸纳日韩大量的工业品,还能容纳日韩正在进行的产业转移。

从合作角度分析看,三国产业结构和生产要素互补性强,有利于发挥各自的比较优势。首先,作为经济体中最发达的国家日本,其在高新技术产业等领域拥有比较优势,在自然资源、劳动力成本及市场方面存在劣势;其次,作为新型工业化国家的韩国,其在资本和技术密集性产业有较高程度的发展,但与日本存在同样的问题,国内市场较小,经济发展严重依赖进出口贸易;最后,作为经济体中唯一的发展中大国中国,同时也是新兴国家首席代表,虽然国内产业结构层次相对较低、资本与技术密集型产业处于劣势,但是中国的优势在于拥有丰富的劳动力资源以及自然资源,并且拥有非常庞大的国内市场。因此,中日韩三国在产业结构和生产要素上存在极强的互补性,自贸区一旦建成将有利于中国发挥比较优势和大国市场优势,有利于日本借助自身高新技术优势扩大出口市场从而摆脱经济发展困境,有利于韩国进一步充分发挥其资本密集型和技术密集型产业的竞争优势,推动本国经济的发展。

总之,中日韩自贸区的建成对三国经济存在重大的积极影响。自贸区的建成不仅带动各国经济的快速增长(表1),还能显著提高各国福利(张小济,2003)。

表1　中日韩自贸区对三国福利和GDP的影响

国家	经济福利收益（亿美元）	GDP增长率（%）
中国	4.7～6.4	1.1～2.9
日本	6.7～7.4	0.1～0.5
韩国	11.4～26.3	2.5～3.1

三、浙江对日韩贸易基本情况分析

浙江省2012年全年进出口总额达到3122.4亿美元，比2011年增长0.9%。其中，进口876.7亿美元，下降5.8%；出口2245.7亿美元，增长3.8%，在进出口贸易中，一般贸易占据主要形式。其中，民营企业出口1403.2亿美元，比上年增长8.5%，高于全省出口平均增速4.7个百分点，占全省出口总值的62.5%，比上年提高2.7个百分点，对全省出口增长的贡献率为133.3%（表2）。

表2　浙江省2012年进出口主要分类情况

类别	绝对数（亿美元）	比上年增长（%）
进出口总额	3122.4	0.9
出口额	2245.7	3.8
一般贸易	1797.2	1.8
加工贸易	347.0	−3.7
机电产品	959.1	3.8
高新技术产品	148.0	−3.5
进口额	876.7	−5.8
一般贸易	624.4	−4.4
加工贸易	152.7	−11.2
机电产品	159.2	−11.7

数据来源：浙江省统计年鉴。

由表3可知，日本、韩国与浙江省经济联系紧密，是浙江省主要进出口市场之一。2008年以来，除了2009年受经济危机影响贸易总量下降之外，以及2012年由于世界经济复苏疲软、东北亚政治问题（钓鱼岛危机、朝鲜半岛局势紧张等）导致贸易总量增长不显著外，其余年份浙江省与日本、韩国之间贸易总量呈现至少18%的增长率（图1和图2）。正是由于2008年等经济方面冲击给贸易带来的冲击现象，让我们意识到三国更应该深化经济合作、尽早成立中日韩自由贸易区以规避突发经济危机所带来的风险与威胁。

表3 2012年浙江省对主要市场进出口情况

国家或地区	出口额（亿美元）	比上年增长（%）	进口额（亿美元）	比上年增长（%）
欧盟	505.8	−9.3	103.1	−7.8
东盟	169.7	15.1	113.4	6.5
美国	381.8	9.3	72.1	−7.3
日本	134.5	0.8	112.7	−4.9
俄罗斯	79.8	13.9	14.7	−19.8
韩国	55.7	2.1	84.0	−3.7
中国香港	66.3	11.6	2.9	−12.9
中国台湾	23.3	−1.6	108.8	−3.1

数据来源：浙江省统计年鉴。

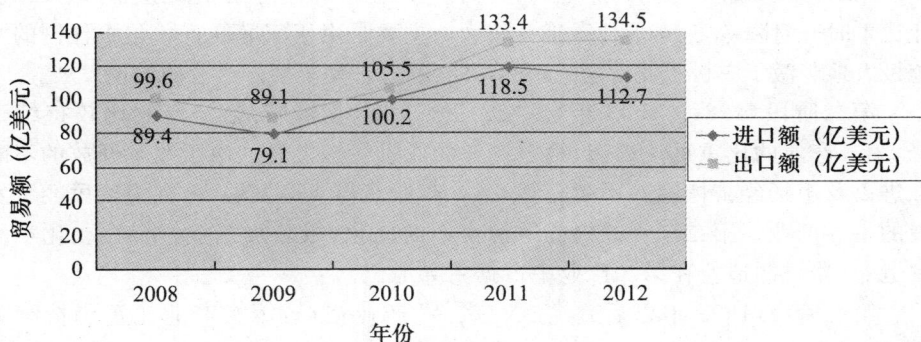

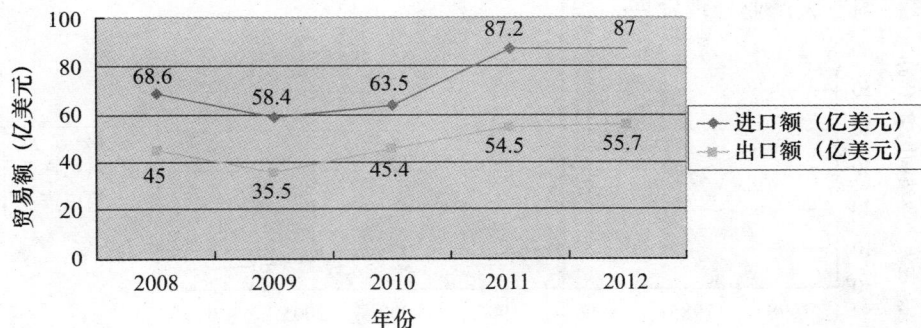

图1 2008—2012年浙江省对日本海关进出口总额

数据来源：浙江省统计年鉴

图2 2008—2012年浙江省对韩国海关进出口总额

数据来源：浙江省统计年鉴

四、浙江省产业升级面临的困境

（一）浙江省产业发展状况

自 1978 年改革开放以来,由传统的计划经济体制向市场经济体制转变的过程中,浙江省积极实施对外开放、对内搞活,实行工农并举及大力发展第三产业的政策。其三次产业结构的变动逐步趋向合理:由 1949 年的"一、三、二"发展到 1978 年的"二、一、三",再到 1987 的"二、三、一"结构格局并延续至今,三大产业结构的比重由 1978 年的 38.1：43.3：18.7 转变为 2012 年的 4.2：50：45.8（图 3）。总体来说,改革开放以来浙江省产业结构变动可以划分为三个阶段:

第一阶段(1978—1986 年)。"二、一、三"产业格局:第一产业比重下降、第二产业比重时升时降、第三产业比重上升较大。主要是由于家庭联产承包责任制的实施极大地刺激了农村工业市场的兴起,并有利的带动了第三产业的快速发展。

第二阶段(1987—1998 年)。"二、三、一"产业格局:第一产业比较持续下降,第二产业的比重迅速提高,第三产业的比重缓慢上升。由于改革开放的不断推进以及市场经济体制的不断完善,第二产业获得飞速发展,已成为国民经济发展的主导产业。第二产业的内部结构也不断优化,服装加工业、纺织业、化学品制造业、器材制造业在第二产业中占据主导地位。

第三阶段(1999 年以后)。"二、三、一"产业格局:第一产业比重仍持续下降,第二产业比重缓慢下降,第三产业比重得到迅速发展。第二产业的快速发展需要第三产业配套型服务的支持,这也是第三产业后期发展动力充足的源泉之一。但是,也应该注意到,作为基础产业的第一产业,其比重也并非越低越好,应该协调三大产业合理发展。

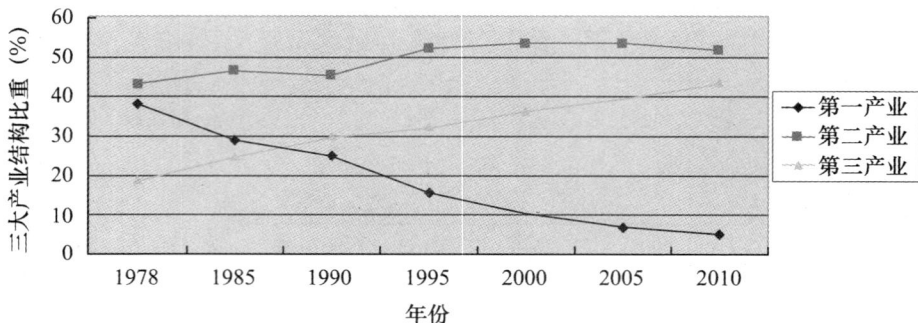

图 3　改革开放后浙江产业结构演进图

(二)浙江省产业转型升级紧迫性

自 1978 年的改革开放以来,浙江省经济整体上保持了较快速的发展,这主要得益于"先行先试"带来的"制度红利"以及"要素红利"即体制改革所释放出的低廉生产力。但是浙江省在快速推进工业化进程中却没有及时调整产业结构、转变经济增长方式,以致环境污染、资源紧张、发展空间越来越窄等问题日益尖锐。总体来说,现阶段浙江省经济发展主要面临以下困境:

(1)产业链低端的陷阱。浙江省制造业处于全球产业价值链上的低端区,研发、创新、工艺等方面仍然被发达国家所掌控,由此导致的结果是浙江省向全球出口"吉芬商品"即附加值低的日用消费品,且该类商品另一特点是其需求量随着价格的降低、收入的增长而下降,伴随着消费主力军——中产阶级收入的提高,其市场需求量必然会下降。

(2)新一轮国际产业转移提速。随着原材料价格攀升、劳动力成本提高、经济危机的持续发酵、新型国家市场重要性日益突出等,国际产业转移速度有所加快。国际产业转移呈现"两线齐发"特征,即发达国家或新兴工业化国家的部分产业向新兴国家转移、新兴国家的产业向发展中国家转移。前者发生是由于新兴国家经济活跃、市场庞大且配套转移进来产业所需要的软硬件设施相对齐全,如劳动力素质、科技实力等;后者发生是由于其更加低廉的劳动力、原材料以及政策吸引等。对于浙江省而言,即面临承接产业的问题又面临转移、升级产业的问题,同时产业升级亦有利于吸引并承接国际高端产业的转移。

(3)以消耗大量资源和牺牲环境的粗放增长模式难以为继。由于长期以"高投入、高污染、低产出"的粗放式增长模式推动经济发展,单位生产总值的能耗水平是发达国家的 3 到 4 倍,生态环境也处于严重的污染状态,浙江省经济增长已经接近环境约束的边界,显现"刘易斯拐点",必须推动经济的转型以突破发展瓶颈。

总之,由于人口红利和制度红利的逐渐消失,处于工业化中后期的浙江省面临资源和环境的双重制约,发展面临瓶颈。而要改变这一状况,必须积极实现经济增长方式的转变、产业结构的升级,以实现发展模式的改变,推动浙江经济的再次腾飞。

五、中日韩自贸区对浙江产业转型升级的影响

从理论上讲,中日韩自贸区将在区域内不可避免在第一、二、三产业产生贸易创造效应和贸易转移效应。一方面由于关税减让促使各国将进口更进便宜的

产品以替代域外不具竞争力和价格优势的产品,形成贸易替代效应;另一方面,竞争力的提高将促使域内相互投资并吸引域外投资,对浙江省产业结构调整、企业转型升级、嵌入国际分工体系具有重要促进作用,域内制造业将显著受益。

(一)三大产业的影响

浙江省素有"七三二水一分田"之称,第一产业在浙江的地位并不显著,2012年第一产业在三大产业的比重只有 4.8%,这与浙江本身的地理特征及位置有关。日韩是世界上最大的农产品进口国之一,由于日韩与中国相比在第一产业特别是农产品方面劣势比较明显,在第一产业方面中日韩自贸区对浙江省影响不大。作为浙江省产业结构的主导产业——第二产业,2012 年比重达到 50%,是浙江产业升级转型中的重中之重。在劳动力密集型的行业特别是相对日韩两国具有比较优势的纺织业、皮革、毛皮、羽毛(绒)及其制品业而言,中日韩自贸区的建成有利于这些行业扩大出口份额,实现规模经济,借力构建营销网络,打造品牌优势;而在机械、电子、汽车、通讯设备及医疗设备方面,浙江省处于产业链低端,日韩在这些方面均掌握和拥有关键技术与优势,一旦关税取消,对浙江相关企业的冲击比较严重。日韩主要通过在华投资设厂生产产业链低端的产品,然后按照公司内贸易的形式出口回母国市场,精加工后再销往世界各地,赚取大量利润。因此,中日韩自贸区的建成将有利于浙江省利用自己相对低廉的劳动力和完善的配套设施,发挥集群产业的优势来吸引、承接日韩高端产业的转移,以进一步加速推动浙江省产业升级的进度、优化浙江省产业结构。第三产业即服务业方面,中国整体在金融、贸易、零售批发等行业的对外开放程度比较低,在设计、物流、研发和营销方面与日韩仍然存在一定的差距。浙江省相对日韩而言不存在产业结构优化滞后问题。中日韩自贸区的建成将有利于浙江省现代服务业扩大服务市场,从日韩国家现代服务业中汲取有利因素以壮大发展。此外,中日韩自贸区的形成,将有利于浙江省承接部分日韩国家先进的现代服务业,以提高浙江省服务业水平,为浙江省制造业的升级创造条件。

(二)投资方面的影响

浙江在日韩投资的企业数量较少,投资领域主要集中在与贸易相关的服务行业。导致这一现象的主要原因是日韩国家严格的境外投资审批制度、高标准的行业技术以及在日韩投资所面临的所有权劣势等。而日韩对浙江的投资多集中于制造业方面,且是处于产业链低端的制造业。中日韩自贸区的形成有利于浙江企业扩大对日本、韩国的投资,并有利于进一步吸引日本、韩国的高新技术产业加大对浙江省的投资。

六、对策建议

(一)企业对策

近几年来,浙江企业通过积极探索形成了一条具有浙江特色的转型升级之路,涌现出一批在转型升级方面走在全国前列的先进企业。然而,整体来看,浙江企业依靠技术、品牌及营销网络等提高自身竞争力的比例不高、高附加值产品出口以及出口效益也不高的现象值得重视。总体看来,浙江企业在转型升级道路探索过程中,形成三种特色方式:部分龙头企业、大型企业实现真正意义上的转型升级;一些企业在转型升级过程中面临"两力"阻碍(两力:综合成本、外部环境的阻力和房地产、股票等虚拟经济短期诱惑力),选择去实体化道路,形成"转而不升"的现象;还有一部分中小企业由于能力限制则选择"不转不升"道路。

中日韩自贸区对浙江企业的转型升级带来新的发展思路。首先,浙江企业应该充分利用规模经济的优势,大力发展差异性产品,促进产业内贸易。其次,提高产品资本技术含量、重塑企业品牌形象。要加大对 R&D 的投入力度,借鉴日本、韩国品牌塑造经验,走技术"引进、吸收、消化、创新"之路,将中国制造转型成中国创造,以求在品牌形象方面努力实现"以质取胜"改变中国产品"低劣差形象"的目标,重塑企业品牌和形象。在企业形象的塑造过程中应该秉持"内外兼修"原则,即不仅注重产品质量的提升而且积极承担社会责任,展现负责人的"良好公民"形象。最后,在投资方面,应重视双渠道策略。浙江有条件的企业应借三国自贸区带来的优势,积极投资布局日韩市场,在此过程中应注重保护知识产权问题。同时对于实力有限或是自身存在劣势的企业应该借机寻找空白市场,以吸引外商投资。

(二)政府对策

浙江与日韩经贸合作不断加深,已形成优势互补、互利共赢的良好发展局面。目前,日韩已分别成为浙江第四和第六大贸易伙伴以及重要的投资来源地,杭州、宁波、舟山、绍兴等地的日资高地、韩资高地已经颇具规模和影响力。与此同时,日韩也是浙江企业对外投资的重要对象。随着中日韩自贸区建设进程加快,浙江政府部门需要在以下几个方面提前做好应对。

(1)积极吸引日韩资本、技术密集型产业转移。中国改革开放的不断深入,投资环境的日益改善,技术能力不断提升,有利于吸引日韩企业将投资方向转为资本、技术密集型产业。同时,浙江应该制定更具吸引力的产业政策、财政政策以及差异化优惠政策来吸引日韩企业的投资方向。

(2)着力提高人力资本素质、鼓励创新作为应对日韩产业竞争的方式。无论从浙江高新技术产业、传统产业发展还是企业转型升级发展的需要来看,都必须通过培养、聚集相当数量的高素质人力资本来满足。这也要求浙江省政府积极宣传贯彻"产学研"相结合的思路推动企业创新发展。在企业创新方面应该给予多层次支持,包括物质、精神等激励。

(3)在知识产权和品牌商品方面扩大浙江省与日韩之间贸易,注重知识产权保护。现阶段,浙江正处于转型升级过程中,对资本、技术密集型产品需求增长较快。在中日韩自贸区建设中应充分利用零关税契机,优化产业结构,扩大浙江省与日韩之间产业内贸易。同时,浙江应该加大对知识产权的宣传和法律法规的完善制定,促进企业公平竞争,这不仅有利于日韩企业加大对浙江的投资,也有利于浙江企业重视知识产权问题。

(4)引导浙江企业"走出去"。浙江企业应该借助中日韩自贸区的契机,积极布局日韩市场。浙江企业可以采取合资、合作或独资等形式到日韩投资。此举不仅有利于浙江企业布局日韩国内市场,也有利于浙江企业与日韩企业在企业管理经验和技术创新方面相互学习和交流。

参考文献

[1] 黄晓莉. 资源约束条件下浙江产业结构调整思路. 经济论坛,2005(21):30-31.

[2] 李晓峰,任靖楠. 中韩自由贸易区的建立对中韩两国净出口与就业影响的实证分析. 国际贸易问题,2009(6):56-63.

[3] 刘亚玲. 浙江产业升级的路径选择. 财经论丛,2005(3):12-21.

[4] 刘宗让. 长三角一体化中浙江产业升级研究. 浙江科技学院学报,2004,16(1):35-40.

[5] 盛亚,王松,裘克寒. 制造业技术转型模式的实证研究:以浙江省为例. 科学学研究,2011,29(5):693-697.

[6] 宋玉娟. 浙江省产业结构变动的统计学分析. 博士学位论文,浙江工商大学,2006.

[7] 汤因比. 历史研究. 曹未风,等,译. 上海:上海人民出版社,1986.

[8] 汪斌,邓艳梅. 中日贸易中工业制品比较优势及国际分工类型. 世界经济,2003(4).

[9] 吴江平,云鹤. 浙江产业结构优化与增长方式转变的实证分析. 浙江理工大学学报,2008(2):224-227.

[10] 徐剑锋. 浙江、台湾制造业结构变动比较与浙江产业结构调整. 浙江学刊,2001(6):72-76.

[11] 张小济. 符合三国长远利益——中日韩构筑经济合作制度框架的选择. 国际贸易,2003(12).

[12] 张小济. 区域经济一体化核心——中日韩之间贸易和投资关系. 国际贸易,2003(1).

[13] Hatani F. The logic of spillover interception:The impact of global supply chains in China. Journal of World Business,2009,44(2):158-166.

[14] Heckscher E. The effect of foreign trade on the distribution of income. Economisk Tidskrift，1919：497-512.

[15] Ricardo D. On the Principles of Political Economy and Taxation. London：John Murray，1817.

[16] Viner J. Carnegie endowment for international peace. The Customs Union Issue，New York，1950.

中日韩自贸区对浙江经济转型发展影响研究

义博会推动当地商务旅游发展研究

义博会推动当地商务旅游发展研究*

黄　彬

（浙江大学城市学院）

摘要：21世纪，随着中国城市化步伐的加快，会展业与当地经济发展中的地位和作用将更加突出，如何经营好会展业，特别是众多的中小城市，以此推动当地经济发展，已逐步成为当今中国社会具有深远意义的重大课题。会展业作为城市产业体系中的一个分支，对当地经济发展和产业结构调研都将起到积极的拉动作用，被不少城市政府作为经营城市的切入点，并大获全胜，同时也给众多的中小城市一个启示，即在具备基本条件的基础上，可以通过发展会展经济来经营城市。本文以义博会作为一个典型案例，对政府主导型展会推动当地商务旅游进行深入思考，从而论证会展业与当地经济发展关系的重要性。

关键词：会展业；当地经济；商务旅游

会展业可促进区域经济高效、快速、低成本发展的优点，使其本身被普遍看成为新型产业形态而受到各地重视和扶持（严德成，2007）。如何经营好会展业，以此推动当地经济发展，对于未来城市经营具有重要的战略意义。

相比上海、杭州、宁波、温州等长三角沿海城市，义乌会展与旅游的区位优势都不十分明显。义乌市的自然资源、人文景观相对匮乏，没有传统意义上的旅游资源，缺游缺娱比较突出。加上义乌旅游业起步较晚，对原有景点景区的宣传和包装相对滞后，虽有深厚的文化底蕴和悠远的历史背景，但一直未能得到深层次挖掘和规模建设。同时因其总量不大、没有特色、缺少新意而缺乏卖点。

规模一年比一年大，档次一届比一届高的中国义乌国际小商品博览会（简称"义博会"），已成为中国小商品的展示中心、信息中心和中外客商捕捉商机的盛会，也成为义乌促进经济发展、提升城市品质的切入口。义乌通过做大、做强、做精义博会，以"义博会为龙头发展当地会展业，以会展业推动商务旅游，以商务旅游促进当地经济"的思路为众多中小城市的发展提供了很好的经验借鉴。

　＊　本文获"第五届浙江省国际经济贸易研究优秀成果奖"实务类二等奖，发表于2011年11月《会展实践与研究》。

一、"义博会"概况

"义博会"其前身是中国义乌小商品博览会,创办于 1995 年,2002 年经国务院批准由地区性展会升格为国家级的国际性展会,是国内唯一由国家支持的县级市举办的国际性展会。通过 13 年的运作,"义博会"已成为目前国内最具规模、最有影响、最有成效的日用消费品展会,是国内由商务部举办的继广交会、华交会后的第三大展会,先后被评为 2002 年度中国会展业十大新闻事件,2003 年中国十大新星展会,2004 中国最佳展览会之一。2006 年 1 月"会展中国 2006 高峰论坛"对全国 3000 多个知名展会评选中,"义博会"获"最具竞争力展会"奖。2007 年 1 月 12 日在上海举行的"第三届中国会展业高峰论坛大会"暨"中国会展之星"评选中,"义博会"被评为 2006 年度中国十大最具影响力的品牌展会,同时义乌也被评为 2006 年度中国最具影响力的会展城市。

通过和国内众多同类展会比较,"义博会"最显著的特点,同时也是最突出的优势之一,是"义博会"的国际化水平高。衡量一个展会的国际化水平有一个国际通行的重要指标——境外贸易机会指数,即平均每个标准摊位的境外客商人数。2007 年"义博会"境外贸易机会指数达到 3.78,是同期广交会的 2/3,在国内众多经贸类展会中遥遥领先。"义博会"的国际化主要表现在以下三个方面:

(1)参展商、贸易观众的国际性不断提高。自 1995 年初次举办至今,"义博会"境外参展商的比例基本稳定在 10%左右(表 1)。而境外客商增幅较大,每年增加 10%左右。境外买家的质量也在不断提高,2007 年进口贸易商的比例达到45.1%(表 2)。

表 1　2005—2007"义博会"参展商结构分析表(武雅斌,2008)

区域	2005 年百分比 (展位数)	2006 年百分比 (展位数)	2007 年百分比 (展位数)
境外	11.92% (331)	9.51% (372)	8.2% (363)
省外	14.01% (389)	17.42% (681)	24.8% (1085)
浙江 (不含义乌)	26.55% (737)	28.12% (1100)	27.6% (1208)
义乌	47.49% (1318)	44.94% (1758)	39.4% (1725)

表 2　2002—2007 年境外贸易观众结构构成比例（武雅斌，2008）

年份	进口商	批发商	代理商	分销商	制造商	零售商	其他
2002	49%	18%	15%	8%	3%	2%	5%
2003	39%	16%	14%	9%	12%	6%	4%
2004	48%	20%	12%	7%	7%	4%	2%
2005	39.85%	19.72%	14.85%	10.31%	9.74%	4.06%	1.46%
2006	58%	11%	8%	9%	11%	3%	0
2007	45.1%	18.0%	10.5%	9.0%	13.3%	4.1%	0

　　（2）展会组织服务水平逐步与国际接轨。"义博会"宣传资料的国际化、展馆指示标识、国内外客商报到服务系统、门禁系统，以及全市各部门的相关协作和市民参与程度与意识等，都充分与国际展会的标准接轨。义乌知识产权保护办公室为适应国际性展会的发展需求，不断完善知识产权保护方案，加大了展会现场保护知识产权、打击侵权行为的力度。

　　（3）会展城市功能更趋国际化。"义博会"对义乌城市功能完善、市场建设、贸易推动的积极作用日益彰显。通过义博会的连续举办，义乌城市软硬件设施建设得到加强，行政服务水平不断提高，如设立了一站式服务的客商服务中心，提供咨询、投诉、翻译、预约等服务；新闻中心提供新闻线索、网上在线发稿等服务；专门建立了安全、卫生工作机构，制定了一套保障重大活动和参展商、客商安全的有效预案；在线义博会（www.chinafairs.org）也表现出越来越大的效用。

二、"义博会"与当地商务旅游与经济的良性互动

1. 以"义博会"为龙头发展当地会展业

　　一个非主流会展城市，政府如何强化政策引导、整合会展资源、规范会展市场、优化会展环境、培育展会品牌、壮大会展企业，将对城市会展业健康可持续发展起到决定性作用。义乌市政府将城市会展业定位为：以"义博会"为龙头，申办与自办并举，展览与会议并重，鼓励和支持与义乌市场及产业相关联、多门类、强辐射的专业展会，逐步形成"国际化、专业化、市场化、品牌化"的会展业新格局。

　　义乌会展业正式起步是在 2001 中国小商品会展中心投入使用之后。该展馆总建筑面积 4.65 万平方米，可搭建国际标准展位 1500 个。硬件环境改变后，"义博会"自 2002 年被升格为由国家商务部参与主办的国际性展会，由此义乌会展业出现质的飞跃，义乌专业展会迅速成长与发展。除"义博会"外，在义乌定期举办的其他专业展会数量也逐年增加（表3）。

表 3　义乌其他专业展览数　　　　　　单位：个

年份	2001	2002	2003	2004	2005	2006
其他展览	11	16	14	23	28	40

数据来源：黄彬，丁萍萍：义乌会展城市的特色定位与发展战略，浙江省社会科学联合会"浙江会展城市特色定位与发展战略"课题。

在"义博会"的示范效应与政策引导下，义乌依托市场和产业基础，逐步形成了一批具有全国影响的专业性展会，如中国国际五金电器博览会、中国（义乌）文体用品贸易博览会、中国义乌工艺品、礼品贸易展览会等。这些专业展会已经在义乌举办多届，吸引了大批国内外客商，效果令人满意。例如"2008 第五届中国国际五金电器博览会"参展企业达 632 家，来自江苏、福建、广东、上海、浙江等18 个省市及中国香港地区的参展企业占 82％以上，韩国、德国等国家的境外参展企业 11 家。

2. 以会展业反辅商务旅游

为形成会展与商务旅游的互动，义乌市旅游局详细制订义乌市旅游宣传促销工作计划，根据商务旅游宣传促销主要措施和活动，按月细化分解促销任务和促销经费。市财政每年安排 150 万元旅游促销专项资金，用于义乌市的商务旅游形象包装、宣传促销及商务旅游奖励，如商务旅游奖励额度有所突破，市财政将及时给予追加。积极实施"真诚引进来，主动走出去"的工作方针，部署宣传促销。充分利用国际、国内各种旅游交易会、促销会、博览会、经贸洽谈活动平台，全方位宣传义乌人文景观、义乌市场、义乌产品、义乌优秀的投资环境和旅行社奖励政策。近年来，义博会先后随浙江省、金华市旅游局或单独对上海、江苏、山东、河南、河北、北京、云南、江西、香港等旅游客源的市场进行大张旗鼓地促销。在此基础上，先后邀请全国各地数十批大型旅行社来义乌踩线考察，接待了来自日、韩、新、马、泰、印尼、俄罗斯等国家的旅行考察商来义乌体验商务旅游，广泛听取意见和建议，与他们共商义乌会展与商务旅游大计。

为使国内外商旅人士与游客更多、更全面地了解义乌，义乌每年都精心印制《义乌商务旅游图》、《小商品海洋，购物者天堂》手册、《商务旅游指南》、《旅行社奖励政策》、大型图册等宣传品数十万份。同时在中央电视台、浙江电视台、浙江日报以及全国各类旅主要报刊上全方位宣传推介义乌旅游形象。经过短短几年的努力，会展旅游与商务旅游已成为义乌社会经济发展的一大亮点，每年到义乌来的购物旅游的人数大幅增长，境外游客数量也不断增加（图 1）。

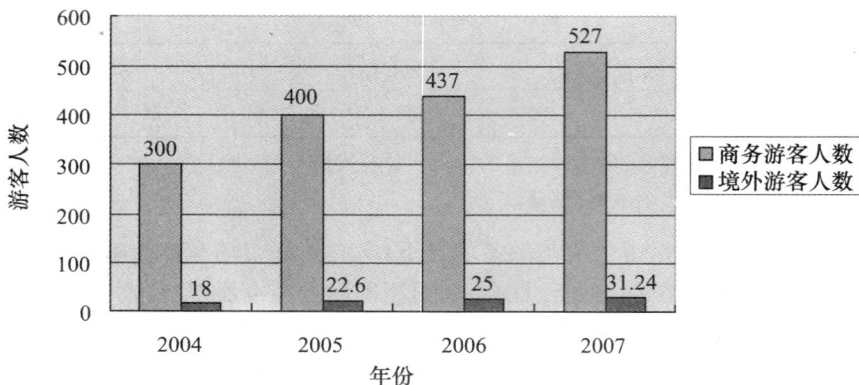

图 1 2004—2007 年义乌商务旅游人数情况

（数据来源：义乌市 2004—2007 年国民经济和社会发展统计公报）

3. 以商务旅游促进经济提升

会展与商务旅游的开发所形成的国际商贸业，推动了义乌整个经济外向度的提高。一直被视为义乌经济"短腿"的外资引进取得了突破性进展（图 2），实际利用外资从 2000 年的 368 万美元，逐年增至 2007 年的 1.375 亿美元。自营出口从 2000 年开始几乎以每年翻番的速度发展，2007 年义乌市自营出口总额达到 16.74 亿美元。2007 年，义乌市场发展呈现了良好态势，市场成交额达 461 亿元，列全国首位，全年出口额达 16.74 亿美元，同比增长 24.87%。相比往年，出口亚洲份额有所缩小，出口欧洲和美国的份额有所上升。欧洲已超过亚洲成为义乌第一大出口市场，出口额比重占 31.01%。截至 2008 年 5 月，常驻义乌

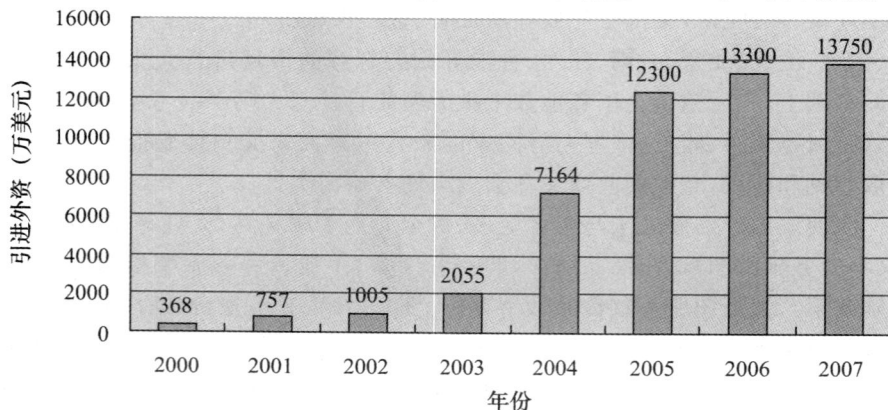

图 2 2000—2007 年义乌实际利用外资状况

（数据来源：义乌市 2000—2007 年国民经济和社会发展统计公报）

的外商代表机构达到 1657 家,外资企业总数 588 家,有 100 多个国家和地区的超过 1 万名外商常驻义乌采购。义乌已成为全国外商常驻机构数量最多的县级城市。义乌的产业结构与会展、商务旅游市场环境的硬件设施建设在"义博会"与义乌会展业快速发展的推动下,不断地整合与提升,很好地实现了义博会与城市会展和商务旅游的良性互动。

三、义乌会展业推动商务旅游发展路径探析

商务旅游是义乌市大力发展的战略旅游产品。会展业与旅游业的结合有与生俱来的五个突出特点:客户消费高、停留时间长、团队规模大、营利性好、行业带动性强。据统计,一个会展旅游的游客在一个城市的消费是普通游客的 3 倍,逗留时间是后者的 2 倍。会展旅游业的平均利润在 20% ~25% 之间。义乌发挥展会多的优势,将展会与旅游有机结合,加强会展旅游产品的深层次开发,强化旅游线路的组织设计,使展会成为义乌独具特色的节庆旅游产品。商务旅游有力地提升了义乌市作为会展城市的知名度。

1. 立足实际,确立发展商务旅游思路

义乌拥有全国知名的小商品市场,该市场是义乌的最大特色和优势。目前,市场营业面积已达 260 万平方米,经营商位 5.8 万个,从业人员 16 万,日货物吞吐量近万吨。市场汇集了 41 个行业 1900 个大类 40 万多种商品,日均客流量达 20 万人次,周末和节假日来义购物的沪杭等地游客络绎不绝,前来采购、参观、考察的外国客商也纷至沓来。义乌市委、市政府结合这一实际,通过深入细致的调查研究,明确提出依托市场与会展业发展商务旅游。2003 年,市委、市政府确立了义乌市旅游业发展的总体目标:按照建设国际性商贸城市的要求,优化整合、合理开发旅游资源,重点发展商务旅游,积极发展商务会展旅游和城市休闲旅游,加快开发一批融参与性、知识性、娱乐性于一体的现代新型综合旅游项目,完善旅游服务体系,推进旅游产业化。到 2020 年,义乌将建设成为交通发达、功能完善、环境优美、服务一流的国际购物天堂。

2. 完善服务,积极营造舒适购物环境

(1)加快商务旅游体系建设

围绕"打造全球最大超市,建设国际购物天堂",不断加快完善商务旅游体系建设,并将商务旅游规划纳入了市场建设总体规划。在义乌国际商贸城和篁园市场专门设立"商务旅游团队接待处",配备经旅游局专门组织、进行业务培训的服务接待人员和翻译人员;在市场周边开辟商务旅游车辆免费专停区,更新和增

设中英文双语旅游导示牌,扩大市场禁烟区和新建休闲区,尽可能为游客提供优质的舒适环境。同时,推出商务旅游服务一卡通活动,旅游团可凭卡享费停车、翻译、导游等一条龙服务。

2008 年 8 月,义乌市政府与义乌工商学院合作制定《义乌市公共标识英文译法规范》,对城市道路交通、景区景点、商业服务业以及机构、市场用语等英文标识进行统一规范,如"街"以前常译成"street"、"road",现在统一翻译成"JIE";"饺子"就译成"Jiaozi",而不是"dumpling",等等。2008 年义博会后,义乌市还将组织相关部门成立课题组,参照北京、上海等城市的做法,结合本地实际,进行专题研究,编制包括《组织机构、职务职称英文译法》、《市场常用语英文译法》、《道路交通标志英文译法》、《商业服务用语英文译法》、《菜单英文译法》等一系列规定在内的《义乌市中英文翻译规范》。从源头上规范外文标识标牌,使其符合国际通用惯例,将有效加快义乌商务旅游体系建设步伐。

(2)转变重批发轻零售观念

2003 年 3 月,义乌市委宣传部、市旅游局、商城集团、市场工商分局联合发出倡议,号召广大市场经营者转变重批发轻零售的做法,立足长远,发展商务旅游中的零售业。有数千家不同行业的经营户积极响应,要求列为购物旅游定点商位,承诺诚实守信、文明经商、礼貌待客、批零经营、确保质量、杜绝伪劣、批零同价。与此同时,还在国际商贸城二期市场建设中专门开辟了营业面积近 1 万平方米的商务旅游中心,已于 2004 年 10 月投入运营。建成后的中心作为商务旅游标志性景点,成为义乌市场的一个缩影,商品囊括现有市场几乎所有的品种。中心引进与国际商务旅游接轨的管理体系,面向中外游客,开展超市式服务。进场经营户一律批零兼营,并实行批零同价。

(3)不断提高旅游接待能力

义乌地理位置优越,路上交通十分便捷。浙赣铁路贯穿境内,每天停靠义乌客车 56 对,义乌至杭州、上海的动车组只需 52 分钟就到达杭州,到上海也不过 2 小时 18 分。义乌民机场先后开辟了 20 多条航线,可通国内 10 多个大中城市,每天都有到达广州、深圳、厦门航班,旅客 45% 以上来自境外。2007 年 10 月 2 日,义乌开通了直航香港的航线。

目前,城区有各类餐饮店 3000 家左右,高、中、低档宾馆 600 多家,床位 4.5 万多张。二星级以上饭店 30 家,其中四星有 6 家,三星有 8 家;准备上五星的有 2 家,能满足各种规格客人的需求。同时,通过"送出去,请进来"等形式加强与全国知名宾馆交流,提升接待服务水平。导游队伍素质也不断得到提高,导游不仅了解市场分布、商品分类,而且能熟练地介绍义乌经济、文化、风土人情,让游客真正了解义乌。

3. 优化政策,不断加大旅游扶持力度

为加快商务旅游发展步伐,2003 年初,义乌市政府制定了《关于加快发展我市购物旅游的若干意见》。意见就完善市场服务功能、软硬件配套、鼓励发展商务旅游接待设施、加大促销力度、树立商务旅游品牌、加快风景旅游区建设步伐、加强旅游规划、促进旅游业全面发展等十一个方面做了具体的规定。要求各相关部门强化大旅游意识,从全局和长远利益出发,共同培养壮大义乌旅游产业。根据意见精神,结合义乌市场这一特殊的旅游景点全开放、无门票、没折扣的特点,出台了《对组织来我市购物旅游的旅行社实行奖励的实施方法(试行)》,2004 年市政府对《实施方法》重新进行了修订,一方面取消了原来奖励政策人数基数,另一方面大大增加了奖励额度。

四、义乌商务旅游发展的若干思考与政策建议

义乌市政府确定旅游业的发展目标为打造国内外知名的旅游目的地城市,重点是做大购物旅游、加强会展旅游、开发休闲旅游、培育文化旅游等四大旅游产品,在最近的政府发展中将提升行业服务、加快项目开发、深化区域合作、加大创建力度、强化宣传促销等五个方面,作为促进旅游业加快发展。根据义乌市政府的整体发展思路,我们对义乌商务旅游的发展提出以下思考与建议。

(1)强化义博会对商务旅游发展的推动作用

近年来,义博会发展速度较快,规模和效益不断提升,对义乌商务旅游的拉动作用也十分明显,但也存在不少问题,不容忽视,如参展商的整体结构不合理、境外参展商比例不足,展览组织机构缺少与国际性展览业的信息交流和合作,展会现场搭建质量有待提高、专业化服务程度不高,缺乏高素质的专业展览人才等。义博会的发展,同广交会、华交会相比还有相当差距。因此,义博会要成为真正意义上的国际性展览,成为义乌商务旅游的强大引擎,还需下功夫。

一是要进一步明确义博会国际化推广的目标,有步骤地在重点区域同国际展览组织机构、行业协会建立交流与沟通渠道,使国际性招商工作更具针对性;

二是要建立健全义博会创新机制,对展会形式进行创新;

三是完善展览专业化服务,特别是在展馆布局与展位设置方面,要学习国际展览组织机构的成熟做法,统一规范参展企业;

四是培养与引进高素质的会展人才。政府要致力于建立良性的人才培养、引进和使用机制,使人才进得来,留得住、用得上、出得去。一方面可以加强企、校与科研单位之间的合作,同时应创造机会,鼓励员工多参加国际交流活动、国际性研讨会与论坛,学习更多的国际化办展理念与经验;

五是重视义博会信息化工程建设,进一步完善在线义博会网站(www.chinafairs.org)功能,将展会服务功能集成在网络中,并有效利用网络手段和各传媒系统构建义博会的信息平台,及时向国内外发布义乌城市、市场及各种会展服务信息。

(2)创新商务旅游的营销手段与力度

义乌商务旅游如果仅靠"义博会"的带动是远远不够的,需进一步加强宣传营销。

一是强化营销策划。导入 CI、VI 等系统,精心设计独具特色的义乌城市形象、标识,提炼并叫响"小商品海洋,购物者天堂"、"名人故里,休闲胜地"、"购物旅游天堂,商贸会展中心"等旅游宣传口号;

二是突出重点宣传。要在巩固扩大长三角地区的基础上,宣传重点向全国和全球拓展,力争在美、日、欧等发达国家和地区的旅游市场上实现突破;

三是精心设计宣传载体。在积极参与国内旅游展会、节庆活动宣传的同时,主动出击,加大对客源地现场的宣传;

四是要加强宣传资源整合。全市重大外宣、招商、对外友好、文化交流等活动要与旅游宣传有机结合,统筹安排,增强联合促销的整体效应。市各新闻、网络媒体要将旅游宣传作为重要内容。城市出入口和机场、车站、交通主干线等公共场所,要设置旅游公益广告宣传区,免费发布旅游公益广告;

五是要培育政府与会展企业联合营销模式。基于会展商务旅游的特殊性,要努力使旅游部门、会展公司、旅行社、饭店及政府间形成联动优势,引导各企业改变独立的分散促销,建立专业的会展商务旅游促销机构,带动联合行动,如此既能使促销更为全面、深入、科学,又能节约成本,扩大效益(骆高远和丁文英,2004)。

(3)丰富旅游产品结构,打造旅游目的地城市

一个区域要成为旅游目的地,不仅要有独特的景区,还要具备完整的游憩构成(2~5 天的游憩内容及游程)。为此,义乌必须依托自身市场繁荣、经济外向度较高等优势,进一步做大购物旅游,把购物旅游打造成为旅游目的地的特色产品,同时也作为是带动义乌旅游业发展的龙头产品;二是积极拓展旅游领域,开发休闲一日游、多日游项目,加强与周边旅游资源较丰富的地区,如金华、兰溪、东阳、永康、武义等打造区域性商务旅游环境(汤兆武,2008);三是挖掘传统文化旅游资源,积极培育文化旅游,丰富旅游产品结构,延伸游客逗留时间;四是政府需在发展旅游资源与丰富商务旅游内涵方面做文章,提供当地旅游经营机构提供政策方面的扶持,提高旅游经营机构的积极性。

（4）积极筹办旅博会，加强会展旅游

2001 年，义乌成功承办了由国家旅游局与浙江省旅游局主办的"中国义乌（国际）旅游商品交易"。2007 年底义乌申办国际旅游商品博览会（旅博会）再次获得国家旅游局、中国旅游协会与浙江省旅游局专家对可行性方案的通过，国家旅游局、中国旅游协会将成为主办单位，浙江省旅游局与义乌市政府作为承办单位，现正处于积极筹办期。义乌要抓住这一机遇，尤其要下大决心把中国国际旅游商品博览会的各项活动筹办好，充分调动与整合种商务旅游资源，从商务旅游发展的内涵与外延着手，善于创新，将"旅博会"办得有声有色，并通过若干年努力将"旅博会"办成国内最大、国际知名、名品荟萃、万商云集的盛会，办成国际性、综合性的旅游产业界峰会，办成全市最大的旅游节庆活动、最大的购物旅游活动、最大的旅游商品交易活动。

参考文献

[1] 骆高远，丁文英. 义乌发展旅游的契机——会展旅游. 经济地理，2004，24(6):859.

[2] 汤兆武. 提升发展义乌旅游业 全力打造旅游目的地城市. 义乌商报，2008 年 7 月 15 日.

[3] 武雅斌. 提高义博会国际化水平，提升发展义乌会展业. 义乌商报，2008 年 8 月 15 日.

[4] 严德成. 从"义博会"看义乌会展业的发展特点及其经济效应. 义乌工商职业技术学院学报，2007，1(5):14.

ECFA 框架下两岸贸易研究及对浙江启示

——基于引力模型在实际分析*

张艳茹

（浙江海洋学院萧山科技学院）

摘要：中国加入世贸组织后，在区域自由贸易中不断做出积极贡献与努力。作为双边贸易协定，ECFA 既不同于中国与其他国家签订的 FTA，也不同于与香港和澳门地区签订的 CEPA。本文简要概述 ECFA 签署情况，并选取 2007—2012 年海峡两岸贸易相关数据，详细分析了 ECFA 框架下两岸贸易特点。在此基础上，由于浙江与台湾地区有着独特的渊源与紧密的经贸联系，通过阐述浙江外贸总体情况及浙台经贸现状，提出深化浙台经贸合作的策略建议与具体实施路径，不仅为浙江实现产业结构升级转型和打造海洋经济强省另辟新径，而且有利于进一步加强浙台经贸交流，促进两岸经贸发展。

关键词：ECFA；两岸贸易；经贸合作区

一、ECFA 签署概述

金融危机的爆发对各国经济产生了不同程度的影响，作为新兴经济体的中国不断活跃于亚洲区域经济组织，其经济发展在亚洲区域乃至世界经济发展中逐渐位居前列，而中国台湾地区在亚洲区域经济发展中却逐渐面临被边缘化的风险。随着海峡两岸交流的日益加深，中国大陆已成为台湾地区的第一大贸易伙伴、第一大出口市场、第二大进口来源、最大贸易出超来源及对外投资最多的地区。为了进一步加强并推进中国大陆与台湾地区的经贸、投资和服务贸易合作，2010 年 6 月 29 日海峡两岸关系协会与财团法人海峡交流基金会在重庆签署了《海峡两岸经济合作框架协议》(ECFA)，内容涵盖了货物贸易、服务贸易、投资、经济合作等领域。2010 年 9 月 12 日，海基会与海协会完成换文程序，ECFA 正式生效。2011 年 1 月 1 日，两岸互相开放的 806 项货品贸易早期收获清单生效，并将在三年后降至零关税。此项协议的签署对两岸贸易自由化产生了关键性影响。

---

* 本文为"浙江省国际经济贸易学会 2013 年度立项课题"研究成果（课题编号：Z201305）

二、ECFA框架下两岸贸易特点

自从 1979 年海峡两岸恢复经贸关系,虽几经波动,但依然快速增长,尤其是 ECFA 框架下,两岸开始实施货物贸易早期收获计划。2013 年是两岸经济合作框架协议早收计划实施的第三年。2013 年 1 月 1 日起,ECFA 开始执行第三阶段降税。至此,大陆给予台湾地区的 539 项早收清单和台湾地区给予大陆的 267 项早收清单将全部实现零关税。从贸易规模、贸易结构等方面看,两岸贸易均呈现了诸多亮点。

1. 两岸货物贸易规模不断扩大

从两岸货物贸易来看,尽管 ECFA 协议签署之前,两岸货物贸易经常受到政治、历史等因素的干扰,但除 2009 年由于受金融危机的影响导致大陆对台进出口贸易额同比下降 17.79% 以外,两岸货物贸易量总体仍呈稳步增长态势。ECFA 协议签订后,两岸货物贸易自由化程度大大提高,两岸货物贸易规模迅速扩大。2011 年大陆对台进出口贸易额达 1600.2 亿美元,同比增长 10.04%(表1),达到历史最高水平,大陆已经成为台湾地区第一大贸易伙伴。可是进入 2012 年以来,由于世界经济复苏和发展仍然存在诸多不确定因素,欧元区主权债务危机短期内难以缓解,欧美市场需求不振,从而抑制了两岸贸易,2012 年大陆对台湾地区进出口贸易额为 1689.6 亿美元,同比增长仅为 5.59%。目前,台湾地区是大陆第七大贸易伙伴,大陆是台湾地区最大贸易伙伴、最大出口市场和最大贸易顺差来源地。但随着世界经济的逐步复苏和 ECFA 协议的深入开展,两岸货物贸易仍将保持持续增长的态势。

表1 两岸贸易统计(2007—2012 年) 单位:亿美元

年份	贸易总额	大陆对台出口额	大陆自台进口额
2007	1244.8	234.5	1010.3
2008	1292.1	258.8	1033.4
2009	1062.2	205.0	857.2
2010	1454.1	296.7	1157.4
2011	1600.2	351.1	1249.1
2012	1689.6	367.8	1321.8

数据来源:中国历年统计年鉴。

2. 两岸贸易以机电产品贸易为主导,贸易结构相似

从贸易结构看,两岸货物贸易中机电产品进出口占据主导地位。大陆进口台湾商品结构中,进口金额排名前六位的商品有机电产品,光学、钟表、医疗设备,化工产品,塑料、橡胶,贱金属及制品,纺织品及原料(图1)。除 2009 年外,六大商品进口金额逐年增长。其中,机电产品的进口从 2007 年的 19934 万美元增长到 2012 年的 28821 万美元,远远领先于其他商品。此外,根据 ECFA 协议,台湾产品出口多以原材料、中间品等上游产品为主。为了帮助台商开拓大陆市场,台湾将较具竞争力的袋包箱、针织成衣及服饰品、泳衣、袜、内衣、毛巾、鞋、小家电、手工具等传统产业产品,列入早期收获降免税项目,增加了台湾消费产品在大陆市场的竞争力。据台湾方面统计,享受 ECFA 关税优惠的台湾企业中有 80% 为中小企业,这实现了大陆照顾台湾中小企业,向中小企业"让利"的目的与初衷。另外,在享受早收优惠关税的台湾企业中,有超过一半的厂商在早收计划实施之前并未向大陆出口早收清单范围内的产品。这说明 ECFA 对促进台湾产品出口到大陆的惠及面较广。

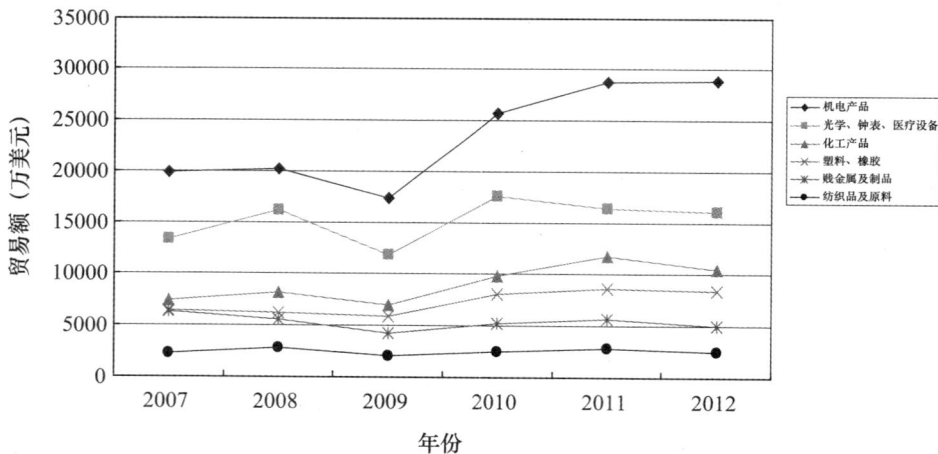

图 1 大陆进口台湾地区主要商品构成(2007—2012 年)

数据来源:中国商务部网站。

在台湾进口的大陆商品中,机电产品金额从 2007 的 13507 万美元年增长到 2012 年的 22178 万美元(图2),并稳居进口商品第一位。除此之外,ECFA 框架下化工产品、贱金属及制品、钟表医疗设备、纺织品及原料、塑料橡胶、运输设备的进口均有所增长。从两岸贸易结构看,两岸产业结构进行了有效对接,两岸经济互补优势增强。

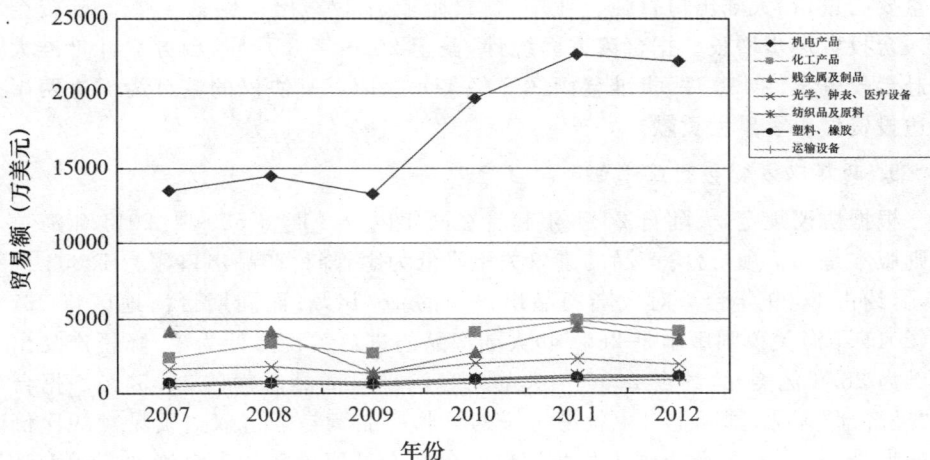

图 2　台湾地区进口大陆主要商品构成（2007—2012 年）
数据来源：中国商务部网站。

3. 两岸服务贸易合作初显成效

ECFA 协议是世界上第一个将服务贸易包含在早期收获计划中的贸易安排，其"服务贸易早期收获计划"使得两岸服务贸易自由化迈出了实质性的第一步。在计划中，大陆将开放 11 个部门，台湾地区将开放 9 个部门，并逐步减少和消除双方之间涵盖众多部门的服务贸易限制性措施，从而尽快推进两岸服务贸易的合作与发展。当前，两岸在金融、信息服务、电子商务、外包服务、物流、医疗、管理咨询、文化创意等现代服务业的合作正在蓬勃展开。截至 2013 年 6 月底，大陆累计批准 34 家台湾金融企业和 202 家非金融企业在大陆提供服务，引进 13 部台湾影片，核准 9 家台湾会计师事务所取得 1 年临时执业许可。台方批准 86 个陆资赴台项目和 3 家银行在台设立分行，投资金额约 1.85 亿美元。可见，两岸服务贸易合作有了较为明显的初步成效。

4. 两岸双向投资增长迅速

由于中国大陆拥有大量廉价土地和劳动力，同时与台湾地区在地缘、文化与语言方面同根同源，能够解决多数中小型台资企业人才、资金、国际化能力不足问题，因此，成为台湾地区对外最主要的投资地区。根据《中国对外直接投资统计公报》统计，大陆对台湾地区投资存量 2009 年仅仅只有 13 万美元，2010 年由于两岸经贸关系的深入发展，大陆对台投资存量才出现转折，迅速增长为 1819 万美元。截至 2013 年 8 月底，大陆累计批准台资项目 8.9 万个，累计实际使用台资近 1100 亿美元，占实际使用境外投资的 8.3%。台资企业是大陆对外出口的重要力量,在大陆出口百强企业中,台资企业占 1/3,出口额占 40%。陆资企业入台投资逐步增长。据台湾方面统计,截至 2013 年 8 月底,台方累计批准大陆赴台投资案件 436 件,批准金额 8.2 亿美元。ECFA 协议的签订为促进两岸双边投资做出了重大贡献。

5. 两岸双方贸易利益比重偏向台湾。

根据协议规定,大陆自 2011 年起将在两年内分 3 期将 539 项(2011 年海关税则版本是 557 项)台湾产品的进口关税降低为零,降税产品出口额为 138.4 亿美元,约占 2009 年台湾对大陆商品出口额的 16.14%;而同期台湾地区将 267 项(2011 年海关税则版本是 268 项)大陆产品的进口关税降低为零,降税产品出口额为 28.6 亿美元,约占 2009 年大陆向台湾出口商品总额的 10.54%。据台湾"经济部"评估,国际上自由贸易协议的早收产品贸易额占双边贸易额的比例一般为 3%～4%,但此次纳入早收清单的台湾产品贸易额约占台湾地区对大陆贸易额的 12%。台湾地区对大陆的出口也将因 ECFA 生效而相对于日、韩处于有利地位,并能积极加入区域经济整合中。根据资料显示,截至 2013 年 6 月底,大陆自台进口 ECFA 项下享受关税优惠的货值累计达 177.1 亿美元,大陆对台累计减免关税约 9.84 亿美元;大陆向台湾出口 ECFA 项下享受关税优惠的货值累计达 32.1 亿美元,台对大陆累计减免关税约 1.1 亿美元。双方免税额之比接近 9:1。由此可见,ECFA 框架下两岸贸易利益比重偏向台湾,ECFA 对台湾的意义与影响更加深远。

ECFA 协议进一步深化了两岸经贸交流,不仅为大陆实施产业结构转型升级提供契机,有效与台湾产业实施对接,而且带动了台湾经济增长,缓解岛内产业升级压力,增加了产业就业劳动力,两岸双赢互利。

三、浙台经贸现状

浙江,作为中国外贸大省、制造大省,与台湾地区有着特殊的渊源。从地域来看,它拥有得天独厚的地理优势,浙江地处中国东南沿海、长江三角洲的南翼,在对台贸易中具有明显的区位优势。由于浙江属于资源小省,台湾作为离浙江最近的货物来源地之一,大大缓解了企业对原材料的不断需求,有利于浙江进出口货物结构优化升级。浙江与台湾一海之隔,语言、风俗相近,文化相似,加上特有的历史渊源,两地贸易额不断增长,文化交流、农业合作等方面也取得一定成绩,浙台经贸区建设稳步开展,两地经贸交流不断加深。作为与台湾地区有特殊渊源的浙江也十分重视浙台经贸发展,ECFA 框架下研究浙台经贸发展凸显重要。

(一)浙江外贸总体情况

1. 进出口贸易量方面

根据杭州海关统计,2012年浙江实现外贸进出口总值3122.3亿美元,同比增长0.9%。其中,出口2245.7亿美元,同比增长3.8%;进口876.6亿美元,同比下降5.8%。全年进出口值、出口值、进口值分别居全国第5位、第3位和第6位,排名均与2011年持平。据最新数据显示,2013年前11个月,浙江实现进出口总值1.89万亿元人民币(折合3036.9亿美元),扣除汇率因素(下同)同比增长6.6%;其中出口1.4万亿元人民币(折合2246亿美元),增长9.8%;进口0.49万亿元人民币(折合790.9亿美元),下降1.6%。前11个月,浙江省进出口值、出口值和进口值继续稳居全国各省市的第5位、第3位和第6位。11月当月,浙江省实现进出口总值1803亿元人民币(折合293.6亿美元),同比增长13.1%,高于全国进出口增速3.8个百分点。前11个月浙江省外贸进出口主要特点为一般贸易稳步增长,加工贸易仍然下降。前11个月,浙江省以一般贸易方式进出口2343.3亿美元,增长5.8%;其中一般贸易出口1771.9亿美元,增长7.8%。同期,浙江省以加工贸易方式进出口425.8亿美元,下降7.2%;其中加工贸易出口293.8亿美元,下降7.7%。

2. 进出口贸易结构方面

(1)从出口商品结构看,浙江主要出口商品有机电产品、纺织纱线、织物及制品、服装及衣着附件、高新技术产品、家具及其零件、鞋类、农产品、船舶等。从2007年到2012年机电产品出口金额占据绝对优势,灯具和文化产品出口快速增长,服装和高新技术产品出口略有下降(图3)。其中,2012年浙江省出口的机电产品金额达到959.1亿美元,几乎占据浙江出口总额的半壁江山,且同比增长3.8%,与全省出口平均增速持平。浙江出口家具、家电、灯具和文化产品分别为80.8亿美元、55.5亿美元、32.7亿美元和23.6亿美元,同比增长6%、8.4%、17.9%和24.4%。浙江出口纺织纱线、织物及制品312.8亿美元,同比增长0.54%;出口服装及衣着附件285.5亿美元,同比下降2%;出口高新技术产品148亿美元,同比下降3.5%。截止到2013年11月,传统劳动密集型产品出口快速增长,高新技术产品出口小幅下降。前11个月,浙江出口纺织品、服装、箱包、鞋类、玩具、家具、塑料制品等7大类传统劳动密集型产品875.5亿美元,同比增长13.7%。同期,浙江出口高新技术产品129.5亿美元,下降4.5%。与此同时,前11个月,浙江出口机电产品916.5亿美元,增长4.6%,占全省出口总值的40.8%;出口灯具和钢材36.7亿美元和30.7亿美元,分别增长

22.3％和19％；出口农产品46.3亿美元，增长8.5％。从总体来看，浙江外贸出口保持较快增长，除了"市场采购"贸易方式试点带来的外贸活力以外，主要得益于欧美市场逐渐复苏和东盟等新兴市场表现抢眼。

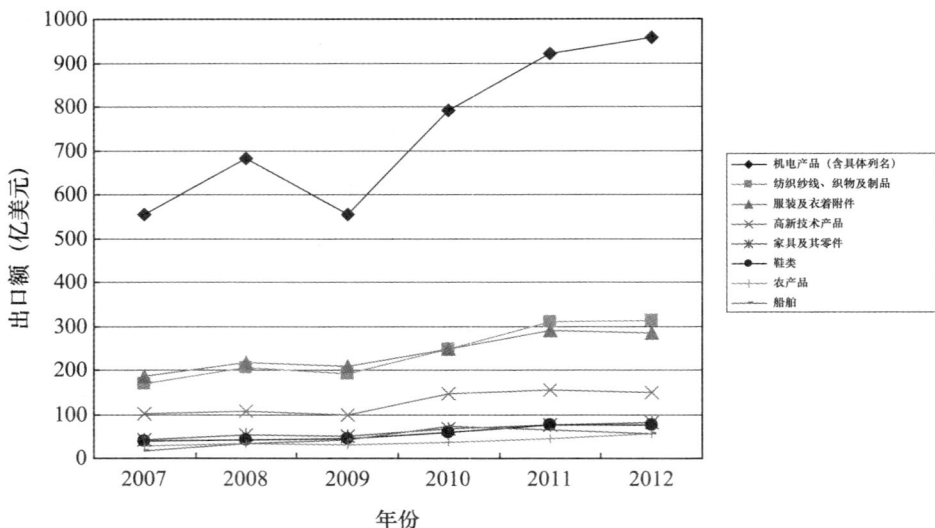

图 3　浙江出口主要商品构成（2007—2012 年）

数据来源：浙江海关网站。

　　（2）从进口商品结构看，浙江从2007—2012年主要集中进口机电产品，高科技产品及资源性产品（图4）。其中，机电产品连续六年冠领其他产品，占有绝对份额。在ECFA框架下，虽然2009年受金融危机影响，但2010年浙江主要进口产品金额快速增长。2011年原材料资源性商品进口快速增长，进口价格指数继续回落，浙江省共进口铁矿砂、废金属、初级形状的塑料等20大类原材料资源性商品513.1亿美元，同比增长35.7％，高于全省进口平均增速8.4％，占全省进口总值的55.1％，比2010年提高3.4％。2012年浙江外贸进入低谷，加上原材料资源性商品进口价格跌势趋稳，进口数量增势减弱。浙江进口机电产品和高新技术产品159.2亿美元和87.5亿美元，同比分别下降11.7％和9.6％。浙江进口铁矿砂、废金属、初级形状的塑料等20大类原材料资源性商品480.6亿美元，同比下降6.1％，占全省进口总值的54.8％，比2011年减少0.3％。

　　3. 浙江进口来源国分析

　　浙江作为外贸大省、资源小省，资源进口需求不断增加。根据浙江海关资料统计，日本、韩国、中国台湾地区、韩国、美国、澳大利亚及德国为浙江主要进口来

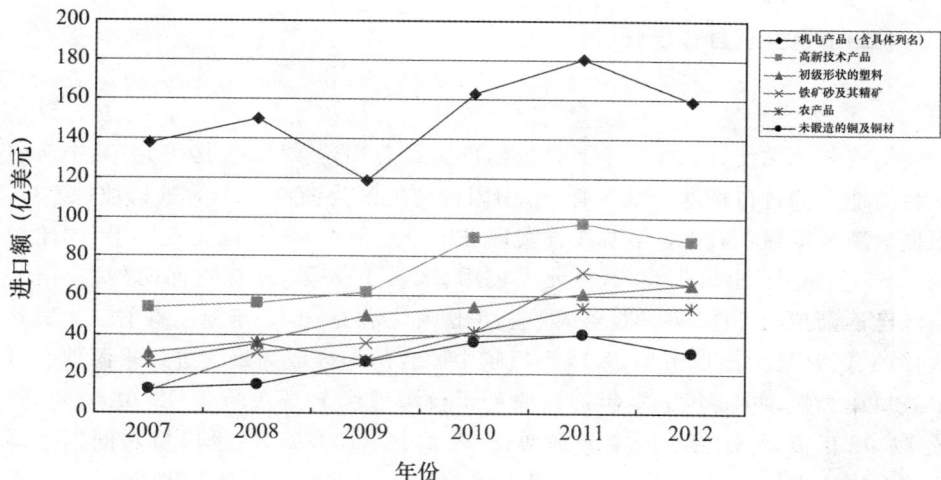

图 4 浙江进口主要商品构成(2007—2012 年)

数据来源:浙江海关网站。

源地(表 2)。从 2007 年到 2012 年,韩国和美国分别是浙江第三和第四进口来源国,澳大利亚和德国在第五名徘徊,日本和中国台湾地区都曾扮演浙江第一进口来源地的角色。截至 2013 年 11 月,中国台湾地区作为浙江主要进口来源地排名第一。

浙江正从外贸大省逐步迈入外贸强省,积极实施外贸可持续发展战略,不断调整优化进出口商品结构。在浙江与台湾进出口结构中,机电产品、高新技术产品的进出口均占据相当高的比例,其他产品占据比例虽各不相同,但涉及产品基本相同,两地进出口结构相似。随着 ECFA 的继续推进,台湾作为重要的进口来源地,在浙江进出口商品结构不断优化升级中扮演着重要角色。

表 2 浙江进口来源国别(地区)统计 (2007—2013 年 11 月)

年份	排名第一	排名第二	排名第三	排名第四	排名第五
2013 年 11 月	中国台湾地区	日本	韩国	美国	澳大利亚
2012 年	日本	中国台湾地区	韩国	美国	澳大利亚
2011 年	日本	中国台湾地区	韩国	美国	澳大利亚
2010 年	中国台湾地区	日本	韩国	美国	澳大利亚
2009 年	日本	中国台湾地区	韩国	美国	德国
2008 年	中国台湾地区	日本	韩国	美国	德国
2007 年	日本	中国台湾地区	韩国	美国	德国

数据来源:浙江海关网站。

(二)浙台经贸合作现状

1. 贸易方面

据杭州海关统计,2012 年浙台进出口贸易总额达 132.15 亿美元,其中从中国台湾地区的进口额达 108.8 亿元,中国台湾地区为浙江第一大进口地(表3)。根据最新数据显示,2013 年浙江省实现进出口总值 2.08 万亿元人民币,同比增长 7.5%。其中,出口 1.54 万亿元人民币,增长 10.8%,增速重回两位数时代。浙江已逐渐走出 2012 外贸低谷,欧盟、美国和东盟是 2013 年浙江省前三大贸易伙伴,欧盟是最大出口市场,东盟则超越中国台湾地区成为最大进口来源地。以宁波口岸为例,2013 年上半年进口原产于台湾地区 ECFA 货物 88.63 万吨,货值 14.02 亿美元,比去年同期分别增长 33.40% 和 33.91%,进口量占同期全国 ECFA 货物进口总量的 35.74%,居全国首位。宁波口岸是大陆地区对台贸易发展较为活跃的口岸之一,台湾地区是宁波的第五大贸易伙伴,甬台经贸合作一直十分紧密。ECFA 早收计划实施以来,宁波口岸对台商贸往来更加频繁,对台贸易额也不断攀升。据统计,化工原料依旧是宁波口岸进口 ECFA 商品的主力,进口值居前两位的商品对二甲苯和丙烯合计受惠货值达 8.59 亿美元,占受惠总值近六成。在台湾原材料大量进口的同时,原产于台湾的电子生产设备、工业用数控机床、汽车配件等机械产品进口量大幅增长。

表 3　浙台贸易统计(2007—2012 年)　　　　　　　　　单位:亿美元

年份	贸易总额	浙江对台出口额	浙江自台进口额
2007	89.0	15.7	73.3
2008	107.6	17.3	90.3
2009	90.6	13.2	77.4
2010	121.9	20.1	101.8
2011	136.1	23.7	112.3
2012	132.1	23.3	108.8

数据来源:浙江统计年鉴。

2. 农业方面

浙江省十分重视浙台农业合作,2009 年浙江省在苍南马站设立国家级台湾农民创业园,积极引进台湾先进种植技术、管理技术等。此外,仙居国家级台湾农民创业园总体建设初具规模,落地项目 14 个,总投资 20 多亿元,发展形成了休闲观光农业、高档花卉、精品苗木、经济林果、精品蔬菜、名贵中药材六类产业。渔业是浙江的传统产业,渔业经济发达的象山,准确定位于现代渔业综合产业基地、两岸海岛开发的实践平台、两岸农渔产业的合作平台,谋求海洋经济战略发展。

3. 文创产业方面

随着近年来浙台两地文创交流产业合作的不断深入,杭州作为中国首家两岸文创产业合作实验区,目前已落地杭州的台湾文创企业近80家,已有50余家台湾地区文创机构及120余家文创企业签约合作。

此外,温州则借力"两海两改国家战略",着眼于打造海西区对台工作中心城市、两岸合作交流示范高地。截至2012年底,浙江省已设立台商投资区7个、国家级和省级台湾农民创业园7个、浙台经贸合作区4个,积极搭建浙台经贸合作平台,通过各种方式促进交流,吸引台商台资,不断促进浙台经贸发展。

四、深化浙台经贸合作策略与路径

(一)浙台经贸合作策略建议

1. 有效利用特有人文渊源与环境优势,深化浙台经贸合作

浙江民间信奉妈祖者众多,与台湾血缘相亲、习俗相近,加上宁波奉化蒋氏故居的文化优势,大大增强了浙江对台的独有吸引魅力。从地域方面看,舟山与台湾同为岛屿,地理环境也有着相似之处,加上交通方面杭州至台湾航班的正常化、玉环大麦屿港浙台海上客滚轮定期航班的开通,可以不断扩大台商在浙江的集聚区,进一步增强浙江对台商投资的吸引力,深化浙台经贸交流。

2. 有效对接浙台两地产业发展,促进两地产业结构优化升级

浙江作为制造大省,在机械制造、高新技术、电子商务方面拥有自己的相对优势。而台湾在机电产品、石化、农业方面拥有先进技术及绝对优势。如两地通过积极成立民间、行业组织与地方政府区域性的经贸协调机构,推动两地政策与管理的协调,强化双方在相关领域的基础研究和高新技术研究的交流与合作,建立浙台两地经济区产业分工合作体系,有效实施两地产业对接互动,逐渐形成优势互补、互利双赢、共同发展的产业格局,进而带动促进两地产业结构升级。

3. 有效利用地理优势借力海西经济区,借鉴闽台合作经验

国家于2009年5月正式出台《国务院关于支持福建省加快建设海峡西岸经济区的若干意见》(简称《国务院海西意见》),明确赋予海峡西岸经济区(简称

海西经济区)在两岸经济合作框架下对台先行先试政策。闽台合作先行区的建立,大大加快了闽台产业对接和贸易发展。对于与福建接壤的浙江,应积极利用地理优势借力海西经济区,扩大海西经济区政策优惠辐射。同时借鉴闽台合作经验,争取更多浙台合作试验区,使浙江与台湾地区合作的一些重大活动、重大项目和享受政府先行政策优惠。

(二)深化浙台经贸合作具体路径

1. 以扩大两地旅游为先行,加强人文交流与合作

第一,凭借宁波奉化蒋氏故居的文化优势,加强与台湾旅游行业的交流合作,在带领浙江游客走进台湾领略美景的同时,也通过多种渠道的宣传和介绍,吸引更多的台胞来浙江旅游,促进两地旅游业的共同发展,促进两地人文交流。第二,重点扶持龙头企业,进一步加强文创企业的品牌建设,大力引进文创名家、名人、名企,利用浙江得天独厚的自然条件、充沛的民间资本、良好的投资环境和丰富的人才资源,推动浙江文化产业的发展。努力打造杭州创意设计中心,大力引进台湾地区文创机构及优秀文创企业,搭建两岸文创品牌展示推广平台、两岸文创成果转化平台等产业服务平台,形成实验区产业集聚效应。通过进一步加强与台湾的合作,加快推进两岸文创产业的发展。

2. 以远洋渔业合作为突破,加强农业合作

浙江作为海洋大省,正在努力建设国家海洋经济发展示范区。随着沿海渔业资源枯竭,浙江水产业虽具有传统优势,但也逐渐面临无鱼可打的局面。因此,壮大发展浙江远洋渔业,探索可持续海洋经济刻不容缓。台湾拥有发达的现代农业,不仅为台湾民众提供了安全、优质的农渔产品,而且在农业合作组织、农产品运销、农业经营模式等方面也有许多值得借鉴的经验。尤其是在远洋渔业方面具有与世界渔业强国相竞争的实力。浙江利用自身的优势,以远洋渔业合作为突破口,吸引台商在浙江投资建厂,开展远洋渔业、水产养殖和水产品加工方面的技术研究和服务,必将推动浙江远洋渔业技术的快速提升,缓解浙江水产业加工原料不足矛盾,促进渔业经济的健康、快速发展,推动浙台农业密切交流与深度合作,进而有效推动浙江海洋经济发展。

3. 以浙台港航交流合作为方式,加强两地物流产业合作

浙江港口资源丰富,以宁波—舟山港为主线,温(州)、台(州)和嘉兴港为两翼的现代港口体系逐步确立,港航经济是浙江着力发展的新经济增长点。ECFA的签署,两岸货物贸易将大幅提高,必然刺激和带动港口物流业的发展。在港口物流方面,台湾高雄港是第一大国际商港,也是东南亚、印度洋与东北亚间海上航运的转运中心。①浙台可以利用双边港口资源的区位优势加强合作，通过共同投资，共享资源，推动浙台两地港航合作与共同发展；②利用台湾港口先进的技术条件和资金条件，进行浙台分工协作，对港口建设和营运进行统一规划，整合港口优势资源，共同开发利用浙江的大型深水港，形成规模不同、层次不同、功能不同、专业不同的港口群，共建港口航运体系，最大限度地实现两岸港口资源的开发利用。③通过建立浙台港口联盟，争取最大限度地增加浙台直航港口，互相开放船务代理、货运，共同开发国际航线，共建港口与物流信息平台，推动浙台港口经济良性互动，进而有助于打造浙江物流强省，增进两地物流产业合作。

4. 以机电、高新技术产业、石化业对接为优先，加强浙台机电、高新技术等产业合作

台湾临海工业区、石油化学工业区和加工出口工业区，集聚了全岛最大规模的炼油、钢铁、造船等具有产业发展潜力的企业，拥有先进生产研发技术。浙江应以产业园和开发区为平台，加强与台湾电子、机械、石化等产业对接，促进浙台机电、高新技术、化工等产业合作。此外，以积极引进龙头骨干项目为重点，按照上、下游延伸与配套发展思路实施项目带动战略，优化对台经贸合作园区的空间布局，实现与台湾旅游、物流、金融、保险、创投业的全面对接，不断完善浙台经贸合作区建设，加快形成浙台联动发展、互利双赢的发展格局。

以服务外包加快推动浙江经济发展方式转变的实证研究[*]

顾玲妹

（嘉兴职业技术学院）

摘要："十二五"时期，浙江全面实施创新驱动发展战略，加快建设创新型省份，处于加快转变经济发展方式的关键时期。作为长三角服务外包产业带内重要一极，浙江服务外包产业发展迅速，但同时也面临巨大的挑战。发展服务外包对于实现产业结构的优化和升级，提升自主创新水平、建设资源节约型社会，扩大社会就业等经济社会发展贡献显著。为全面掌握和深入研究浙江服务外包产业的发展情况，并借鉴其他国家、地区和城市的成功经验，研究提出发展服务外包加快经济发展方式转变的有效对策，本报告首先阐述了经济全球化视野下经济发展方式转变的内涵以及服务外包与经济发展方式转变的关联机理；其次分析了浙江经济社会发展所处的阶段性特征，提出了以服务外包加快转变经济发展方式的前提；再次，基于服务外包对经济发展方式影响的理论传导机制，引入技术进步、产业结构升级、国际服务贸易增长、人力资本优化等中介变量，运用"中介效应"检验方法进行实证检验，探析服务外包对浙江经济发展方式转变的影响途径和程度；最后，根据实证检验得出实证结论，即服务外包对浙江经济发展方式的转变的影响主要通过四个主要中介变量来实现，即技术进步、产业结构升级、国际服务贸易增值和人力资本优化。但是这四个变量的中介效应存在着大小，其中产业结构升级的中介效应最大，人力资本优化次之，技术进步的中介效应最小。并在此基础上从加快培育服务外包企业核心技术与创新能力；高度重视服务外包人力资本优化；积极开拓服务外包国际市场等方面对以服务外包加快推动浙江经济发展方式给出了若干政策建议。

关键词：服务外包；经济发展方式转变

一、前 言

服务外包是指企业将价值链中原本由自身提供的，具有基础性的、共性的、

---

* 本文为"浙江省国际经济贸易学会 2013 年度立项课题"研究成果（课题编号：Z201311）

非核心的 IT 业务和基于 IT 的业务流程剥离出来后,外包给企业外部专业服务提供商来完成的经济活动,从而使其专注核心业务,达到降低成本、提高效率、增强企业核心竞争力和对环境应变能力的一种管理模式。服务外包包括信息技术外包(ITO)、业务流程外包(BPO)和知识流程外包(KPO)等。近年来,随着现代信息技术的迅猛发展和经济全球化的进一步深入,服务外包产业将从 IT 领域向更广泛的服务领域和生产环节延伸,以服务外包为主要特征的全球服务业产业转移不断加速。同时,随着绿色、科技、扁平化成为全球经济发展的方向,服务外包产业受到各国政府高度重视,成为未来全球经济发展和各国经济转型的重要推动力量。

国务院总理李克强在第二届京交会暨全球服务论坛北京峰会上的演讲中指出:"服务业不仅日益成为促进世界经济复苏、引领转型发展的新引擎、新方向,也是中国经济长期持续健康发展与优化升级的新引擎、新动力",进一步彰显了在世界经济格局深刻变化的大背景下大力发展服务业的战略地位。商务部、国家发改委等 34 个部门联合发布的《服务贸易发展"十二"五规划纲要》,把发展服务外包作为"十二五"服务贸易发展的主导产业,把加快培育一批具备国际资质和品牌的服务外包企业,增强国际竞争力列为"十二五"服务贸易的五大发展目标之一。服务外包作为现代服务业的重要组成,随着经济全球化纵深发展,新一代网络技术的广泛应用,逐步成为各国经济社会可持续发展的新引擎以及促进自然环境与经济社会和谐发展的重要驱动力。

由于全球服务业产业转移加快以及国家强有力的政策支持,中国服务外包产业正作为一个重要的新型产业迅速崛起。据商务部统计,2008—2012 年,中国服务外包企业承接离岸服务外包执行额由 46.9 亿美元增长至 336.4 亿美元,年均增幅超过 60%,占全球离岸外包市场份额由 2008 年的 7.7% 增长至 2012 年的 27.7%,跃升至全球第二大服务外包接包国。未来五年,中国服务外包市场将保持约 26% 的年复合增长,到 2014 年将达到约 439 亿美元的市场规模。服务外包无疑将成为未来中国经济发展的重要引擎,以发展服务外包产业加快推动经济发展方式转变,已成为各地经济发展中的一项重大课题。

但我们也应该清醒地认识到,中国服务外包产业起步较晚,在国际外包市场上落后于印度、爱尔兰等竞争对手,产业发展依然面临巨大的挑战。浙江与长三角江苏省、上海市相比,还存在较大差距。尤其是服务外包企业规模偏小,欠缺具有自主知识产权的核心产品和技术,品牌影响力不够,高附加值的业务流程外包和知识流程外包比重偏小,缺少既具有专业技能、行业知识、语言应用、客户沟通能力、风险管理和控制能力的高级项目经理和行业领袖,参与国际服务外包市场竞争力有待增强等突出问题,亟须得到有效解决。

服务外包是浙江开放型经济的新亮点,是浙江转型升级的新动力。基于浙江服务外包发展在全国的领先地位,对浙江省服务外包加快转变经济发展方式进行研究具有重要的现实意义。因此,本研究报告对浙江服务外包产业开展调研工作,在对浙江服务外包发展现状先期调研的基础上,运用"中介效应"分析方法检验服务外包通过技术进步效应、产业结构升级效应、服务贸易增长效应、人力资本优化效应影响经济发展方式转变的机理和程度,并以此探索以服务外包加快推动浙江经济发展方式转变的路径,为有关部门了解浙江服务外包产业的整体情况和制定相关政策提供参考。

二、服务外包与经济发展方式转变的关联机理

(一)经济全球化视野下经济发展方式转变的内涵

党的十八大报告中强调指出,要加快转变经济发展方式,把推动发展的立足点转到提高质量和效益上来。浙江省委在《关于认真学习贯彻党的十八大精神扎实推进物质富裕精神富有现代化浙江建设的决定》中明确提出牢牢把握科学发展主题,突出加快转变经济发展方式主线。经济发展方式强调的不仅是提高经济增长效益,还包括促进经济结构优化、经济增长与资源环境相协调等内容。从国际视野来考察,转变经济发展方式大致相当于一组"转变"的集合,即由粗放型向集约型转变、从数量型向质量型转变、由投资拉动型向消费推动型转变、由资源消耗型向资源节约型转变、由高碳经济向低碳经济转变、由低级经济结构向高级经济结构转变、由单纯经济增长向可持续发展转变等(中共浙江省委宣传部课题组,2010)。陆立军和于斌斌(2010)概括了发达国家转变经济发展方式的国际经验为"三个化",即产业结构服务化、增长动力全要素化、政府干预合理化。胡坚(2010)等对外省加快经济发展方式转变的做法进行了研究,概括了产业结构优化升级、市场结构优化升级、要素结构优化升级、推进统筹协调、推进制度创新等外省加快经济发展方式转变的五种路径。沈露莹(2010)构建了上海转变经济发展方式的评价指标体系和评价指数模型,赋予了上海经济发展方式转变的新的内涵,即"走服务经济、自主创新、功能提升、资源节约和以人为本的新型发展道路"。综合学术界的研究,转变经济发展方式需要满足社会经济效益和环境生态效益两个方面的改善,实质就是要求加快形成与贯彻落实科学发展观、实现经济社会全面协调可持续发展相一致的发展方式。

(二)关联机理

1. 文献综述

近期有较多关于服务外包对承接国经济发展方式影响的研究,王子先和盛宝富(2007)提出将服务外包置于转变经济发展方式的高度予以重视。张钱江(2010)、马秀红(2012)指出服务外包是转变发展方式的"绿色引擎",能缓解经济发展对资源环境的承载压力,加快推进经济发展方式转变。具体来看,主要集中在以下五个方面:①服务外包促进科技创新与进步。Salomon&Jin(2008)研究认为,承接外包作为进入国际市场的途径,直接反映为出口的扩大,由此带来的技术学习传导到后进经济体企业创新能力,则受到产业创新环境特征的影响,特定产业创新要素水平越高,创新绩效则更高。崔萍和邓可斌(2011)基于接包方的视角对中国 21 个服务外包示范城市进行实证研究,表明服务外包有助于提升区域技术创新能力。王晓红(2007)研究认为承接跨国公司外包业务,对于提高本土企业的技术管理水平、公司品牌、设计师素质、积累国际化经验等方面发挥了重要作用。②服务外包推进产业结构优化调整。陈菲(2011)以印度为例,通过实证分析和模型检验,指出服务外包度每上升 1%,服务业的产值比重相应上升 0.18%,服务业就业比重增加 0.52%,表明承接国际服务外包带动印度服务业产值和就业比重的增加,促进印度产业结构的优化升级。许敏兰和罗建兵(2012)立足于江苏省产业结构的现状,通过实证分析指出江苏省承接服务外包推动第二、三产业内部结构的优化,并促进产业结构由"二、三、一"向"三、二、一"的加快转变。③服务外包有利于环境友好型和资源节约型社会建设。服务外包是人脑+电脑产业,不需要其他实物投资,与制造业相比,能耗低,附加值大,几乎无污染,是绿色、低碳产业。以中国软件产业园为例,与同面积的制造类工业园区相比,12 年间节省 19 亿度电,可供 97 万人工作和生活一年,合 68 万吨发电用煤(姜荣春,2013)。服务外包产业已经成为各地解决环境、资源和发展之间矛盾的重要途径。④服务外包保障和改善民生。大学生就业是项民生工程。服务外包促进大学生就业作用明显。自 2008 年至 2012 年,服务外包产业吸纳从业人员数量由 52.7 万人增长到 428.9 万人其中,大学毕业生 291 万人,占比超过 60%,2012 年服务外包产业新增就业从业人员 110.7 万人,其中,新增大学生就业 67.8 万人,约占 2012 年全国大学毕业生的 10%(舒凯,2013)。2013 年上半年,新增服务外包从业人员 40.6 万人,其中,新增大学毕业生 26.2 万人,占新增人员的 64.4%。同时,服务外包使得消费者以更低的价格获得质量更优的产品和服务,增加了消费者福利。作为智慧产业的服务外包,国家和地方政府通过制定和实施人才引培政策、创新高校人才培养模式等途径提升服务外包人力资源数量和质量,提升了城市劳动力整体素质。⑤服务外包提升开放型经济发展水平。服务外包作为一种新型的生产组织方式和商业模式,有助于国外发包方与国内承接商之间的交流与合作,大大减少贸易摩擦,促进全球范围内服务贸易和服务业的跨国投资。根据 WTO 统计,2009 年,全球服务贸易项下的计算机与信息服务(CIS)出口高达 1850 亿美元,2000 年以来,年均增速为 16%;同期全球其他商业服务(OBS)出口 8550 亿美元,2000 年以来,年均增速 12%,远远超过国际贸易的实际增长速度(3%)。据联合国贸发委的研究,服务业外包已经超过制造外包,成为跨国投资的新引擎,以年均 30%～40% 的速度增长(姜荣春,2013)。

2. 关联性分析

服务外包作为高端服务业的重要组成部分,以其高效益性、创新性、高就业效应以及产业关联性、环保性、国际性等成长为国内外推动经济转型升级的新增长点,吻合经济发展方式转变题中之意。

(1)服务外包产业具有高效益性,附加值大,是经济结构战略性调整的重要抓手

当前由于国内外市场需求和政府支持等因素,服务外包产业已成为制造业向服务业产业转移的主要特征,并已成为各地经济转型升级的重要助推力。服务外包所创造的效益远比制造业要大。据 IBM 的调查数据显示,制造业来料加工的增值部分大约占总规模的 2%～3%,最高不超过 5%,而服务外包的国内增值几乎是 100%。从收益上说,同样金额的出口业务,服务外包对国内经济的贡献是来料加工的 20 倍以上,业务流程外包服务的附加值是传统加工与制造业的5 到 10 倍。2009 年浙江服务外包出口(离岸外包合同执行额)12.33 亿美元,当年浙江全省加工贸易出口 249.1 亿美元,起步三年的服务外包经济贡献即与发展了 30 年的加工贸易出口相当(张钱江,2010)。

积极承接服务外包是优化经济结构、推动产业结构升级的一条重要路径。通过承接跨国公司外包可以改变服务业只有在工业化后期才会得到快速发展的规律,通过"干中学"掌握先进技术,使产业结构迅速实现"三二一"倒梯形格局。全球服务外包第一大承接国印度通过承接服务外包,带动了国内服务业产值和就业比重的增加,促进了三大产业结构升级。在印度的产业结构中,服务业所占份额超过 50%,成为经济发展的主要推动力。其中,最为引人注目的则是外包服务,服务外包发展对印度第三产业具有显著的拉动作用,进而带动了产业结构的整体升级。服务外包为接包国产业结构的调整和升级提供了一次重要契机。

（2）服务外包产业与自主创新有着高度关联性，是推进区域创新环境的催化剂

自主创新是服务外包产业又好又快发展的关键，是中国服务外包品牌建设的一个重要手段。中国服务外包企业不仅重视技术领域的自主创新，还致力于寻求企业在管理模式上的突破创新，一些企业通过与国外一流企业合作进行吸收创新，一些企业通过对运营模式的探索，走出了一条新的发展道路。2009年以来，各示范城市将鼓励企业自主创新写入相关政策保障，对在自主创新方面取得成绩的服务外包企业给予各种奖励，未来中国的服务外包企业在自主创新领域必将取得长足的进步。服务外包与自主创新紧密关联，相互促进，可以从两方面考量：一是发展服务外包产业对企业技术创新、管理创新产生直接效应，并且通过承接服务外包，对完善国内知识产权和信息安全保护机制以及加强服务外包人才培养模式创新产生间接效应；二是在自主创新环境体系下，可以使我们较快掌握核心技术和自主知识产权，突破国外的技术壁垒，逐步走向服务外包高端价值链环节。与发展加工贸易相比，发展服务外包产业，可以更进一步靠近国际先进企业的科技研发、业务管理等许多重要环节，可以更有效地放大跨国公司的技术和管理"外溢效应"，为我们引进消化吸收先进技术，学习、借鉴先进管理经验，加快创新人才培养等方面创造更加有利的条件，是自主创新能力实现飞跃的支点，是建设创新型社会低成本、高效率的"培养基"。全球范围内，服务外包与自主创新之间较强的关联度已被印度、爱尔兰等国家的发展历程所证明。多年来，这些国家自主创新能力的飞速提升很大程度上得益于服务外包产业的发展。

（3）服务外包产业吸纳就业（特别是大学生就业）能力强，产业关联度大，是实现大学生就业和拉动关联产业发展的重要渠道

服务外包产业包括软件开发、动漫设计、医学分析、生物医药、金融保险等业多种类型，业态日趋庞大，在先进制造业、现代服务业以及新兴战略性产业的发展中，无所不及，无所不包。

对服务外包承接国而言，多数研究认为，国际服务外包对承接国具有明显的就业扩张效应。外包企业基于降低成本和战略考虑，将产业价值链高端业务，如研发、设计等外包到劳动力成本低的国家，为了使产品符合质量、规格的要求，外包企业通常需要对低工资国家雇员进行培训，从而提升了承接国家的就业水平。有研究表明，美国潜在的服务外包将给承接服务的国家创造高达1400万个就业岗位，仅在金融服务业，服务外包给承接国创造的就业机会将达200万个。中国自2006年国务院实施服务外包"千百十工程"以来，已经明显显示出服务外包的就业扩张效应。大力发展服务外包，可以吸收大量的中高端人才就业，大大缓解就业压力尤其是大学毕业生的就业压力。2011年，中国承接服务外包占全

球的 23.2％,比上年提高 6.3％,新增服务外包从业人员 85.4 万人,其中新增大学毕业生(含大专)58.2 万人,占比达 68.1％。截至 2011 年底,全国服务外包企业达到 16939 家,从业人员 318.2 万人,其中大学以上学历 223.2 万人,占 70.1％。主营 5173 网的金华比奇网络技术公司成立三年,员工人数就达到 2000 多人,来源主要为浙师大、金职院等。2009 年,浙江省服务外包从业人员为 13.1 万人,2010 年达到 18.2 万人,2011 年达到 29.6 万人,服务外包从业人员总量不断提升。

服务外包产业不但自身就业人数快速增长,而且可以带动相关行业就业的增长。由于各地政府在政策上不断予以倾斜支持,有力地带动了支撑服务外包行业发展的配套产业的发展,包括城市电力系统、通讯和信息系统、交通等基础设施建设,并为第二产业提供有效的支持和服务。据 NASSCOM 估计,服务外包产业每增加 1 个工作岗位,将会在相关产业创造大约 4 个工作岗位。2007 年印度软件和服务外包产业的直接就业人数达 163 万,相关产业就业人数达 600 万。因此,从一定意义上看,承接服务外包更是项民生工程。

(4)服务外包产业是智力人才密集型现代服务业,是建设资源节约型和环境友好型社会的重要途径

服务外包"绿色和智慧"产业,是以占地少,资源消耗少、无污染、无排放为基础的经济模式,能有效处理经济社会发展与资源支撑力、生态环境承受力的关系,改变经济发展中过多依赖低端产业、低成本劳动力和资源环境消耗的增长方式,可以明显缓解土地等稀缺资源的巨大承载力,有利于人们在良好生态环境中生产生活,是一种新的经济发展模式。积极发展服务外包,可以减少经济增长对自然资源的依赖和对生态环境的破坏,有助于"绿色 GDP"和"低碳经济"的实现,是节能增效、减轻环境负荷,实现经济、环境和社会协调发展的必然选择,为加快经济增长方式转变提供了内在动力。从这个意义上说,服务外包正是实现经济增长与能源高投入、高消耗脱钩的重要途径,有助于资源节约型和环境友好型社会的建设。

(5)服务外包产业国际化水平高,是提高开放型经济发展水平的重要切入口

2006 年以来,中国政府为鼓励服务外包产业发展,出台了许多促进产业发展的、外包新兴城市不断涌现。各城市为抢抓发展机遇,倾心打造商务环境优良、服务水准一流,适宜国际投资者生活发展的具有一定国际化水准的城市。目前,中国开展离岸服务外包业务的来源地不断扩大,国外需求释放到中国服务外包市场的比例明显提高,其中美国和日本仍是中国离岸服务外包业务的主体。日本灾后重建给中国发展对日离岸外包提供了更多的机遇。中国香港和台湾地区、亚洲的新加坡、印度以及欧洲的荷兰、英国、瑞士和芬兰进入 2010 年中国离

岸服务外包业务十大来源地。中国发挥自身比较优势,大力发展服务外包,深度参与国际竞争与合作,有利于我们学习、借鉴和吸收国外服务业管理、市场运作规律,提高利用外资质量,促进外贸结构调整,提升开放型经济发展水平。

《中国国民经济和社会发展"十二五"规划纲要》明确指出,今后五年,要确保科学发展取得新的显著进步,确保转变经济发展方式取得实质性进展的五大基本要求:①坚持把经济结构战略性调整作为加快转变经济发展方式的主攻方向;②坚持把科技进步和创新作为加快转变经济发展方式的重要支撑;③坚持把保障和改善民生作为加快转变经济发展方式的根本出发点和落脚点;④坚持把建设资源节约型、环境友好型社会作为加快转变经济发展方式的重要着力点;⑤坚持把改革开放作为加快转变经济发展方式的强大动力。以上从服务外包的基本特征展开分析,大力发展服务外包产业,符合确保转变经济发展方式取得实质性进展的基本要求,吻合经济发展方式题中之意(图1)。

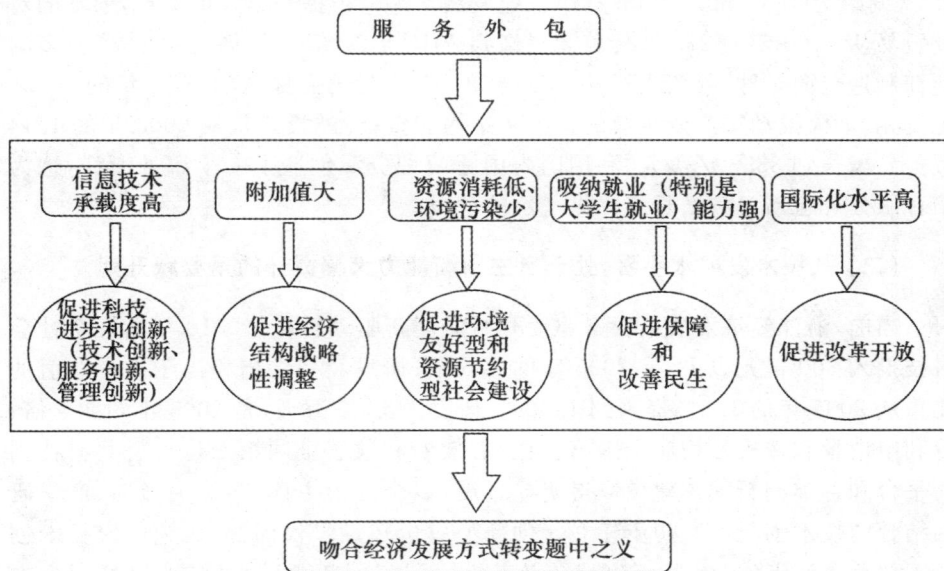

图 1　服务外包与经济发展方式转变的关联机理

虽然服务外包接包市场日益激烈,但随着中国服务外包产业政策环境不断优化、人才供给日渐充沛、基础设施日臻完善,为中国服务外包产业的持续增长创造了良好的条件。与目前全球第一接包国印度相区别,中国具有更加庞大的内需市场,随着这一市场的逐步释放,将为整个产业的发展带来巨大的增长空间。

三、以服务外包加快推动浙江经济发展方式转变的前提

浙江作为长三角重要区域,是中国经济实力强,对外开放程度高,投资经营环境良好、市场经济发达,信息技术先进,优秀人才众多的省份。浙江省经济社会发展的阶段性特征是加快推动浙江经济发展方式转变的前提。

(一)从经济发展水平看,处于综合实力显著增强的战略机遇期

2012 年,浙江全年生产总值 34606 亿元,比 2011 年增长 8.0％。其中,第一产业增加值 1670 亿元,第二产业增加值 17312 亿元,第三产业增加值 15624 亿元,分别增长 2.0％、7.3％和 9.3％。人均 GDP 为 63266 元(按年平均汇率折算为 10022 美元),增长 7.7％。三次产业增加值结构由 2011 年的 4.9：51.2：43.9 调整为 4.8：50.0：45.2,服务业发展水平稳步提升。入世十年,浙江的对外贸易从 2000 年的 278.3 亿美元提高到 2010 年的 2534.8 亿美元,越来越多的浙江制造走向全球;外资引进从 2000 年的 25.1 亿美元提高到 2010 年的 200.5 亿美元,大大推动了产业规模的扩大和结构调整;境外投资也从 2000 年的 1514 万美元增长到 33.6 亿美元,利用国内国际两种资源创造了一个海外浙江,这为培育服务外包新经济增长点提供了新的动力。

(二)从技术发展水平看,处于自主创新能力大幅提升的重要跃升期

当前,浙江经济发展由要素驱动开始向创新驱动转变。2010 年浙江全社会科技投入 800 亿元以上,是 2005 年的 2.5 倍;研发经费支出相当于生产总值的比重从 2005 年的 1.2％提高到 1.82％;研发人员 20 万人,是 2005 年的 2.5 倍;专利申请量和授权量均居全国第三位,有效专利数居全国第二位。公共科技创新平台和各类创新载体建设取得明显进展,以企业为主体、市场为导向、产学研相结合的技术创新体系初步建立。创新型省份建设步伐加快,成为国家技术创新工程首个试点省,杭州、宁波、嘉兴市成为国家创新型试点城市,以杭州为中心,宁波、嘉兴市为副中心,其他市和各县(市、区)各具特色的区域创新格局基本形成,企业和科研院所的研发能力、技术水平显著提高,这为培育服务外包新经济增长点提供了重要的科技支撑。

(三)从经济社会发展全局看,处于经济转型升级的关键期

当前,单纯依靠高投入、高消耗、片面追求数量增长的经济发展方式将使经济发展难以为继,浙江要实现持续、全面、协调发展,必须找到新的突破口,拓展

发展空间,积极寻求和培育带动经济持续、健康发展的新的经济增长点,对于实现产业结构的优化和升级,加快经济发展方式转变有着重大的理论意义和现实意义。浙江省委、省政府高度重视服务外包产业发展,先后出台了《浙江省服务业发展规划》以及《浙江省国民经济和社会发展"十二五"规划纲要》等,明确把服务外包产业作为服务业发展重点行业。为推动服务外包产业的快速发展,还专门出台了《浙江省服务外包产业"十二五"发展专项规划》,在市场准入、要素保障、集聚示范区发展、重点企业培育、重大项目建设、吸引人才等方面进一步加大支持力度,优化服务外包政策环境,这为培育服务外包新经济增长点提供了新的机遇。

四、以服务外包加快推动浙江经济发展方式转变的产业优势

服务外包是智慧型产业,环境优美的办公场所和有睿智创新精神的高素质人才是它的重要发展条件,浙江无一不具备。浙江服务外包产业发展起步较快,成效显著。大力发展服务外包产业,正是基于浙江服务外包快速发展的好势头。

(一)服务外包区域发展格局更趋优化

科学合理的空间布局结构是服务外包产业健康持续发展的基础,有助于确保浙江服务外包产业发展战略目标的实现。根据各地产业的现有基础和发展情况,浙江服务外包已构建"一核三区多点覆盖"的区域发展框架,形成以省会杭州为核心,宁波、金华、嘉兴为三个产业集聚区,全省多点覆盖的服务外包区域发展的新格局。

杭州是浙江省服务外包产业发展规划布局的重点,金融服务外包作为中高端服务外包的重要领域受到杭州市的高度重视,杭州正着力打造"国际金融服务外包交付中心"、"国内领先的软件外包交付中心"以及"中小企业的托管应用管理中心"。宁波充分发挥现有的港口地理优势和现代物流服务业的产业优势,积极发展国际物流服务外包。在实践探索的基础上,宁波创造性地制定了《宁波市政府服务外包暂行办法》,成为全国首个实施政府服务外包的城市,在这方面走在了全国 21 个服务外包示范城市之前。嘉兴毗邻上海、杭州两大服务外包示范城市,将极大地促进嘉兴共享沪杭等大城市的技术、信息、人才等各种资源,充分发挥嘉兴的商务成本优势、田园型宜居城市等优势,成为上海国际金融中心以及杭州国际金融服务外包交付中心的最佳外溢区;积极推进印孚瑟斯、华点软件学院等人才培训基地的建设,逐步建设成为"长三角乃至全国服务外包人才摇篮"。金华作为浙江第二大信息传输和交换枢纽,充分利用其信息增值服务业发

展,信息基础设施建设等独特优势,着力发展网游服务外包、影视和动漫制作外包,倾力打造"电子商务之城"。温州重点发展工业设计、文化创意产业外包,台州重点发展医药研发外包,舟山重点打造海洋服务外包品牌等,各地依托本地传统产业发展特色服务外包的产业发展新格局已形成。

(二)服务外包总量持续高增长

截止到 2012 年 12 月底,浙江进入商务部服务外包业务管理和统计系统注册登记的服务外包企业有 2778 家(2012 年增加 646 家),有离岸服务外包业务执行的企业总数为 751 家。接包合同执行额为 52.44 亿美元,合同执行额同比增加 71.23%。其中,离岸服务外包执行金额达 36.97 亿美元,同比增长42.63%。离岸执行额在 500 万美元以上的服务外包企业 118 家,离岸执行额共30.76 亿美元,占全省离岸服务外包合同执行额的 63.19%。离岸执行额在1000 万美元以上的服务外包企业 72 家,离岸执行额共 27.50 美元,占全省离岸服务外包合同执行额的 74.40%。经过近几年的努力推进,浙江省服务外包产业已经达到一定规模(见表 1、表 2、表 3),成为涉外经济转型升级、科学发展的一道亮点。

表 1　2010 年浙江省各市服务外包离岸业务情况表

城市	离岸合同额(万美元)	离岸合同执行额(万美元)
杭州市	192452.14	155362.2
宁波市	18095.73	10607.53
金华市	5903.83	5445.37
绍兴市	4519.01	3615.12
台州市	2917.19	2051.51
湖州市	1785.98	1193.17
嘉兴市	1300.77	1031.84
舟山市	626.90	231.90
温州市	21.92	8.61
丽水市	100.00	0
合计	227723.47	179557.28

表 2   2011 年浙江省各市服务外包离岸业务情况表

城市	离岸合同额(万美元)	离岸合同执行额(万美元)
杭州市	256744.82	203077.16
宁波市	36375.30	31246.87
金华市	9969.49	9417.20
绍兴市	9285.44	5568.79
嘉兴市	3822.14	3314.44
湖州市	4000.48	2410.53
台州市	2216.60	2387.92
舟山市	914.68	828.88
温州市	804.97	804.97
丽水市	354.50	131.42
合计	324488.42	259188.18

表 3   2012 年浙江省各市服务外包离岸业务情况表

城市	离岸合同额(万美元)	离岸合同执行额(万美元)
杭州市	352165.96	296839.22
宁波市	44295.70	38659.88
金华市	15668.72	11991.45
绍兴市	7545.15	6508.20
嘉兴市	6299.49	4410.05
湖州市	5439.90	4140.71
台州市	3245.98	2856.51
温州市	3703.53	1653.25
义乌市	1347.28	1115.04
舟山市	2780.03	1093.13
丽水市	351.00	361.59
衢州市	62.06	57.36
合计	442904.80	369686.39

注:①资料来源为浙江省商务厅。

②以离岸合同执行额为序排列。

(三)离岸市场分布日趋多元化

2012年,浙江全省承接的离岸服务外包合同中,对美国的服务外包合同执行额达14.16亿美元,占全省离岸执行额的38.30%;对日本的合同执行额4.22亿美元,占全省的11.41%;对香港地区的合同执行额2.78亿美元,占全省的7.52%;对芬兰的合同执行额为1.84亿美元,占全省的4.98%;第五至八位分别为:德国、韩国、英国、印度。相比较,浙江省企业多为欧美主流客户直接提供外包服务,具有较强的接包能力。浙江省服务外包市场结构好于全国平均水平,服务外包市场的多元化分布正在深刻改变着浙江的贸易格局。

(四)杭州"服务外包示范城市"引领作用逐步显现

作为中国服务外包基地城市、中国服务外包示范城市以及国家知识产权示范城市的杭州,面对巨大的产业发展前景,杭州市以"创新转型,价值升级"为总体理念,着力打造"最具价值服务外包城市",以规模化、集聚化、高端化、国际化、外溢化为主抓手,依托行业已有优势,把握产业发展优势,实现从成本竞争到价值竞争的外包产业转型升级。2012年承接服务外包合同签约额达43.01亿美元,接包合同执行额为37.93亿美元,离岸执行额为29.68亿美元,离岸服务外包执行额同比增长了56.84%,占浙江省离岸执行总量的82.5%,比较2011年又上升了10个百分点,全省首位度进一步提高。杭州服务外包聚集了众多龙头企业,2012年杭州市离岸执行额在1000万美元以上的企业共52家,离岸执行额共24.93亿美元,占全市总额84.91%。在全国离岸执行额超1亿美元的21家企业中,杭州占了四家。在全国21个服务外包示范城市中,杭州排名再进一位,进一步巩固了第一方阵地位。

在示范城市杭州的引领下,其他主要城市宁波、嘉兴、金华、绍兴等服务外包产业风生水起,也呈现加速发展态势。在浙江省委省政府的大力支持下,宁波正加速发展服务外包产业,积极申报全国服务外包示范城市,力促服务外包产业更好更快地发展。2012年,完成服务外包合同金额114.56亿元,同比增长33.77%,完成年度考核目标111.22%;共完成服务外包执行总额84.63亿元,完成年度考核目标115.93%;离岸服务外包合同额5.32亿美元,同比增长39.76%,完成年度考核目标115.68%;完成离岸服务外包执行额3.87亿美元,完成年度考核目标120.6%。宁波服务外包产业发展规模不断扩大,产业发展水平不断提升。

根据浙江省商务厅和杭州师范大学服务工程研究中心制定的《浙江省服务外包产业"十二五"发展专项规划》,浙江省服务外包产业到2015年底直接经济指标为：全省服务外包合同执行总额突破 200 亿美元，其中离岸外包执行额将达到 40 亿美元。社会民生指标为：到 2015 年底，全省服务外包从业人员为 30 万人。企业发展指标为：到 2015 年底，全省服务外包企业数量达到 2000 家，5000人以上企业 10 家，并且发展 1～2 家 10000 人以上企业，150 家企业取得 CMM/CMMI3 以上认证，20 家企业取得 CMM/CMMI5 认证。这个起步不久的新产业，将引领浙江经济迅速发展，推动企业自主创新能力快速提升，提供大量大学生就业岗位。"十二五"时期，浙江全面实施创新驱动发展战略 加快建设创新型省份以及经济发展方式的根本性转变，迫切需要服务外包产业的支撑发展。

五、基于"中介效应"检验方法的实证研究

（一）"中介效应"检验方法

中介变量（mediator）（温忠麟，2004）是一个重要的统计概念，考虑自变量 X 对因变量 Y 的影响，如果 X 通过影响变量 M 来影响 Y，则称 M 为中介变量。首先，我们将变量之间的中介关系用以下三个回归方程表示：

$$Y = cX + e_1 \tag{1}$$
$$M = aX + e_2 \tag{2}$$
$$Y = c'X + bM + e_3 \tag{3}$$

其中，方程（1）表示 X 对 Y 的直接影响，c 表示为 X 对 Y 产生的总效应。方程（2）和（3）表示 X 经过变量 M 对 Y 产生影响，a，b 表示中介效应，c' 表示直接效应。上述 3 个方程的对应路径分析图如图 2 所示。

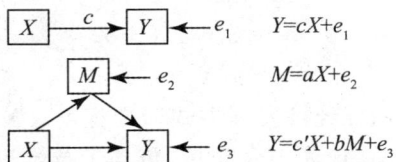

图 2　中介效应路径分析图

检验中介效应的方法有多种，在此我们采用温忠麟等（2004）提出的依次回归的检验程序，该程序的第一类和第二类错误率之和通常比单一检验方法小，既可以做部分中介检验，也可以做完全中介检验。检验程序如图 3。

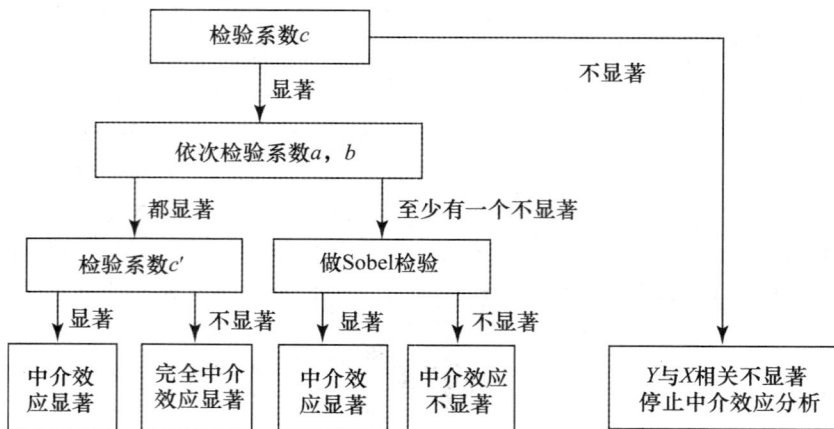

图 3　中介效应检验程序图

(二)模型建立

根据上述分析,承接服务外包对经济发展方式转变的影响主要通过技术进步效应、产业结构升级效应、国际服务贸易增值效应、服务业人力资本优化效应等来实现。以此为假设,引入技术进步、产业结构升级、国际服务贸易增值、服务业人力资本四个中介变量,运用"中介效应"检验方法,在对浙江省经济社会发展2006—2012 年的数据进行实证分析的基础上,进一步检验浙江承接服务外包的转变经济发展方式效应。将以上程序进行扩展,建立中介效应依次回归模型如下:

$$Y = \beta + cX + \mu \tag{4}$$
$$M_i = \alpha_i + \alpha_i X + \mu_i \tag{5}$$
$$Y = \beta_i + c'X + b_i M_i + \mu_i \tag{6}$$

其中,Y 为因变量,代表浙江经济发展方式转变程度。X 为自变量,代表服务外包执行额。$M_i (i=1,2,3,4)$ 为中介变量,包含了技术进步(P)、产业结构升级(H)、国际服务贸易增值(S)、人力资本优化(L),分别用于检验服务外包对经济发展方式转变起影响作用的技术进步效应、产业结构升级效应、国际服务贸易增值效应、人力资本优化效应等。

(三)变量解释与数据获取

1.被解释变量

Y 代表浙江经济发展方式转变状况,简称浙江发展转型指数。

关于浙江发展转型指数的获取,在对经济发展方式内涵理解的基础上,参照沈露莹(2010)关于上海转变经济发展方式的评价指标体系,构建反映浙江经济发展方式转变的"1+4"评价指数(表4),数据来源于《浙江省国民经济和社会发展统计公报》,实证分析的时间跨度为 2006—2012 年。

表 4　浙江经济发展方式转变的"1+4"评价指数

总指数	分项指数	一级指标
发展转型指数	经济增长指数	GDP 增长率 x_1
		人均 GDP x_2
	经济结构优化指数	服务业增加值占 GDP 比重 x_3
		高新技术产业产值占工业总产值比重 x_4
	自主创新指数	全社会 R&D 经费支出占 GDP 比重 x_5
		专利授权量 x_6
	资源集约指数	二氧化硫排放量 x_7
		二氧化氮年日均值 x_8
	以人为本指数	城镇登记失业率 x_9
		农村居民人均可支配收入增长 x_{10}

本文采用主成分分析的方法计算发展转型指数,首先将原始数据进行如下处理:

(1)同趋势化:其中二氧化硫排放量、二氧化氮年日均值和城镇登记失业率为逆指标,本文用其倒数代替原指标,将其转换成正指标。

(2)标准化:将原始数据 $x=(x_{ij})_{n\times p}$ 按如下公式进行标准化处理,消除量纲的影响。

$$x_{ij}^* = \frac{x_{ij} - \bar{x}_j}{s_j} \tag{7}$$

其中 $\bar{x}_j = \frac{1}{n}\sum_{i=1}^{n} x_{ij}$，$s_j = \frac{1}{n-1}\sum_{i=1}^{n}(x_{ij}-\bar{x}_j)^2$。

将整理后的数据用 SPSS17.0 进行主成分分析,按特征根大于 1 的原则,选取一个主成分。计算结果见表 5 和表 6。

表 5　主成分提取

解释的总方差

成分	初始特征值			提取平方和载入		
	合计	方差的%	累积%	合计	方差的%	累积%
1	8.534	85.344	85.344	8.534	85.344	85.344
2	.681	6.807	92.151			
3	.528	5.277	97.428			
4	.123	1.231	98.659			
5	.085	.851	99.510			
6	.049	.490	100.000			
7	1.688E−16	1.688E−15	100.000			
8	1.359E−16	1.359E−15	100.000			
9	−2.239E−17	−2.239E−16	100.000			
10	−1.532E−16	−1.532E−15	100.000			

表 6　主成分列表

指标	特征向量
GDP 增长率 x_1	−0.286
人均 GDP x_2	0.334
服务业增加值占 GDP 比重 x_3	0.338
高新技术产业产值占工业总产值比重 x_4	−0.291
全社会 R&D 经费支出占 GDP 比重 x_5	0.336
专利授权量 x_6	0.333
二氧化硫排放量 x_7	0.328
二氧化氮年日均值 x_8	0.262
城镇登记失业率 x_9	0.308
农村居民人均可支配收入增长 x_{10}	0.335

故发展转型指数和 10 个指标的函数关系式为：

发展转型指数 $= -0.286x_1 + 0.334x_2 + 0.338x_3 - 0.291x_4 + 0.336x_5 + 0.333x_6 + 0.328x_7 + 0.262x_8 + 0.308x_9 + 0.335x_{10}$，其中 $x_i (i = 1, 2, \cdots, 10)$ 为

同趋势化和标准化后的数据,根据该函数计算出各年发展转型指数,计算结果见表7,并用图4表示。

表7 2006—2012年年发展转型指数

时间	2006	2007	2008	2009	2010	2011	2012
发展转型指数	−3.98	−2.65	−1.48	0.56	0.83	2.24	4.48

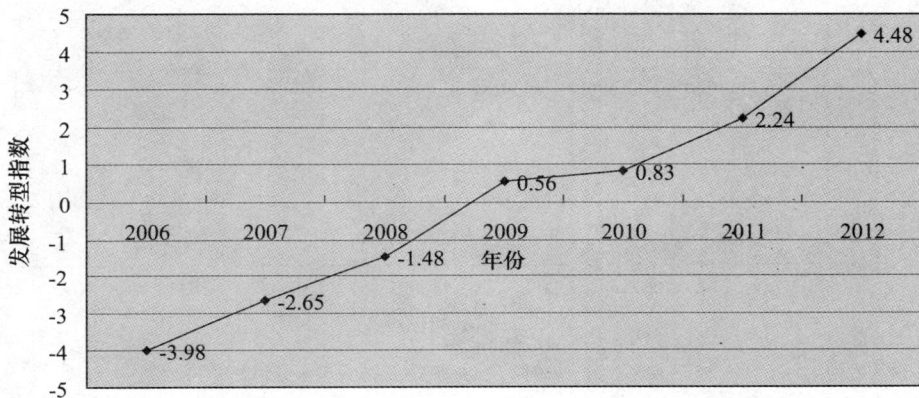

图4 2006—2012年发展转型指数变化趋势

2. 解释变量国际服务外包额 X

由于浙江省服务外包市场分布主要为美国、日本、中国香港、芬兰、德国、韩国、英国、印度等国家和地区,因而浙江省服务外包业务以承接国际离岸外包为主,内需市场份额占比较小。因而,本研究选取浙江国际服务外包执行额为被解释变量,数据来源于《浙江省服务贸易发展报告》(2006—2012年)的统计资料。

3. 中介变量

(1)技术进步 $M_1 = P$。本研究报告采用刘星、赵红、张茜(2007)在分析外商直接投资对中国服务业技术进步影响的实证研究中,根据C-D生产函数推导出的技术水平指标:$P = \frac{Y_t}{L_t} \times \left(\frac{L_t}{K_t}\right)^{\alpha}$,来反映技术进步情况,其中 Y_t 为上面被解释变量的国际服务外包执行额。L_t 为服务外包从业人员人数,数据来源于《浙江省国际服务贸易发展报告》(2006—2012年)的统计资料。K_t 为服务业固定资产投资额。原始数据来源于2006—2012年《浙江省国民经济和社会发展统计公报》。根据目前国内服务业发展水平取 $\alpha = 0.2$。计算结果见表8,并用图5表示。

表 8　2006—2012 年技术进步指数

时间	2006	2007	2008	2009	2010	2011	2012
技术进步(P)	0.066	0.124	0.179	0.280	0.302	0.279	0.327

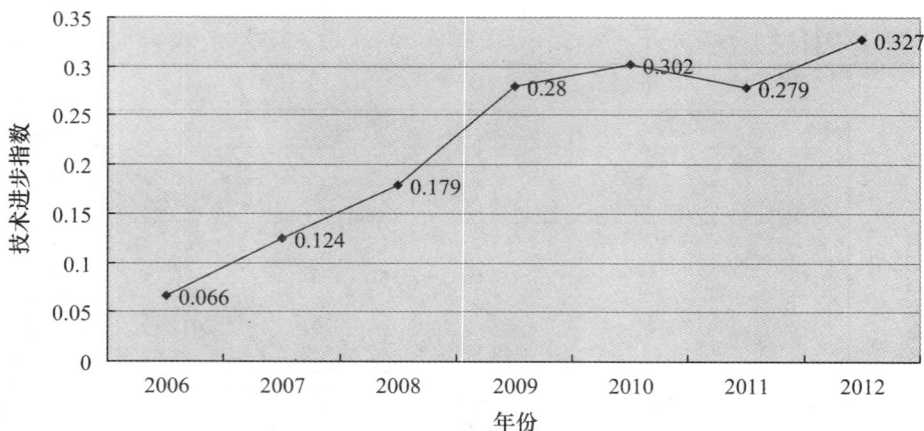

图 5　2006—2012 年技术进步指数变化趋势

（2）产业结构升级 $M_2 = \ln H$。目前学术研究中，主要采用 Clark 的产业结构调整系数或者通过第二、三产业产值的 GDP 占比来评价产业结构的升级，但是这种评价产业结构变动的方法相对过于简单，没有全面地衡量各产业结构内部和产业结构相互之间的升级变化趋势。因而，本研究将采用何娣，邹璇（2013）研究中采用各产业结构系数的产值比重加权得到总产业结构水平的方法来研究浙江产业结构升级水平。具体计算步骤如下。

首先用各产业的劳动生产率来计算表示产业的结构水平，采用公式：

$$H_i = \sqrt{\frac{S_i}{L_i}} \tag{8}$$

$$H = \sum_{i=1}^{3} H_i \times \frac{S_i}{GDP} \tag{9}$$

其中 H_i 为第 i 产业的产业水平系数，S_i 为第 i 产业的产值，L_i 为第 i 产业的就业人数。H_i 数值越大，说明该产业的结构明显趋于优化，该产业的劳动生产率的提高表明产业内部由低附加值、低技术水平向高附加值、高技术水平演进。原始数据来源于 2006—2012 年《浙江省国民经济和社会发展统计公报》。

采用各产业结构系数的产值比重加权得到总产业结构水平 H，公式如下：

$$H = \sum_{i=1}^{3} \frac{S_i}{GDP} \times \sqrt{\frac{S_i}{L_i}} \tag{10}$$

H 值越大,说明产业结构优化程度越高。这个指标同时反映了各产业内部结构的变化和三次产业之间的相对结构变化,可以较好地表现出整体产业结构水平。计算结果见表 9,并用图 6 表示。

表 9　2006—2012 年产业结构水平

时间	2006	2007	2008	2009	2010	2011	2012
总产业结构水平 H	2.378	2.485	2.619	2.664	2.880	3.075	3.180

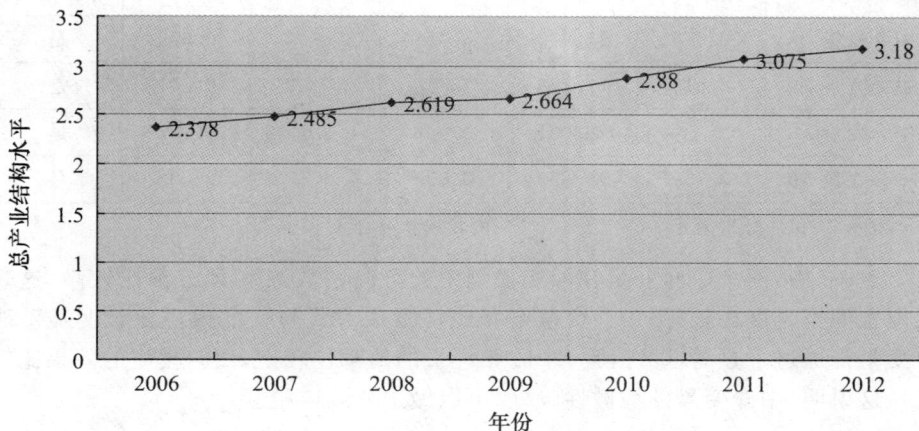

图 6　2006—2012 年总产业结构水平变化趋势

(3)国际服务贸易增长 $M_3 = \ln S$。大力发展服务贸易是加快转变经济发展方式的必然选择。浙江省大力发展国际服务贸易,力争服务贸易总量和质量跃居全国前列。原始数据来源于《浙江省国际服务贸易发展报告》(2006—2012)的统计资料。

(4)人力资本优化 $M_4 = \ln L$。一般为言,高学历人才有助于提升服务外包业务的创新价值,以助推服务外包企业向价值链高端环节攀升。因此,本文选取 2006—2012 年浙江省高等教育(包括普通高等教育和研究生教育)毕业生人数 L 作为服务外包产业人力资本积累。原始数据来源于 2006—2012 年《浙江省国民经济和社会发展统计公报》。

(四)"中介效应"检验结果及分析

1."中介变量"的稳健性分析

在做中介效应分析之前,我们应分别对三个中介变量进行基本回归,分析中介变量的稳健性(表10)。

表 10　中介变量的稳健性检验

被解释变量 X	调整 R 方	F	F-sig	t	S.E	稳健与否
中介变量 M_1	0.675	13.478	0.014	3.671**	0.002	是
中介变量 M_2	0.915	65.739	0.00	8.108***	0.001	是
中介变量 M_3	0.76	20.031	0.007	4.476***	0.007	是
中介变量 M_4	0.759	19.869	0.007	4.457***	0.002	是

注:*** 和 ** 分别表示 t 值在 1% 和 5% 的检验水平下显著。

表 10 中,四个中介变量在回归模型中的可决系数调整 R 方都比较高,这表明模型的拟合度比较好,中介变量解释经济发展方式转变的效应比较明显。四个变量都通过了显著性 t 检验,并且 F 计量的值都比较大,回归模型的效果比较好。这说明,中介变量的稳健性较好,可以做中介效应检验。

2."中介效应"检验结果分析

表 11 为四个中介变量的中介效应检验结果。从表 11 中可以发现,原效应系数 c 为 0.208,且在 1% 水平下显著,说明服务外包对经济发展方式转变具有一定的直接效应,但是并非十分显著。服务外包同时对技术进步、产业结构升级、国际服务贸易增长、人力资本优化四个中介变量具有促进作用,从而最终影响到经济发展方式转变。

(1)技术进步在服务外包对经济发展方式转变中的影响

对中介变量技术进步 M_1 进行检验,结果见表 11 的第三行,其中回归系数 a 和 b 分别为 0.006 和 11.965,且均在 5% 水平下显著,直接效应 C' 为 0.133,且在 1% 水平下显著,中介效应值为 0.07179,中介效应占总效应的 34.51%,说明中介变量技术进步在服务外包对经济发展方式转变的影响中起了 34.51% 的作用。这说明服务外包作为具有创新性、高技术含量的高端服务业,国内服务商通过承接国际服务外包,加强与发包方(主要为欧美日等发达国家)的沟通与交流,在竞争和合作中,学习国外先进的技术和管理经验,提升了服务商的技术创新能力和管理水平。同时,面对着国际国内复杂的经济环境和形势,服务外包产业亟须转型升级,政府应鼓励服务外包企业通过自主研发创新,加强技术进步的中介

表11 四个中介效应的中介效应检验结果

被解释变量	解释变量	中介变量	原系数	中介效应				直接效应	检验结果		
		M	c	a	b	z_{ab}	C'	中介效应	直接效应	中介效应/总效应
Y	X	M_1	0.208***	0.006**	11.965**	—	0.133***	显著	显著	0.3451
		M_2		0.008***	13.675	1.289	—	显著	不显著	0.5260
		M_3		0.029**	2.961**	—	0.121**	显著	显著	0.4128
		M_4		0.01***	8.891**	—	0.117**	显著	显著	0.4275

注:此结果系根据方程(2)中中介效应检验程序通过 SPSS17.0 逐步分析获得。其中 ***,** 和 * 分别为在 1%,5% 和 10% 条件下的显著性水平。z_{ab} 在 5% 显著度水平下的临界值为 0.96。

效应,促进经济发展方式加快转变。

(2)产业结构升级在服务外包对经济发展方式转变中的影响

对中介变量技术进步 M_2 进行检验,结果见表 11 的第四行,回归系数 a 为 0.008,且在 1% 水平下显著,说明服务外包对产业结构优化具有明显的正面促进作用。回归系数 b 为 13.675,不显著,需进一步做 Sobel 检验,计算结果显示,检验统计量 z_{ab}=1.289,大于 0.96,通过检验,故产业结构升级对经济发展方式转变的中介效应显著。产业结构升级的中介效应为 0.1094,解释总效应为 0.5260,表明产业结构升级在服务外包对经济发展方式转变中的效应最为明显。可见,服务外包不仅促进农业信息化水平,而且与先进制造业互动互融,同时提升现代服务业发展,有助于三大产业结构由"二、三、一"向"三、二、一"转变,加快推动经济发展方式转变。

(3)国际服务贸易增值在服务外包对经济发展方式转变中的影响

对中介变量技术进步 M_3 进行检验,结果见表 11 的第五行,回归系数 a 为 0.029,且在 1% 水平下显著,说明服务外包对国际服务贸易增值具有明显的正面促进作用。回归系数 b 为 2.961,且在 5% 水平下显著,直接效应 C' 为 0.121,且在 5% 水平下显著,国际服务贸易增值的中介效应为 0.086,解释总效应为 0.4128,表明国际服务贸易增值在服务外包对经济发展方式转变中的效应为 41.28%。这说明国际服务贸易增值大大促进了国际贸易的总量,同时有效转变了国际贸易的发展方式,改变了国际贸易的结构,对于经济发展方式转变的影响会越来越明显。

（4）人力资本优化在服务外包对经济发展方式转变中的影响

对中介变量技术进步 M_4 进行检验，结果见表11的最后一行，回归系数 a 为0.01，且在1％水平下显著，说明服务外包对产业结构优化具有明显的正面促进作用。回归系数 b 为8.891，且在5％水平下显著，直接效应 C' 为0.117，在5％水平下显著，人力资本优化的中介效应为0.089，解释总效应为0.4128，表明人力资本优化在服务外包对经济发展方式转变中的效应为41.28％。可见，作为服务外包产业发展的核心资源和关键要素——人力资本在服务外包对经济发展方式转变中的效应比较明显，而且，随着人力资本的优化，这种效应将进一步凸显。

六、实证检验结论和政策建议

（一）实证检验结论

通过上述实证检验，进一步探析了服务外包对浙江经济发展方式转变的影响。研究结果表明，服务外包对浙江经济发展方式的转变的影响主要通过四个主要中介变量来实现，即，主要是由技术进步、产业结构升级、国际服务贸易增值、人力资本优化这四个中介效应发挥作用。但是这四个变量的中介效应存在着大小，其中产业结构升级的中介效应最大，人力资本优化次之，技术进步的中介效应最小。这说明目前浙江服务外包对经济发展方式的影响主要是由产业结构升级推动的，因为服务外包不仅推动了各产业的内部结构变化，同时也促进了产业间的相对结构变动，提升了产业结构的优化程度。同时，浙江服务外包产业发展亟须提升人力资本积累水平、推动技术研发和自主创新，使其服务外包推动经济发展方式转变中发挥更大效应。

（二）促进浙江服务外包发展的政策建议

从产业规模、入库企业规模、人才培养规模来看，经过几年的发展，浙江省服务外包保持较快发展，产业整体竞争力不断提升，但是与兄弟省市上海和江苏相比，浙江服务外包产业发展水平还存在明显差距，以服务外包推动经济发展方式转变的成效尚未充分显露。结合浙江服务外包发展的实际，提出以下政策建议：

1. 加快培育服务外包企业核心技术与创新能力

2009—2012年，印度IT企业专利申请数量的年均复合增长率高达78％，更多地关注其解决方案领域知识产权的创建（曲玲年和陆渝，2013）。而浙江多数服务外包企业研发投入总体较低，研发水平不高，创新能力不强。在浙江省实施创新驱动发展战略,加快建设创新型省份的背景下,发挥政策的集成效应,加大对服务外包的扶持力度,抓资金落实,帮助企业获得更多项目扶持,鼓励企业加大技术研发投入。企业应创建组织学习机制,提高由承接国际服务外包带来的技术外溢的吸收能力,形成专有技术和行业解决方案能力,及时将自主研发的产品申请专利和著作权保护,不断提升创新能力。

2. 高度重视服务外包人力资本优化

江苏省服务外包产业发展在全国处于领先位置,一个主要的因素在于其在服务外包人才培养方面加大了政策支持。江苏为推动服务外包产业向高层次发展,提升服务外包领域自主创新能力,进一步加强服务外包创新创业人才队伍建设,重点支持一批国际先进或国内领先的服务外包创新团队建设,并且按照国家、省引进高层次人才的有关政策,为引进的高层次人才团队提供工作条件等方面的支持(2013年度江苏省服务外包创新团队开始申报,2013)。浙江省服务外包人力资本优化应借鉴江苏的经验,创新服务外包高层次人才引进政策,努力提升服务外包学历教育层次,在高校本科和研究生培养中引入服务科学、管理与工程的课程,将人、商业与技术结合在一起,培养服务转向型经济的人才。加强对国内外知名外包人才培训机构的学习、研究,探索建立服务外包人才培训联盟,重点开展定制式、实用性培训。进一步推进培养服务外包人才各参与方(政府、企业、高校、社会培训机构)的合作创新模式,不断提高培训层次和能力。组织好浙江省大学生服务外包创新应用大赛,扩大服务外包在省内高校和大学生中的影响力,挖掘服务外包创新型人才,争取承办全国大赛。

3. 积极开拓服务外包国际市场

服务外包国际资质认证,如开发能力成熟度模型集成(CMMI)、开发能力成熟度模型(CMM)、人力资源成熟度模型(PCMM)、信息安全管理(ISO27001/BS7799)、IT服务管理(ISO20000)、服务提供商环境安全性(SAS70)等相关国际认证是服务外包企业打开国际市场的入门证,有助于服务外包企业承接国际(离岸)服务外包业务,并不断提升服务价值。从对浙江服务外包示范产业园的调查来看,超过1/3的园区没有企业通过国际资质认证,这使得企业很难承接中高端业务,企业发展可持续能力较弱。浙江省各地市应积极组织开展国际认证与培训,举办服务外包企业国际资质认证培训班,编撰服务外包企业国际资质认证流程手册,依托重点咨询机构资源,为服务外包企业提供及时有效的咨询和评估服务,帮助企业加快国际认证进度,提升国际市场开拓能力。同时以重大服务外包产业对接活动为抓手,提高"浙江服务"的整体形象和知名度,提升浙江省服务外包在全球市场的份额,加快外贸转型升级。

参考文献

[1] 2013 年度江苏省服务外包创新团队开始申报. http://wap. wuxi. gov. cn/zfxxgk/ szfxxgkml/ywgz/6356297. shtml. 2013-03-28.

[2] 陈菲. 承接国际服务外包对产业结构影响的实证分析——以印度为例. 特区经济,2011 (11):115.

[3] 崔萍,邓可斌. 服务外包与区域技术创新的互动机制研究——基于接包方的视角. 国际 贸易问题,2013(1):96.

[4] 姜荣春. 服务外包与包容性增长的内在一致性分析. 中国服务外包. 2013(9):56.

[5] 陆立军. 转变经济发展方式的趋势与对策. 浙江日报,2010-05-04(7).

[6] 曲玲年,陆渝. 中国在美国上市的服务外包企业"集体退出"研究. 2013(7):20.

[7] 沈露莹. 上海转变经济发展方式的评价指标体系与阶段评估. 上海经济研究,2010(6): 76-77.

[8] 舒凯. 商务部:服务外包提升中国经济发展质量. 中国服务外包,2013(9):15.

[9] 王晓红. 中国承接国际设计服务外包的技术外溢效应研究——基于中国 80 家设计公司 承接国际服务外包的实证分析. 财贸经济,2008(8):89.

[10] 王子先,盛宝富. 加快承接国际服务外包是新一轮对外开放的重要战略选择. 红旗文 稿,2007(14):19.

[11] 温忠麟,张雷,侯杰泰,刘红云. 中介效应检验程序及其应用. 心理学报,2004,36(5): 614-620.

[12] 许敏兰,罗建兵. 江苏省服务外包对产业结构影响的实证分析. 江苏商论,2012(7):93.

[13] 张钱江. 以服务贸易加快推动浙江经济发展方式转变——试论服务外包六大关系. 中 国服务外包,2010(10):44.

[14] 中共浙江省委宣传部课题组. 经济发展方式转变的国际趋势与启示. 浙江日报,2010- 05-11(2).

[15] 陆立军. 转变经济发展方式的趋势与对策. 浙江日报,2010-05-04(7).

[16] 马秀红. 大力发展国际服务外包 着力推进经济发展方式转变. 人民政协报,2012-06-21 (3).

[17] 刘星,赵红,张茜. 外商直接投资对中国服务业技术进步影响的实证研究. 重庆大学学 报(社会科学版),2007,13(1):18-21.

[18] 何娣,邹璇. 服务外包对中国产业结构升级的影响——基于"中介效应"的实证检验. 贵州财经学院学报,2013(1):85-90.

[19] Salomon R, Jin B. Does Knowledge spill to leaders or laggards exploring industry heterogeneity in learning by exporting. Journal of International Business Studies,2008, 39(1):132-150.

关于建立舟山自由贸易园区可行性研究*

王君英

（浙江省商务研究院）

摘要：自由贸易园区已成为中国下一轮深化对外开放的新平台，各地探索研究建设自由贸易园区积极。本文通过分析全球建设自由贸易园区的国际经验及惯例，分析舟山建设自由贸易园区的基础条件，认为舟山具备建立自由贸易园区的区位优势、岸线资源优势、政策优势以及特色优势，可行性、可操作性较强，并对建设舟山自由贸易园区提出了高起点建设、突出大宗商品特色优势、优化政策配套、加强服务提供和法律保障等方面的政策建议。

关键词：自由贸易园区；国际惯例；可行性；发展基础

2013 年以来，全国各地申报自贸区积极。2013 年 9 月，上海自由贸易试验区获国务院批复运行，预示着中国新一轮开放平台的诞生。为此，浙江必须抓住战略机遇，加快建设浙江的自由贸易园区。我们认为，舟山具有名分优势、大宗商品储运优势、港口岸线资源优势等，以舟山为载体建设浙江的自由贸易园区，易与广东、天津、福建等形成错位竞争，彰显自身特色，具有较强的可批性和可行性。

一、全球建设自由贸易园区的发展惯例分析

商务部为了区分国与国之间的自由贸易区和一国之内的自由贸易区，将国与国之间的"Free trade area"称为自由贸易区，把一国之内的"Free trade zone"称为自由贸易园区。国际上对自由贸易区最权威的定义来自 1973 年的《京都公约》的自由区一词，它指的是一国的部分领土，在这部分领土内运入的任何货物就进口税及其他各种税而言，被认为在关境以外，并免于实施惯常的海关监管制度。根据美国对外贸易区委员会的估计，当前全球共有 3500 个自由贸易区，其中包括美国的 277 个对外贸易和 500 个特定目的交区。中国现有的海关特殊

---

* 本文为"浙江省国际经济贸易学会"2013 年度立项课题，课题编号：Z201313。

监管区域如保税区、出口加工区、综合保税区等都是自由贸易园区的雏形。境内外自贸区建设惯例分析如下：

1. 依托优势港口建设为主

全球大多数成功的自贸港均设在有深水大港、航运要塞、腹地广阔、运输通达的港口城市，位于港口周围，不仅便于运输、集散，更易于隔离监管。如，新加坡作为自由港，是由 58 个岛屿组成的岛国，处于太平洋与印度洋航运的"咽喉要道"——马六甲海峡的出入口，新加坡港是全球第二大集装箱吞吐港（上海港第一位）；香港也是一个半岛，北接深圳，东、西、南三面为海，是太平洋和印度洋航运要冲，香港的维多利亚港是世界一流的深水良港；荷兰鹿特丹自由港区，依托的鹿特丹港是欧洲最大的海港，是连接欧、美、亚、非、澳五大洲的重要港口，素有"欧洲门户"之称；德国汉堡港自贸港，汉堡港是欧洲第二大港；迪拜港自由港区，依托的迪拜港是阿联酋最大的港口，地处亚欧非三大洲的交汇点。

2. 园区特色产业有所体现

除保税、仓储、集散、转运、简单加工等自贸港传统业务外，国际上不少自贸港根据地理位置、政策目标不同，都培育了一些特色产业。如，新加坡培育了石油炼化、石油贸易产业，电子制造业以及国际化的金融业；爱尔兰香农自由贸易园区重点发展航空运输、飞机租赁及商用机融资等航空业，以及信息通讯技术业；美国的自由贸易区汽车组装、石油化工业、制药、机械制造等特色明显，宝马、本田、现代、奔驰、丰田等全球主要汽车制造商均在美国成立了自贸港分区，埃克森美孚、壳牌石油等世界几大主要石油公司也都在美国境内成立了一个以上的自贸港分区。

3. 特殊财税激励普遍存在

为吸引全球优势企业入驻自贸港，国际上的自贸港均实施特殊的财税激励政策，极大降低企业在区内的运营成本。如，新加坡为发展自由港，实施低税率，进口关税为 5%（除酒、烟、糖、冰箱、汽车等特殊产品外），出口可享受零消费税率，企业所缴全部税收为所得税（17%）＋消费税（7%），对符合产业导向的企业实行更低的所得税率。香农自由贸易园区适用于爱尔兰 12.5% 的企业所得税率，园区对超出基准的研发支出给予 25% 的税收抵免，对符合长期产业发展的项目给予就业、研发、培训及资本补助。迪拜自由贸易区的外资可以 100% 独资、可享受 50 年免除所得税、期满后可再延长 15 年的免税期、无个人所得税、进口完全免税、资本和利润可自由汇出等政策性优惠。美国的自由贸易区内企业可选择最终产品或进口零部件税率中较低的税率缴纳关税、区与区内货物转移可延迟缴纳关税等。

4. 制度环境自由高效便利

境外自贸港实行"境内关外"便利化的自由贸易投资政策。如,新加坡实行自由贸易政策,95％的商品可自由进出;通关效率高,建立了由全部监管部门(39家)入驻的"Trade Net"电子通关平台系统,全部电子化通关,一站式、一条龙服务,10 秒完成电子申报、10 分钟得到回复;企业注册门槛低、便捷,在手续齐全的前提下,只要 1 元资本金、2 天时间就能注册一家新公司;实行便利化的配套出入境管理政策等。香港地区是最开放、最自由的自由港,进出口贸易基本上不受管制,进出口的一般商品不设关税或非关税壁垒,本地厂商出口商品也不享有任何优惠和特权;一般人员不仅可以自由进出,而且可以定居、投资、结社;实行企业自由经营制度,对外来投资基本没有限制;金融市场完全放开,金融机构的开办和经营自由;信息输入、输出也完全自由。

5. 辐射带动作用较为明显

自贸区对全球优势资源的巨大集聚力,有效带动了地方经济的发展。新加坡通过发展自由港政策近 50 年,已发展成为东南亚地区重要的金融中心、运输中心和国际贸易中转站,世界电子产品重要制造中心,世界第三大炼油中心,世界三大石油贸易枢纽之一,亚洲石油产品定价中心,亚洲最大的转口港等。香港地区通过推行自由贸易政策,已成为亚太地区乃至国际的金融中心、国际航运中心、国际贸易中心。迪拜的杰贝阿里自贸港,对迪拜 GDP 的贡献达到 1/5,其出口额占到迪拜出口的 1/4,为近 20 万人提供了就业岗位。

二、建立舟山自由贸易园区的基础条件分析

1. 符合国家新一轮开放大趋势

金融危机后,世界各国经济复苏的动能不足,WTO 多哈谈判受阻,为寻求新一轮全球经济发展的新增长点,美国等发达国家发起了多轮高端、新型的区域自由贸易协定谈判,如推动 TISA(Trade-In-Services Agreement,新的服务贸易协定)、TPP(Trans-Pacific Partnership Agreement,跨太平洋伙伴关系协议)和TTIP(Transatlantic Trade and Investment Partnership,跨大西洋贸易与投资伙伴协定)等三个重大的高端多边、双边谈判,拟建立全球贸易投资的新标准、新规则。这些谈判的开展,预示着更高标准、更加开放的全球新型贸易投资规则将形成。为应对国际新形势以及推动开放促改革,新一届中央政府加大了开放力度,将掀起新一轮对外开放高潮。自由贸易园(港)区已成为中国下一轮深化对外开放的新平台,成为这轮对外开放战略布局的突破口。党的十八届三中会明

确提出"在推进上海试点的基础上,选择若干具备条件地方发展自由贸易园(港)区"。为此,建立舟山自由贸易园区正当其时,是浙江省抓住这一轮开放机遇、继续走在开放前列的有效举措。

2. 具有建设海岛型自由贸易园区的优势

2013 年以来,各省申报建设自由贸易园区的步伐不断加快。上海自由贸易实验区已经国务院批复运行,天津、广东、重庆、福建等地也在积极申报自由贸易园区。不少省市申报建设自贸区是依托保税区来转型的,如上海自贸区包括了包括上海市外高桥保税区、外高桥保税物流园区、洋山保税港区和上海浦东机场综合保税区,天津也重点是依托东疆保税区。浙江省若也依托保税区等现有平台转型申报建设自由贸易园区,则优势不明显,很难说服中央决策在浙江先行先试,即使获批,对全省以及全国经济的拉动作用不强。为此,浙江省建立自由贸易园区,必须跳出现有保税区转型建立自由贸易园区的发展模式,而是发挥浙江独特的海岛资源优势,建立海岛型自由贸易园区。我们认为,以舟山海岛为载体,建立全新的自由贸易园区,容易隔离和监管,可以真正实现"境内关外"政策,可以最大限度地开展自由贸易,有利于充分探索和实践,即使有失误也不会产大较大的影响。

3. 具有明确的政策先发优势

舟山新区规划对自由贸易园区建设有明确要求。2011 年 6 月 30 日,国务院以国函〔2011〕77 号文件批复设立浙江舟山群岛新区,2013 年 1 月 17 日以国函〔2013〕15 号文件正式批复《浙江舟山群岛新区发展规划》(下称《规划》)。《规划》中明确提出"顺应经济全球化、贸易自由化大趋势,全方位提高对外开放水平和层次,加快建设舟山港综合保税区,条件成熟时探索建立自由贸易园区和自由港区,将舟山群岛新区建设成为中国重要的海上开放门户"的发展要求。为此,舟山建设自由贸易园区是国务院赋予的历史重任,是必须落实的重大任务,申报、建设自由贸易园区具有较好的名分优势。

4. 具有港口岸线资源优势

从国际上看,自贸区大都建在具有优势港口资源和国际岸线的港域,舟山建立自贸区符合国际惯例。舟山区位优势突出,位于中国南北航线的中点,也是东亚航线的中点,与釜山、中国香港、新加坡等大型国际化港口形成等距离的扇形,具有建设国际枢纽港的独特优势。舟山岸线资源丰富,海岸线和深水岸线分别占全国的 7.6% 和 18.4%,相当于海南、上海、广西三个省市的深水岸线总长度,是鹿特丹的 10 多倍。舟山依托长三角,背靠上海、杭州、宁波等大中城市群,经济腹地辽阔。为此,舟山丰富的岸线资源、优越的地理位置、强大的辐射能力以及良好的政策新优势,具有建设自贸区极好的有利条件。

5. 具有开展大宗商品自由贸易的特色优势

目前,各地申报自贸区均在力求突出特色,明确突破口,以体现国家战略需要,增强可批性和建设成效。天津、青岛等立足北方国际航运中心和国际物流中心建设,围绕航运服务、国际物流寻求突破。广东立足与港澳的区位优势,突出金融创新,推动粤港澳一体化发展。福建平潭突出对台优势,重点在对台贸易投资自由上寻求突破创新。舟山是亚洲最大的油品储备和中转基地,是国家四大石油储备基地之一,拥有马迹山 30 万吨级铁矿砂中转码头、六横浙能舟山煤炭中转基地、被称为"海上粮仓"的舟山国际粮油集散中心等,其发展大宗商品的现有基础和巨大发展潜力,是全国其他省市难以比拟的。为此,建立舟山自由贸易园区,可以打造以大宗商品自由贸易为特色园区,彰显浙江特色,有别于其他省市。

三、结论及建议

综上所述,根据国际经验,舟山具备建立自由贸易园区的区位优势、岸线资源优势、政策优势以及特色优势,可行性、可操作性较强。同时,建设好舟山自由贸易园区需重点做好以下几点工作:

1. 从建设起点上看,应以自由港标准高规格建设

目前,世界上自由贸易区形式较多,有荷兰鹿特丹港、比利时安特卫港、英国自由区等物流型自由贸易区,阿联酋贸易自由区、土耳其爱琴海自由贸易区等出口加工型自由贸易区,巴拿马科隆自由贸易区、智利伊基克自由贸易区等贸易型自由贸易区,汉堡、爱尔兰香农、韩国仁川、巴西玛瑙斯、菲律宾苏比克湾、马来西亚自由贸易区等综合型自由贸易区,以及中国香港等开放水平高的自由港。我们认为,舟山新区规划中已明确提出最后舟山新区将建成全域的自由港区,为此,舟山应以中国香港、新加坡等自由港模式为参照,充分发挥海岛优势,以服务全球为目标,高标准、高规格启动建设舟山自由贸易园区。

2. 从打造特色上看,应突出大宗商品储运贸易投资自由

建设舟山自由贸易园区,要重点探索大宗商品自由贸易投资,进一步打破大宗商品经营垄断,探索完善大宗商品现货市场,并逐步建立原油、汽油、石油液化气、柴油、粮油等真正与国际产销市场接轨的大宗商品期货市场,把舟山打造成全球大宗商品交易定价中心之一,增强中国战略物资的全球定价能力和话语权,形成"中国价格"、"中国指数",最终实现大宗商品市场与国际市场全面接轨,有

效配置全球资源,打造中国分享经济全球化利益的新平台,搭建参与泛太平洋乃至全球经济竞争与合作的新窗口,服务中国经济发展。

3. 从配套政策上看,应构建适合舟山特色的自由化政策体系

服务大宗商品贸易投资自由,积极推进航运自由、贸易自由、投资和企业经营自由、金融自由、人员进出自由等政策,形成完善的政策体系。推动航运自由,重点发挥舟山作为国际枢纽港地位作用,开展国际船舶登记和航运管理等政策创新试点,实现国际船舶在舟山注册登记、进出、运营等自由,实现在舟山注册、停靠、中转的国际船舶数量大幅增长,深化港口国际化进程。推动贸易自由,除涉及安全和国际协定的商品采取管制外,对进出口不设置限制,不设置关税壁垒,实行简便的进出口手续,允许开展离岸贸易。推动投资和企业经营自由,设立负面清单管理,最大限度放开投资领域;实行简便的企业注册手续,征收较低的企业运行行政管理费用;为企业营造公平的经营环境。探索推动金融自由,发展大宗商品金融,允许开展离岸金融等。推动人员进出自由,原则上大陆及境外人士来舟山经商、旅游及从事文化教育等活动,进出均不受限制;凡境外人士(包括团队及个人)进舟山旅游在规定期限内实行免签证,自由进出。

4. 从服务配套上看,应重视园区服务贸易、服务产业发展

随着全球服务产业大开放时代的到来,结合《舟山群岛新区发展规划》,舟山自由贸易园区建设应重点突出服务功能,打造国际物流、海洋旅游、金融等综合服务功能强的自由贸易园区。围绕舟山优良港口、海岛岸线等资源,以"三位一体"港航物流体系建设和"国际物流岛"建设为抓手,做大做强涉海涉港现代服务业,重点推动港航服务业、港口物流商贸业、信息中介服务业、金融服务业、会展服务等发展;大力发展大宗商品交易中心、船舶交易中心、航运公共信息平台等服务平台建设,提高舟山港影响力。围绕舟山佛教旅游、海洋旅游等资源,以建设国际生态休闲岛为抓手,加快发展舟山旅游服务业发展。依托佛教文化,建设禅修旅游基地,重点建设以印象普陀、佛教论坛会址等为重点的自在文化体验区,加快形成世界级佛教旅游胜地。围绕海岛、海洋资源,加快发展海洋旅游业,重点开发游艇、邮轮、康体、滑翔、潜水、攀岩等旅游新业态和新项目,建成集港口观光、滨海游乐、海上竞技、渔家风情、游艇海钓、海鲜美食于一体的海洋旅游产业。

5. 探索自由贸易园区法律体系建设

探索自由贸易园区的上位法。根据国际上已有自由贸易区的经验,自由港、自由贸易区特别是欧美国家的自由贸易区都是"先立法,后建区",如美国的《对外贸易区法案》等。目前中国没有建立统一的自由贸易区法律,而针对已有的保

税区域,国家颁布了《保税区海关监管办法》、《保税区外汇管理办法》、《保税区物流管理办法》等法规,除此之外,各保税区还有自己的法规。为此,中国建立自由贸易园区,需加快推动制定自由贸易区法律或法规,以明确自由贸易区的性质、地位、目的、功能、管理体制、优惠政策和管理制度等内容。舟山建立自由贸易区应加快对管理机制、优惠政策、金融服务以及海关监管方面的法律进行研究探索,为园区的依法运行提供法律保障。同时,根据国际贸易投资新形势,要重点加强对 TISA、TPP、TTIP 等协定关注的自由贸易园区内知识产权保护、劳工标准制定、投资国民待遇等问题进行法律范畴的研究与探索,为建设高标准园区建立规范的法律支撑体系。

Did Developed Financial System Cause the Predicament of Zhejiang Merchants? [*]

Yu Bin   Jia Shuyi

(Global Institute for Zhejiang Merchants Development,

Zhejiang University of Technology, Hangzhou, China, 310023)

Abstract: This paper points out that the over developed financial system harms Zhejiang's economy, and it creatively outlines SMEs of Zhejiang do not really encounter financing difficulty. It analyses that the total scale and flow direction of credit have been distorted by speculation of Zhejiang enterprises, and it also becomes the primary reason for the hollowing-out of the industry. Currently the deterioration of global and Chinese economy situation triggers operational difficulties of Zhejiang enterprises. Authors also provide some suggestions for the new development of Zhejiang.

Keywords: Over developed; financial system; regression; hollowing-out; entrepreneurs

1 Introduction

The economy of Zhejiang always takes the leading position on a national scale, so far still ranking in the fourth among all the provinces and regions in China(Tables 1 and 2). But many scholars believe that actually Zhejiang was in the regression phase in the past decade, and its economic development especially in the enterprise level has not progressed markedly.

* This research was supported by the National Natural Science Foundation of China (No. 71172182), Soft Science Project of Zhejiang Province (No. 2012C25055) and Social Science Pre-Research Project of Zhejiang University of Technology (No. 1203414520708)。本文获"第五届浙江省国际经济贸易研究优秀成果奖"理论类三等级。

Table 1　Ranking of 31 Provinces' GDP of China Mainland

Ranking	Region	GDP (100 Mn Yuan)	Ranking	Region	GDP (100 Mn Yuan)
1	Guangdong	57068	17	Heilongjiang	13692
2	Jiangsu	54058	18	Guangxi	13031
3	Shandong	50013	19	Jiangxi	12949
4	Zhejiang*	34606	20	Tianjin	12885
5	Henan	30000	21	Shanxi	12113
6	Hebei	26575	22	Jilin	11938
7	Liaoning	24801	23	Chongqing	11459
8	Sichuan	23850	24	Yunnan	10310
9	Hubei	22250	25	Xinjiang	7530
10	Hunan	22154	26	Guizhou	6802
11	Shanghai	20101	27	Gansu	5569
12	Fujian	19702	28	Hainan	2855
13	Beijing	17801	29	Ningxia	2327
14	Anhui	17212	30	Qinghai	1884
15	Inner Mongolia	15988	31	Xizang	701
16	Shanxi	14451		China (mainland) Total	519322

Table 2　Ranking of GDP Growth Rates of 31 Provinces in China Mainland

Ranking	Region	GDP Growth Rate	Ranking	Region	GDP (100 Mn Yuan)
1	Tianjin	13.8%	17	Hunan	11.3%
2	Guizhou	13.6%	18	Hubei	11.3%
3	Chongqing	13.6%	19	Jiangxi	11.0%
4	Yunnan	13.0%	20	Jiangsu	10.1%
5	Shanxi	12.9%	21	Henan	10.1%
6	Gansu	12.6%	22	Shanxi	10.1%
7	Sichuan	12.6%	23	Heilongjiang	10.0%

(Table 2)

Ranking	Region	GDP Growth Rate	Ranking	Region	GDP (100 Mn Yuan)
8	Qinghai	12.3%	24	Shandong	9.8%
9	Anhui	12.1%	25	Hebei	9.6%
10	Jilin	12.0%	26	Liaoning	9.5%
11	Xinjiang	12.0%	27	Hainan	9.1%
12	Xizang	11.8%	28	Guangdong	8.2%
13	Inner Mongolia	11.7%	29	Zhejiang*	8.0%
14	Ningxia	11.5%	30	Beijing	7.7%
15	Fujian	11.4%	31	Shanghai	7.5%
16	Guangxi	11.3%		China (mainland)	7.8%

Ten years ago, we talked about Zhejiang enterprises, and they are Zhejiang Materials Industry Group, Wanxiang Group and Greely Group. What about now? Same. We can say during the ten years, Zhejiang had no accomplishments in other economic field except that Taobao was propelled by Internet economy which made Alibaba come into the stock market. Zhejiang Economy is obviously bad, and it shows especially strong the news about the so called petition drawn by 600 enterprises at the beginning of 2013. At this point, the government itself is not the only one who needs to rethink profoundly.

How shall we look at this crisis in Zhejiang? Could the government solve this crisis? In terms of hard times Zhejiang economy going through, we can make a cursory summary.

2   Over Developed Financial System Harms the Economy of Zhejiang

Compared to banking systems across the country, Zhejiang finance is well-developed. Few places like Zhejiang have shown the following two characteristics:

(1) The number of financial institutions is only second to that of Shanghai

and Beijing.

(2) The tolerance for risk of financial institutions' credit availability is much higher than that in Shanghai and Beijing where the finance is more developed.

These two characteristics are quite interesting. Zhejiang's economic aggregate takes the fourth place in China which actually ranks just behind Guangzhou, Shandong and Jiangsu. The figure was around 3400 billion in 2012. But the number of financial institutions in Zhejiang may ranks at the top of the nation. Basically all the financial institutions that are able to open branches set up branches in Zhejiang. They also set up branches in the name of representative office if not allowed to open branches. Meanwhile, weirder still, there were almost no financial institutions losing money in Zhejiang between 2002 and 2008. It was the strong profitability that made every financial institution racks its brain trying to open branches in Zhejiang. Many city commercial banks that were not allowed to open branches in different places began to move into Zhejiang one after another.

The second point is the easiness of lending. Zhejiang is absolutely the first. In the 2006, People's Bank of China required that the asset-liability ratio of trade circulation enterprises be controlled with 60%. But in fact, none of the enterprises had the ratio less than 85%. Under this standard, enterprises in Zhejiang would have no business to do if the head office did not change the standard. Later, the head office gave permission to the Zhejiang enterprises that the ratio could reach 85% but added that Zhejiang was the only one in China. Did the words have relationship with today's financial situation in Zhejiang? Was that right or wrong? They are worth thinking about.

Maybe it was because there were too many financial institutions in Zhejiang and the competition was extremely fierce that enterprises in Zhejiang were always wandering among each bank. Many enterprises' condition for loan became poor gradually since they continually kept challenging the bank's bottom line. And there was a big premise that during the years from 1999 to 2008 when Zhejiang went through breakneck economic development the quality of loans was high and there were almost no bad debts. Banks in Zhejiang were always assailing the policy of head office with a sense of superiority and saying that they always keep doing so without any problem. What's more, they asked the head office for minimal intervention. Under such blind optimism, each bank gave the right of approving business to the branch of each financial institution indeed.

Due to the combined effects of the continually declined standard for credit and the reason mentioned above, Zhejiang economy made some important changes. The most important point is the spread of the industry's hollowing-out. Why did the developed finance instead result in the hollowing-out of the industry? By rights, well-developed finance should promote the development of industry. But it was a shame that the development of Zhejiang finance did not go onto the right way. The profits many of the entity economy in Zhejiang brought when they developed into the later phase were far behind the increased profits brought by fixed assets.

In the past ten years, the situation was getting worse and hence there came a situation that bad money drove out good. People who devoted themselves in doing business did not receive good results, on the contrary, those who continued pumping out money from industry so as to do speculative activities made great fortune. This phenomenon made many enterprises go on the road of speculation naturally.

3 A Pseudo-Proposition that SMEs in Zhejiang Encounter Financing Difficulty

There was something wrong with the saying that medium-sized and small enterprises in Zhejiang encountered financing difficulty. According to the estimates of some experts, nearly 90% of the loans that Zhejiang enterprises used were diverted to the area outside the production and management of the enterprise. In other words, enterprises in Zhejiang were not out of money. Why did they apply for loans if they did not lack in money? Zhejiang entrepreneurs have natural sensibility and super ambition.

The so called sensibility is the ability to find the way to make money over others. Zhejiang entrepreneurs can always acquire knowledge over other people. The so called enterprise is the willingness to struggle as long as there is 1% possibility to make a big fortune. The two characteristics are the fundamental reasons that Zhejiang entrepreneurs can go out to the world

创新驱动商务发展

Did Developed Financial System Cause the Predicament of Zhejiang Merchants?

market as well as they always get into troubles.

Sometimes it seems like a pseudo-proposition that how much money on earth SMEs need. As for those who cannot receive loans to expand investment in assets, they are bound to say they are out of money. Because they are jealous of other people who can get money to make speculation, they continually providing situations of financing difficulty and thus look short of money. But when we settle down to see, they actually need money to make investments rather than do business.

4 The Total Scale and Flow Direction of Credit Have Been Distorted by Speculation of Zhejiang Enterprises

Is Zhejiang able to endure so much credit? The answer is certainly no. Thus large-scale risk events broke out. The influence is always finite when there are only several speculations within an area. But the problem can be serious once mass participation in speculation break out. What's more, financial institutions in China have enormous system deficiencies. When the superimposed situations occur, it becomes natural that the provincial economy gets into trouble.

Many scholars have begun to attack the phenomenon of the mismatch between bank loans and the demand of enterprises, which is the main reason that makes enterprises use shot-term loans to do long-term business. So when the term of the loan does not match the actual endurance, the risk of enterprises is large and uncertain. Many people among the Zhejiang merchants dare to use shot-term funds to do long-term business, as a result of which, many unpredictable events occur. Plus that Zhejiang finance generally accepts secured loan, and then naturally derives many external events.

Miserable people are those enterprises whose loans have been drawn by banks. Companies are complaining about how irresponsible the banks are and taking away their loan arbitrarily. It's hard to accurately describe the problem of pumping out loans, but this problem would not exist if funds were used reasonably to do business because the enterprise would not borrow money more than its cash flow. Of course, the investment in some large fixed assets and the use of funds for some major acquisitions are excluded. But a responsible enterprise must ensure the borrowing of long-term capitals and not to do short-term dismantling. Because once the project is launched, the enterprise would face liquidity problems if the funds could not be sustained. Facts showed that the enterprises which had been selective in funds often developed best and the enterprises which accepted everything went on a road that leads to death. This statement can be known without doing research. Too many entrepreneurs in Zhejiang made great fortune overnight due to the easy access to funds and their business collapsed suddenly also because the funds came easily.

5　The Primary Reason for the Hollowing-out of the Industry

What is the reason for the hollowing-out of the industry? As mentioned above that the fast appreciation in asset value is one of the reasons, and the other reason is the responsibility of the financial institution. There are a large number of financial institutions in Zhejiang, and in theory this should make medium-sized and small enterprises have easy access to cheap loan funds. Strangely, the financial institutions in Zhejiang could soften the terms of credit approval constantly. But the two conditions form an alliance for offence and defense. The first condition is to have enough deposit and the second is the loan interest rate.

Almost all the financial institutions require enterprises to deposit money when they apply for loans. Secondly, almost all the financial institutions would raise the loan interest rate they set. In fact, the convention of Zhejiang's banks has existed for many years. After the so-called 1 : 1 matching deposit was paid back, many banks required 1 : 2 matching deposit. That is to say, you had to deposit 20 million if borrowed 10 million. Of course, it is common to borrow 10 million and at the same time deposit 5 million. Such operating practices pushed up the cost of loans in disguised way. In Zhejiang, if we should say that the usury runs amuck everywhere, to some extent, this means that the bank is the biggest loan sharks. Because as I said before, even though one deposited money at 1 : 1 while borrowing, the loan interest rates could beyond 12% not including other fees.

There are two consequences of the situation:

(1) The entity becomes hollowed. Because the gross profit of the real economy for one year is around 10%. Where to get the profits to pay interest? So the enterprises invest the loan into the industries—real estate or other speculative fields, which are more profitable than the real economy

(2) Turn to lend the capital. What to do if one does not have the very ability? Lend out. Lend the capital to those who are willing to pay a higher interest rate. That is to say, borrow money from banks at the rate of 12% and then lend it to others at the rate of 20% or 30%. Such process invisibly increases the superposition of risks.

Thus, in Zhejiang, we could say that 90% of the loans are actually distributed directly or indirectly to two areas, one is the real estate and the other is the speculative industry. The speculative industry, to some extent, pushes the industries to a situation where they are hard to sustain survival.

6　The Deterioration of Economy Situation Triggers Operational Difficulties of Zhejiang Enterprises

With the deterioration of economy situation, the shrink of numerous speculative industries and the ongoing contraction of real estate, it is quite normal that those enterprises who engage in speculation using short-term funds of banks are confronted with the current regression.

In general, the over-relaxed conditions of loan make the funds of enterprise be pulled out once the bank implement strict terms of credit. But in fact, according to the current condition of Zhejiang enterprise, none of the enterprises can withstand the bank taking away even a small part of the loan. Because the high leverage of Zhejiang enterprise and those substantial funds are removed from entity economy to other project investments which lead to the poor liquidity, some things must happen to the enterprises once the loans are taken. This is the most immediate cause of the frequent accidents happening to Zhejiang enterprises. The ostensible reason for the so called petition drawn by 600 enterprises was that the large guarantee chain makes the loans be taken from the enterprises. But the deep reason was that the funds were diverted to any other purpose and the liquidity was so poor.

The sharp deterioration of economic situation is one of the main reasons that result in frequent accidents happening in Zhejiang but not the fundamental reason because the situation of other provinces and cities is not as serious as that of Zhejiang. Every time the economic situation gets worse, something bad must happen in Zhejiang. Why? As Zhejiang enterprises prefer to use leverage to hold themselves tight. Especially when funds are diverted to some capital intensive industries like real estate and speculative industry, the rise of incidents has become a law. This year, many enterprises in Zhejiang were locked in. In addition, banks offered loan with great caution due to the poor economic situation. It is predictable that enterprises in Zhejiang must encounter some incidents. It is quite important for bank to judge the big trend because of its periodicity. When the trend looks good, the credit institutions are free to do whatever they want regardless of the security and pledge. Because the cycle goes upwards and the possibility of accidents is relatively low, it is time to make more money. When the cycle goes downwards, the credit institutions should put strict control on the terms of loan. Do less as far as possible or even do nothing. Make money only when the trend was good so that you would lose less money when the trend was bad.

7　Suggestions of the New Development of Zhejiang

Finance aggravated the "hollowing out" of entity. But in fact, the hollowing-out of entity in turn led to the finance unable to be pushed forward. Finance is like the lubricant of entity economy, but cannot replace it. The hollowing-out of entity economy, to some extent, pushed Zhejiang the front of line. There was a cause and effect relationship between finance and entity economy in Zhejiang. Due to the hollowing-out of entity economy, even though Zhejiang Finance was willing to engage in entity loans, there was no way to go. In Zhejiang province, we cannot find a large or super large enterprise in the whole province. However, Zhejiang needs introspection of this reality when we look at the enterprises in Jiangsu, Shandong and Guangzhou.

Actually, current financial reform is promoting the further privatization of finance as well as focusing on the newly-set financial institutions, which make people think that the government is going the opposite way. For the over-developed finance, the government should suppress and shrink it. How can the government keep releasing it? Our financial system should go onto the way of encouraging the diversity development of finance and simultaneously encourage the innovation of new financial products.

At present, small-loan companies are very hot. But can the new establishment of small-loan companies or village banks solve all these problems mentioned above? The number of banks in China and other similar financial institutions is not too small, but too large. Though there are thousands of banks in America, most of them are small-scale community banks which are not able to make interregional businesses. What about the banks? Conversely, at the end, small-loan companies and new established village banks are bound to go onto the road of usury where the interest rate is higher than that of bank because pursuing benefits is the instinct of all enterprises. Now the average lending interest rate of small-loan companies is around 18%. Who would be their customers? Could they solve the problem of hollowing-out of entity economy? They would only aggravate this problem.

One interesting point about financial institutions in China is that they finally form a homogenization of competition. Pawns, small loans, village banks, city commercial banks, joint-equity banks, state-owned banks and even leasing companies all develop into issuing loans or high-interest loans. Even if you set up more financial institutions, you would eventually go back to this way. Does it make any sense?

What happened in Zhejiang this time was not a bad thing. Let enterprises in Zhejiang return to a reasonable way of development, otherwise the next crisis should be more serious. In general, making use of heavy leverage to expand investment in fixed asset will be quite difficult to continue over the next decade. In the coming decade, China's GDP will gradually decline from 8% to the figure between 4% and 5%. Such declining curve has become a trend. In other words, it looks less likely that we use the significant rise of asset's value to get benefits.

Back to this article, under the circumstances of the large-area decline in Zhejiang economy, the turmoil in business and the instability of enterprises will become a normal phenomenon. Everybody should treat it with our usual mind. Of course, if the government took appropriate measures, the local authority implemented the policy effectively and Zhejiang merchants took risk to innovate, we should create updated version of Zhejiang economy.

公平贸易与产业安全

探索构建贸易调整援助制度
——基于浙江企业转型需求的调查*

周俊子

（浙江省商务研究院）

摘要：在贸易自由化不断深化、进口竞争日益激烈的情况下，国内产业、企业和工人所面临的风险和挑战日益严峻，建立与中国国情相适应的贸易调整援助制度（Trade Adjustment Assistance System，TAA）势在必行。本课题首先在国家战略层面深刻领会贸易调整援助的内涵以及构建贸易调整援助制度的迫切性；其次基于浙江企业的问卷调查，对企业转型过程中面临的障碍加以剖析，探讨转型背景下建立贸易调整援助制度的可能性问题；再者分析政府在推动贸易调整援助制度建设中的功能定位与作用；最后指出以相对微观的企业为切入点助推贸易调整援助制度构建，从产业重点、援助路径和监督机制三个方面提出建议。

关键词：贸易调整援助；贸易救济；转型升级

一、贸易调整援助制度亟待战略性关注

（一）贸易调整援助的内涵

贸易调整援助是指一国为因进口竞争或产业转移而受到损害的产业、企业或工人提供的相关援助制度，旨在增强产业国际竞争力，创建新竞争优势。从国际经验来看，贸易调整援助是一种贸易损害国内救济措施，主要通过技术、咨询服务等方式，促进国内企业、产业结构调整，帮助受损企业、产业的工人重新就业，具有合法性、公平性和较强的可操作性。

（二）贸易调整援助与 SCM 补贴的关系

为进一步了解贸易调整援助，必须理清贸易调整援助与 SCM 补贴[①]的关系。

---

* 本文获"第五届浙江省国际经济贸易研究优秀成果奖"实务类二等奖

① 根据 SCM 协议，补贴可分为禁止性补贴、可诉性补贴和不可诉补贴。由于在 1999 年 WTO 成员方对不可诉补贴的延长适用未做决定，目前已不存在不可诉补贴概念。

1. 贸易调整援助与禁止性补贴的关系

按照 SCM 协议,以出口实绩为条件提供的补贴构成出口补贴,这是 WTO 所不允许的。于是,只有当贸易调整援助是以出口实绩为条件,才能进一步确定出口补贴存在与否。从各国实践来看,对企业的贸易调整援助是为了恢复企业的竞争力或引导其转产,因此对企业的贸易调整援助很难构成禁止性补贴。

2. 贸易调整援助与可诉性补贴的关系

按照 SCM 协议,可诉性补贴需要同时满足财政补贴行为、利益获得和专向性三个条件。判断贸易调整援助是否构成可诉性补贴,主要在于专向性问题。对企业的贸易调整援助针对的是受自由贸易影响的企业,如果所有符合援助条件的企业都能获得援助,那就不存在专向性,但事实上并非所有符合条件的企业都能获得援助,这就存在专向性可能。因此,贸易调整援助应尽量避开与 SCM 构成直接冲突,它是可以合法实施的援助政策。

(三)贸易调整援助是加快推进产业转型升级的必然要求

1. 内在动力

在经济发展方式和外贸发展方式转变的目标任务下,企业、产业的转型升级成为中国经济实现突破性发展的迫切需要。以浙江省为例,作为外贸大省,浙江主要集中于劳动密集型生产环节,产品档次低,附加值不高,经济整体还处于"要素驱动"而非"创新驱动"阶段。而贸易调整援助体系为创新驱动的经济发展方式提供了制度支撑,通过对转型压力大的产业或企业提供援助,尤其是对易受外来冲击的幼稚产业,突破制约瓶颈,推动结构升级。

2. 外部压力

在国际国内两个市场统一的格局下,国内企业既要按照国际标准提供产品,还要面对外来竞争,这倒逼国内企业、产业加快转型以更高竞争力水平参与国际竞争。金融危机的蔓延对中国外贸冲击不断加深,大量外向型中小微企业生存困难,国内产业、企业、工人面临后金融危机风险。而且,"两反一保"措施较为消极,只是为受损企业、产业提供调整时间,并不提供实质性的积极援助。因此,亟待配给一个能积极辅助企业、产业转型升级的贸易救济制度。

二、建立"制度"可能性探讨——基于浙江
企业转型需求的调查

当前中国处于全面推动经济转型、加快产业升级的关键时期,作为经济社会

发展重要主体的企业,肩负转型升级的重要任务。而贸易调整援助制度正是营造公平贸易环境、加快转型发展、提升企业竞争力的救济措施,亟需加快建立,尤其对外向型程度高、以中小企业、民营企业为转型主体的浙江。本部分将以浙江为例,从企业层面考察转型困难,为建立贸易调整援助制度可能性提供参考依据。

根据研究需要,我们设计了一份企业转型需求调查问卷,从企业的基本属性、竞争状况、要素来源、转型意向等方面设计内容,选取浙江省产业损害预警监测分析系统入库企业以及在市县范围有影响有代表的企业为调查对象,最终获得有效问卷 286 份,包括纺织、轻工、机械、建材、石油化工、电子信息等行业。据统计,中小企业占 88.5%,私营企业占 76.6%,劳动密集型企业占 74.3%,而受进口冲击影响最大、转型需求最为迫切的正是这些企业,与本课题研究目的一致。

(一)企业转型过程中面临的障碍

根据调查统计,企业转型中面临的困难主要有成本控制、研发能力、人才缺失和市场风险,企业占比分别是 39.6%、54.1%、57.3% 和 42%。而企业未考虑转型的原因主要是资金投入过大、市场风险控制难、未掌握新产业门路、缺乏关键技术和缺乏高端人才,其中前三者的认同率均高达 50%,后两者的认同率均接近 40%。可见,资金、技术、劳动力三大基本要素对企业转型都构成了障碍。

1. 融资渠道不畅,使得资金无法介入民营中小企业生产过程

融资难一直是制约民营中小企业发展的瓶颈,45.6% 的调查企业认为融资难是企业面临的主要困难之一。其中,通过自有资金、银行贷款融资的企业分别占比 89.1%、88.4%,而通过其他方式融资非常少,例如通过债券、私募融资的企业分别占比 2.1%、1.8%,大多数企业的资金来源依赖前两者。中国非常缺乏面向民营中小企业服务的金融机构,资本市场不完善,民营中小企业的贷款问题相当突出。融资渠道不畅,企业难以投入大量资金到自主研发环节,这势必阻碍企业转型升级步伐。

2. 技术力量薄弱,导致企业转型艰难

技术创新是企业转型的关键条件,58% 的调查企业认为技术升级是企业面临的主要困难之一,而阻碍技术创新的因素中,认同率最高的两项是技术信息和与科研机构的合作渠道,分别占比 42.2% 和 20.2%。一方面,大多数企业技术力量浅薄,缺少核心技术信息,核心技术掌握在少数国内外大企业手里;另一方面,中国的科技转化能力不强,科技中介机构条块分割、分散,整体上还未走上产

业化轨道。因此,应该发挥科技中介机构"孵化器"的作用,加速高新技术产业化,为企业转型提供重要技术转化服务。

3. 人才市场不健全,助长企业转型的"惰性"

企业的竞争归根到底是人才的竞争,企业的转型必然离不开人才队伍的支撑。近年来,"招工难"、"就业难"、"留人难"问题并存,人才市场不健全导致民营企业转型举步维艰。据统计,98.6%的企业对员工进行培训,其中对管理人员、技术工人、研发人员培训的企业分别占比 83%、73.6%、66.1%,按月度、季度、半年度、年度、不定期培训的企业分别占比 31.8%、25.6%、13.4%、10.5%、22.4%。可见,企业对员工培训意识已较普遍,但培训力度不足,如何提高员工素质,优化人才结构,留住高端人才将是企业转型中必须考虑的问题。

(二)转型背景下建立贸易调整援助制度的可行性分析

1. 法律依据

贸易调整援助作为保障措施的辅助手段,《对外贸易法》第 44 条提到"可以对该产业提供必要的支持",这成为在保障措施中辅助使用贸易调整援助的依据;贸易调整援助作为反倾销、反补贴和保障措施的替代救济措施,中国《反倾销条例》、《反补贴条例》和《保障措施条例》都规定了公共利益条款,这种情况下国内受损产业可以替代采取贸易调整援助;贸易调整援助作为现行贸易救济措施的补充手段,对于国内企业、工人受到贸易损害但达不到采取反倾销、反补贴和保障措施的条件时,可以通过贸易调整援助获得救济。

2. 优先针对企业援助的现实条件

在企业转型环境艰难、进口竞争日益激烈的情况下,有必要基于企业转型中资金、技术、劳动力三大基本要素的缺失,提供相关援助支持,这正体现了贸易调整援助制度的精髓。针对转型需求最迫切也最困难的中小企业,可以利用《中小企业促进法》配合制定援助方案,从缓解融资困难、加快技术进步、提高经营管理水平等各个方面提供参考。此外,为了维护产业安全,中国已形成了以商务部为主体,地方商务主管部门、商协会、中介组织为两翼的工作体系,创建了产业损害预警机制,这为快速、及时掌握进口异常情况和企业竞争环境提供了专业信息平台和重要技术支撑。

三、构建贸易调整援助制度的政府功能定位与作用

(一) 贸易调整援助制度建设中政府功能的合理定位

由于中国社会主义市场经济体制的特殊性以及市场经济发展不充分的现实性,在启动贸易调整援助制度初期,政府角色应定位在:以产业、企业的壮大来消除可能产生的市场扭曲,一旦市场的某一部分成熟,政府应将其相应职能交回,形成政府与市场的合理分工。同时,还需考量企业这个关键主体。政府并不是承担全部的、永久的调整成本,而只是降低调整成本,通过援助激发企业自主创新积极性,加快调整转型过程。

(二) 政府在贸易调整援助制度建设中的作用

在贸易调整援助制度建设中,政府可以从以下四个方面发挥作用:①引导要素结构升级,具体包括:加快证券市场发展,疏通企业融资渠道;引进先进技术,注重科技共享;增大科技投入,培养科技人才,提高科学技术的推介应用能力;加大知识产权保护,通过保障技术创新者利益鼓励技术创新等。②把握重点调整行业,从劳动密集转向资本、技术密集优势,从第一产业转向第二、三产业,从加工制造转向研发、销售,集中在与电器、汽车、住房相关联的重化工业,相关服务业也较快发展,但必须防止过度强调生产性服务业的冒进倾向。③制定适当的产业政策,一方面,积极支持高新技术产业发展,同时鼓励利用先进技术改造传统产业,提高产品质量和档次;另一方面,淘汰落后产能,阻止资源浪费、环境污染。④营造优越的创新环境,首先,建立完善产业政策信息系统并及时发布,引导企业投资行为;其次,加快社会保障体系建设,消除众多长期亏损企业的退出障碍;再次,拆除各种行政性壁垒,使生产要素能自由流动;最后,不断提高劳动力素质,改变劳动力过剩与人力资本短缺并存的状况。

四、构建贸易调整援助制度的重点领域与建议

转型背景下,目前中国应从相对微观的企业为切入点推进贸易调整援助,通过提升企业竞争力以对抗进口竞争或产业转移对转型升级的冲击,并由商务部

门来具体负责执行①。

(一)产业重点

对外贸易政策应当与产业结构调整结合起来,贸易调整援助的重点产业也应当是产业结构调整的重点产业。中国产业结构调整的重点产业包括低附加值、高污染、高耗能的制造业及矿产资源开采企业等。调整援助应当首先在这些产业中实行,积累经验后,根据中国产业和贸易的发展需要再扩大或转移到其他产业。

(二)援助路径

(1)从企业层面启动调整援助。援助方式以技术援助为主,通过改进制造技术、提高营销能力、加强企业管理等措施来提高企业竞争力。技术援助内容主要有协助企业制定调整振兴计划、获得认证、执行计划等,引导企业拓展融资渠道、革新生产技术以及引入高端人才。如果贸易调整的目标定位于恢复产业竞争力和改善生产效率,那么在企业遭受低价竞争时要为企业设计生产销售战略,开发新产品、拓展新市场和寻找新出口机会,在企业生产效率低下时要为企业提供控制生产成本、提高价格竞争力的咨询意见;如果目标定位于促进衰退产业转移生产,那么就要帮助企业设计转产计划、调整产品结构、升级技术设备或塑造新的行业品牌,最终提升产业的持续竞争力。

(2)从工人层面启动调整援助。援助方式以人才培育为主,完善人才培养和激励机制,通过内育、外引、借智等多种途径,及时提升工人职业技能和提高自身竞争力,适应新产品新工艺的生产管理要求或产业结构变化,减少技术性失业和结构性失业问题。如果贸易调整的目标定位于使工人保留在原有岗位上,那么实行在岗培训措施。如果要实现产业升级和提高竞争力,就必须对失业工人进行职业再培训以帮助他们提升自身职业技能并重新回到升级、调整后的企业和产业中来。这可以与中国当前实施的《中小企业促进法》相结合,为中小企业提供人才引进、人员培训、创业辅导、信息咨询等各种形式的援助支持服务。

(三)监督机制

商务部应当建立跟踪监控机制和绩效评估机制。跟踪监控内容包括进口商品的数量变化、国内相同或直接竞争产品的生产情况变化、进口商品对国内相关

---

① 为了有效助推贸易调整援助制度的实施,商务部应保持与发改委、海关、财政、经信委、劳动保障等部门间的联系沟通,确保制度执行更为便利化。

产业和企业的影响以及工人的工作变化情况等,以便于及时对利益受损者进行调整援助。绩效评估是对调整援助效果进行考核评估,通过了解受援助企业的销售额、产量、利润以及企业员工情况这几项指标反映企业竞争力状况,对于需改进或无效的援助方式应立即进行修改或取缔,以确保调整援助目标的实现。此外,还要建立援助经费管理机制,对贸易调整援助专项资金的使用情况进行监督,以保证援助资金真正用于计划用途,保障贸易调整援助制度的落实。

宁波二氧化碳排放分析与低碳发展政策建议

周晓东[1]　温怀德[2]　王　瑞[2]

（1. 浙江工业大学；2. 宁波大红鹰学院）

摘要：本文对宁波的二氧化碳排放量情况进行了初步估算和分析，并认为宁波二氧化碳的排放量仍在增长，但增长速度已经放缓。此外，宁波的二氧化碳排放情况还存在一些行业和地域特征。最后本文对于宁波的低碳发展提出了一系列政策建议。

关键词：低碳；二氧化碳；政策

为应对全球气候问题，低碳发展模式已经逐渐成为许多国家或地区政府的共识和发展方向。本文对宁波市的 CO_2 排放形势做了初步估算和分析，并对宁波市的低碳发展提出了一系列政策建议。

一、宁波二氧化碳排放量估算与分析

根据课题组的测算结果（如表 1 所示），可以计算得到 1996—2011 年宁波市工业行业 CO_2 排放量，以及 2003—2011 年宁波市全社会 CO_2 排放量。

（一）宁波 CO_2 排放总量持续上升

从表 1 可知，宁波市全社会 CO_2 排放量和工业行业 CO_2 排放量总体上均呈增长态势，到 2011 年全社会 CO_2 排放量达到 9730.61 万吨，而 2011 年宁波市工业行业 CO_2 排放量也已达到 8135.95 万吨。

（二）宁波 CO_2 排放量增速总体趋缓，但部分领域增速仍较快

1. 宁波 CO_2 排放量增速总体趋缓

根据表 1 可以计算得到 1996—2011 年宁波市工业行业 CO_2 排放平均增速

＊　本文获"第五届浙江省国际经济贸易研究优秀成果奖"实务类三等奖。

表1 1995—2011年宁波市(全社会、工业)CO_2排放量

年份	全社会CO_2排放量(万吨)	年份	工业CO_2排放量(万吨)	年份	工业CO_2排放量(万吨)
2003	3641.76	1995	975.36	2004	2939.55
2004	4217.16	1996	1025.99	2005	4195.28
2005	5728.25	1997	1061.49	2006	4626.38
2006	6309.66	1998	1084.69	2007	5574.94
2007	6959.55	1999	1212.02	2008	5942.29
2008	7626.07	2000	1357.77	2009	6121.09
2009	7818.00	2001	1575.67	2010	7172.23
2010	8804.64	2002	1852.01	2011	8135.95
2011	9730.61	2003	2165.18	——	——

注:原始数据主要来源于2003—2011年《宁波能源报告》,以及1996—2012年《宁波市统计年鉴》。

达14.66%,但同期GDP平均增长速度则仅为12.7%,可见宁波市工业CO_2排放增速高于GDP平均增长速度。但"十一五"以来CO_2排放平均增速明显下降。以2005年为界,1996—2005年宁波市工业CO_2排放平均增长速度为16.35%,显著高于同期13.37%的GDP增长率;而2006—2011年宁波市工业CO_2排放平均增长速度下降为11.8%,已经基本上与同期的GDP平均增长率持平;2006—2011年宁波全社会CO_2排放平均增速仅为9.3%,显著低于GDP平均增速。从这些数字来看,虽然CO_2排放还在随着经济增长而增加,但是增长幅度已经大幅下降。

2. 宁波部分行业CO_2排放量增速仍较快

根据宁波市统计年鉴的数据以及课题组的核算,我们观察到第三产业、建筑业、交通运输、农业等领域的耗能和CO_2排放增速仍较高。其中,建筑业、交通运输等领域的万元GDP能耗相对较高,因此有必要成为未来碳排放的重点监控领域。

3. 宁波生活用能和CO_2排放存在明显的刚性增长

宁波居民煤炭消耗比重逐年下降,但是居民生活用电量平稳增长,而随着居民汽车保有量的逐年快速攀升,居民用油量增长速度较快。宁波经济增长速度较快,因此也就伴随了宁波居民生活用能和CO_2排放的刚性增长。

(三)工业 CO_2 排放是宁波 CO_2 排放的主要方面

从表1可以知道,2003—2011年间,除2008年外,宁波全社会 CO_2 排放的增速都低于工业行业 CO_2 排放增速。前者平均增速为13.83%,而同一时期后者平均增速高达18.68%。工业行业 CO_2 排放量占全社会 CO_2 排放量的比重也因此不断提高,至2011年这一比重已达83.6%。因此,工业行业的 CO_2 排放是宁波市 CO_2 排放的主要方面。

(四)市区内 CO_2 排放量远大于其他县市

根据计算2011年的数据,可以发现海曙、江东、江北、北仑、镇海、鄞州等5市区的工业 CO_2 排放量占宁波全市工业 CO_2 排放量的比重达到69%,而余姚、慈溪、奉化、宁海、象山等5县市的工业 CO_2 排放量占宁波全市工业 CO_2 排放量的比重仅为31%。而在第三产业用能碳排放和生活用能碳排放方面,前面5市区占比更是远大于后面的5个县市。据此我们可以初步认为,宁波城市 CO_2 排放量是宁波 CO_2 排放量的主要方面,因此宁波发展低碳经济,务必要重点关注城市低碳经济。

(五)宁波 CO_2 排放强度有所下降

根据表1可以计算得到全社会和工业行业的 CO_2 排放强度。全社会 CO_2 排放强度也就是万元GDP CO_2 排放量,而工业行业 CO_2 排放强度就是万元工业增加值的 CO_2 排放量。1995—2000年宁波市每万元工业增加值产生 CO_2 排放大体上处于不断增长状态,由0.303吨一直增长到0.432吨,增长了42.4%。但从2001年开始,宁波市工业 CO_2 排放强度大体上呈现为下降态势,至2007年下降为0.27吨。此后几年略有反弹,但反弹幅度并不大,均未超过0.30吨。2009—2011年再次持续下降。而反映宁波全社会 CO_2 排放强度的单位GDP能耗,从2005年的0.94一直下降至2011年的不足0.8。因此可以总体判断宁波 CO_2 排放强度已有所下降。

(六)宁波 CO_2 排放源比较集中

根据宁波市统计年鉴的1995—2011年工业主要能源消费量,我们发现宁波市能源消费主要集中于煤炭和石油。第一,煤炭是宁波消耗最大的能源之一。这不仅是由于原煤、焦炭消费总量较大,而且是由于热力和电力基本上是来自煤炭燃烧。第二,原油等各种油制品消耗量大。原油在宁波一次能源消费中占了相当高的比例,但并非完全进入终端消费,因此原油并非宁波的主要碳排放源。

但是各种油制品的消耗量也较大,基于石油消耗的碳排放也不容忽视。此外,由于区域位置、自然资源分布等原因,宁波天然气、水电、核电等低排放能源的比重极低,而且在可预见的未来,其比重仍然无法得到大幅提高。因此宁波能源消费结构非常不利于碳排放的降低,新能源、清洁能源的技术瓶颈显著。

二、宁波市低碳发展的政策建议

(一)考虑将碳排放控制列入政府施政目标

近年来宁波市固体废弃物排放、烟尘和粉尘排放、化学需氧排放等,都有不同程度的改善,其重要原因之一就是有明确的政府控制目标。而在 CO_2 排放方面,目前政府还没有将其列入控制目标。这不仅使得 CO_2 排放统计数据缺乏权威来源,造成信息不对称,而且低碳发展的途径和目标也难以明确。

将碳排放控制列入政府施政目标,不仅要求对能源消耗量增长幅度做出控制,也要求对能源结构进行调控,加强技术手段较低碳排放系数,等等。

(二)考虑争取碳税试点和碳排放交易市场建设试点

虽然碳税对经济发展有一定的冲击,但因为经济短期冲击的损失与未来弥补环境所付出的代价相比仍是很划算的,因此虽然存在争议但仍被许多经济学家认为是更合适的碳减排途径。对于国内而言,实施碳税还可以应对可能的国际碳关税,防止税源外流。课题组认为,适当的政府扶持政策将可以加速资本在产业间的流动,增加资本延展性,从而有利于发挥碳税的积极作用。在资本延展性足够的情况下,则更应积极考虑争取进行碳税试点工作。目前可以考虑争取进行碳税的试点工作。

在气候变化的国际谈判中,定量化的碳排放交易使得碳排放控制目标较为直接,更易于各国在责任分担上达成协议,而且发达国家已有一些碳排放市场,中国国内碳排放权交易市场建设也在积极试点。而对于宁波市而言,碳排放控制已经成为一个十分紧迫的任务,争取试点并发展碳排放权交易市场变得有必要。

(三)加强低碳技术进步

低碳或无碳技术的研发规模和速度决定未来温室气体排放减少的关键。在低碳发展中,技术创新在新能源、可再生能源、结构调整、节能减排、碳中和等方面将发挥关键作用。

1. 可以加快低碳技术开发与国际协作

宁波市应鼓励企业自主开发低碳技术和低碳产品的基础上,加强国际合作与交流,促进发达国家技术转让,加快低碳可再生能源技术的迅速推广和应用,开展具体项目合作以及经验交流,促使宁波市重点行业,重点领域的低碳技术和产品达到国际先进水平。

2. 宁波市应加快能源技术研发,改进能源结构,发展新能源

宁波市的能源消费和生产主要以化石能源特别是煤炭为主,因此宁波市应加快能源技术研发,在能耗消费结构中增加清洁能源的比重,丰富企业的能源供应种类。宁波市风能、太阳能、潮汐能资源丰富,具有较好的开发利用前景。此外,垃圾发电的可再生能源的利用也应重视。

3. 在降低研发风险方面,政府也可以发挥的积极作用

基于国情,有效发挥政府的作用,将有可能降低技术进步的减排效果的不确定性,例如,可以考虑通过政府扶持政策解决资本不完全延展问题和研发风险问题。

(四)加强产业低碳转型升级

目前对转型升级理论的研究空间还很大。宁波产业低碳转型升级可从以下几个方面着手。

1. 推进传统工业升级,实现能源高效清洁利用

宁波可以通过兼并、重组、战略协作的方式,促使传统产业的内部升级。通过价格、税收体制,逐步实现把技术含量低、竞争力弱的企业淘汰出局,由此提高整个行业的集中度,形成规模优势。在工业内部进行产品结构调整,提高高能耗工业的技术创新能力,加大高附加值的产品开发。

2. 利用行业准入制,减少高能耗企业

政府在企业准入制度中设立门槛,提高高碳行业准入条件,对国家已经明文规定的行业和在宁波市内没有竞争优势的劣势产业,必须在规定时间内转移甚至关闭该企业。将宁波市中心地段的化工企业及高能耗高污染的企业搬出中心地段。另外,可改造无竞争能力的企业,改变核心技术,降低能耗。

3. 加快人力资本积累,促进低碳转型升级

产业低碳转型升级的一个非常重要的基础就是人力资源的准备。没有足够的人力资本,低碳转型升级将无以为继。因此,宁波必须大力发展教育,尤其是素质教育,加快人力资本积累。

（五）打造低碳城市

城市是一个工商服务业、城市交通、城市建筑高度发展的区域，而这些都与碳排放息息相关，因此建设低碳城市具有重要意义。

1. 优化城市产业结构，转变经济发展方式

宁波高碳发展模式的改变依赖于城市产业结构的调整。首先，大力发展碳排放量相对更低的第三产业。如电子信息、文化创意、动漫设计、软件服务、现代物流等第三产业。其次，加强高耗能行业的结构调整，提高高碳行业的市场准入。对于高碳产业，实行项目投资、项目运行的节能评估和监督制度。再次，鼓励企业参与清洁能源发展机制（CDM）项目。加强 CDM 的宣传，同时在政策和财政上大力支持开发 CDM 项目的企业，提高企业参与积极性。

2. 发展低碳交通

①坚持公交优先方针，发展清洁交通工具。积极发展快速公交系统，完善公共交通体系，加强公交的基础设施建设，正确实施道路规划、公交站点规划，增加公交出行的方便度、舒适度。适当增加清洁能源公共交通工具。保护自行车道，规划并促进公共自行车的发展，鼓励群众采用清洁交通工具。②大力发展节能环保型客、货、小汽车。③加强物流基地的建设，提高运输物流业的规模化、集约化经营。④积极推进公车制度的改革。减少公车数量，改用发放车补，并限制公车私用。

3. 发展低碳建筑

建筑行业碳排放量较高，因此需要发展低碳建筑。发展低碳建筑，要求加大低碳建筑技术的研究与投入；按照建筑节能设计，严格实施低碳建筑标准，并加强监督管理；鼓励大型建筑、政府建筑、商业建筑进行节能改造，制定节能指标，进行能源审计；推出相关经济激励措施，鼓励企业进行低碳建筑的开发和消费者对低碳建筑的购买。

（六）提倡绿色消费方式、加强低碳理念宣传

人们的日常生活过程中，也无不涉及碳消费，而且随着居民生活水平的提高，消费过程产生的碳排放也越来越多。因此倡导低碳消费、绿色消费也极具积极意义。

动员全社会力量大力宣传普及低碳知识，倡导绿色消费理念和低碳生活方式，转变公众消费观念。鼓励全市每个家庭和市民从身边的小事做起，从一点一滴做起。养成良好的生活习惯，通过多使用节能灯，少开空调，多绿色出行，少用

塑料袋、一次性筷子等来减少碳排放。培养宁波市公民的清洁、绿色觉悟,形成全民参与的低碳发展氛围。

(七)其他

除了这些方面,宁波也需要考虑促进低碳农业的建设,加强环境非政府组织和非营利组织建设,以及加强国际碳减排协作,等等。

此外,为了落实以上各方面的低碳发展措施,行政机构还必须完善保障机制,强调引导作用,突出服务意识,提升行政效能,强化执法监督与节能减排考核。

基于 GPA 项下的浙江省服务贸易与货物贸易协调发展研究[*]

陈频频

（浙江省商务研究院）

摘要：浙江省加入 GPA 谈判已进入实质性阶段。为了进一步研究加入 GPA 对浙江省服务业的影响,本文从 WTO 服务贸易与货物贸易的关系出发,分析在世界贸易格局发生重大变化的背景下,浙江省服务贸易与货物贸易的总量、结构关系现状及发展趋势,并对服务贸易与货物贸易的协调发展提出对策建议。

关键词：GPA 服务贸易;货物贸易;协调发展

后金融危机时期,世界贸易格局发生了重大变化,全球产业转移和要素重组不断加速,浙江省经济发展进入转型升级的重要战略机遇期。长期以来,浙江省对外贸易得到了长足的发展,贸易大省的地位进一步巩固,但是从贸易结构来看,货物贸易与服务贸易的发展仍不平衡,货物贸易发展迅速,服务贸易则相对滞后。当前,促进服务贸易与货物贸易协调发展,既是浙江外贸结构调整的必然选择,也是保持浙江经济增长的必然要求。尤其是在加入《政府采购协定》（Agreement on Government Procurement,GPA）的背景下,理清浙江货物贸易与服务贸易的关系,充分认识浙江货物贸易与服务贸易在国际竞争中的地位,适当保护审慎开放正处于快速发展阶段的服务贸易,对促进浙江省经济结构调整,推动经济转型升级,具有十分重要的意义。

一、浙江服务贸易和货物贸易的发展现状与特征

（一）从总量上看,服务贸易发展滞后于货物贸易

如图 1 所示,从 2008 年到 2011 年的数据来看,浙江货物贸易的总量远远大

---

[*] 本文获"第五届浙江省国际经济贸易研究优秀成果奖"实务类三等奖。

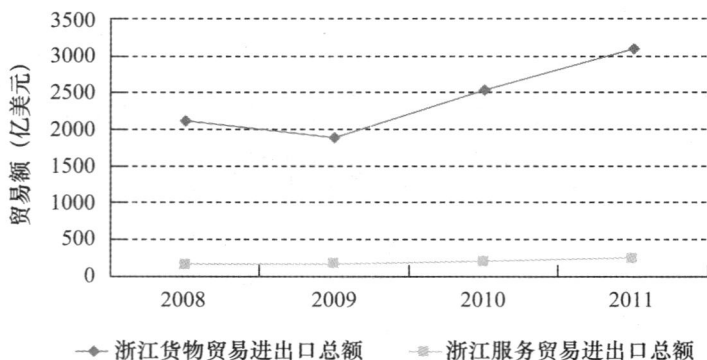

图1　浙江贸易总量示意图

于服务贸易。浙江货物贸易的发展曲线幅度较大,而服务贸易处于持续平稳增长的状态,两者之间的距离有进一步放大的趋势。按照这种趋势发展,在今后的一段时期内,两者的差距不会有缩小的趋势,甚至会相差更大。以2011年的最新数据为例,2011年,浙江省货物贸易进出口总额3093.97亿美元,服务贸易进出口总额238.85亿美元,两者差额为2855.12亿美元,货物贸易总额比服务贸易总额高近12倍,明显可以看出浙江省服务贸易的发展远远滞后于货物贸易的发展。

　　与美国、欧盟、日本等GPA参加方相比,浙江省服务贸易发展势头良好,但总体规模较小,发展潜力巨大。2011年,浙江省服务贸易进出口比上年增长21.6％。其中出口145.94亿美元,同比增长38.2％;进口92.9亿美元,同比增长2.3％。根据WTO和联合国贸发会议首次共同发布的全球服务贸易统计数据显示,2011年四季度世界商业服务出口额同比增长3％,增幅比三季度的12％大幅回落。主要经济体中,中国、日本服务贸易出口额分别下降1％和3％,规模分别为476和344亿美元;美国、欧盟则分别增长8％和4％,规模分别达1880和1495亿美元。2011年全年,世界商务服务出口额同比增长11％。其中美国、欧盟分别增长11％和12％,中国、日本分别增长7％和3％,印度、巴西、俄罗斯分别增长20％、21％和22％。

(二)从结构关系来看,服务贸易与货物贸易紧密相关

　　根据WTO统计数据的分类,货物贸易被分为农产品,能源与矿产资源和工业制成品三大类,服务贸易被分为运输、旅游和其他商业服务三大类。服务贸易与货物贸易的不同产业各自发展,相互之间存在相互促进或相互抑制的相关关系。

　　旅游业为浙江省服务进出口及服务出口最大的行业。2011 年,浙江省旅游服务进出口额为 86.35 亿美元,比上年增长 41.48％,占服务贸易总额的 36.15％。其中,出口 45.42 亿美元,增长 15.56％,占全省服务贸易出口额的 31.12％。2011 年,全省实现旅游进口 40.93 亿美元,比上年增长 88.37％。

　　运输服务目前是浙江省服务贸易出口第二大行业。2011 年,浙江省货物贸易强劲复苏,带动运输服务贸易大幅回暖,进出口额达到了 41.77 亿美元,超过建筑服务重新成为浙江省服务贸易第二大行业。其中,出口 27.64 亿美元,进口 14.13 亿美元,占比分别达到 18.94％和 15.21％。

　　建筑安装和劳务承包是浙江服务贸易出口第三大行业,也是浙江贸易顺差最大来源。2011 年,建筑服务贸易总额 29.22 亿美元,比上年略降 2.37％。其中,出口 29.12 亿美元,同比增长 5.87％,占服务贸易出口额的比重为 19.95％;实现贸易顺差 29 亿美元。工程项目涉及的领域由以往的住房建筑、市政交通进一步拓展到电站建设、电网改造、冶金矿产、电子通讯、环保等领域。项目承揽方式不断创新,项目大型化趋势明显。

　　计算机和信息服务(服务外包)是浙江第四大服务贸易出口行业。以服务外包为主要方式的浙江省计算机和信息服务贸易保持高速增长,2011 年,全年实现进出口额 26.30 亿美元,比上年增长了 43.64％,占比达到了 11.01％。其中,出口 25.92 亿美元,增长了 44.35％,占比达 17.76％。

　　咨询服务进出口持续下降。2011 年,以会计、税务、法律等服务为主要内容的浙江省咨询服务实现进出口额 2.8 亿美元。其中,出口 1.3 亿美元,下降 48.92％,占比 0.91％;进口 1.48 亿美元,下降 32.99％,。

　　文化服务贸易规模进一步扩大。2011 年,浙江省文化服务贸易保持快速增长势头,贸易规模进一步扩大。全年进出口 1.6 亿美元,比上年增长 6 倍,占国际服务贸易总额的比重达 0.67％,其中出口 1.04 亿美元,进口 0.557 亿美元。

　　从浙江省服务贸易总体来看,服务贸易竞争力较弱。浙江省服务业的竞争力与工业制造业相比相差悬殊,除旅游、运输等少数行业外,多数服务贸易领域处于逆差状态。而 GPA 参加方大部分是发达国家,其服务贸易发展程度远远高于浙江省的水平。

二、浙江服务贸易与货物贸易的关系

　　浙江省服务贸易中的运输服务贸易与货物贸易中的工业制成品贸易的相关性最高,其他商业服务贸易如广告服务、管理咨询服务、设备维修保养服务等与农产品贸易、工业制成品贸易相关性也很高,但这类服务贸易在浙江省的发展现状却不容乐观,两种贸易方式失衡主要是由浙江省的产业结构决定的。

长期以来,浙江省货物贸易出口产业主要集中在劳动密集型的制造业,集中在产品生命周期的后半段,即产品的标准化生产阶段和衰退期,基本上都处在全球价值链的低端环节。发达国家在国际分工中处于产品生命周期的前半部分,即新产品阶段和成熟产品阶段。因此,浙江省货物贸易推动运输服务贸易取得长足发展,而在研发、咨询等服务方面缺乏优势。

GPA 参加方大部分为发达国家,企业有能力投入更多的资本在新产品的研发上面,从事高科技含量、高产品附加值的现代制造业。发达国家一直是世界服务贸易的中心,美国、欧盟是世界上服务贸易额最大的国家和地区,服务贸易的发展专业化强,其服务贸易的进出口额占世界的比例一直在 40％ 以上。发达国家的服务贸易的行业也主要集中在资本密集型、技术密集型、知识密集型的现代服务业为主,主要向其他国家输出金融保险、数据处理、市场调查、市场营销、商业咨询服务、法律咨询等服务,其主要推动力是知识创新和高新技术。发达国家的服务贸易主要依靠商业存在的形式,通过跨国公司在各国建立子公司的形式提供高端的高附加值的服务。例如普华永道(PWC)、毕马威(KPMG)、德勤(DDT)、安永(EY)这四大会计师事务所以商业存在模式在中国设立子公司并开展业务,承担了中国大量的上市公司审计业务。国外的律师事务所、管理咨询公司也在中国企业对外投资中提供法律咨询和现场尽职调查等服务,以境外消费模式提供服务。

在这种情况下,加入 GPA 必然对浙江服务业造成一定的冲击。应该有步骤、有限制地逐步开放浙江政府采购服务市场,在开放的同时,要尽量减少对我服务业行业的冲击,保证这些行业的利益不受或少受侵害。同时,要加快发展服务贸易和服务业,构筑浙江服务业的竞争力,促进服务贸易与货物协调发展。

三、促进服务贸易与货物贸易协调发展的对策建议

要促进中国货物贸易和服务贸易的协调发展,并不是要简单地要求国家的政策直接向服务贸易产业倾斜和扶持,而是要优化产业结构,促进两者的协调发展,在注重发展服务贸易的同时,重点发展能够促进货物贸易发展的服务性行业,保证服务贸易的发展不挤占货物贸易发展的机遇和空间,使两者的发展相互促进。

(一)以货物贸易结构升级促进服务贸易的发展

(1)以科技创新推进对外贸易发展方式转变。自主创新是转变经济发展方

式的中心环节。政府应该发挥政策的导向作用,通过财政和税收政策引导和鼓励企业增加研发投入,摒弃低价竞销、数量扩张的旧思路,使自主知识产权技术成为出口效益的增长点。在自主创新的推动下,企业必然加快科技进步和新产品的研发,生产掌握核心技术的产品就可以从贴牌生产的方式向生产自主研发产品的方式转变,生产自主创新产品是创立自主品牌和改变加工贸易方式的基础。企业要掌握知识产权主要依靠研发部门,科技的研发开发需要大量的资金、人才和技术支持。对资金的需求需要金融服务部门的配合,促进金融服务业的发展。人才的培育需要教育、培训部门的发展提供更多的相关人才,能够促进教育产业的发展。先进专利技术的引进和购买也是促进技术进步的渠道,能够使企业在更高的平台上进行研发活动。这也能够促进为企业服务的各类科技中介服务机构的发展,促进企业之间、企业与高等院校和科研院所之间的知识流动和技术转移。

(2)以自主品牌推进对外贸易发展方式转变。品牌能够帮助企业开拓市场、占领市场,品牌也可以使产品产生更大的附加值。产业价值链的研究表明,世界工业品利润的80％被专利和商标占有。新品牌的推广需要信息咨询、市场调研等服务行业的配合,尤其是对于中国大多数自主品牌都还处于幼稚时期,商业服务对新品牌的市场开拓显得更为重要,这对浙江省的服务贸易的发展和服务贸易结构的优化都有着显著的推动作用。

(3)贸易类型从加工贸易向一般贸易转变。随着浙江省经济的发展,资源环境面临困境,加工贸易已经不适应浙江省经济发展的状况。加工贸易大进大出的特点仅对服务贸易中的传统行业运输业有明显的带动作用,对其他配套服务产业并没有更高的要求,对优化浙江省服务贸易的结构并无明显推动作用。继续降低加工贸易的比例,尤其是降低高污染、高资源消耗、低技术含量的加工贸易的比例,加快一般贸易方式的货物贸易,提高对配套服务产业的要求,才能带动浙江省生产性服务业的发展,进而带动浙江省服务贸易的发展。

(二)以服务贸易的发展促进货物贸易的结构优化

(1)大力发展现代服务业。现代服务业是指在工业化比较发达的阶段产生的,主要依托信息技术和现代化管理理念发展起来的,信息和知识相对密集的服务业。与传统服务业相比,现代服务业更突出了高科技知识与技术密集的特点。浙江省在大力发展服务业的同时,应着重发展现代服务业,因为现代服务业的核心是生产性服务业,经济的信息化和知识化对现代服务业的发展起主要作用,具有资源消耗少、环境污染少、资本要素和技术要素密集度高、产出附加值高等特点。通过经济政策鼓励引导资源流向现代服务业产业,可以提高浙江省服务产业的国际竞争力,带动浙江省服务贸易的发展,也能够进一步促进货物贸易的发展,如现代运输业大大提高货物贸易的效率和灵活度,电子商务的发展使全球的货物贸易从业者更加便捷的得到更加完全的商业信息,使货物贸易更加便利。

(2)开拓新兴的服务贸易市场。浙江省应加强与亚、非、拉等发展中国家的经贸往来,推动浙江省与这些国家之间的经贸关系,人才流动,加大对发展中国家新兴服务贸易市场的开拓力度,不仅能够发掘新的对外贸易增长点,还可以减少对西方发达国家市场的依赖,优化浙江省出口市场不均衡的现状。发达国家的服务贸易市场是国际服务贸易的主流市场,但近年来发展中国家服务贸易发展迅速。亚洲和非洲的发展中国家的服务贸易增长速度均高于世界平均水平。这些发展中国家人口众多,服务贸易市场前景广阔,并且多数发展中国家的服务业刚刚起步,浙江省的服务贸易行业相对这些国家来说有一定的竞争力,所以浙江省服务业企业开拓新兴服务贸易市场,抢占先机。

(3)通过发展服务外包发展服务贸易。随着经济全球化和国际分工的深入发展,国际产业转移的领域由劳动密集型低附加值的制造业,向技术密集型的制造业和高附加值的服务业发展。近年来,发达国家服务业的海外投资已占全部FDI的三分之二以上,服务外包成为国际服务业产业转移的主要渠道之一,服务外包这一新的服务贸易形式得以迅速发展。服务外包的发展能有效地带动服务贸易的进出口。浙江省在承接服务外包国际转移方面具备多方面的竞争优势,面对中国服务业国际市场竞争力薄弱的状况,应采取积极的激励措施,鼓励跨国公司将部分业务外包给我服务企业,以推动服务出口的发展。

从权利视角看促进专利转化与反垄断[*]

马 遥

（中国计量学院）

摘要：专利发明是经济社会发展的重要推动力量，出于对这种活动的尊重、鼓励和保护，知识产权的存在具有重要的意义。随着知识经济的到来，专利技术对经济、竞争的作用越来越强烈，各国反垄断法都对其有不同程度的豁免。同时，随着市场经济的发展，反垄断法从诞生之初就担负着重要使命，充分的有序的市场竞争对促进资源合理配置和提高企业的生产效率有重要作用。本文正是从对专利权的动态保护的思考出发，积极探索促进专利转化的同时防止专利权滥用损害市场经济秩序的途径。

关键词：专利发明；动态保护

一、专利转化

（一）专利对国民经济的作用

发明创造是人类智力创造的重要活动，伴随人类文明发展始终。专利是国民经济发展的重要助推器，申请授权的专利数量很大程度上反映一个国家的生命力、创造力和发展潜力。世界经济论坛（World Economic Forum）2004 年度报告说，被认为实施最严格的知识产权保护的 20 个国家在经济增长竞争力方面全部名列前 27 位。与之相反的是，被认为知识产权保护最薄弱的 20 个国家都在最后的 36 个国家之列。经济发达的七国经济发展集团（美、英、德、日、法、加、意）最为典型，专利制度更是代表性标志。专利对于一个国家、民族的进步发展的作用是不言而喻的，但是专利申请授权的最终目的不是静态的而是动态的，或者说专利于国民经济的作用价值并不在于其本身，而是要通过转化实现经济价值来实现，因此，对于专利转化的研究具有持久的意义。

---

* 本文为浙江省教育厅科研项目（项目号：Y201431548）。本文系"浙江省国际经济贸易学会 2013 年度立项课题"研究成果（编号：Z201304）。

（二）中国专利转化的现状、问题

据国家专利局的统计显示，1985 年到 2012 年中国国内专利申请数量有长足增长（表 1），每年的申请授权数量几乎都在以 30％以上的速度增长，特别是 2008 年以来。在个体申请数上，公开资料显示，中国电信产业巨头中兴通讯股份有限公司以 1863 件的专利申请数量，位列全球企业及个人申请量次席，中国另一电信业巨头华为位列申请企业第四名。这与中国今年经济发展、相关法律不断完善、政策支持、权利意识提升等有密不可分的关系。

表 1 国内外三种专利申报授权年度状况（1985. 12—2012. 12）

	年份	发明	实用新型	外观设计	合计
全球	1995—2004	185409	651117	418247	1254773
	2005	53305	79349	81349	214003
	2006	57786	107655	102561	268002
	2007	67948	150036	133798	351782
	2008	93706	176675	141601	411982
	2009	128489	203802	249701	581992
	2010	135110	344472	335243	814825
	2011	172113	408110	380290	960513
	2012	217105	571175	466858	1255138
中国	1985—2004	66659	647087	378803	1092549
	2005	20705	78137	72777	171619
	2006	25077	106312	92471	223860
	2007	31945	148391	121296	301632
	2008	46590	175169	130647	352406
	2009	65391	202113	234282	501786
	2010	79767	342256	318597	740620
	2011	112347	405086	366428	883861
	2012	143847	566750	452629	1163226

如果按专利申请来源分类,高校无疑是专利申请的重要主体,同时,作为拥有社会最强研发资源与学术资源的组织,也应该在产业核心竞争力的发展中,发挥中流砥柱作用。近年国家在各方面加大力度促进专利发明和申请,对于申请人给予名誉到财力方面的支持,都从各个层面刺激了高校申请专利的积极性。比如对于专利人颁发国家、省、市级各类科技进步奖。同时,以浙江省为例,国家或省市会给予奖金,并算入业绩点之外,高校也会为了鼓励发明而按照一定的比例配以奖励,算入的业绩点会直接与个人收益、职称评定等挂钩。可以说,中国已经建立了一套从精神奖励到物质支持到人事考评的相对成熟的体制机制。中国近些年专利申请授权数量逐年递增也印证了这点。但是另一方面,相比于专利申请授权数量的增长,中国专利转化的现状却不容乐观。可以说,在专利转化方面始终没有建立起以专利权为核心的基于权利动态保护的程序,致使中国目前专利呈现出申请授权数量逐渐壮大而转化数量持续萎靡的"一头热"局面。很多专利申请人并非为了发明创造或者一定的社会价值而去申请专利,有相当一部分是为了专利而专利。中国的多地数据显示,中国个人获得的专利授权数虽然约占全国授权的专利数量的50%,但其专利转化率还不足5%。

相关资料显示,美国和日本这两个发达国家的很多大学都承担着基础研发的角色。而且,它们所进行的基础研发数量,已经分别占到了全国基础研发数量的62%和46.5%。在中国,许多高校也承担着一些国家的科研项目,虽然近年来高校申请专利的数量有了几十倍甚至上百倍的增长,而且中国也很早就提出了"产学研协调发展"的思路,但高校科研成果向产业的转移效率并不高,"产"和"研"之间可以说还是有很大断层,以大学成果转化最高的清华大学来说,也仅仅只有25%。中国专利年会组委会秘书长刘燕新透露说,"高校专利的转化率普遍低于5%。"教育部《中国高校知识产权报告》中的统计数据显示:从平均数量水平来看,高校的专利转化率只有5%。高校专利转化率过低的现状直面反映了中国专利转化迟缓受阻的现实。另据《中国科学报》报道,2011年中国专利技术实施率仅为0.29%,都很好证明了中国目前专利转化现状的尴尬。

(3)国外成功案例

与中国专利转化率不高的尴尬局面形成鲜明对比的,是国际上一些典型的高新技术产业发展的成功案例,比如美国"硅谷"、英国剑桥科学园、日本筑波科学城等等,其中以美国的"硅谷"影响最为深远。"硅谷"已经成为全球探索专利转化应用,高校惠利企业、企业反哺高校,辐射带动整体经济发展的标杆。

可以说,"硅谷"的崛起与高校有密不可分的关系,斯坦福大学直接造就了"硅谷"的形成和发展,虽然前者并没有直接参与"硅谷"企业的运营管理等方面,但却在高科技研发、人才培养等方面与企业建立了实质性的紧密联系,这也就保证了高校的最新科研成果具有鲜明的市场指向性,也最快地进入市场,这其中当然包含大量的专利技术。充足的企业订单背后也是充足的外部资金支持,这也为高校开展新的科技研发提供资金保障。另外,在对人才的培养上,不仅仅注重专业知识技能的培养,更多的是创新意识观念的培养,高校掌握先进技术的优秀人才毕业后直接在"硅谷"投入创业,从单纯的专利所有人变身为使用人,确保包括各项专利在内的高新技术的转化与应用。目前,由斯坦福大学的师生和校友创办的企业的的产值占到"硅谷"产值的 $50\%\sim60\%$,证明了专利所有人对于专利技术的积极主动运用,是保证专利转化的一个重要举措。

(四)原因分析

与中国专利申请授权数量不断增长但是转化率低迷的状况相比,西方发达国家,或者说是专利授权、转化强国,他们的专利申请到应用转化多呈现"两条腿走路"的平衡局面。这之间的差别是如何造成的呢?中国专利转化的瓶颈又在哪里呢?原因有很多,主要有以下几点。

(1)对企业的奖励没有"正中下怀"而无法很好调动其积极性。企业不同于高校,是以盈利为目的的市场经济主体,颁发奖状、荣誉称号等企业软实力的东西不能说无关紧要,但比起直接的资金、税收、平台等的支持来说,略显魅力不足,另外使用专利转化专利数量、层次,资金政策支持等的幅度也都影响专利的转化。

(2)连接渠道不畅。目前中国很多高校或者高校群周边也建立企业了(胡登峰和余侃,2013),但身为技术资源提供者的高校,并没有和身为技术资源使用者的企业建立一个稳定通畅的沟通渠道,也即"产"和"研"的断层问题,所以造成了高校的很多专利技术多是从自己的专业特长或者兴趣爱好或者本学校学科发展布局出发,并不是直接针对企业的需求,以至于企业对高校的研发期望一直处于低势。同样,企业对高校的研发成果兴趣缺乏,也就难以刺激高校去寻找充分的外部资金以支持自己的研发工作。这样也就难以形成一种良性互动。

(3)企业通过转让持有专利或者授权使用专利,往往需要一笔较大资金投入用于后续专利的使用,当企业的市场风险评估不能确定市场对于新技术新产品有较大接受度,或者改进技术后的盈利大于成本支出时,都会成为企业对于专利等犹豫的因素,特别是民营企业以及中小企业,在这方面的劣势更加凸显。上述原因都导致中国目前专利转化不够理想,涉及政策、资金、积极性等,但正如前文所说,专利存在的意义并不是静态的,而是要加以转化去提高生产力,那么其在产生、许可、转让、使用等一系列环节就会产生专利权。抛开围绕专利权、专利制度这一核心去分析原因往往是错综复杂的。中国专利转化不乐观,专利在推动生产力革新上疲软的很大一个原因,就是中国对于专利权和专利制度的保护以及研究不够完善,没有系统的从权利(专利权)角度出发去考虑促进专利转化的问题。"授予专有权不是国家保护知识产权的最终目的,而是保护知识产权的手段,即国家通过基于知识产权人在使用其智力成果方面享有排他性的权利,以鼓励社会的发明与创造工作(王晓晔,2004)。"对专利权的保护和扩展到位了,专利所有权人明确自身权利,有自己利用以及授权、转让他人使用的畅通渠道。另一方面,广阔的平台和优惠的政策条件也激发专利使用权人的积极性,自觉落实专利在经济社会中的应用,在推动整个经济社会发展的同时也获得自身利益,实现双赢。当然,侵害专利权的行为也会依法受到制裁,这是一个完整的逻辑体系。

(五)专利与专利权

"专利"一词的英文表述是"patent",源于拉丁文中指代加盖有君主印玺的文件一词,其词义中即含有公开、特许和垄断之意(丁丽瑛,2008)。从权利的角度出发看待专利,对其进行引导、保护和限制,就有了专利权以及相应的专利制度。对于现代法律制度中的"专利权"的定义,有的定义为国家主管机关以颁发证书的形式授予发明人或设计人或其所在单位在一定期限内对其发明创造依法享有独占实施的专有权利(丁丽瑛,2008)。有的定义为在符合法定条件的发明创造的基础上,经国家专利主管机关依法授权产生的一定期间内的专有权利(王凌红,2007)。虽然各种表述可能不尽相同,但所表达的核心意思是相似的。从这些定义、描述中可以看出,专利权具有以下法律特征:

(1)以发明创造为基础而形成的无形财产权,是民事权利的一种;

(2)专利权是一种经国家专门主管机关依法授权而取得的民事权利,行政管理是构成专利制度不可缺少的组成部分;

(3)专利权属于技术领域的专有权,具有地域性和显著的时间性;

(4)专利权具有鲜明的独占性,对技术方案的实施的排他性垄断是专利权内容的重要体现。一项发明创造只能被授予一件专利权,该专利权被授予以后,除法律另有规定外,专利权人在特定期限内有禁止他人未经其许可擅自实施其专利的权利。

世界上专利转化率较高、对社会经济服务支撑力度大的国家都是较早开始对专利制度研究,较早以法律形式确立专利权并不断完善的国家。意大利历史上的威尼斯共和国是以立法形式建立了世界上的第一个专利制度的国家。英国623年所制定的"垄断法"是世界上具有现代化雏形的第一部专利法(王晓晔,2003)。美国则是在宣布独立后不久就建立了专利制度——1787年美国宪法中明确规定了版权和专利权,可以说,专利制度是与美国同时诞生。继英美之后,法国是世界上第三个(1791 年)建立专利制度的国家。美国的"硅谷现象"引发全球对于高校和企业互相促进的成功模式的研究,当然,"硅谷"高校与企业的紧密联系,创新人才的培养并不是偶发的,而是与美国的专利权等制度性建设的完备有直接因果关系。除了合众国宪法外,美国 1980 年颁行的《拜杜法案》对高校在专利发明转化以及所有权归属和资金运用等方面做出了规定,如"由政府资助产生的高校科研机构(主要是高校)发明,高校可以在与政府资助机构签订协议时选择拥有所有权,其前提条件是:高校要承担专利申请以及将专利授权许可给企业的义务","高校应将专利技术转移所得、全部专利授权许可所得返还于教学和科研中去","高校拥有独占性的专利许可"等,都对提升美国的创新实力,有效利用政府资金,调动发明创造者的积极性起到了重要作用。1986 年通过的《1986 年美国联邦技术转让法》进一步细化了联邦政府资助的发明创造的权利归属以及激励措施,如"如果研究发明的所有权归大学,大学必须申请专利并且尽力寻找被许可方以实现发明技术的商业化","如果与政府签订协议的人没有履行其义务,政府有权采取合适的行动。如果政府研究机构取得了成果权,但是没有申请专利或者没有将其进行商业化,作为雇员的发明人可以取得所有权","小企业有优先获得许可的权利","针对技术转让的收入,发明人的个人所得不得少于 15%"等,这些规定都保护了专利所有权人的利益,将高校和企业之间的联系以法律形式确立了下来,从而就刺激了高校专利研发、利用、转让的积极性和方向性。

"知识产权保护制度的具体功能是从法律层面,以法律的权威来协调各个方面的冲突因素,调整各方面的利益平衡,是指处于共存繁荣的系统化状态,推动全社会的科技进步、文化繁荣、经济发展,促进全社会的知识创新和知识扩散(陶鑫良,1999)。"国际上专利转化成效显著的国家,都是对专利制度进行了深入研究,从动态保护权利角度出发,以法律的形式明确了专利权属、转让授权上的权利义务分配、利益归属以及专利从申请到应用的完整流程,甚至上升到国家根本大法的高度。

中国是 1984 年制定出台了第一部专利方面的法律——《中华人民共和国专利法》,其后经历了三次修正。目前中国《专利法》第七章规定为"专利权的保护",共 16 条,表面看都是保护专利权的条文,但大部分是定义哪些行为属于侵犯了专利权以及对其的处罚,还有担保、证据保全、时效以及侵权除外的规定,真正对于专利权人的保护性规定很少。这反映出我们对于专利制度以及专利权的理解和研究还不够深入,或者说狭隘。对权利的保护并不等于或者说不仅仅是对侵犯权利的制裁,除此之外,从专利权人角度出发明确他们的权利、为其行使权利提供便利、激发其行使权利的积极性等等都应纳入考虑。

(六)对策研究

属于发展中国家的中国,在全球知识产权领域占有弱势,许多法律法规还不够完善,对加强对专利以及专利权保护,促进专利转化应用更是有突出的要求。对比国际发达国家和地区对专利权保护的制度比较完善,专利转化应用渠道通畅,我们还有许多地方亟待改进,特别是加强对专利权的保护力度,从权利的角度出发考虑促进专利的转化。

1. 完善专利权立法,切实保护好专利权促进专利转化

如前文所说,国际上许多国家地区都以法律形式明确规定了对专利权的保护,体系架构比较完善。中国今后首先需要在立法层面予以完善,把"专利权的保护"提到更重要的位置,全面考虑对专利权的保护,针对不同专利所有权人,制定不同的促进专利转化的法律或政策规范,明确权利归属、分配,专利转化利益分配,激发所有权人自己使用或者授权、转让以及使用权人利用的积极性的优惠政策等,从权利本位出发探求促进专利转化。

2. 真正落实"产学研"相结合的思路,确保专利的实用性和市场指向性

中国一直大力倡导"产学研"相结合的高校与企业相互助益的发展模式,国内许多一流高校周边就有新型工业园区,这类似于美国的"硅谷模式",浙江省也已经率先在全省多所高校推动"2011 协同创新"中心的建立。今后的发展趋势是要更加深化和密切这种联系,高校要以企业和市场的需要为导向进行发明创造,从多方面支撑企业的发展,同时企业也加大对高校科研的反哺力度,形成良性互动。

3. 积极为权利人行使权利、利用专利创造条件

中国专利年会组委会秘书长刘燕新曾指出,"其实根本上,还是要建立一个稳定的、具有公信力的沟通体制,连接高校与企业,并提供一个交流平台,以保证二者可以进行深入、全面的交流与合作"。政府牵线搭桥,提供平台,打通专利所有人和使用人之间的障碍,缩短转让、许可的程序。这其实也是对专利权的保护,为专利权人应用专利行使权利提供条件。

4. 政府要充分利用财政杠杆,激发企业在生产经营中使用专利的积极性

政府要找到符合企业"口味"的奖励激励方式。在以公有制为主体多种所有制经济共同发展的今天,私有制经济在国民经济中具有举足轻重的地位。中国民办企业、中小企业比重很大,截至 2012 年底中国中小企业数量超过 1200 万户,占总企业数量 99%,但这类企业大多实力不如国有企业,普遍面临融资难、税赋重、经营成本高等问题,多数没有自己专门的科研团队,利用专利更新技术

比较迟缓。浙江省是全国 GDP 排名第四的经济体,中小企业数量庞大,位居长三角经济辐射圈,发展环境优越,政府可以利用财政投入或者税收减免等策略加以扶持,吸引他们使用专利改进生产,确保他们不仅有权利,也能用好权利。

5. 转变身份角色,增强企业自身获得专利和转化的能力

目前在中国,高校仍是专利申请获得的主体,但无疑企业才是应用转化的重要力量,专利权所有人和使用人分属不同难免会使转化出现阻塞,因此,要鼓励有能力的企业自己培养创新团队,自我"造血"、"量体裁衣",更有市场指向性的研发新技术,申请新专利。当然这种鼓励并不是空口白话,而是要让企业能切实尝到投入人财力到专利研发技术革新上的"甜头"。中兴通讯和华为等电信产业巨头本身就是个体申请专利数的翘楚,这就是专利发明带来巨大经济效益的典型案例。

6. 要发展多层次的融资渠道

财政投入的有限性决定了其不会是企业融资的主体,各地要规范资本信贷市场,创新金融服务产品,逐步完善融资担保体系,拓宽融资渠道,方便企业"开源",使他们不但想利用专利,也有能力研发、转化专利。

7. 单个专利无论在利用上还是市场效益上都略显单薄

可以有条件有限度地鼓励"专利池"的形成与发展,形成一定范围领域内的专利富集,使专利本身强强联合、做大做强,同时简化审批授权等程序,提高专利应用转化的效率和市场效益。

二、专利转化中的反垄断问题

专利权与反垄断看起来是没有关系的两个事物,但从世纪之交的微软案,到广受关注的 Intel 诉东进案,再到今年国家发改委对韩国三星等公司因自身的专利技术而对下游电视机生产企业限定价格的纵向垄断行为开出的 3.53 亿天价罚单,人们不难发现,知识产权法与反垄断法不断融合。前文提到,保护专利权是促进专利转化的重要依托,专利转化中的反垄断问题,其实就是保护专利权与反垄断的博弈问题。

从本质上看,专利权是一种合理的垄断性权利,以推动科技进步、经济繁荣和社会发展为目标,所以,它一般是作为反垄断法的适用除外而存在的。专利权正是为了保护和鼓励发明创造而赋予专利权人一定的垄断权。任何权利都是有界限的,专利权也不例外。为了促进专利的转化应用一味强调保护和扩大专利权,超出合法垄断这一限度则打破了合理的平衡,可能违反公平竞争秩序,也最

终影响社会整体利益。美国、欧盟、日本等知识产权保护完善的国家,同时也是通过不断完善立法,对知识产权限制竞争的行为进行约束的国家。

(一)专利权与反垄断法的关系

1. 专利权与反垄断目标上的一致性

在保护专利权人的合法权益及发明创造积极性,促进竞争、维护竞争秩序和促进经济发展的目的和功能上,专利权与反垄断是一致的。"对这种成果的知识产权保护,可以使经营者能够实现根据法律将会赋予的独占权,比较确定的预期其技术开发和创新投资的经济回报,从而鼓励其通过技术创新增强市场竞争力,更好的释放其竞争潜能。而每个企业的技术水平和竞争力的提高,也必将通过有此激发的竞争,推动整个国民经济素质和国际竞争力的提高(王先林,2000)。"这是包括专利权在内的知识产权的一个重要作用。专利权一方面通过鼓励保护创新、促进经济发展从而在总体上增加消费者福利,另一方面通过制裁假冒等侵犯专利权的行为,最终都达到保护消费者的目的。与此相对,反垄断法则通过鼓励正当竞争行为,规制限制竞争的垄断行为,维护公平、充分的市场交易秩序,最终达到提高商品和服务质量,保护消费者权益,增进消费者福利的目的。

2. 专利权与反垄断的矛盾和冲突

专利权是私权的一种,它设立之初就注重维护专利权人的利益,保护专利权人进行发明创造的积极性。却较少的关注社会整体利益,较少从宏观角度去看待专利权在市场上的运用。经济学认为,每个市场主体在进行市场行为时,总是期望以最小的成本收获最大的经济利益,并将这种经济利益不断扩大。当一个市场主体掌握了一项专利权的时候,他就掌握了主动性,掌握了在相关市场的竞争中占据优势地位的先机,因而,他自然地会期待不断扩大这种优势地位的欲望。所以说,专利权人极有可能试图使其掌握的权利不断膨胀以此来获取更多的利益。而且,专利权是肯定了一定的垄断权,毕竟以牺牲了某种程度的自由竞争为代价,与反垄断法以增加社会福利、保护消费者利益、促进竞争的宗旨不同,专利权可能成为经济垄断的重要因素,专利垄断利润的获取也可能会损害消费者的利益,专利权人不适当的扩张专有权的范围,或者凭借合法垄断进一步谋求非法垄断毅力,限制了竞争,从而为反垄断法所禁止(刘宁,2006)。无论从专利权的垄断性质来看,还是从其可能被滥用而导致限制竞争的后果的可能性来看,反垄断法的要求与专利权都可能发生冲突。不过,虽然专利权与反垄断有着冲突的可能性,但同样具有协调的必要性,既要保护知识产权的发展,特别是促进中国专利技术的应用转化,又要对专利权的滥用进行反垄断规制。

（二）国内外法律规制

《合同法》第 329 条规定："非法垄断技术、妨碍技术进步或者侵害他人技术成果的技术合同无效"；第 334 条规定："技术合同受让人与让与人在约定实施专利或使用技术秘密的范围是不得限制技术竞争和技术发展"。

《专利法》中有"强制许可""合理使用""指定许可"等规范来对专利权滥用进行规制。对专利权也限定了保护期限，期满后将成为全社会的财富，这些对专利权的规范也对专利权的规范行使起到一定的规制作用。2008 年 1 月起实施的《反垄断法》作为中国的"经济宪法"算是比较全面系统的规范了经济活动中的限制竞争行为，列举了规制的包括固定价格、划分市场、限定数量等的垄断协议，但对包括专利权在内的知识产权的限制竞争行为却没有专门的规范。

西方发达国家对知识产权的保护以及从竞争法角度对其进行规制起步较早，从 18 世纪就相继建立知识产权制度的法律体系，19 世纪开始形成竞争法律制度体系，发展至今已比较成熟和完善。伴随知识经济的到来以及经济全球化的不断发展，一些国际组织也注重将知识产权法和竞争法相结合，在保护知识产权的同时，对其中限制竞争的部分进行反垄断规制。

1. 国际组织

WTO 的《与贸易有关的知识产权协议》（以下简称 TRIPS 协议）规定对在特定情况下可构成对知识产权的滥用并对相关市场上的竞争产生不利影响的许可做法或条件，采取适当的措施来阻止或控制这类做法，如禁止质疑条款等。

2. 欧盟

欧盟《技术转让规章》以列举的方式明确了欧盟竞争法对知识产权有关的各种技术转让合同的禁止、限制和豁免。该规章采取了一般禁止与豁免程序相结合、单独豁免与集体豁免相结合的体制。

《1996 年集体豁免条例》承认知识产权带来的垄断地位，但并不意味着该垄断地位的行使或者滥用可以不受竞争法规则的约束；知识产权人利用创新结果的绝对权，但是其许可的条件和条款必须受制于竞争规则的规定。

3. 美国

美国通过本身违法原则和合理原则来对许可协议中的条款进行分析。对通过许可合同来限定价格、分配市场或者顾客、限定数量、维持转售价格、合同中不质疑条款和许可人在知识产权过期或无效后仍要求对方支付提成费，原则上适用本身违法原则。美国司法部 1988 年《反托拉斯法国际适用指南》肯定知识产权保护在推动市场竞争和促进技术传播方面的积极作用。

综上可以看出，由于立法模式和国情的不同，各国、国际组织对适用于专利全领域的竞争法的名称、执法程序等都有差异，但纵观各国、国际组织的立法，不难发现，其共同的目的都在于确保包括专利权在内的知识产权不至于被滥用，确保知识产权领域的正常"垄断"不被非法侵害、正常的市场竞争行为不被限制，从而从反垄断法的角度权衡各方主体的利益，并兼顾对创新的促进和对竞争秩序的维护，并最终达到保护消费者利益、促进经济不断发展的终极目标。

（三）对策及改进

中国加入 WTO 以后，更多的跨国企业带着各自的专利权优势进入中国市场，国际贸易的深化也使专利许可越来越国际化，伴随着经济全球化而来的专利权保护规则的严格化可能出现跨国公司利用其自身的技术优势打击中国市场竞争的危险，不得不引起我们的警惕。对此除了加快我们自身的专利权建设外，还要建立相关的法律制度来协调，尤以反垄断法为甚。因此，加强竞争法在知识产权领域的适用是迎接知识经济和经济全球化挑战的必然要求。

1. 正确把握 TRIPS 协议精神，明确反垄断立法目标

认真研究和理解 TRIPS 协议的最低标准及期限以及例外，利用本国立法对专利权行使做出规制，以达到抑制发达国家利用知识产权控制中国市场或限制竞争的目的。专利权与反垄断法都具有推动创新和增进消费者福利的共同目的。"以立法的形式表明政府主管部门在此问题上的基本方针、政策，做到既充分尊重和保护知识产权，发挥其鼓励创新和激励竞争的作用，又切实防范合法垄断权被不正当的滥用，使代表社会整体利益的自由公平竞争秩序不至受到破坏；既充分保护市场竞争，又能实事求是的照顾到合理的暂时限制竞争的行为，合理平衡知识产权交易的各方当事人之间的利益，以促进中国的科技文化创新和经济竞争并行不悖的发展（陈丽娟，2006）。"

2. 借鉴国外有关经验，比较分析各国的相关法律法规的内容

结合中国具体国情，制定符合中国实际的专利转化方面的法规。俗话说"他山之石，可以攻玉"，在确保本国利益以及中国声明适用的前提下，还要优先考虑中国参与的国际条约公约的规定，使中国的各项制度与国际接轨。在对专利转化应用中专利权滥用行为进行反垄断规制的具体问题上，"应当借鉴各国的立法经验，尽可能详细、具体的分析阐明各类限制竞争行为的合法与违法的界限"（陈丽娟，2006）。

3. 设置专门的统一的反垄断执法机构,并将专利转化中的权利滥用纳入其规制范围

纵观当今世界各国,其反垄断都是"按照高度专业化和专家化的要求设置专门的、独立的竞争执法机构。有的国家的反垄断执法机构具有准司法性,如美国的联邦贸易委员会、日本的公正交易委员会,有的国家则以行政机关作为反垄断执法机构,如德国卡特尔局、英国的公平贸易办公室。由于垄断行为有时可能具有行政性,这就要求中国的反垄断执法机构具有较强的利益超脱性和较大的独立性"(谢黎伟,2006)。中国当前的反垄断执法机构主要有国家工商行政总局、商务部和国家发展改革委员会的价格监督检查与反垄断局,分别负责不同的反垄断事务,但在具体操作上又难免含糊不清之处,而且不易为公众所分辨清楚。

4. 修改中国《反垄断法》时,在《反垄断法》中设置专章对知识产权的限制竞争行为予以规制

这样做能满足知识产权与竞争法日益交叉融合的现实需要,体现中国对知识产权领域的限制竞争行为的重视,也能使对专利在具体利用时权利滥用的反垄断规制有章可循。

三、结　语

在现今知识经济时代,经济的竞争更多表现为技术的竞争,而技术又是以知识为基础,因此包括专利权在内的知识产权对科学技术的发展具有举足轻重的作用。中国专利权制度起步晚,与西方发达国家相比,自主知识产权比较落后,专利技术的转化实施比较迟缓,在这种情况下,加强和完善专利权制度,促进专利技术转化、提高转化率是中国面临的重要课题。随着科技进步对经济增长贡献的不断提高,与专利权有关的限制竞争行为在中国逐渐出现并表现出膨胀的趋势。为了实现竞争所要求更为广泛的社会利益,中国在加强专利权保护的同时,也应该加强对与专利权有关的限制竞争行为予以规制。

在利益权衡问题上,承认专利权的合理性必须与坚决反对专利权不正当行使结合起来,才是对待专利权制度的正确态度。在充分发挥专利权制度鼓励创新、促进科技和专利实施的同时,又防止专利权过度膨胀损害经济竞争秩序,是我们追求的最终目标。

参考文献

[1] 陈丽娟. 论知识产权滥用的反垄断法规制//游劝荣. 反垄断法比较研究. 北京：人民法院出版社，2006：413-417.

[2] 丁丽瑛.. 知识产权法（第三版）. 厦门：厦门出版社，2008：200.

[3] 胡登峰，余侃. "硅谷现象"对地方高校发展建设的启示. 安徽科技，2013(5)：39-40.

[4] 刘宁. 试论我国知识产权滥用的反垄断法规制//游劝荣. 反垄断法比较研究. 北京：人民法院出版社，2006：493-494.

[5] 陶鑫良. 网络时代知识产权保护的利益平衡思考. 知识产权，1999(6)：18-22.

[6] 王凌红. 专利法学. 北京：北京大学出版社，2007：25.

[7] 王先林. 论科技进步与经济发展中的知识产权机制. 知识产权，2000(增刊).

[8] 王晓晔. 知识产权保护中的反垄断问题——从思科诉华为案谈起. 21 世纪经济导报，2003 年 3 月 18 日.

[9] 王晓晔. 知识产权滥用行为的反垄断法规制. 法学，2004(4).

[10] 谢黎伟. 我国规制价格卡特尔立法的几点建议//游劝荣. 反垄断法比较研究. 北京：人民法院出版社，2006：238.

后　记

近年来,浙江省国际经济贸易学会通过举办学术沙龙、专题研讨会、年会等学术交流活动,不断整合学术资源,提高服务水平,在国际经贸领域的影响力进一步扩大,研究成果丰硕。

2013年9月中旬,学会第五届学术年会暨"第五届浙江省国际经济贸易研究优秀成果奖"论文征集和评奖评选活动在浙江工业大学举行。全省国际经济贸易研究的专家、学者和实务工作者汇聚一堂,围绕"全面提高开放型经济水平"这一主题开展研讨,为省委、省政府决策献计献策。

在学术年会上,学会公布了"第五届浙江省国际经济贸易研究优秀成果奖",并根据获奖成果的主题,分别开设了"国际贸易竞争新优势"、"'引进来'与'走出去'"、"中国自贸区发展前瞻与开放型经济转型升级"等分论坛,在会员中得到很好的反响。年会结束后,由本人主持的学会秘书处组织专家将这些研究成果评议整理,结集成册,编辑成《浙江国际经济贸易探索(第五辑)》。

本次学会秘书处收到的参评论文共70余篇。经专家评审,报学会常务理事会批准,最终确定"第五届浙江省国际经济贸易研究优秀成果奖"名单。获奖论文共23篇,其中理论类一等奖2篇,二等奖4篇,三等奖7篇;实务类一等奖1篇,二等奖3篇,三等奖6篇。

参与论文评选的专家主要有:浙江大学经济学院黄先海教授和马述忠教授、浙江工业大学经贸管理学院杜群阳教授、浙江理工大学经济管理学院张正荣副教授及本人。

参加本辑论文编辑的人员有:浙江工业大学经贸管理学院方建春、浙江理工大学经管学院张正荣和危华、浙江财经大学经济学院茹玉骢、浙江树人大学服务业学院周蕾、浙江金融职业技术学院王丹、浙江省商务研究院陈频频和江玮等。在此谨向支持学会发展的各位同仁致以衷心感谢! 对参与本辑论文编辑工作的人员致以衷心感谢!

本书对部分论文进行缩编,如需要论文全文和涉及的数据资料,或探讨论文内容,可与作者本人联系,也可与浙江省国际经济贸易学会秘书处联系。因编写时间仓促,不妥之处,敬请指正。

浙江省国际经济贸易学会　张汉东

2014 年 5 月